Bert Linder

VERDAMMT OHNE URTEIL

Bert Linder

Verdammt ohne Urteil

Holocaust-Erinnerungen eines Überlebenden

Der Titel der amerikanischen Ausgabe lautet
„Condemned without Judgment“ und erschien 1995
bei S.P.I. Books/Shapolsky Publishers, Inc., New York.

Deutsche Bearbeitung
von Gerhard Landauf, Wien

Die Deutsche Bibliothek – CIP-Einheitsaufnahme

Linder, Bert:
Verdammt ohne Urteil : Holocaust-Erinnerungen
eines Überlebenden / Bert Linder. –
Graz ; Wien ; Köln : Verl. Styria, 1997
ISBN 3-222-12534-1

Printed in Germany
Umschlaggestaltung: Zembsch'Werkstatt, München
Satz: B & R Satzstudio, Graz
Druck und Bindung: Ebner Ulm
ISBN 3-222-12534-1

Gewidmet meiner geliebten Familie:

meiner Frau Joan (Hannerl),

meinem Sohn George,

meiner Tochter Viviane

und meinen beiden Enkelkindern Ryan und Lauren

in Dankbarkeit für ihr Bemühen und ihre Ermutigungen, dieses Buch zu schreiben.

Gewidmet nicht zuletzt auch dem Andenken an meinen Freund

DR. BENEDIKT KAUTSKY

dessen moralische Unterstützung es mir ermöglichte, den Holocaust zu überleben.

Danksagung

Meiner Frau Joan, „Hannerl", meinem Sohn George, meiner Tochter Viviane und allen meinen Freunden und überlebenden Kameraden habe ich das Versprechen abgeleistet, dieses Buch, an dem ich fünf schmerzliche Jahre gearbeitet habe, fertigzustellen.

Ihnen allen gilt mein Dank für die ständige Ermutigung und ihren moralischen Beistand während dieser Arbeit.

Mein Dank gilt weiters:

Prof. Dr. Elie Wiesel für seine Anregungen und Hilfestellungen, Rabbi Abraham Cooper, Assistant Dean am Wiesenthal Center, Los Angeles, für seine Unterstützung und mehrere Hinweise, des weiteren Herrn Bundesrat Alfred Gerstl, Herrn Alois Aichinger von der Agentur Aichinger, Herrn Dr. Hubert Konrad und den Mitarbeitern vom Verlag Styria und Herrn Gerhard Landauf für die deutsche Bearbeitung.

Dann gilt mein Dank natürlich Ian Shapolsky und seinen Mitarbeitern für deren Unterstützung und Einsatz.

Besonderen Dank verdienen auch Colleen Colman und Nita Wiesenthal für die druckfertige Aufbereitung des Manuskripts.

„Wir sind die Kinder!"

Wir sind die Kinder, wir hatten ja keine Ahnung. Die Erinnerungen an unsere Kindheit werden von Eindrücken auf Sommerlagern beherrscht, Konzentrationslager kannten wir nicht. Wir hatten stets die Stirn, uns über miserables Essen zu beklagen, während unser Vater weiß, was es bedeutet, überhaupt keines zu haben. Wir hatten ja keine Ahnung! Die Träume unserer Kindheit waren unbekümmert und sorglos, während unser Vater nachts oftmals schweißgebadet hochschreckte, weil in seinen Alpträumen wieder die Erinnerungen an das Erlebte wach wurden. Wir wußten nichts davon. Für uns war das Wort „überleben" nur ein Vokabel aus dem allgemeinen Wortschatz, dessen Bedeutung wir zu kennen glaubten und das wir gelegentlich in den Mund nahmen. Unser Vater machte mit ihm Geschichte. Er allein kennt seine Bedeutung, denn er ist ein Überlebender!

Die Tätowierung auf dem Unterarm unseres Vaters war für uns Kinder nichts Auffälliges. Erst als wir erwachsener wurden und in der Schule über Hitler lernten, sahen wir diese Nummer mit anderen Augen, und kein Hemdsärmel genügte mehr, um sie vor uns zu verbergen. Doch damals hatten wir noch keine Ahnung, daß das Wort „überleben" noch einmal im Leben unseres Vaters eine Bedeutung erlangen würde.

Während wir heranwuchsen, lastete auf der ganzen Familie ein stets gegenwärtiges unausgesprochenes Etwas, das sich manchmal als merkwürdige Stille äußerte und sich bisweilen auch in Ausbrüchen von Zorn entlud. Unser jugendlicher, noch unreifer Verstand sagte uns, daß das alles auf irgendwelche schrecklichen Erlebnisse zurückzuführen sein müsse, die wohl lange zurücklägen, aber dennoch gravierend genug gewesen sein mochten, um so nachhaltigen Einfluß auf unser Familienleben nehmen zu können. Wir wußten nicht, was es war.

Wir erfuhren von allem erst, als wir schon in unseren Dreißigern standen. So lange dauerte es, bis unser Vater in der Lage war, über die Greuel zu sprechen, die ihm in gleich drei Konzentrationslagern – Auschwitz, Nordhausen und Bergen-Belsen – angetan wurden. Kein Wunder, daß er an Alpträumen litt und in unserer Kindheit oft trübsinnig war, wenn ihn wieder die dunklen Erinnerungen aus der Vergangenheit heimsuchten.

Das Leben hatte unserem Vater nichts anhaben können, sein Alter aber schon, und darum wurde uns allmählich klar, daß er seine außergewöhnliche und große Lebensgeschichte unbedingt zu Papier bringen mußte. Also versuchten wir, ihn zu überreden, ein Buch zu schreiben, doch er sträubte sich anfangs dagegen, diese leidvollen und schmerzlichen Ereignisse, die sein Leben für alle Zeiten verändert hatten, zu diesem Zweck nochmals bewußt durchleben zu müssen: all das Unrecht, die Verzweiflung und das Gefühl von völliger Verlorenheit. Noch heute quält ihn der Verlust seiner Familie, der Freunde und so vieler Kameraden. Als aber dann sein Buch endlich vollendet war, mußte er feststellen, daß das Niederschreiben seiner Erlebnisse auch eine Art von Therapie für ihn gewesen war. Nach so vielen Jahren konnte er seine Empfindungen, die sein stoisches Naturell ins tiefste Innerste verbannt hatte, endlich bewußt verarbeiten. Vieles von dem, was ihn gepeinigt und gequält hatte, fand Eingang in sein Buch.

Das Buch enthält manche Antworten auf so viele Fragen, beginnend mit der Verfolgung und der Gefangennahme, bis hin zu den Methoden des Überlebens in der komplexen Struktur eines nationalsozialistischen Vernichtungslagers. Mensch gegen Mensch hieß es, alles in extremsten Situationen und verbunden mit einem Zusammenprall verschiedenster Kulturen und Nationen. Eine Frage, die allerdings unbeantwortet bleiben wird, ist, warum ausgerechnet unser Vater als einer von nur sieben einen Transport von 1250 unschuldigen Opfern in Viehwaggons nach Auschwitz überlebte.

Als wir die Seiten des Buches verschlangen, begierig darauf, mehr über all das zu erfahren, sahen wir uns mit einer weiteren Frage konfrontiert: Wie kann jemand nur den Willen aufbringen, Tag für Tag in dieser Hölle auf Erden weiterzuleben? Der starke Überlebenstrieb, der Triumph des menschlichen Geistes und die unvergleichliche Courage, die unser Vater an den Tag legte, sollen all jenen unter uns zu denken geben, die über allzu Triviales jammern. Er war dankbar für einen Napf voll mit dünner Suppe, die oft sogar noch mit einem anderen geteilt wurde, der ebenfalls irgendwo zwischen Leben und Tod wandelte.

Die wichtigste Erkenntnis, zu der wir gelangten, als wir sein Buch in einer einzigen ergreifenden Sitzung unter Tränen der Rührung fertig gelesen hatten, war, daß der Eindruck dieses Buches unser eigenes Leben nachhaltig verändern würde. Auch heute fragen wir uns noch, wie es mein Vater und andere Überlebende schaffen konnten, trotz widrigster Umstände aus allem lebend herauszukommen. Vor allem aber fragen wir uns, wie das alles geschehen konnte, während der Rest der Welt zuschaute.

Künftige Generationen dürfen nicht aufhören, ihr Wissen über den Holocaust und das andere Unrecht, das heute auf der Welt geschieht, weiterzugeben – an jene, die nichts von alldem wissen!

George Linder, Viviane Linder-Pentz

Vorwort

Es hat 38 Jahre gedauert, bis ich mich dazu durchringen konnte, dieses Buch zu schreiben. So lange hatte ich stets vor dem Gedanken zurückgescheut, für ein derartiges Vorhaben jene grauenvollen Jahre in meiner Erinnerung nochmals in allen Einzelheiten durchleben zu müssen. Als ich endlich den Entschluß gefaßt hatte, meine Geschichte zu Papier zu bringen, lag es mir fern, bloß eine weitere Abhandlung über den Holocaust zu verfassen. Ich verfolgte vielmehr die Absicht, die verbrecherischen Methoden, die von den Nazis praktiziert wurden, um Juden und andere Volksgruppen zu vernichten, so wiederzugeben, wie ich sie – als eines ihrer Opfer – ganz persönlich erlebt habe.

Und gerade diese Verbrechen – von Hitler schon viele Jahre zuvor als „Endlösung der Judenfrage" angekündigt – liefern ein anschauliches Bild der Brutalität des Naziregimes und sind gleichzeitig untrennbar mit ihm verbunden.

Mein Buch soll einen Eindruck davon vermitteln, wie der einzelne die Grausamkeiten des Lageralltags nur durch Kameradschaft und die umsichtige Hilfe seitens jener Häftlinge, die wir als „alte Hasen" bezeichneten, überstehen konnte. Ihr Wissen und ihre Kenntnisse, erworben durch langjährige Lagererfahrung, gaben diese – meist politischen – Häftlinge an uns Neuankömmlinge weiter und halfen uns damit, den nie vorher erlebten Brutalitäten, denen wir ausgesetzt waren, etwas besser standhalten zu können.

Wenn mir damals irgendwer erzählt hätte, was sich in einem deutschen Konzentrationslager abspielt, um mir das ganze Ausmaß an Brutalität, Folter und Tod vor Augen zu führen, dem man dort ausgeliefert ist, so hätte ich ihm vielleicht gar nicht geglaubt. Es ist ja wirklich außerhalb jeder Vorstellung, daß Menschen imstande sind, derart schreckliche, ja kaum faßbare Verbrechen an Menschen zu verüben, deren einziger Fehler darin besteht, daß sie als Juden geboren wurden.

Der Inhalt meines Buches möge in das Bewußtsein der Menschen dringen, um zu verhindern, daß solch grausame Ereignisse jemals wieder geschehen.

Nicht viele von uns hatten das Glück zu überleben, und jene unter ihnen, die heute noch leben, stehen in hohem Alter. Dieser Umstand war ein weiteres Motiv für mich, die Arbeit an meinem Buch anzugehen. Als Andenken an jene, die damals zu leiden hatten, und die vielen, die für ihr Leben gezeichnet waren, soll unsere Geschichte fortbestehen.

Ich bin nur eine Stimme, stellvertretend für die Millionen
im Holocaust Ermordeter, und
als einer der wenigen Überlebenden
rufe ich in die Welt:

„NIEMALS WIEDER!“

KAPITEL I

Palm Springs, Kalifornien

1983

Am Thanksgiving Day 1983 – fast 40 Jahre nach meiner Befreiung aus deutschen Konzentrationslagern – kam die gesamte Familie bei uns in Palm Springs zusammen, um dieses traditionelle Fest zu begehen. Auch unsere Tochter Viviane hatte uns zusammen mit ihrem Ehemann Bill und den beiden Kindern Ryan, damals zehn, und Lauren, damals neun Jahre alt, besucht.

Während wir – umgeben von duftenden Blumen – im Schatten der ausgewachsenen Palmen unseres Vorgartens bei Tisch saßen, starrte der kleine Ryan dauernd auf die verblaßte Tätowierung auf meinem linken Unterarm. An seinen Blicken erkannte ich, daß ihn etwas beschäftigte. Er zögerte noch etwas, bis er mich schließlich fragte: „Opa, was hast du da?"

Ich erklärte ihm, es sei eine Nummer, und las sie Ziffer für Ziffer vor, indem ich mit dem Finger darauf deutete: 1-6-7-5-9-5. Ich war neugierig, wie er darauf wohl reagieren würde. Ryan aber fragte gleich weiter und wollte wissen, wie diese Nummer da hingekommen war. Nach einem Moment des Schweigens erzählte ich, daß die Deutschen während des Zweiten Weltkrieges dafür verantwortlich gewesen wären.

Ryan runzelte die Stirn, denn meine knappe Antwort schien ihn nicht zufriedenzustellen. Ich spürte, daß ich damit nur eine Reihe weiterer Fragen ausgelöst hatte. Jetzt interessierte ihn, warum man an meinem Arm diese Nummer angebracht hätte und ob es auf meinen Wunsch hin geschehen wäre, ähnlich wie bei den vielen jungen Leuten, die sich heute tätowieren lassen. Ich machte Ryan klar, daß das alles Teil einer langen und sehr häßlichen Geschichte wäre und er sich besser an seine Eltern wenden solle, wenn er sie hören wolle. Ich sagte ihm das nur, weil ich nicht sicher war, ob seine Eltern überhaupt wollten, daß er davon erfuhr. Ryan ließ aber nicht locker und bestand darauf, sie von mir zu hören. Also versprach ich ihm, mit seiner Mutter darüber zu reden.

Als ich am folgenden Morgen meiner Tochter Viviane berichtete, was mir tags zuvor passiert sei, meinte sie, es wäre gar nicht schlecht, wenn ich Ryan über den Hintergrund meiner Tätowierung aufklären könnte, denn er hätte schon gehört, daß die Juden unter den Nazis verfolgt wurden.

Ich entschloß mich, Ryan noch am gleichen Nachmittag eine Kurzfassung meiner Lebensgeschichte zu erzählen. Dabei vermied ich es aber, ihn mit allen schrecklichen Einzelheiten zu belasten, und begann bei meiner Verhaftung durch die SS im Jahr 1943, die zur Deportation nach Auschwitz führte. Ich erzählte ihm, wie wir uns dort sofort nach der Ankunft nackt ausziehen mußten, unser Haar geschoren wurde und wir unsere Namen verloren, als uns eine Nummer eintätowiert wurde, mit der wir ab diesem Zeitpunkt gerufen wurden. Ich erzählte von der viele Monate dauernden harten Zwangsarbeit, die unter ständigem Hunger verrichtet werden mußte, und davon, daß es mir wie ein Wunder erschien, daß ich den Holocaust dennoch überlebte. Ich schilderte, wie uns Kameraden, die schon seit sehr langer Zeit im Lager inhaftiert gewesen waren, den einzigen Trost spendeten und uns zeigten, wie wir mit der Brutalität des Lagers umgehen sollten. Natürlich fragte Ryan immer wieder nach, wenn die Rede von Schlägen, Erniedrigungen oder Zwangsarbeit war, doch ich war nicht bereit, ihm alle diese gräßlichen Einzelheiten zu erzählen.

Einer Frage, die er mir immer wieder stellte, nämlich warum uns die Deutschen all das angetan hatten, konnte und wollte ich mich nicht entziehen. Ich versuchte, ihm zu erklären, daß es nur daran gelegen hätte, weil wir jüdischer Herkunft wären. Doch er verstand nicht, welchen Unterschied das machte. So ging ich in der Geschichte zurück bis zur Zeit der spanischen Inquisition des 15. Jahrhunderts, als schon die Herrscher Ferdinand und Isabella einen Juden zum Steuereintreiber ernannten, um den Antisemitismus anzufachen.

In der gleichen Nacht konnte ich kein Auge zutun. Ständig sah ich Ryans fragende Blicke vor mir, die den Ausdruck von Traurigkeit und Verwirrung gleichzeitig widerzuspiegeln schienen und voll waren mit allerlei Fragen, vor deren Beantwortung ich noch zurückschreckte, weil sie schmerzliche Erinnerungen an Hunger, Angst, Haß, Greueltaten, Unrecht und Tod heraufbeschworen – Erinnerungen, die ich tunlichst zu verdrängen suchte.

Durch die Beschäftigung mit Ryans Fragen waren diese Erinnerungen aber ohnehin wieder so sehr in mein Bewußtsein zurückgekehrt, daß ich mich entschloß, endlich alles als Buch zu Papier zu bringen.

Heute lebe ich mein „drittes Leben" – wie ich immer sage – hier in Kalifornien in einem komfortablen Haus an der Seite meiner geliebten Frau und treuen Weggefährtin und erfreue mich an jedem einzelnen Tag, der mir beschieden ist. Von den 1250 Menschen, die damals zusammen mit mir von der SS verhaftet und nach Auschwitz gebracht wurden, haben nur sieben überlebt. Von diesen wenigen starben – erst in den letzten Jahren – weitere vier, so daß heute nur noch drei von uns leben: Boris Carmeli, Ernest „Ernstl" Zimche und ich selbst.

Im folgenden möchte ich wiedergeben, wie sich das alles damals abgespielt hat. Es ist eine Geschichte, an der jedes Wort wahr ist und die von Ereignissen handelt, die sich hoffentlich nie wieder zutragen!

KAPITEL II

Meine Jugend in Wien
1911 bis 1938

Wie so viele jüdische Familien, die in der Zeit nach der Jahrhundertwende nach Wien kamen, stammten auch meine Eltern, die 1910 geheiratet hatten, aus Galizien. Mein Vater arbeitete in einer Bürstenfabrik, während meine Mutter als Friseurin etwas dazuverdiente. Am 16. August 1911 wurde ich geboren, wir lebten damals in der Othmargasse.

Eines Abends – ich war erst zehn Monate alt – eröffnete die Mutter meinem Vater, der eben von der Arbeit heimkam, unter Tränen, daß sie glaube, mit dem kleinen Berthold sei irgend etwas nicht in Ordnung. Rasch rief man einen Arzt, der schließlich zur Überzeugung gelangte, es handle sich um eine lebensbedrohende Mageninfektion, und meinte, der Zustand des kleinen Knaben sei sehr kritisch. Vielmehr – so gestand der Arzt ratlos meinen Eltern – könne nur noch ein Wunder dazu beitragen, das Leben ihres Sohnes zu retten.

Es wurde lange beraten und überlegt, ob es in dieser aussichtslosen Situation nicht doch noch eine Möglichkeit gebe, um den Lauf des Schicksals beeinflussen zu können. Da wir zu dieser Zeit bei meiner Großmutter wohnten, die eine kleine Wohnung in der Othmargasse 42 hatte, faßte diese den Entschluß, den ansässigen Rabbiner um Rat zu fragen. Denn im Gegensatz zu meinem Vater, der religiösen Dingen stets nur Ablehnung entgegenbrachte, lebte und dachte Großmutter nach streng orthodoxen jüdischen Regeln. An der Ecke Hannovergasse/Othmargasse bestand damals ein sehr orthodoxes Bethaus, „Schul" genannt, das von jenen Juden besucht wurde, denen der große Tempel in der Kluckygasse, gleich daneben, zu liberal war. Auch meine Großmutter suchte zum Beten ausschließlich diese „Schul" auf. Dem Betreiben meiner Großmutter nachgebend, ließ also Vater, der selbst keinen besseren Rat mehr wußte, den Rabbiner kommen.

Hier muß ich anmerken, daß zur damaligen Zeit – selbst in Wien – der Glaube an den Rat von Rabbinern unter den orthodoxen Juden unwahrscheinlich stark ausgeprägt war.

Der Rabbiner, der uns daraufhin daheim aufsuchte, sprach lange Gebete und trug meinen Eltern zum Schluß noch auf, zwei Kerzen anzuzünden, sie zum Kopfende des Krankenbettes zu stellen und Kannen mit heißem Wasser am anderen Ende zu plazieren. Der gute Mann schien damit bei meinen Eltern nicht den Eindruck allzu großer Hoffnungen hinterlassen zu haben, denn sie hatten sich bereits mit dem Gedanken abgefunden, auf diese grausame Weise ihren geliebten Erstgeborenen verlieren zu müssen. Doch obwohl alle Hoffnungen bereits aufgegeben waren – ich hatte hohes Fieber und konnte keine Nahrung mehr behalten –, wachten meine Eltern Tag und Nacht unermüdlich an meinem Bett und pflegten mich aufopferungsvoll. Ob es am Rat dieses Rabbiners gelegen war, daß ich schließlich doch davonkam, ist schwer zu beurteilen. Jedenfalls wurde ich wieder gesund.

Am sechsten Tag der Krankheit stellte sich nämlich plötzlich eine schlagartige Besserung meines Zustandes ein. Rasch wandte man sich wieder an den Arzt, um neuen Rat einzuholen. Der Mediziner staunte nicht schlecht, als er sah, daß ich immer noch am Leben war und – entgegen seinen Prophezeiungen – sogar wieder zu genesen schien. Meinen Eltern empfahl er, mich fürs erste nur sehr sparsam zu füttern, und erklärte ihnen, daß sie vielleicht doch mit meiner völligen Gesundung rechnen könnten. Tatsächlich kam ich sehr rasch zu Kräften und war binnen einer Woche fast wieder so lebhaft wie zuvor. Meine erste Begegnung mit dem Tod hatte ich also schon im Alter von nur wenigen Monaten hinter mich gebracht. Viele weitere sollten im Laufe meines Lebens noch folgen.

Die Tatsache, daß Mutter nach meiner Geburt nicht mehr zur Arbeit ging, machte unser finanzielles Auskommen nicht unbedingt leichter. Das Gehalt eines kleinen Angestellten in einer Bürstenfabrik, das Vater bezog, war viel zu gering, um eine Familie richtig ernähren zu können. Bald mangelte es an fast allem.

So kam es, daß sich meine Mutter in ihrer Not an ihren Bruder wandte, der als Offizier in der k. u. k. Armee diente. Er meinte, daß das Militär ständig Leute mit abgeschlossener Ausbildung suche und die Bezahlung auch nicht so schlecht sei, jedenfalls aber deutlich besser als jenes Gehalt, das mein Vater aus seinem erlernten Beruf als Bürstenmacher bezog. Außerdem hätten Armeeangehörige Anspruch auf eine Vielzahl von Privilegien, von denen die ganze Familie profitieren könnte.

Als mein Vater, der immer erklärt pazifistische Ansichten vertrat, am Abend von der Arbeit heimkam und von meiner Mutter mit den Überlegungen ihres Bruders konfrontiert wurde, zeigte er sich nicht gerade begeistert. Im Interesse der Familie versprach er meiner Mutter jedoch, sich die ganze Sache nochmals gründlich zu überlegen.

Kurt Jatner, ein Freund meines Vaters, war ein Jahr zuvor aus den gleichen Überlegungen der Armee beigetreten, so daß ihn mein Vater bat, ihn bei dieser schwierigen Entscheidung zu beraten. Jatner legte meinem Vater nahe, die Gelegenheit zu ergreifen und ebenfalls Offizier zu werden, allein schon deswegen, um der Familie ein besseres Leben bieten zu können. Als Offizier stünde ihm überdies eine glänzende Karriere bevor.

Mitte 1912 wurde dann mein Vater nach eingehender Musterung in den Offizierslehrgang aufgenommen, wo er eine sechsmonatige Ausbildung in der Kaserne in Kaiserebersdorf bei Wien absolvieren mußte. Jetzt konnte er nur noch an den Wochenenden heim zu seiner Familie.

Im Oktober desselben Jahres wurde meinen Eltern das zweite Kind, meine liebe Schwester Frieda, geboren.

Ebenfalls im gleichen Jahr bestand mein Vater die Abschlußprüfungen und wurde als Leutnant der Armee angelobt. Nun zierte ihn nicht nur eine eindrucksvolle Uniform, er verfügte auch über ein ansehnliches Gehalt. Die Familie verfügte also über einen halbwegs gesicherten Lebensunterhalt.

Vater verbrachte zwar den Großteil der Zeit in der Kaserne, verfügte aber über freie Wochenenden und hatte Anspruch auf einen alljährlichen Urlaub, den die Familie meist gemeinsam in Bad Vöslau, einem Kurort südlich von Wien, verbrachte. Vor allem für uns Kinder waren diese Sommerurlaube in Bad Vöslau etwas Großartiges. An heißen Tagen hatten wir die Gelegenheit zu baden oder ausgedehnte Wanderungen im nahegelegenen Wienerwald zu unternehmen. Während des übrigen Jahres verbrachten wir viele Sonntagnachmittage mit Spaziergängen im Prater. Wenn mein Vater in seiner prächtigen Uniform mit blank poliertem Säbel neben seiner Frau und den adrett gekleideten Kindern durch die Hauptallee promenierte und vorbeikommende Soldaten zum Gruß salutierten, waren wir alle sehr stolz auf ihn.

Unser Leben verlief ungetrübt bis zu jenem schicksalshaften Ereignis, das am 28. Juni 1914 den Lauf der europäischen Geschichte nachhaltig verändern sollte. Jene Schüsse, die den österreichischen Thronfolger Franz Ferdinand und dessen Gattin in Sarajevo tödlich trafen, waren der Auslöser, der das europäische Pulverfaß gleichsam in einer Reihe gewaltiger Explosionen detonieren ließ. Österreich-Ungarn erklärte nach Ablauf eines Ultimatums Serbien den Krieg, nachdem es eine Reihe inakzeptabler Bedingungen zurückgewiesen hatte. Serbien wandte sich seinerseits an seinen Bündnispartner Rußland und rief zur Mobilmachung auf. Die Beschlüsse von Potsdam mündeten am 28. Juli in die deutsche Kriegserklärung an Rußland und Frankreich, wobei man mit der Nichteinmischung von England rechnete. Während jedoch die europäischen Regierungen sich auf politischer Ebene nicht einigen konnten, nahmen die militärischen Schritte ihren unweigerlichen Gang. Am 31. Juli ordnete Rußland die Generalmobilmachung an, Deutschland stellte ein Ultimatum und zog gleich. Nun war auch das immer noch lavierende Österreich vor vollendete Tatsachen gestellt und an die Beschlüsse seines Verbündeten Deutschland gekettet. Am 1. August befanden sich Rußland und Deutschland im Krieg, tags darauf überfielen deutsche Truppen Frankreich. Abends um sieben stellte Deutschland ein Ultimatum an Belgien, in dem der ungehinderte Durchmarsch durch belgisches Gebiet verlangt wurde. Am 3. August erklärte Deutschland Frankreich formell den Krieg, am 4. August überschritten deutsche Truppen die belgische Grenze. Damit trat im Gegenzug England in den Krieg ein, das mit Belgien verbündet war. Die Italiener hingegen erklärten ihre Neutralität und weigerten sich, ihrem alten Erzfeind Österreich militärisch beizustehen, so daß dieses System militärischer Allianzen aus nationalistischen Beweggründen, die diesen Krieg überhaupt entscheidend prägten, auseinanderbrach.

Unmittelbar nach Kriegsausbruch wurde mein Vater einberufen und mit dem Kommando über eine Artillerieeinheit betraut, die sofort an die italienische Grenze verlegt wurde. Dadurch war unser Familienleben schwer beeinträchtigt. Immer wieder versuchte sich meine Mutter zu trösten, indem sie uns erzählte, daß der Konflikt bald beendet sein würde und unser Vater bald nach Hause käme. Doch es dauerte fünf Wochen, bis wir von ihm überhaupt ein Lebenszeichen erhielten. Der Brief, den uns Vater schrieb, war allerdings ziemlich nichtssagend, weil er durch die Zensurstellen gegangen war. Im Verlauf des Krieges wurde mein Vater Ende 1915 an der italienischen Front verwundet, und er kam zur Genesung in ein Militärlazarett in der Nähe von Wien. Dort blieb er mehrere Wochen und mußte nach einem kurzen Urlaub wieder zurück an die Front.

Als der greise Kaiser Franz Joseph im November 1916 starb, besuchte ich gerade den Kindergarten. Am Tag, als sein Neffe Karl zum neuen Kaiser gekrönt wurde, waren alle Schulen und Kindergärten geschlossen. Die Kinder schickte man mit Fähnchen in den Farben des Kaiserhauses auf die Straßen der Stadt, wo wahre Menschenmassen auf die Vorbeifahrt des kaiserlichen Paares warteten und beim Herannahen der Kutsche, in der sich Karl und seine Gemahlin Zita befanden, diesen begeistert zuwinkten.

Doch die wirtschaftliche Lage der Bevölkerung war alles andere als erfreulich. Gut in Erinnerung geblieben ist mir noch – ich war damals etwa fünf Jahre alt –, daß man sich am Hannovermarkt, gleich gegenüber jenes Hauses, in dem wir wohnten, um ein halbes Brot anstellen mußte. Nicht selten mußte man dafür fast einen Tag lang in der Schlange stehen. Nach stundenlangem Warten löste dann meine Großmutter meine Mutter ab, die schließlich wieder von mir abgelöst wurde. Auch das Mehl, das man bekam, war von schlechter Qualität, da es sich um Maismehl handelte. Zeitweise mußte Mutter daraus Kekse backen und sie am Nordbahnhof an die Soldaten verkaufen, um die Familie über die Runden bringen zu können.

Das Jahr 1918 brachte endlich das von vielen lang ersehnte Kriegsende. Jedenfalls atmete ganz Wien erleichtert auf, als der Krieg vorbei war, denn mit jedem Monat war die Versorgungslage der Stadt, in der Hunger und Armut herrschten, kritischer geworden. Mit der Abdankung Kaiser Karls war die österreichisch-ungarische Monarchie endgültig zerfallen. Im November 1918 wurde die Republik ausgerufen. Vater kehrte bald nach Kriegsende wieder zu uns heim, trat allerdings einer Gruppe sozialdemokratischer Soldatenräte bei, in der er bis 1920 aktiv war. Nachdem Vater aus der Armee ausgetreten war, versuchte er sich erfolgreich als Bürstenbinder selbständig zu machen. Trotz der schlechten wirtschaftlichen Lage gelang es ihm, sich eine kleine Bürstenbinderei aufzubauen. Kurz nach dem Ersten Weltkrieg kam auch mein Bruder Willi zur Welt.

Die soziale Not der Bevölkerung zu dieser Zeit war unbeschreiblich. Man fing herrenlose Katzen und Hunde, die auf den Straßen herumstreunten, ein, erschlug und schlachtete sie, weil es für viele die einzige Möglichkeit war, sich Fleisch zu beschaffen. Grundnahrungsmittel waren rationiert, doch waren oft nicht einmal jene spärlichen Mengen erhältlich.

Schon in frühester Jugend verbrachte ich meine Freizeit bei den „Kinderfreunden" in der Hannovergasse, genau dort, wo später der „Georg-Schmiedel-Hof", ein moderner Gemeindebau, errichtet werden sollte. An dieser Stelle befand sich vorher ein Holzlagerplatz, den die Stadt Wien aufkaufte und darauf zwei Holzbaracken errichtete, in denen unter anderem das Heim der „Kinderfreunde" untergebracht war. Es gab dort sogar eine Art Bühne, auf der wir Kinder Theater spielen konnten. Im wesentlichen bestanden unsere Aktivitäten aber aus Wanderungen im nahen Wienerwald, denn für eine politische Betätigung waren wir als Kinder zwischen sechs und neun Jahren einfach noch zu jung.

Meine Volksschulzeit in der Volksschule Raffaelgasse werde ich nie vergessen. Wahrscheinlich lag das an meiner Lehrerin, Hermine Weidner, die ich sehr verehrt habe. Frau Weidner, damals eine sehr junge Frau und überzeugte Sozialdemokratin, wußte, daß ich bei den „Kinderfreunden" war, und kannte meinen Vater als Fürsorgerat (später war er auch noch Bezirksrat und hatte dieses Amt bis zum Februar 1934 inne). Die „Kinderfreunde" hatten damals gerade ein eigenes Liederbuch herausgebracht, das Frau Weidner unbedingt für die Klasse anschaffen wollte. Ich konnte meinen Vater dazu bewegen, ihr mehrere Exemplare für die Klasse zur Verfügung zu stellen, so daß ich ihr den Wunsch, mit uns Kindern diese Lieder zu singen, erfüllen konnte.

Unvergeßlich sind auch noch jene Frühsommernachmittage, an denen sie die gesamte Klasse in den Garten ihrer Eltern nach Klosterneuburg einlud. Ihre Worte: „Kinder, der Kirschbaum gehört euch! Klettert hinauf und eßt soviel ihr wollt!" klingen noch in meinen Ohren. Ein Ratschlag, den sie mir in der dritten oder vierten Klasse gab, nämlich „sich im Leben nie unnötig hervorzutun", und den ich später beherzigte, hat mir bestimmt entscheidend beim Überleben des Holocaust geholfen. Der Zufall wollte es, daß ich diese Hermine Weidner, meine verehrte Lehrerin, im Jahr 1983 – sie war eine hochbetagte Frau – kurz vor ihrem Tod wieder traf. Als ich mich mit den Worten: „Frau Lehrerin, mein Name ist Bert . . .", bei ihr vorstellen wollte, ergänzte sie nur „. . . Linder". Nach so vielen Jahrzehnten und allem, was sich seither ereignet hatte, war ich ihr noch als ihr Schüler „Bert Linder" in Erinnerung geblieben! Einer meiner Schulkollegen war Heinz Simonis, der später sehr bekannte Wiener Fotograf.

Als Mitte der zwanziger Jahre die „Roten Falken" als eine Art politisches Gegengewicht zur Pfadfinderbewegung gegründet wurden, trat ich ihnen sofort bei. In der Tat versuchten wir – überaus erfolgreich – viele Elemente dieser Bewegung zu übernehmen, ohne jedoch deren politischer Einstellung auch nur im geringsten nahezustehen. Die vielen politischen Diskussionen, die wir damals führten, haben mich ganz entscheidend geprägt. Im Laufe der Zeit schließlich stieg ich sogar zu einem der Bezirksführer auf, so daß ich auch öfter mit den Gründern der Bewegung, Anton Tesarek und Felix Kanitz, zusammentraf. Später trat ich auch der Partei und dem „Republikanischen Schutzbund" als Mitglied bei.

Ein weiteres einschneidendes Erlebnis war der spektakuläre Tod meiner Großmutter. Ihr Tod war ein Schock für die gesamte Familie, besonders aber für Vater, der ihr Lieblingskind gewesen war und ihre Religiosität sehr respektierte. Obwohl er bekanntlich religiösen Dingen ablehnend gegenüberstand, erachtete er es als moralische Verpflichtung seiner Mutter gegenüber, die Kinder religiös zu erziehen. Um sich also den Anschein von Religiosität zu geben, schickte er uns Kinder am Freitag zum Gottesdienst; allerdings nicht in die orthodoxe „Schul", sondern in den großen „Klucky-Tempel". Am Tag, als meine Großmutter starb, war ich fast genau elf Jahre alt. Großmutter befand sich gerade auf dem Heimweg vom Mathildenplatz, dem heutigen Gaußplatz, als sie von einem furchtbaren Gewitter überrascht wurde. Um sich vor dem Regen in Sicherheit zu bringen, suchte sie Zuflucht unter dem Vordach eines Linoleumgeschäftes an der Ecke Wallensteinstraße/Klosterneuburgerstraße. Dieses Dach hielt allerdings dem starken Sturm nicht stand, so daß es genau auf meine Großmutter stürzte, sich ein Nagel ihr ins Gehirn bohrte und sie auf der Stelle tötete. Großmutter war damals 72. Mit ihrem Ableben war auch die gespielte Religiosität unserer Familie auf einen Schlag zu Ende, und so kam es auch, daß meine „Bar-Mizwa", die bereits vorbereitet war, nie stattfand!

Nach der Volksschulzeit absolvierte ich die Aufnahmsprüfung an der „R IX", Glasergasse 25. Ich kann nicht behaupten, ein guter Schüler gewesen zu sein. Besonders der Religionsprofessor war sehr wütend auf mich und legte meinem Vater wiederholt nahe, mich aus der Schule zu nehmen.

Im Jahr 1928 wurde in der Hannovergasse der Gemeindebau „Georg-Schmiedel-Hof" eröffnet. Als Mandatar der Sozialdemokratischen Partei genoß mein Vater natürlich gewisse Vorzüge, so daß wir noch im gleichen Jahr in diesem Neubau eine Gemeindewohnung beziehen konnten und sich unsere Wohnverhältnisse entscheidend verbesserten. Bis zur zwangsweisen Kündigung durch die Nationalsozialisten haben meine Eltern in dieser Wohnung gelebt. Rückblickend muß ich sagen, daß ich dort die vielleicht schönsten Jahre meines Lebens verbracht habe. Ein Jahr später bestand ich die Matura und inskribierte an der Handelsakademie am Hamerlingplatz. Nach meiner Ausbildung zum Kaufmann bewarb ich mich um eine Anstellung bei den „Steyr-Automobil-Werken" und wurde tatsächlich aufgenommen. Schon in kurzer Zeit stieg ich zum Leiter der Filiale in der Liechtensteinstraße im Alsergrund auf, einem riesigen Geschäft, in dem hauptsächlich „Steyr"-Fahrräder verkauft wurden, aber auch Automobilzubehör für das damals recht populäre „Modell Nr. 12".

Zu dieser Zeit verliebte ich mich in ein Mädchen, das ich bereits seit der Volksschulzeit kannte. Sie hieß Milli, und ich war keineswegs der einzige, der sie umschwärmte. Wegen der damals herrschenden Wirtschaftskrise verlor ich leider meine Anstellung bei Steyr, und obwohl ich arbeitslos war, heirateten Milli und ich im Jahr 1933.

Mein Vater versuchte, mir durch seine guten Verbindungen zu Funktionären der Wiener Stadtverwaltung in dieser wirtschaftlich sehr schwierigen Zeit einen Posten zu verschaffen, und es gelang ihm, Stadtrat Robert Blum dazu zu bewegen, mich wenigstens als Arbeiter bei der GESIBA, der Baufirma der Gemeinde Wien, unterzubringen.

Ich kam also auf eine Baustelle in Stadlau, wo eine der sogenannten „Stadtrandsiedlungen", kleine Einfamilienhäuschen, errichtet wurde. Es war Herbst, der kalte Winter stand noch bevor. Die Arbeiter – kaum einer von ihnen hatte eine Ausbildung – waren einfache und sehr arme Leute, manche waren wie ich Arbeitslose, die wegen der Wirtschaftskrise keine bessere Arbeit finden konnten. Bald wurde ich zum Vertrauensmann ernannt, weil ich mich aufgrund meiner Ausbildung besser ausdrücken konnte als die meisten der Arbeiter und sich auch bald herumgesprochen hatte, daß mein Vater über Kontakte ins Rathaus verfügte. Nicht nur, daß man uns einen Hungerlohn bezahlte, es verfügte auch keiner von uns über wetterfeste Kleidung und geeignetes Schuhwerk oder hätte das nötige Geld aufbringen können, sich solche Sachen selbst zu kaufen. Das Wetter war furchtbar schlecht – es war Winter 1933/34 –, und die Arbeit am Bau mußte bei jeder Witterung durchgeführt werden, um termingerecht fertig zu werden. Also sagte ich zu meinen Kameraden: „Ich sehe nicht ein, warum uns die GESIBA nicht wenigstens geeignetes Schuhwerk zur Verfügung stellt, wenn man schon von uns verlangt, bei diesem Wetter zu arbeiten."

Ich wandte mich an meinen Vater und bat ihn, dieses Anliegen an Stadtrat Blum weiterzuleiten. Vater versprach mir, mit Blum zu reden, meinte aber, er könne sich kaum vorstellen, daß die Gemeinde Wien bereit sei, dafür Finanzmittel locker zu machen. Ich entgegnete, daß mehrere dieser Arbeiter schon erkrankt wären und es unzumutbar sei, ohne geeignetes Schuhwerk mitten im Winter im Freien zu arbeiten.

Drei Tage später wurde das Anliegen der Arbeiter offiziell abgelehnt. Daraufhin organisierte ich einen Streik und forderte die Arbeiter auf, so lange die Arbeit niederzulegen, bis man wenigstens bereit wäre, uns Winterschuhe zur Verfügung zu stellen. Das Erstaunen darüber, daß ich als Sohn eines Parteifunktionärs zu einer solchen Maßnahme bereit war, war groß, doch es war die einzige Möglichkeit, unseren Forderungen den nötigen Nachdruck zu verleihen. Sofort wurde mein Vater von Gemeinderat Blum vorgeladen und wegen des von mir organisierten Streiks zur Rede gestellt. Blum versuchte, meinem Vater klarzumachen, daß ich die Fertigstellung von dringend benötigten Arbeiterwohnungen verzögere, und schrie ihn an: „Was fällt dir denn ein? Dein Sohn hat ja kommunistische Allüren, das können wir keinesfalls dulden. Wir müssen ihn hinausschmeißen!" Der Streik war nicht ganz umsonst – zumindest, was das Ergebnis für meine Kollegen betraf. Sie bekamen ihre Winterschuhe. Ich allerdings wurde als „kommunistischer Rädelsführer" – was natürlich nicht der Wahrheit entsprach – gefeuert.

Anfang 1934 wurde mein Vater, den eine enge Freundschaft mit dem Bezirksvorsteher Enengl verband, Bezirksrat in der Brigittenau. Eine glänzende Karriere innerhalb der Sozialdemokratischen Partei stand ihm bevor, wäre es nicht zu den Ereignissen des 12. Februar 1934 gekommen. Im Gegensatz zu anderen Wiener Bezirken blieb es bei uns in der Brigittenau, abgesehen von einer Schießerei bei der Eisfabrik in der Wexstraße, bei der es auch Schwerverletzte gab, und kleineren Zusammenstößen am Leyplatz, auffällig ruhig. Die Regierung Dollfuß löste das Parlament auf und erklärte alle politischen Parteien für verboten. Zahlreiche Funktionäre der Partei wurden damals verhaftet, und jede legale politische Arbeit war mit einem Mal vorbei. An die Stelle der Demokratie trat die Diktatur des faschistischen Ständestaates. Kurzfristig wurden auch mein Vater und ich verhaftet, auf die „Brigittenau", das Polizeikommissariat in der Pappenheimgasse, zur Einvernahme überstellt und im Anhaltelager Wöllersdorf interniert. Das war allerdings fast ein Sanatorium im Vergleich zu den Lagern, die ich später noch kennenlernen sollte. Ich wurde beschuldigt, einem der Brüder Pokorny – er war der Kommandant einer Bezirksgruppe des „Republikanischen Schutzbundes" – mit meinem Motorrad zur Flucht in die Tschechoslowakei verholfen zu haben. Diese Anschuldigungen stellten sich aber als absolut unwahr heraus, denn meine Maschine war damals in so schlechtem Zustand, daß ich damit eine so weite Fahrt gar nicht gewagt hätte.

Nach meiner Entlassung wurden mir die Buchstaben „PV" in meine Ausweispapiere gestempelt – die Abkürzung für „politisch verdächtig". So gebrandmarkt hatte man normalerweise überhaupt keine Chance, irgendwo wieder einen Posten zu finden. Milli und mir standen harte Zeiten bevor, denn nun mußte sie allein für uns beide sorgen.

Politisch weiterzuarbeiten war sehr schwierig bis unmöglich, da man ständig riskierte, verhaftet zu werden. Die „Arbeiter-Zeitung" wurde in Brünn gedruckt und auf illegalen Wegen verbreitet.

Dennoch fand ich Anfang 1937 eine Anstellung als Chauffeur bei „Eterna", einer bekannten Hemdenfabrik. Deren Besitzer, die Brüder Hönigsberg, hatten als kleine Handelsvertreter angefangen und waren durch die Erfindung eines Hemdes, dessen Kragen auf einfache Weise gewechselt werden konnte, schnell zu großem Reichtum gekommen. Ich mußte einen Dr. Prinz, den Hauptverkäufer, im Firmenwagen, einem Mercedes, durch die Bundesländer fahren und ihn bei seinen Verkaufsverhandlungen begleiten. Dr. Prinz war ein sehr netter und angenehmer Mensch und außerdem sehr gebildet. Seine Arbeit für die Firma war äußerst erfolgreich, obwohl es eigentlich gar nicht schwierig war, nach Bestellungen zu fragen, denn „Eterna" hatte einen so guten Ruf, daß wir praktisch überall, wo wir hinkamen, nur die Listen mit den Bestellungen abzuholen brauchten.

Als ich einmal an einem Montag im Mai oder Juni 1937 wie gewöhnlich in der Firma auf Dr. Prinz wartete, erschien dieser nicht. Er wurde daheim angerufen, meldete sich aber nicht. Der Tag verging, ohne daß sich Dr. Prinz blicken ließ. Es schien einfach jede Spur von ihm zu fehlen, und es wurde immer klarer, daß er samt Familie und der gesamten Wochenlosung von etwa 250.000 Schilling durchgebrannt war. Tage später fand man tatsächlich den leeren Wagen an der italienischen Grenze. Niemand hat je wieder von Dr. Prinz gehört, doch alle wunderten sich über sein Verhalten, da er doch so gut verdiente und es nicht nötig gehabt hätte, eine solche Summe zu unterschlagen. Ein paar Monate später fragten wir uns allerdings, ob Dr. Prinz etwa so klug gewesen sein mochte und die sich bereits abzeichnenden politischen Entwicklungen hatte vorausahnen können.

Die Gelegenheit schien mir damals günstig, um zu versuchen, die vakante und sehr lukrative Stelle selbst einzunehmen. Einer der Brüder Hönigsberg wäre auch sofort einverstanden gewesen, doch der andere hatte Bedenken gegen mich und meinte: „Wie kannst du daran denken, einen Chauffeur als Vertreter anzustellen?" Daraufhin erwiderte dessen Bruder: „Geben wir ihm doch einfach eine Chance."

Also gab man mir einen Ersatzwagen und schickte mich auf die übliche Tour durch Österreich. Von großem Vorteil war, daß mich Dr. Prinz den Kunden als seinen Assistenten vorgestellt hatte und ich daher ein gewisses Vertrauen genoß. Mit viel Glück hatte ich also die Chance bekommen, die Stelle von Dr. Prinz einzunehmen. Als ich mit ebenso großen Aufträgen heimkam, wie vorher Dr. Prinz, hatte ich auch die Sympathie des anderen Hönigsberg-Bruders gewonnen und wurde eingestellt.

In dieser Zeit habe ich wahrscheinlich den besten Verdienst meines Lebens gehabt. Endlich konnte ich auch meiner Frau Milli teure Geschenke machen und sie dazu überreden, ihren Beruf aufzugeben. Zu Weihnachten 1937 erhielt ich überdies noch eine Remuneration von 5000 Schilling, zu dieser Zeit ein unwahrscheinlich hoher Geldbetrag, mit dem ich Milli einen Pelzmantel kaufte.

Kurz darauf schafften wir uns sogar ein eigenes Auto an. Unsere finanzielle Situation hätte also kaum besser sein können, so daß wir von einer schönen gemeinsamen Zukunft träumten. Leider haben die Ereignisse der Märztage 1938 meinem kurzen beruflichen und privaten Glück ein jähes Ende bereitet.

Ich befand mich gerade auf der Heimfahrt von einer Verkaufstour, die mich bis Innsbruck führte, und übernachtete in Linz im „Hotel Kanone“. Als ich am Morgen des 11. März 1938 in den Speisesaal kam, wollte ich meinen Augen nicht trauen – da saßen uniformierte Nazis an einem Tisch, die alle eine Hakenkreuzbinde trugen und sich ziemlich lautstark gebärdeten. Immer wieder waren auch abfällige Bemerkungen und Drohungen gegen Juden zu hören. Da ich meist traditionell österreichisch – graue, kurze Jacke mit grünem Revers – gekleidet war, konnte niemand ahnen, daß ich jüdischer Herkunft war. Der Appetit war mir freilich restlos vergangen. Ich beeilte mich, meine Firma in Wien anzurufen, meldete, was ich soeben mit eigenen Augen gesehen hatte, und fragte meinen Chef: „Herr Dr. Hönigsberg, was soll ich jetzt machen?“ Darauf Dr. Hönigsberg: „Packen S' die Koffer und kommen S' sofort nach Haus'!“ Es sollte meine letzte Fahrt sein.

Am Morgen des 12. März fuhr ich in die Firma, um meine Aufträge abzuliefern, und ging mittags heim, denn Dr. Hönigsberg erklärte mir mit Bedauern, daß er nicht wüßte, wie es jetzt mit der Firma weiterginge. Jedem war klar, daß die Nazis nun ihre

Hand auch nach Österreich ausgestreckt hatten, und die meisten von uns versuchten sich zu beruhigen, indem sie sich einzureden versuchten, daß man das Schlimmste schon noch würde abwenden können. Bundeskanzler Schuschnigg hatte dem österreichischen Bundesheer befohlen, kein Blut zu vergießen und der militärischen Übermacht zu weichen. Das österreichische Bundesheer hätte ja in der Tat gegen die deutschen Truppen nur wenig ausrichten können, dennoch fand praktisch nicht einmal der leiseste Versuch eines Widerstandes statt. Österreich wurde also im März 1938 von den Hitlertruppen kampflos überrollt. Doch ein großer Teil der Österreicher sah sich nicht einmal überfallen, sondern begrüßte vielmehr diesen Anschluß an das Deutsche Reich und jubelte den einmarschierenden Nazis zu!

Noch am Vorabend des eigentlichen Einmarsches sammelten sich überall in Wien Menschenmassen – unter ihnen viele junge Leute –, um Richtung Innenstadt zu marschieren und gegen einen Anschluß zu demonstrieren. Ein solcher Demonstrationszug – bei dem ich dabei war – marschierte über Augartenstraße, Augartenbrücke, Kai und Rotenturmstraße in die Innenstadt, wo bei vielen Autos bereits ein kleines Hitlerbild hinter der Windschutzscheibe steckte. Wo immer wir auf diesem Weg ein solches Auto sahen, schlugen wir dessen Scheiben sofort ein. Wir wußten zwar, daß es bereits zu spät war, um die Ereignisse noch aufhalten zu können, doch wir wollten der Welt zeigen, daß nicht alle Österreicher nazifreundlich gesinnt waren. Als uns eine Gruppe von Nazianhängern mit Hakenkreuzfähnchen entgegenkam, gingen wir auf sie los, verdroschen sie und zündeten ihre Fahnen an. Die Polizei verhielt sich dabei nur beobachtend und auffällig passiv.

Der nächste Morgen begann damit, daß mich das „Horst-Wessel-Lied", das aus irgendeinem Radio plärrte, auf unsanfte Weise weckte. Erst glaubte ich, nicht recht zu hören, doch schnell begriff ich, wie ernst die Lage nun war. Ich erschrak zutiefst, und mir fehlten gänzlich die Worte, um das ausdrücken zu können, was dabei durch meinen Kopf ging. Milli brach sofort in Tränen aus. Verzweifelt fragte ich sie, ob sie mir einen Rat geben könne, was ich nun tun solle, da man ja nicht nur wußte, daß ich Jude war, sondern mich auch als politischen Gegner der Nazis suchen würde. Tätliche Auseinandersetzungen mit den Faschisten standen schon beim Schutzbund auf der Tagesordnung. Ich zweifelte keinen Augenblick daran, daß man mich bald verhaften würde. Also versuchte ich Milli klarzumachen, daß ich wohl bald das Land würde verlassen müssen und mich fürs erste einmal nicht mehr in unserer gemeinsamen Wohnung blicken lassen dürfte.

Auch im „Georg-Schmiedel-Hof" waren nun fast alle Fenster mit Hakenkreuzfähnchen geschmückt. Die besten Freunde meines Vaters hatten gleichsam über Nacht die Seiten gewechselt und sich in Anhänger der Nazis verwandelt. Einer von ihnen, er hieß Karner und war Eisenbahnergewerkschafter, hatte meinen Vater besonders enttäuscht, da er es niemals für möglich gehalten hätte, daß gerade dieser Mann seiner politischen Überzeugung so schnell untreu hatte werden können.

Mir war klar, daß auch mein Vater in Gefahr schwebte, verhaftet zu werden. Der war jedoch ein so begeisterter Österreicher und war der festen Überzeugung, ihm könne allein schon deswegen niemand etwas vorwerfen, weil er im Weltkrieg als Berufssoldat gekämpft und dafür mehrere Auszeichnungen erhalten hatte. Noch einen Tag vor meiner Flucht flehte ich ihn an: „Du warst ein prominenter Sozialdemokrat, man kennt dich! Du mußt das Land verlassen!" Doch er meinte bloß: „Ich habe keine Feinde und nie jemandem etwas getan." Auch sein Parteifreund Selzer, der im gleichen Gemeindebau wohnte, war derselben Ansicht. Beide wurden noch 1938 verhaftet und ins KZ eingeliefert.

Die Brüder Hudicek, die ich aus der Partei kannte, versteckten mich und meinen Bruder Willi in ihrem kleinen Schrebergartenhäuschen in Eßling, wo wir drei Tage, bis zum 17. März, Unterschlupf fanden. Täglich brachten uns meine Freunde zu essen, und auch Milli besuchte uns.

Toni Hudicek war ein Freund, auf den man sich voll und ganz verlassen konnte. Er war einer jener Sozialdemokraten, die auch nach dem Verbot der Partei illegal politisch tätig blieben. Er wußte, wie man gefährdete Genossen relativ sicher durch Deutschland an die belgische Grenze schleusen konnte und welche Dinge man dabei beachten mußte. Er nannte uns eine Kontaktadresse in Aachen, an der man uns weiterhelfen und uns den Grenzübertritt nach Belgien ermöglichen würde.

Er riet uns, erst am 17. März unser Versteck zu verlassen, und zwar in „österreichischer Tracht" – Steireranzug, Knickerbocker und Haferlschuhe –, und ein Hakenkreuzabzeichen im Revers zu tragen.

Am Morgen des 17. März gingen wir so bekleidet bis zur nächsten Straßenbahnstation und fuhren völlig unbehelligt bis zum Westbahnhof. Dort wartete Milli schon auf mich und beschwor mich abermals, sie mitzunehmen. Ich mußte ihre Bitte zurückweisen, da ich meine Instruktionen zu befolgen hatte, wonach ich allein reisen mußte, versprach ihr aber, sie nachzuholen, sobald ich in Belgien Fuß gefaßt hätte. Der Zug fuhr langsam an, und unter Tränen nahmen wir voneinander Abschied.

Es dauerte nicht lange, bis sich die Mitreisenden in unserem Abteil über die politische Lage in Österreich unterhielten. Es schien, als wäre jeder hocherfreut darüber, daß Hitler nun endlich nach Österreich gekommen war, jeder fieberte dem Anbruch eines neuen Zeitalters von Wohlstand und wirtschaftlichem Aufschwung entgegen. Wir waren zutiefst entsetzt ob all dieser positiven Ansichten, hatten wir doch stets gehofft, die Österreicher würden diese Fremdherrschaft zumindest ablehnen.

In Frankfurt bestiegen mehrere uniformierte Nazis unseren Zug, unter ihnen auch einer mit höheren Rangabzeichen. Er trug eine Tellerkappe und über seiner Uniform einen braunen Umhang, wie ihn auch Hitler oft zu tragen pflegte. Alle umstehenden Offiziere salutierten ehrfürchtig vor ihm. Uns wurde etwas mulmig, als er sich ausgerechnet zu uns ins Abteil setzte, nicht ohne vorher die Hand zum Hitlergruß zu erheben. Wir erwiderten seine Geste auf dieselbe Art, um nicht aufzufallen. Da wir an unserer Kleidung unschwer als Österreicher erkennbar waren und er uns wegen der Abzeichen obendrein für überzeugte Parteigenossen hielt, sprach er uns in freundlichem Ton an. Er drückte seine Zufriedenheit darüber aus, daß es gelungen war, Österreich endlich zu „befreien", und zeigte sich hocherfreut, uns – zwei so führertreue Österreicher – kennengelernt zu haben. Seine Freude schien ehrlich zu sein, denn er bot uns ein Stück der Wurst an, die er gerade aß. Glücklicherweise stieg er drei Stationen weiter wieder aus dem Zug, so daß wir erleichtert aufatmen konnten.

In Aachen angekommen, begaben wir uns sofort zu jener Adresse, die uns Toni genannt hatte. Ein älteres Ehepaar, das uns schon erwartet hatte, öffnete die Tür und schüttelte sich vor Lachen beim Anblick unserer Abzeichen, die wir scheinbar viel zu auffällig angesteckt hatten. In der Nacht holte uns ein junger Mann ab, der uns zur Grenze führte und uns genau erklärte, auf welchem Weg man hinüber nach Belgien gelangen konnte. Wir müßten in den Zug nach Vervier steigen und von dort weiter nach Brüssel fahren, der Endstation unserer Reise. Wir marschierten etwa zwei Stunden durch die Dunkelheit, bis wir zu einem Haus kamen und merkten, daß wir uns bereits in Belgien befanden.

Vor lauter Erleichterung fielen wir auf die Knie und küßten weinend den belgischen Boden. Plötzlich hörten wir Stimmen, die sich auf deutsch unterhielten. Wir warfen uns flach auf den Boden und erkannten zwei deutsche Grenzsoldaten, die auf Streife waren und offenbar nach illegalen Grenzgängern suchten. Wir hielten den Atem an, um uns nur ja nicht bemerkbar zu machen, und wähnten uns erst in Sicherheit, als sie bereits 200 Meter weiter waren. Zum Glück waren wir nachts unterwegs! Wir warteten noch einige weitere Minuten und krochen auf allen vieren noch ein paar hundert Meter, bis wir völlig sicher waren, tatsächlich nicht mehr auf deutschem Territorium zu sein.

Wir erreichten schließlich auch die Bahnstation und schlugen uns mit dem bißchen Französisch, das wir beherrschten, bis nach Vervier durch. An der Adresse, die man uns in Aachen gegeben hatte, fanden wir einen sehr liebenswürdigen Mann, der sich uns als Anwalt und Obmann der örtlichen Sozialdemokraten vorstellte. Mit seinem Privatwagen brachte er uns zum Westbahnhof, von wo die Züge nach Brüssel verkehrten. Während der Fahrt befragte er uns über die politische Situation in Österreich, und zum ersten Mal schämten wir uns, sagen zu müssen, daß die Österreicher großteils sehr nazifreundlich eingestellt waren. Am Bahnhof kaufte er uns noch die Fahrkarten und nannte uns eine Adresse in Brüssel, die wir sofort aufsuchen sollten. Beim Abschied steckte er uns mehrere belgische Banknoten zu.

Ich erinnere mich noch, daß es Samstagmorgen war, als wir am Gare du Nord in Brüssel ankamen. Ich war etwas unsicher, weil ich mich nun auf mein Französisch verlassen mußte, das ich im Gymnasium gelernt hatte. Als ich am Ausgang einen Polizisten sah, fragte ich ihn: „S'il vous plait, Monsieur, je veux bien arriver a la Maison du Peuple, comment dois je aller?" Ich kam mir ziemlich lächerlich vor, denn der Polizist schien nicht zu verstehen, was ich gesagt hatte, und fragte mich auf deutsch, wohin ich denn wolle. Mein Vater, der sehr viel Geld in meine Ausbildung gesteckt hatte, wäre sicherlich enttäuscht von mir gewesen.

Mit der Straßenbahn kamen wir nach dreimaligem Umsteigen schließlich beim Maison du Peuple an, wo wir allerdings nur den Pförtner antrafen, der sich ebenfalls schon im Gehen befand. Am Wochenende sei das Gebäude eigentlich geschlossen, informierte uns der Mann.

Er machte sich große Sorgen um unsere Sicherheit, führte doch die belgische Polizei fast täglich wegen der vielen politischen Flüchtlinge, die sich illegal im Land befanden, überall Razzien durch. Er griff zum Telefon, um sich zu erkundigen, wie er uns helfen könne. Nach dem Gespräch sagte er uns, wir mögen am Montag um acht Uhr früh einen gewissen Monsieur Guillaum Van der Veeken hier im Gebäude aufsuchen, uns aber bis dahin keinesfalls auf der Straße herumtreiben, sondern irgendwo Unterschlupf suchen, am besten in einem Hotel. Der gute Mann merkte allerdings, daß wir ziemlich verzweifelt waren, so daß er uns zwei Decken und übriggebliebene Speisen brachte und uns erlaubte, ausnahmsweise im Gebäude zu übernachten.

Das Warten bis zum Montag erschien uns endlos. Als es dann endlich soweit war, erfuhren wir verwundert, daß Van der Veeken schon von Vervier aus über unser Eintreffen informiert worden war. Er stellte jedem von uns eine Bescheinigung aus, in der stand, daß wir unter dem Schutz des Matteotti-Fund, einer Hilfsorganisation für Flüchtlinge, standen. Wir bekamen auch etwas Geld, jedenfalls genug, um sich eine Woche über Wasser halten zu können. Trotzdem, so erklärte man uns, bekämen wir demnächst eine Vorladung von jener Kommission, die darüber zu befinden hatte, wer als politischer Flüchtling anerkannt wurde und im Land bleiben durfte.

Untergebracht wurden wir in einem kleinen Zimmer, in dem sich nur ein Stockbett befand, das aber ansonsten einen recht sauberen Eindruck machte. Das erste, an das wir dachten, war eine Dusche. Dazu mußte man das Gemeinschaftsbad benützen, das für insgesamt zwölf Personen gedacht war. So viele Menschen lebten nämlich – uns eingeschlossen – in diesem Quartier unter einem Dach. Danach fielen wir erschöpft ins Bett, wo wir mit kurzen Unterbrechungen fast 48 Stunden schliefen.

Beim Aufwachen galten meine ersten Gedanken meiner Frau Milli. Ich wollte ihr unbedingt sofort schreiben. Wegen der Zensur, die vor allem Briefe aus dem Ausland betraf, wollte ich mir aber erst überlegen, welche Einzelheiten ich erwähnen sollte.

Ich dachte daran, wie schön Milli doch war, und erinnerte mich an unsere erste Begegnung, als wir noch Kinder waren; sie elf und ich zwölf. Wir wohnten nur einen Block voneinander entfernt und hatten also den gleichen Schulweg. Einige Jahre später waren wir dann in der gleichen Jugendorganisation, wo wir beide an vielen gemeinsamen Ausflügen teilnahmen und uns dabei allmählich immer näher kamen. Milli war mit meiner Schwester Frieda, die gleich alt war, eng befreundet.

Dann fiel mir wieder ein, wie ich das erste Mal mit ihr geschlafen hatte: Ich hatte sie nach Hause begleitet, und wir stellten fest, daß ihre Eltern ausgegangen waren. Ich war damals gerade 17 und Millis erster Liebhaber, worauf ich sehr stolz war. Es waren die schönsten Momente, die ich mit ihr zusammen verbracht habe. Als die Eltern heimkamen, war Millis Mutter entsetzt, mich so spät anzutreffen. Man merkte ihr an, daß sie ahnte, was zwischen uns vorgegangen war. Der Vater hingegen gab sich sehr gelassen.

Milli hatte zwei Brüder, Richard und Hansl. Hansl, der jüngere der beiden, war Oberkellner im weltberühmten Wiener Hotel „Imperial", Richard war Juwelier. Während Hansl ausgesprochen antisemitisch eingestellt war, kamen Richard und ich gut miteinander aus. Richard war übrigens mit einem jüdischen Mädchen verlobt. Als er 1929 bei einem Verkehrsunfall ums Leben kam, war ich sehr traurig.

Ja, Milli war wirklich bildschön! Sie hatte einmal sogar für einen bekannten Fotografen Modell gestanden, die Bilder wurden damals übrigens auch veröffentlicht.

Als wir beide noch nicht verheiratet waren, gab mir Milli oft Anlaß zur Eifersucht. Ich erinnerte mich an einen jungen Mann, der einmal auf sie vor dem Haus mit dem Motorrad gewartet hatte. Sie erklärte mir, er sei Hansls Kollege vom Hotel „Imperial", der sie manchmal abhole. Als er mich allerdings bemerkt hatte, gab er Gas und brauste davon. Einige Tage darauf erzählte mir Milli erneut von dem Kerl. Er hatte ihr wohl schöne Augen gemacht und sie zu einer Verabredung bewegen können. Unattraktiv war er ja nicht, und in gewisser Weise hatte er mehr zu bieten als ich. Ich war ein Jude ohne Geld, er hatte eine gutbezahlte Arbeit als Hotelangestellter und besaß ein Motorrad, mit dem er Milli ausführen konnte.

Doch das alles war nach unserer Heirat kein Thema mehr. Es war übrigens eine sehr schlichte Zeremonie in einem Standesamt, zu der nur unsere Angehörigen und die engsten Freunde eingeladen waren. Mein Vater ermöglichte es uns durch seine Beziehungen, rasch zu einer Gemeindewohnung zu kommen, auf die man im allgemeinen lange warten mußte. Kurz vor diesem erfreulichen Ereignis erkrankte Millis Vater schwer und starb. Noch am Sterbebett mußte ich ihm versprechen, für seine Tochter zu sorgen und sie glücklich zu machen.

KAPITEL III

Zwischenstation Brüssel

März 1938 bis Mai 1940

Als ich von meinen Tagträumen wieder zurück in die kalte Realität gefunden hatte, schrieb ich meinen Brief an Milli.

Als nicht anerkannte Flüchtlinge war uns die Annahme jeder Art von bezahlter Arbeit natürlich verboten. Die Versuchung, sich trotzdem etwas Geld dazuzuverdienen, war allerdings sehr groß, obwohl mit nicht zu unterschätzenden Gefahren verbunden. Leicht riskierte man dadurch eine Abschiebung nach Deutschland.

Als ich eines Tages an einer Brüsseler Niederlassung der Ford-Automobilwerke vorbeiging, konnte ich dieser Versuchung einfach nicht mehr widerstehen. Kurz entschlossen betrat ich die Firma, verlangte den Personalchef und erzählte ihm offen, warum ich gekommen war. Der Mann war sehr freundlich, und ich schien ihm sympathisch zu sein, doch er gab mir zu verstehen, daß es gegen das Gesetz verstoße, mir Arbeit zu geben. Ich wandte ein, daß es ja keine Probleme gäbe, so lange niemand dahinterkäme. Ich war überzeugt, daß die Mehrheit der Mechaniker Gewerkschaftsmitglieder seien und einen politischen Flüchtling, der auf redliche Weise etwas Geld verdienen wollte, nicht verpfeifen würden. Schließlich ließ sich der Mann unter der Bedingung, mich bar zu bezahlen, doch dazu überreden, mich anzustellen. Am Montag nach diesem Gespräch fing ich als Mechanikergehilfe in der Werkstatt an. Das Wissen, das ich mir in meiner Zeit bei Steyr angeeignet hatte, kam mir dabei sehr zugute. Leider kam nach sieben Wochen unerwartet das Ende, da mich offenbar jemand angezeigt hatte. Ein Polizeibeamter nahm mich am Arbeitsplatz fest und überstellte mich der Fremdenpolizei, die Firma bekam eine saftige Geldstrafe.

Bei der Polizei mußte ich ein Papier unterschreiben, mit dem ich die Annahme eines illegalen Arbeitsverhältnisses eingestand, und kam zusammen mit zwei anderen Flüchtlingen, die desselben Vergehens bezichtigt wurden, in eine Zelle.

Nach zwei Tagen wurde ich einem Polizeibeamten vorgeführt, der mir mitteilte, man würde mich nach Deutschland abschieben. Mir war klar, daß damit meine Tage gezählt waren, und ich beschwor den Mann, mir zu gestatten, Monsieur Van der Veeken zu verständigen, der die Sache klären könne. Diese Bitte wurde abgelehnt. Zufällig konnte aber einer der Mitgefangenen, der in Brüssel einen Bekannten hatte, wohl durch die Zahlung von Schmiergeld seine Enthaftung erwirken. Kurz bevor er entlassen wurde, bat ich ihn, Van der Veeken aufzusuchen und ihm von der Abschiebung, die mir drohte, zu erzählen.

Fünf Stunden später kam ich aus der Zelle und saß Van der Veeken gegenüber, der mich grimmig ansah. Er hatte sich schriftlich dafür verbürgen müssen, daß ich künftig keine illegale Beschäftigung mehr annehmen würde. Vor der Polizeistation machte mir Van der Veeken Vorwürfe und erinnerte mich daran, wie glimpflich ich diesmal noch davongekommen war. Einen Monat später wurde ich dann auf Empfehlung des Matteotti-Fund als politischer Flüchtling anerkannt und bekam den gelben Flüchtlingsausweis. Damit war nun mein Aufenthalt in Belgien legalisiert, und ich konnte jede Art von Arbeit annehmen. Der erste Weg führte mich sofort zu meinem letzten Arbeitgeber, dem ich so viele Probleme bereitet hatte, um mich zu entschuldigen, und es gelang mir, meinen alten Job wieder zu bekommen.

Unterdessen kamen Millis Briefe immer spärlicher, ja viele meiner Briefe an sie blieben sogar unbeantwortet, wie zum Beispiel jener, in dem ich ihr mitteilte, daß ich für sie eine Arbeitserlaubnis als Friseuse beschaffen könnte, mit der sie leicht zu einem Visum käme. Ich begann mir Sorgen zu machen, weil ich mir nicht erklären konnte, was geschehen war. In dieser Situation erreichte mich das knappe Schreiben Dr. Hauslichs, einem engen Freund meines Vaters, in dem er mir mitteilte, Milli sei im zweiten Monat schwanger und hätte versucht, ihn zu einer Abtreibung zu bewegen, um nach Belgien nachkommen zu können. Mein Bruder Willi sagte mir, er hätte von einem Freund aus Wien erfahren, daß sich Milli wieder mit dem Freund ihres Bruders treffe und sie nicht sicher sei, ob sie überhaupt nach Belgien kommen wolle. Ich war entsetzt und dachte sofort daran, daß Milli vielleicht von diesem Mann schwanger war. Ich antwortete Dr. Hauslich, nichts zu unternehmen, ohne mich zu informieren. Gleichzeitig schrieb ich meinen Eltern, was ich über Milli gehört hatte, und richtete natürlich auch einen Brief an Milli, um sie zu fragen, ob das alles wahr sei.

Nur meine Eltern antworteten mir. Ich erfuhr, daß Mutter und Frieda bei Milli gewesen waren, um einige Sachen von mir abzuholen. An der Wohnungstür standen sie Millis Mutter gegenüber, die sie anschrie und unsere Familie auf ordinäre Weise beschimpfte. Sie weigerte sich, irgendwelche Sachen aus der Wohnung herauszugeben, und drohte mit der SS. Normalerweise ließ sich meine Mutter nicht so leicht einschüchtern, doch damals mußten Juden ständig um ihr Leben bangen. Auch Milli ließ sich nicht erweichen, obwohl meine Schwester Frieda sie flehentlich bat, ihr meine persönlichen Habseligkeiten zu geben, an denen mir sehr gelegen wäre. Da Frieda und meine Mutter nicht gleich gingen, zückte Millis Mutter einen Besen und verjagte die beiden. Mutter war zutiefst darüber bestürzt, daß sich Milli in so kurzer Zeit so sehr verändert hatte.

Dann erhielt ich wieder einen Brief von Milli, in dem sie mir versicherte, sie sei immer noch meine Frau und wolle zu mir nach Belgien kommen, wenn ich nur Dr. Hauslich vorher überreden könnte, ihr Kind abzutreiben. Als ich diese Zeilen las, war mir endgültig klar, daß das Kind nicht von mir sein konnte. Die Gewißheit, daß Milli mich betrogen hatte, war ein schwerer Schlag, und ich brauchte lange, bis ich mich damit abfinden konnte. Dr. Hauslich bat ich sofort, überhaupt nichts zu tun, da ja Abtreibungen in Hitler-Deutschland verboten waren und es für einen jüdischen Arzt noch ungleich riskanter war, an einer Nichtjüdin heimlich eine Abtreibung durchzuführen. Dr. Hauslich hätte damit Kopf und Kragen riskiert, wäre aber als guter Freund der Familie bereit gewesen, sich dieser Gefahr auszusetzen. Unter den gegebenen Umständen fand ich aber, daß es Milli einfach nicht wert war, ihn um diesen großen Gefallen zu bitten.

Milli teilte ich mit, daß sie sich einen anderen Arzt suchen solle. Sollte sie damit Erfolg haben, so wäre ich bereit, ihr zu verzeihen, und sie könne zu mir nach Brüssel nachkommen. Ich weiß, daß dieser Vorschlag lächerlich klingen mag und ich im Normalfall zu stolz gewesen wäre, an so einen Handel überhaupt zu denken. Doch als Flüchtling allein in einem fremden Land fühlte ich mich sehr unsicher und hatte schreckliche Angst, Millis Verlust nicht ertragen zu können.

Zuletzt erhielt ich von einem Wiener Anwalt die Scheidungspapiere. Ein Gericht hatte erkannt, daß unsere Ehe zu lösen sei, und damit begründet, daß ich meine Frau verlassen hätte und außerdem jüdischer Herkunft sei, was erschwerend hinzukäme. Außerdem wurde ich bezichtigt, Milli oft geschlagen zu haben, weil sie arisch sei. Gegen das Urteil sei keine Berufung möglich. Ich zeigte das Papier in Brüssel einem Anwalt. Dieser belächelte zwar die absurde Urteilsbegründung, sah aber keine Möglichkeit, daran etwas zu ändern. Jetzt war ich mir bewußt, daß ich Milli verloren hatte und sie niemals mehr wiedersehen würde. Dieser Gedanke weckte in mir eine Todessehnsucht, und es dauerte mehrere Monate, bis ich mich wieder aufraffen und an eine weitere Zukunft denken konnte.

Um meine Sorgen zu verdrängen, stürzte ich mich von einer kurzen Liebschaft in die andere. Diese für mich völlig neuen Erfahrungen schienen mir damals mein Selbstvertrauen auf eine gewisse Weise wiederzugeben.

Als ich mich psychisch halbwegs erfangen hatte, begannen die Ereignisse des 10. Mai 1940, an dem die Deutschen mit dem Überfall auf Belgien begannen. König Leopold hatte seinem Volk immer verkündet, er werde sein Vaterland bis zum letzten Atemzug verteidigen. Er hatte allen Ernstes geglaubt, der Albertkanal sei eine unüberwindbare Barriere und die belgische Armee könne der Deutschen Wehrmacht nennenswerten Widerstand entgegensetzen. Aus der Geschichte wissen wir, daß Belgien innerhalb weniger Tage überrannt wurde und der König nicht nur kapitulierte, sondern sich sogar Hitler anbiederte und von diesem dafür zum Statthalter eingesetzt wurde. König Leopold hatte schon immer im Verdacht gestanden, mit den Nazis zu sympathisieren, besonders seit seiner Ehe mit der Tochter einer Nazigröße.

Jener unselige Tag begann für mich damit, daß ich wie üblich um 7 Uhr früh das Haus verließ, um zur Arbeit bei der Firma Placemen zu gehen. Unterwegs wurde ich von zwei belgischen Polizisten aufgehalten und perlustriert. Ich trug meine Papiere stets bei mir, um mich als anerkannter politischer Flüchtling ausweisen zu können. Ich zeigte auch die Bescheinigung vor, die mir die sozialistische Partei ausgestellt hatte. Zu meiner Verwunderung wurde ich daraufhin verhaftet und auf die Polizeipräfektur gebracht. Dort führte man mich dem Polizeichef vor, der einen Blick auf meine Papiere warf und mir vorhielt, zur sogenannten „fünften Kolonne" zu gehören. So bezeichnete man Deutsche, die im Ausland lebten und für ihr Land spionierten. Ich erklärte, daß ich ja selbst politischer Flüchtling sei und vielmehr vor den Nazis geflohen war, was die Papiere, die er in Händen hielt, doch bescheinigten. Laut lachend zerriß er die Dokumente, die für mich von so großem Wert gewesen waren, und nannte mich wieder einen Nazi. Dann diktierte er einem Beamten ein kurzes Geständnis und verlangte von mir, dieses zu unterschreiben. Da ich damit zugegeben hätte, der fünften Kolonne anzugehören, verweigerte ich meine Unterschrift. Der Mann schrie mich zornig an, warf mir alle möglichen Beleidigungen an den Kopf und ließ mich schließlich wieder in eine Zelle zurückbringen, in der sich andere Leidensgenossen – vorwiegend Deutsche und Österreicher – befanden, die man derselben Tat verdächtigte. In der Zelle wurde es zunehmend enger, denn man brachte immer mehr solcher Gefangener.

KAPITEL IV

Südfrankreich

1940 bis 1943

Am darauffolgenden Morgen lud man uns in ein großes Polizeifahrzeug, mit dem wir in ein Sammellager transportiert wurden. Dort befanden sich bereits mehrere hundert Flüchtlinge, darunter auch einige Deutsche, die sich zwar als solche ausgaben, allem Anschein nach aber zu jener berüchtigten „fünften Kolonne" gehörten. Wir hielten uns von ihnen fern und sprachen in ihrer Anwesenheit auch kein Wort, weil wir wußten, daß von ihnen Gefahr drohte. Das gesamte Gelände wurde von belgischen Soldaten schwer bewacht. Noch am selben Nachmittag mußten wir im Hof in Reih und Glied antreten. Anschließend kam der Befehl zum Abmarsch. In Zehnerreihen setzte sich der lange Zug von Flüchtlingen in Bewegung, wobei uns die belgischen Wachmannschaften stets im Auge behielten. Niemand von uns wußte, wohin man uns bringen würde, aber schon bald stellte sich heraus, daß es Richtung Bahnhof ging. Am Weg dorthin wurden wir von der belgischen Bevölkerung mit obszönen Bemerkungen bedacht, man schimpfte uns „dreckige Deutsche", einige öffneten sogar ihre Fenster und schütteten Kübel mit Fäkalien auf unsere Köpfe. Die Situation war für uns höchst beschämend, doch wir hatten eine Erklärung für diesen Spießrutenlauf: Da die belgische Armee vor der Deutschen Wehrmacht kapituliert hatte, richtete sich der ganze Zorn der Zivilbevölkerung nun gegen uns. Wohl aus Nationalstolz betrachtete man uns als so etwas wie Kriegsgefangene, um sich zu beweisen, daß es doch noch eine Art von wirkungsvollem Widerstand gab.

Schließlich pferchte man je 50 Männer in einen der bereitstehenden Viehwaggons. War einer zum Bersten voll, wurde die Tür sofort verriegelt. Den ganzen Nachmittag über und bis in die

Nacht hinein verharrte dieser Zug der Verdammten an Ort und Stelle. Keiner hatte auch nur die geringste Ahnung, wohin wir gebracht würden. Die ganze Nacht über waren Flugzeuglärm und entfernter Kanonendonner zu hören.

Erst am kommenden Morgen begann der Zug langsam anzurollen. Ohne Zweifel ging es westwärts, ein Umstand, der uns wie ein kleiner Lichtblick erschien, weil wenigstens festzustehen schien, daß man uns nicht nach Deutschland abschieben würde. Die Fahrt verlief sehr langsam, einmal machte der Zug sogar für mehr als zwei Stunden halt. Später erfuhren wir auch, warum: Man hatte die Waggons mit Aufschriften wie „Deutsche Schweine" und „Fünfte Kolonne" bemalt, worauf sich einige nationalistische Belgier kurzerhand entschlossen, zwei der Waggons in Brand zu stecken. Dabei kamen 45 Menschen hilflos zu Tode, viele andere wurden schwer verletzt. Tagsüber stand der Zug immer wieder still und fuhr nur kurze Strecken, doch nachts setzte er die Fahrt mit höherem Tempo fort.

Nach zehn Tagen Fahrt hielten wir irgendwo in Frankreich. Als die Nacht hereinbrach, holte man uns aus den Waggon und wir konnten erkennen, daß wir uns in einem militärischen Barackenlager befanden. In der Dunkelheit hörten wir Soldaten, denen auf französisch Befehle erteilt wurden. Zumindest waren wir nun unsere belgischen Bewacher los, die sich während der gesamten Fahrt als ziemlich unberechenbar erwiesen hatten. Allein in unserem Waggon waren vier ältere Menschen gestorben, deren Leichen mehrere Tage neben uns lagen. Die Erleichterung darüber, daß sich die Türen der Waggons endlich öffneten und wir nicht mehr diesem entsetzlichen Gestank von menschlichen Exkrementen und verwesenden Körpern ausgesetzt waren, der uns zehn fürchterliche Tage lang begleitete, war bei jedem von uns groß.

Die französische Armee hatte mehrere Tankwagen mit Trinkwasser bereitstellen lassen, wofür wir uns in langen Schlangen anstellen mußten. Ein französischer Kommandant verkündete, daß wir ab sofort Kriegsgefangene der französischen Armee seien und in Baracken untergebracht würden. Als Bewacher waren Marokkaner, die ebenfalls in der französischen Armee dienten, abkommandiert worden. Diese farbigen Soldaten trugen zwar französische Uniformen, zusätzlich aber noch einen Fez, die traditionelle marokkanische Mütze. Schon bald sollten wir dahinterkommen, daß sie uns nichts als Verachtung entgegenbrachten, uns mißhandelten und sogar manche mit ihren Bajonetten schwer verwundeten.

In diesem Lager traf ich zufällig meinen Bruder Willi wieder. Wie ich selbst war auch er am gleichen Tag in Belgien verhaftet worden, so daß wir beide hier nach Le Vignet, in die Provinz Haute-Vienne, deportiert worden waren. Der französische Kommandant verhielt sich den Gefangenen gegenüber recht anständig und ließ uns wissen, daß es dabei bleiben würde, solange wir ihm keine Schwierigkeiten bereiteten. Auch er konnte uns keinen triftigen Grund für unsere Inhaftierung nennen, sagte uns aber gleich, daß wir verhört würden, weil man herausfinden wolle, wer als deutscher Spion und wer als Flüchtling einzustufen sei.

Dazu kam es allerdings nicht mehr. Nachdem die belgischen Streitkräfte kapituliert hatten, stießen die Deutschen nach Frankreich vor und bereiteten eine Großoffensive vor. In der Tat handelte es sich ja nur um eine Frage von Tagen, bis auch die legendäre Maginot-Linie überschritten war. Dabei hatten sich die Franzosen stets der Illusion hingegeben, daß dies niemals geschehen könne. Welch lächerliche Vorstellung!

Da der deutsche Vormarsch unaufhörlich weiterging, wurden wir zwei Wochen nach unserer Ankunft in Le Vignet neuerlich evakuiert. Wieder pferchte man uns unter Schlägen durch die Marokkaner in Viehwaggons – mehr als 50 Mann pro Waggon – und schob uns ganze fünf Tage quer durchs Land. Es gab fast nichts zu essen und überhaupt kein Wasser. Während der wenigen und nur kurzen Aufenthalte wurden die Schiebetüren entriegelt und Kübel mit Wasser hereingereicht. Dieses Wasser war aber so schmutzig und übelriechend, daß wir es nicht anrührten und jedem abrieten, davon zu trinken, um sich nicht auch noch gefährliche Krankheiten – Cholera etwa – einzuhandeln. War der Hunger schon schlimm genug, der Durst aber war das allerschlimmste, so daß die Stimmung im Inneren des Waggons äußerst gespannt war und bei vielen in Wutausbrüche umschlug. Allmählich raubten diese Qualen jedem von uns den Verstand.

Endlich hatten wir das Ziel unserer Irrfahrt, Saint Cyprien, eine kleine Ortschaft bei Perpignan an der spanischen Grenze, erreicht. Mit Lastwagen transportierte man uns in das gleichnamige Lager, von dem wir schon aus Erzählungen über den Spanischen Bürgerkrieg gehört hatten. Viele der Spanienkämpfer, die gegen Franco gekämpft hatten, flohen nach der Niederlage der republikanischen Kräfte über die Pyrenäen nach Südfrankreich, wo man sie in Lagern wie etwa diesem festhielt.

Das Lager Saint Cyprien lag direkt am Strand und bestand aus schäbigen Baracken, die auf Sand gebaut waren. Die sanitären Einrichtungen erwiesen sich als sehr primitiv, und als Nachtlager mußten wir mit dem nackten Sandboden das Auslangen finden. Die französischen Soldaten, die uns bewachten, waren zwar im allgemeinen recht anständig, doch dann und wann verprügelten sie aus purer Langeweile den einen oder anderen. Eine Gruppe von uns Gefangenen besprach untereinander, wie man die Versorgungsprobleme im Lager besser in den Griff bekommen könne. Man beschloß, einen von uns als Mittelsmann zwischen uns und dem Lagerkommandanten zu wählen. Wir wählten einen gewissen Julius Gross, der fließend Französisch sprach und außerdem einen sehr sympathischen Eindruck machte, zu unserem Vertrauensmann und sandten ihn mit unserem Anliegen sofort zum Kommandanten.

Unser Unternehmen zeigte tatsächlich Wirkung. Julius kam zu uns zurück und konnte berichten, daß der Kommandant angeordnet hatte, eine Gruppe von zwölf Männern aufzustellen, die sich zutrauten, für mehrere hundert Personen zu kochen. Julius hatte auch Gelegenheit gehabt, einen Blick in eine Baracke zu werfen, die über eine komplett eingerichtete Küche verfügte. Einer dieser zwölf Männer war ich selbst. Zunächst trommelten wir alle im Lager zusammen, so daß Julius die freudige Nachricht verkünden konnte. Jeder war froh, daß wir nun organisiert waren und selbst zur Verbesserung unserer Lage beitragen konnten. Dann begannen wir sofort, die Küche auf Hochglanz zu bringen. Wir arbeiteten die ganze Nacht durch, denn der Kommandant hatte angekündigt, die Küche am nächsten Tag zu inspizieren. Nur für den Fall, daß alles zu seiner Zufriedenheit war, wollte er uns erlauben, weiterzuarbeiten, und wäre bereit, Lebensmittel zur Verfügung zu stellen.

Als der Kommandant gleich am nächsten Morgen zur Inspektion kam, war er von unserer Leistung beeindruckt. Der Zubereitung unserer ersten Mahlzeit für mehr als 600 Leute stand also nichts mehr im Wege. Unter den Lebensmitteln, die angeliefert wurden, befand sich auch ein 200-Liter-Faß mit Rotwein, das natürlich besonderen Gefallen fand. Unter den gegebenen Umständen versuchten wir, das Beste aus unserer Lage zu machen und unser Leben halbwegs erträglich zu gestalten.

Eines Tages fand ein Kamerad ein halbautomatisches Gewehr, das im Sand vergraben war. Später entdeckten wir noch zahlreiche weitere dieser Waffen, die alle noch von den ehemaligen Spanienkämpfern aus dem Jahr 1936 stammten. Viele von ihnen, so hörten wir, waren an Malaria oder anderen Krankheiten, die in diesem Klima verbreitet waren, zugrunde gegangen. Wegen der langen Zeit, die sie im Sand gelegen hatten, und der hohen Luftfeuchtigkeit waren die Waffen aber nicht mehr funktionstüchtig. Einige der Gefangenen hatten sogar kleine Radioapparate hereingeschmuggelt, namentlich Deutsche, die bis zu ihrer Verhaftung in Belgien gelebt hatten. Ich bin sicher, daß das Leute der „fünften Kolonne" waren, Nazis, die – im Ausland lebend – für die Deutsche Wehrmacht spioniert hatten. Über ihre Radios hielten sie sich stets über alles am laufenden. Dadurch erfuhren wir auch, daß die französische Armee kapitulierte.

General Pétain, der sich schon im Ersten Weltkrieg verdient gemacht hatte, sah die drohende Niederlage gegen die Deutschen herankommen, nachdem diese die Maginot-Linie überquert hatten, als existiere sie gar nicht. Am 20. Juni 1940 schloß er in Marschall Fochs altem Salonwagen im Wald bei Compiègne einen Waffenstillstand. Zwei Tage später wurde mit Italien ein ähnliches Übereinkommen ausgehandelt. Formell hatte die französische Regierung zwar die Oberhoheit über ganz Frankreich, einschließlich der Kolonien – mit Ausnahme von Elsaß-Lothringen, das wieder von Deutschland annektiert wurde –, doch beanspruchte Deutschland alle Rechte eines Besatzers in den Gebieten nördlich und westlich einer Linie, die von der schweizerischen Grenze bei Genf durch Bourges bis zu einem Punkt östlich von Toursand gezogen wurde und dann weiter südwärts bis Saint Jean-Pied-de-Port an der spanischen Grenze verlief.

Damit war Frankreich faktisch in zwei Zonen geteilt. Diese Demarkationslinie sollte bis zum November 1942 als Grenze der deutschen Okkupation bestehen bleiben. Paris und die großen Industriezentren des Landes sowie die Kanal- und Atlantikküste befanden sich in deutscher Hand. Die unbesetzte Zone war größtenteils Agrarland und enthielt auch die Mittelmeerküste, die den Zugang zu den nordafrikanischen Kolonien ermöglichte. Auch das Lager Saint Cyprien lag an der Mittelmeerküste. Die Deutschen hatten etwa 250.000 Gefangene gemacht und verlangten von den Franzosen, für die Besatzungskosten aufzukommen. Frankreich wurde formell gestattet, eine Armee von 100.000 Mann sowie die Marine zu behalten, die jedoch entwaffnet wurden. Dieses Abkommen war nur als Atempause im Kampf um England gedacht, in Wahrheit war ja Frankreich durch diesen Waffenstillstand für vier Jahre von der politischen Landkarte verschwunden, obwohl es durch die Vichy-Regierung von Marschall Pétain regiert wurde. Trotzdem schlossen sich Teile der Bevölkerung dem bewaffneten Widerstand an. Noch vor der Unterzeichnung des Waffenstillstandes war General Charles de Gaulle nach London geflohen und hatte dort die Bewegung für ein freies Frankreich gegründet.

Marschall Pétain war bei den Franzosen äußerst unbeliebt, weil man ihn als Kollaborateur ansah.

Bis Oktober 1940 waren viele der Lagerhäftlinge an lebensbedrohlichen Infektionen erkrankt, die auf die verheerenden sanitären Bedingungen zurückzuführen waren. Da unsere Bewacher die meiste Zeit über betrunken waren, kümmerten sie die Zustände im Lager nur wenig. Besonders die Marokkaner fielen durch ihr übles Verhalten auf. So trieben sie in Sichtweite von uns Gefangenen Sodomie mit Schafen, von den ständigen Drohungen mit aufgepflanztem Bajonett ganz zu schweigen. Deshalb beriefen wir – als Küchenpersonal – eine Versammlung ein, um zu überlegen, welche Maßnahmen wir gegen diese äußerst gefährlichen Umstände unternehmen könnten. Täglich starben Männer an Ruhr, ein sehr schmerzhafter Tod. Das führte dazu, daß einige von uns ernsthaft an einen Ausbruch dachten, um nicht selbst einer der tödlichen Krankheiten zum Opfer zu fallen.

Zu unserer Überraschung erschien am folgenden Tag die Ehefrau eines Gefangenen, der ebenfalls in der Küche arbeitete, mit einem Papier, das von einem hohen französischen Militär ausgestellt war und die Freilassung ihres Mannes erwirken konnte. Ich habe nie erfahren, wie ihr das gelungen war, doch sprach sich herum, daß sie aus Brüssel angereist und mit dem eigenen Auto quer durch Frankreich gefahren war. Sie hatte eine Menge Briefe von hauptsächlich weiblichen Angehörigen der hier festgehaltenen Männer mit im Gepäck. Die meisten der Frauen waren am 10. Mai 1940 nicht verhaftet worden. Unter den Briefen befand sich auch einer von Willis Frau Rachel, in dem sie ihm schrieb, daß sie sich derzeit ebenfalls in Frankreich aufhalte, nämlich in Sallelles d'Aud, einem kleinen Dorf in der freien Zone, gar nicht weit vom Lager entfernt. Als mir Willi den Brief zum Lesen gab, schlug ich ihm sofort vor, aus dem Lager auszubrechen und uns irgendwie in dieses Sallelles d'Aud durchzuschlagen, doch leider kam mein Vorschlag etwas zu spät.

Kaum zwei Tage später lag Willi mit hohem Fieber darnieder, und alle Symptome deuteten auf Typhus. Ich rief sofort den Lagerarzt, der Willi ins Spital ins rund 25 Kilometer entfernte Narbonne verlegen ließ.

Ich begleitete meinen Bruder im Krankenwagen und war sehr in Sorge, daß er diese Krankheit nicht überleben würde. Das hohe Fieber dauerte an, so daß Willi zunehmend schwächer wurde.

Mit Erlaubnis eines Militärarztes war es mir möglich, Willi täglich zu besuchen. Nach zwei Wochen stellte sich schließlich eine leichte Besserung ein. Im Spital gab es einen jungen Arzt, der mir Hoffnungen machte, gleichzeitig aber meinte, es würde noch sehr lange dauern, bis Willi völlig gesund sei. Allmählich konnte Willi wieder flüssige Nahrung zu sich nehmen, und ich erzählte ihm von meinem Plan, nicht wieder ins Lager zurückzukehren. Viele der Kranken waren in der Zwischenzeit gestorben, und ich wollte nicht, daß wir ebenfalls auf diese Weise den Tod fänden.

Der junge Spitalsarzt hatte auch mir vorbeugend Antibiotika verschrieben, doch bekam ich bald Malaria und mußte hohe Dosen an Chinin zu mir nehmen, um das Fieber zu senken.

Eines Morgens, als ich Willi im Spital besuchte und er schon so weit bei Kräften war, daß er aufstehen konnte, entschloß ich mich, meinen lange gehegten Plan in die Tat umzusetzen. Wir täuschten vor, gemeinsam wieder ins Lager zurückkehren zu wollen, statt dessen schlichen wir uns aus dem Haus und nahmen den nächsten Zug nach Sallelles d'Aud. Dazu muß ich anmerken, daß zu dieser Zeit – Ende 1940 – die französische Armee nicht besonders straff organisiert war, so daß wir relativ unbehelligt flüchten konnten.

In Sallelles d'Aud fanden wir tatsächlich Rachel und ihren einjährigen Sohn Raymond. Die beiden waren bei Bauern, die große Weingärten besaßen, in einem kleinen Zimmer untergebracht. Das malerische Dorf Sallelles d'Aud mit seinen alten, aus Stein gebauten Häusern und gepflasterten Straßen lag auf einer sanften Anhöhe. Die Bauern, die ihr Einkommen hauptsächlich aus dem Weinbau verdienten, waren recht wohlhabend.

Durch Rachels Pflege war Willi innerhalb von zwei Wochen wieder ganz gesund. Er nahm auch wieder an Gewicht zu, nur die Haare, die ihm ausgefallen waren, wollten nicht wieder wachsen. Die Dorfbewohner verhielten sich uns gegenüber sehr freundlich und entgegenkommend. Schon bald fanden wir heraus, daß rund 50 Flüchtlinge in diesem Dorf Unterschlupf gefunden hatten. Es dauerte auch nicht lange, bis die französische Résistance mit uns Kontakt aufnahm und uns falsche französische Papiere verschaffte. Man erklärte uns weiters, daß wir hier um unsere Sicherheit nicht besorgt zu sein brauchten, weil wir uns einerseits in der „Freien Zone" befänden und im Ernstfall jederzeit über die Grenze nach Spanien flüchten könnten.

Da im Oktober 1940 die Weinlese voll im Gang war, war es leicht, Arbeit zu finden. Täglich um fünf Uhr morgens mußten wir aufstehen und fleißig bis Sonnenuntergang arbeiten. Die Verpflegung war reichlich und der Kontakt mit den Bauern herzlich. Auch von den Trauben durften wir so viel essen, wie wir wollten. Fast alle der Flüchtlinge waren an der Weinlese beteiligt, und der Bürgermeister des Dorfes hatte sich sogar dafür eingesetzt, ein altes, leerstehendes Haus für etwa 30 von uns zu adaptieren, so daß wir ein zwar ärmlich eingerichtetes, dafür aber eigenes und kostenloses kleines Zimmer bekamen. Und das war für uns das wichtigste.

Neben uns bewohnte unter anderen auch eine fünfköpfige Familie dieses Haus: ein Ehepaar mit seinen Kindern, einer 22jährigen Tochter mit Namen Toni, einer 20jährigen Tochter, Gisella, und einem Sohn, der damals 17 Jahre war und Sigmund hieß. Es war eine Familie wie aus dem Bilderbuch. Gisella, die mir sofort auffiel, hatte dunkles, glänzendes Haar, große, runde Augen und eine fabelhafte, schlanke Figur. Da wir gemeinsam in den Weingärten arbeiteten, wurden wir bald gute Freunde und unterhielten uns gern. Sie erzählte mir, daß die Familie aus Berlin käme, der Vater ein wohlhabender Kaufmann und die Mutter Lehrerin gewesen sei, bevor sie 1939 nach Frankreich geflohen waren. Die Familie war jüdisch und der Vater ein überaus frommer Mann.

Gisella war so hübsch, daß sie allen jungen Burschen, die im Weingarten arbeiteten, den Kopf verdrehte. Mit ihrem großen Strohhut, dem hellen, kurzen Kleid und den Espadrillos sah sie sehr verführerisch aus. Einige der jungen Männer machten ihr Heiratsanträge, einer versuchte sogar, ihr weiszumachen, daß sie durch eine Heirat mit ihm sofort Französin würde und ihr die Nazis nichts mehr anhaben könnten. Alle Versprechungen klangen sehr verlockend, doch ließen sie Gisella unbeeindruckt. Sie sah keine Gefahr für sich und wies alle Angebote ab.

Ich muß gestehen, daß auch ich Gisella begehrte. Sie war ja nicht nur ein überaus attraktives Mädchen, sondern auch sehr intelligent. Da sie sich überall auskannte, konnte ich mich mit ihr über fast jedes Thema unterhalten. Ich erzählte ihr von meinem unglücklichen Privatleben, von meiner gescheiterten Ehe und dem Entschluß meiner Frau, lieber bei den Nazis in Österreich zu bleiben und mich allein zu lassen.

Gisella und ich fanden langsam zueinander, und schließlich kam der Tag, an dem mich ihre Eltern zum Abendessen einluden. Ich fand Gisellas Mutter besonders nett. Sie war eine bewundernswerte Frau, sehr sanft und warmherzig. Natürlich hatten Gisellas Eltern mitbekommen, daß ich an ihrer Tochter Gefallen fand, doch sie sahen keinen Grund, sich darin einzumischen. Als ich einige Tage später mit Gisella einen Abendspaziergang unternahm, faßte ich allen Mut und gestand ihr, daß ich sie sehr gern hatte und wie glücklich ich wäre, mit ihr befreundet zu sein. Gisella gab zu, für mich ebenso zu empfinden, und so blieben wir mitten auf dem Weg stehen, um einander leidenschaftlich zu küssen. Gisella gab mir zu verstehen, daß ich der erste Mann in ihrem Leben sei und ihre Gefühle nicht verletzen dürfe. Es war mir völlig klar, daß eine intime Beziehung mit ihr ohne Heirat nicht in Frage kam. Eine solche konnte aber nur stattfinden, nachdem ihre ältere Schwester, Toni, geheiratet hatte. Das schrieben die guten Sitten in einem jüdisch-religiösen Elternhaus vor. Und genau deshalb befürchtete Gisella, von ihren Eltern kein Einverständnis für eine Ehe zu bekommen. Mit jedem Tag wurde unsere Beziehung enger, und wir unternahmen ausgedehnte Abendspaziergänge, auf denen wir miteinander plauderten und uns küßten. Dabei mußten wir es allerdings belassen, denn alles weitere war ausgeschlossen.

Mein Verlangen nach Gisella wurde so groß, daß ich ihr vorschlug, ihre Eltern dennoch um die Einwilligung für eine Ehe zu bitten. Gisella meinte jedoch, dies hätte wenig Sinn. Sie hatte ja recht: Die Arbeit beim Weinlesen brachte nur sehr wenig Geld, kaum genug, um das Allernötigste für mich selbst zu kaufen. Wie sollte ich damit für Gisella sorgen oder neue Kleidung anschaffen? Ich brauchte dringend mehr Geld, um Gisella wenigstens ins Kino ausführen zu können oder mit ihr einmal nach Narbonne, der nächsten größeren Stadt, zu fahren. Ich ließ mir etwas einfallen.

Ganz in der Nähe befand sich ja das Flüßchen Aud, das eine gute Gelegenheit zum Fischen bot. Bald hatte ich einen geeigneten Baum gefunden, der weit in den Fluß hineinwuchs und zum Angeln ideal war. Auch ein billiges gebrauchtes Fahrrad und ein paar alte Angelruten waren rasch zur Hand. Damit machte ich mich täglich um drei Uhr morgens auf den Weg Richtung Fluß. Meine Bemühungen waren überaus erfolgreich. Mindestens drei bis vier Kilo Karpfen waren meine tägliche Ausbeute, die ich durch die gleichzeitige Verwendung von bis zu vier Angelruten erzielen konnte. Um fünf mußte ich das Angeln abbrechen, um rechtzeitig mit dem Weinlesen beginnen zu können. Den Fisch gab ich Gisellas Mutter, die ihn gewinnbringend an einen Lebensmittelladen im Dorf verkaufte. Auf diese Weise konnte ich mir neue Kleidung leisten und es Gisellas Familie ermöglichen, dann und wann auch ein bißchen Fleisch einzukaufen. Da damals alles Eßbare streng rationiert war, gab es Fleisch nur am Schwarzmarkt. Es war teuer, aber anders eben nicht zu haben.

Gisellas Familie war mir sehr dankbar und lud mich fast täglich zum Abendessen ein. Dadurch konnte ich mit Gisella noch öfter zusammen sein, so daß wir bald unzertrennlich waren. Das blieb auch ihrer Mutter nicht verborgen, so daß sie mich einmal fragte, welche Absichten ich mit Gisella hätte. Ich erklärte ihr, daß ich entschlossen sei, sie zu heiraten, mir sei aber klar, daß ich warten müsse, bis Toni einen Mann gefunden hätte. Gisellas Mutter versprach mir, mit ihrem Mann darüber zu sprechen.

Einige Tage später bat mich Gisellas Vater um eine Unterredung. Wir machten einen kleinen Spaziergang. Es dauerte nicht lange, bis Gisellas Vater zur Sache kam. Er sagte mir, er sei zwar glücklich darüber, daß ich Gisella liebe, mache sich aber Sorgen wegen seiner älteren Tochter, die ja vorher heiraten müsse. Da es hier aber keine Synagoge gebe, sei es ohnehin unmöglich, zu heiraten, und er schlug mir vor, doch einfach das Kriegsende abzuwarten. Ich war so durcheinander, daß er mich schließlich nur noch fragte, ob ich diesen Vorschlag akzeptieren könne. Ich verneinte entschieden und entgegnete, daß es für mich keine Rolle spiele, ob die Zeremonie in einer Synagoge stattfände oder anderswo. Gisellas Vater versuchte daraufhin, mir zu erklären, daß er aus einer sehr orthodoxen Familie stammte und ich seine Ansichten verstehen müsse.

Diese Nachricht stimmte mich sehr traurig. Als wir zum Haus zurückgekehrt waren, nahm ich sofort Gisella bei der Hand und erzählte ihr bei einem Spaziergang von meiner Unterredung mit ihrem Vater. Gisella brach in Tränen aus. Sie sagte mir, daß Toni die Lieblingstochter ihres Vaters sei. Ich versuchte, sie zu trösten, und versprach, nochmals mit ihrer Mutter zu sprechen.

Damals kannten wir ein älteres Ehepaar im Dorf. Der Mann war ein sehr weiser und geachteter Rabbiner. In meiner Verzweiflung wandte ich mich an ihn, erzählte ihm von meinen Sorgen und bat ihn, mir zu helfen – wohl wissend, daß Gisellas Vater ihm Gehör schenken würde.

Tatsächlich kamen die beiden Männer zusammen und fanden eine Lösung. Der Rabbiner war bereit, uns nach jüdischem Ritus zu trauen, und zwar – in Ermangelung einer Synagoge – in der Wohnung von Gisellas Eltern. Danach mußten wir uns allerdings im Gemeindeamt noch formell trauen lassen. Gisella und ich waren überglücklich.

Unsere Hochzeit fand am 6. Dezember 1940 statt. Die Zeremonie selbst war sehr schlicht, nur die Angehörigen und engsten Freunde waren anwesend. Die religiöse Zeremonie schien mir etwas sonderbar, doch ich war so glücklich, daß ich alles über mich ergehen ließ.

Im Mai 1941 war Gisella schwanger, so daß wir einen Arzt in Narbonne aufsuchen mußten. Wir erfuhren, daß sie im zweiten Monat war. In die Freude über diese Nachricht mischten sich jedoch quälende Zukunftsängste: Wir befanden uns in einem fremden Land, und es herrschte Krieg. Niemand wußte, was der nächste Tag brachte. Deshalb zogen wir auch eine Abtreibung in Erwägung. Doch dafür hatten wir ohnehin nicht genug Geld, und wir kannten keinen Arzt, der diesen Eingriff durchgeführt hätte. Und angesichts der Religiosität der Familie kam eine Abtreibung auch gar nicht in Frage. Also fügten wir uns der Realität und blickten mit gemischten Gefühlen dem Geburtstermin entgegen. Am 25. Januar 1942 schenkte Gisella im Spital von Narbonne einem Buben das Leben. Wir gaben ihm den Namen Roland. Noch im Spital wurde er von einem französischen Arzt beschnitten.

Vier Wochen später, nachdem Gisella wieder vom Spital zurückgekommen war, informierte uns die Résistance, daß es klüger wäre, Sallelles d'Aud zu verlassen, weil die Deutschen gehört hätten, daß sich hier Juden versteckten. Man schlug den jüngeren Leuten vor, ins Dörfchen La-Maloux-les-Bains bei Beziers zu gehen. La-Maloux-les-Bains war ein ruhiges, abgelegenes Plätzchen, das über heiße Quellen verfügte. Die alten Leute schickte man in ein Lager nach Agde, ebenfalls unweit von Bezier, das unter der Aufsicht der Vichy-Regierung stand und vom Jüdischen Weltkongreß versorgt wurde.

Toni beschloß, mit ihren Eltern nach Agde zu gehen, während ihr Bruder Sigmund mit uns nach La-Maloux-les-Bains kam. Der Tag unseres Abschieds war rasch gekommen. Willi, seine Frau Rachel, ihr kleiner Sohn Raymond, Gisella, unser Roland und ich selbst fuhren per Bahn nach La-Maloux, wo wir uns – wie mit den Leuten der Résistance besprochen – umgehend bei der Firma „Purfina" meldeten. „Purfina", so hieß es, gehörten große Waldbestände in der Umgebung, wo man ursprünglich Holzkohle als Ersatz für das knappe Benzin herstellte. Nun aber war ein Großteil der Maschinen von den Nazis beschlagnahmt worden.

Ein freundlicher Monsieur Castagnier, dessen Namen man uns schon vorher genannt hatte, begrüßte uns bei „Purfina". Ganz offenkundig hatte man uns dort schon erwartet – wieder ein Zeichen für die perfekte Organisation innerhalb der Résistance. „Purfina" – so sollten wir im Laufe der Zeit noch erfahren – war eigentlich ein amerikanisches Unternehmen, das nun aber offiziell der Vichy-Regierung zugesprochen worden war.

Willis Familie und wir wurden in einem kleinen Häuschen mitten im Ort untergebracht, wo wir ein nicht gerade großes, dafür aber sehr nettes Zimmer bezogen. Sigmund bekam ein eigenes, etwas kleineres Zimmer im gleichen Gebäude, so daß wir das Glück hatten, wieder alle beisammen zu bleiben. Gleich am nächsten Tag mußten wir uns um sechs Uhr morgens im Büro von „Purfina" einfinden. Von dort brachte man uns mit Lastwagen in die nahen Wälder. Wir arbeiteten nun als Holzfäller und bekamen, weil wir von dieser Arbeit ja nicht die geringste Ahnung hatten, vorerst nur einen geringen Stundenlohn. Sobald wir uns eingearbeitet hätten, würde man uns nach der geschlägerten Holzmenge bezahlen. Mehrere Flüchtlinge aus Paris befanden sich auch in unserer Gruppe. Einer unter ihnen, ein gewisser „Bebe", war ein Mensch, der stets gut gelaunt war. Mit seinen Witzen gelang es ihm, uns immer wieder aufzumuntern und etwas Heiterkeit in unser tristes Leben zu bringen.

Insgesamt waren wir 23 Männer, die im „Chantier" arbeiteten. Rasch hatten wir uns mit Philippe, unserem Vorarbeiter, angefreundet. Er stammte aus der Gegend und hatte vom Holzgeschäft eine gewisse Ahnung. Aus den Erzählungen über meine Familie hörte er auch heraus, daß das, was ich im Moment verdiente, viel zu wenig war, um drei Personen zu ernähren. Als ich ihn einmal während der Mittagspause verzweifelt darauf ansprach und fragte, was ich denn tun könnte, um sofort mehr Geld zu verdienen, meinte er in freundschaftlichem Ton, ich solle mich noch etwas gedulden, denn bei dem Eifer, mit dem Willi, Sigmund und ich ans Werk gingen, wären wir schon fast Profis. Abschließend versprach er mir sogar, uns bei seinem Vorgesetzten zu loben und unsere Fortschritte bei der Arbeit zu erwähnen. Der Umstand, daß alle, die bei „Purfina" arbeiteten – einschließlich Herrn Castagnier –, deklarierte Gegner der Nazis waren, machte uns zu einer Gruppe, in der jeder dem anderen nach Kräften half.

Einen Tag später machte mir Philippe einen Vorschlag. Er fragte mich, ob ich mit einem Maulesel umgehen könne. Ich verneinte. Für den Fall, daß ich es bewerkstelligen könne, eines dieser störrischen Tiere mit Holz zu beladen und es zur nächsten befahrbaren Straße zu treiben, wo Lastwagen zum Abtransport ins Lagerhaus von La-Maloux-les-Bains bereitstünden, würde sich mein Lohn sofort um ein Fünftel erhöhen.

Natürlich hatte ich schon gesehen, wie man diese Maulesel mit Holz belud, das in eine Art Butte gestapelt wurde, die auf dem Rücken der Tiere befestigt war und vielleicht knapp einen Kubikmeter Holz faßte. Eine solche Tour bis zur nächsten Straße dauerte etwa eine Stunde, so daß sich an einem guten Arbeitstag sieben bis acht solcher Touren ausgingen.

Ich war sehr interessiert, auf diese Weise zu mehr Geld kommen zu können, und bat, mir meinen Maulesel zu zeigen. Wir gingen zum Stall, und da stand sie: „Bergere", ein Tier, das eigentlich ganz zutraulich aussah. Philippe nannte mir einige Kniffe, die man beherrschen mußte, um diese Tiere im Griff zu haben. So dürfe man niemals von hinten auf sie zugehen und müsse sie immer von Zeit zu Zeit mit einem Stück Zucker gefügig machen. Leider hätte ich damit aber sehr sparsam umzugehen, da Zucker äußerst kostbar sei. Außerdem müsse ich sie allmorgendlich bürsten und ihr Fell sauber halten. Um ihr Vertrauen zu gewinnen, müsse ich sie oft – auf französisch – loben und zu ihr „Droit, gauche, soyez sage" sagen. Das waren meine ersten Lektionen als Maultiertreiber.

Leider hatte die Sache auch einen Haken. Bei Regen konnte ich keine Touren mit dem Tier unternehmen, und dann gab es überhaupt keine Bezahlung. Jeden Abend bangte ich daher um schönes Wetter. Einige Zeit ging alles soweit ganz gut, bis „Bergere" plötzlich durchdrehte. Ich war gerade dabei, sie mit Holz zu beladen, als sie ausriß und so schnell davonlief, daß es mir nicht mehr gelang, sie einzufangen. Ich machte mir große Vorwürfe, denn ich hatte den Fehler begangen, sie nicht festzubinden, weil ich glaubte, ihr vertrauen zu können. Es war nicht das erste Mal, daß ich mit dem Tier so umgegangen war, doch diesmal nützte es meine Gutgläubigkeit aus, entkam ins Unterholz und war im Nu unauffindbar.

Verzweifelt rief ich Philippe um Hilfe. Er beruhigte mich und meinte, das Tier würde spätestens am Abend von selbst zurückkommen. Leider bewahrheitete sich seine Prophezeiung nicht. So fuhren wir mit den Lastautos zurück ins Dorf, ohne daß „Bergere" wieder aufgetaucht wäre.

Tags darauf organisierten wir einen Suchtrupp mit zehn Mann. Im Abstand von hundert Metern durchkämmten wir den Wald in jene Richtung, in die „Bergere" verschwunden war. Ich wunderte mich, daß Philippe diesmal ein Gewehr bei sich trug.

Den ganzen Tag lang suchten wir vergeblich nach „Bergere" und mußten schließlich erfolglos zum Verladeplatz zurückkehren. Zu unserem Erstaunen wartete dort das Tier auf uns. Es war blutverschmiert, erheblich verletzt und hinkte. Philippe sah keinen anderen Ausweg, als das Tier zu töten. Mit einem einzigen Schuß war meine geliebte „Bergere" tot. Ich war den Tränen nahe und sehr wütend auf Philippe. Dieser versuchte mir jedoch zu erklären, daß das Tier zu schwer verletzt war und es ohnehin verendet wäre. Außerdem hieß es, daß Maulesel, die einmal ausgerissen waren, für Arbeitszwecke unbrauchbar wären, weil sie immer wieder versuchen würden, davonzulaufen.

Das war aber noch nicht alles: Kaum war der Schuß verhallt, da zogen auch schon mehrere Männer „Bergere" in einen Schuppen. Ich fragte mich, warum man es gar so eilig hätte, das tote Tier zu beseitigen. Die Antwort darauf war rasch gefunden. Fleisch war zu dieser Zeit in Frankreich äußerst rar. Es war rationiert, und selbst jene kleinen Mengen gab es nur einmal wöchentlich. Außerdem hatten ja die Deutschen alle Rinder gestohlen und nur Schafe übriggelassen. Schafe waren also die einzigen Fleischlieferanten, obwohl es uns manchmal so vorkam, als hätte man uns auch Pferdefleisch vorgesetzt. Doch in Zeiten, in denen der Hunger herrscht, ist man nicht besonders wählerisch. Ich mußte mitansehen, wie man „Bergere" in Stücke teilte und sich alle freuten, daß es endlich wieder richtiges Fleisch zu essen gab.

Als ich abends heimkam und Gisella meine traurige Geschichte erzählte, war auch sie entsetzt, daß man das Tier ohne Skrupel zu Fleisch verarbeitet hatte. Ich erwähne dies nur, weil auch Gisella unter der Nahrungsmittelknappheit zu leiden hatte, aber ebenfalls nicht um jeden Preis ein Stück Fleisch essen mußte. Doch mein Ende als Maultiertreiber stellte mich wieder vor die gleichen finanziellen Probleme wie vorher. Philippe meinte, ich solle versuchen, ob ich schon imstande wäre, genügend Holz zu machen, um per Kubikmeter bezahlt werden zu können. Ich besprach die Angelegenheit mit Willi und Sigmund und schlug ein System der Arbeitsteilung unter uns dreien vor. Willi und ich sollten uns auf das Fällen der Bäume spezialisieren, während Sigmund die Stämme in ein Meter lange Stücke zerkleinern sollte. Eine Stunde vor Arbeitsende würden wir alle drei dann das Aufstapeln des Holzes erledigen. Wir waren von dieser Idee begeistert und rechneten uns aus, daß wir nahezu das Doppelte damit verdienen würden.

Gleich am nächsten Tag begannen wir mit dieser Akkordarbeit – oder „forfait", wie die Franzosen das nannten. Alles schien wie am Schnürchen zu laufen, und tatsächlich hatten wir bald so viel verdient, daß wir am Schwarzmarkt lange benötigte Lebensmittel einkaufen konnten. Nahezu alles, was wir uns erträumt hatten, konnte man bekommen, weil es überall in der Umgebung Bauern gab, die Fleisch, Milch, Käse, Schmalz und Eier zum Verkauf anboten – alles freilich zu saftigen Schwarzmarktpreisen.

Immer an den Samstagen fuhren wir per Fahrrad die rund 15 Kilometer zu diesen Bauern. Dieses Unternehmen barg natürlich auch seine Risken in sich, hielt doch die französische Polizei ständig Ausschau nach Schwarzhändlern. Nicht so sehr, um dem Gesetz Genüge zu tun, sondern vielmehr, um sich selbst an den beschlagnahmten Waren bedienen zu können. Wenn man erwischt wurde, hatte man ja keine andere Wahl, als seine Lebensmittel herzugeben. Und weil es keine Instanz gab, bei der man sich über diese Praxis hätte beschweren können, nutzte die Polizei unsere Situation für sich selbst aus.

Vielleicht drückte man bei Flüchtlingen, die es ohnehin schwer genug hatten, durchzukommen, die Augen etwas zu. Wir selbst wurden nämlich nie angehalten, und das, obwohl Polizeistreifen oft per Rad an uns vorbeifuhren. Daher konnten wir den kargen Speiseplan unserer Familien deutlich aufbessern und manchmal sogar kleinere Portionen an Kameraden verschenken, wodurch wir sogar Freunde gewannen. Selbst das zeitige Aufstehen und die harte Arbeit fielen leichter, wenn man etwas mehr im Magen hatte.

Eines Tages erhielt ich einen Brief von meiner Schwester, in dem sie mich davon informierte, daß sie nun auch in Frankreich sei und in Limoges lebe. Ihr Brief hatte uns nur deshalb erreicht, weil wir seit unserer Flucht aus dem Lager Saint Cyprien ständig mit ihr in Kontakt waren und sie wußte, daß wir uns nun in La-Maloux-les-Bains befanden. Mein Schwager Robert war französischer Staatsbürger und Zahnarzt und trug sich mit dem Gedanken, hier bei uns eine kleine Praxis zu eröffnen. Als Franzose war ihm das auch ohne weiteres erlaubt.

Sicherheitshalber erkundigten wir uns bei Monsieur Castagnier, der uns das gleiche sagte. Also schrieben wir unserer Schwester, sie könne herkommen. Drei Wochen später traf sie ein. Schon kurz darauf hatte sich Robert als Zahnarzt niedergelassen und verfügte sofort über eine gutgehende Praxis. Was war es doch für eine Freude, diese Menschen wieder um uns zu haben. Meine kleine Nichte Karin, damals gerade fünf Jahre alt, war ein entzückendes Kind. Mit ihren Eltern machte sie herrliche Hausmusik. Karin spielte Violine, Frieda Klavier und Robert Cello. Unser Leben hätte sich beinahe schon wieder normalisiert, wenn man davon absah, daß niemand genau wußte, was der nächste Tag bringen würde und die Nazis weiter planten.

Als Franzose zeigte sich Robert fest davon überzeugt, daß wir im südlichen Teil Frankreichs sicher wären und schon alles irgendwie überstehen würden. Ich war nicht ganz seiner Meinung, weil ich der Vichy-Regierung, die vom Großteil der Franzosen als Kollaborateur angesehen wurde, nicht traute. Einige allerdings glaubten, General Pétain wollte durch diese Vorgangsweise Frankreich nur vor der völligen Unterwerfung bewahren, die eine militärische Niederlage zur Folge gehabt hätte. Oft diskutierten wir die politische Lage mit unseren französischen Freunden von der „Maquis", der Untergrundbewegung, die auch fürchteten, daß die Nazis nicht vor der Eroberung der vorerst noch freien Südzone halt machen würden.

Als Willi, Sigmund und ich einmal vor einer von den Deutschen beschlagnahmten Schokoladenfabrik in Beziers – die übrigens alle Waren nach Deutschland abliefern mußte – Schlange standen, um für sehr wenig Geld Schokoladenbruch zu kaufen, hatten wir eine Begegnung mit Männern, die im französischen Untergrund tätig waren. Einer von ihnen erzählte uns, daß sie Informationen hätten, wonach die Deutschen in absehbarer Zeit auch den Süden besetzen wollten, um die Untergrundbewegung, die von hier aus operierte, ausschalten zu können und den Zugriff auf die landwirtschaftlichen Güter zu sichern, die man dringend in Deutschland benötigte. Den genauen Zeitpunkt konnten sie uns jedoch nicht nennen, versprachen aber, uns rechtzeitig vorzuwarnen. Auf jeden Fall hätten wir jederzeit damit zu rechnen, von hier wieder fort zu müssen, diesmal in die italienische Zone bei Nizza, vielleicht aber sogar weiter über die italienische Grenze. Den genauen Zufluchtsort würden wir noch erfahren. Als wir bedrückt heimkamen, erzählten wir unseren Familien, was wir erfahren hatten. Robert hielt nichts von einer Flucht, weil er sich als Franzose sicher fühlte. Wir ließen uns vorerst auf keine Diskussion mit ihm ein.

Unsere Sorge um die weitere Entwicklung erfuhr durch die Radioberichte, die alle nazifreundlich gefärbt waren und nur von deutschen Siegen handelten, noch weitere Nahrung. Robert ignorierte diese Berichte zwar nicht und war nun ebenfalls vom unabwendbaren Sieg der Deutschen überzeugt, doch hielt er immer noch an seinem Glauben fest, daß ihm als Franzosen nichts geschehen würde.

Am folgenden Samstag, als wir wieder zur Schokoladenfabrik aufbrachen, konnte ich Robert dazu überreden, mit uns zu kommen und die Leute der „Maquis" selbst zu fragen, was sie von seiner Theorie hielten. Robert war damit einverstanden. Da er deutlich älter war als Willi und ich und dazu noch konservativ eingestellt, vertrat er recht bürgerliche Ansichten.

Die Résistance wußte gut Bescheid über Robert, so wie sie über alle Flüchtlinge gut Bescheid wußte. Nach dem Gespräch mit den Männern hatte Robert seine Meinung geändert und war nun auch der Ansicht, daß er bei einer deutschen Okkupation der Südzone in den italienischen Sektor flüchten müsse. Die Italiener, die mit Deutschland verbündet waren, hatten in jenem Teil Südfrankreichs, der an Italien grenzte, eine eigene Besatzungszone, deren Zentrum Nizza war.

Alle meine Kameraden, die als Holzfäller arbeiteten und bei der „Maquis", der Widerstandsbewegung, tätig waren, hatten übrigens eine falsche Identität. Mir hatte man den Namen Bertrand Laurent gegeben, der die gleichen Initialen trug wie mein richtiger Name, so daß es mir von Anfang an nicht schwerfiel, ihn mir zu merken. Einfachheitshalber hatte man in meinem gefälschten Ausweis auch das Geburtsdatum beibehalten und den Geburtsort in Strasbourg abgeändert, um jedem eine Erklärung für meinen hörbaren Akzent zu geben. Wenig später bestellte mich Castagnier in sein Büro und trug mir auf, zusammen mit Willi auf dem Weg nach Saint Martin de Vesubie bei einem kleinen Ziegelwerk halt zu machen.

„Ich habe von der Zentrale Anweisungen erhalten, euch beide zu Gaston Lefefre zu schicken, von dem ihr Näheres erfahren werdet. Zieht einfach diese Mäntel an und tragt diese Barettmützen. Solange ihr im Zug seid, unterhaltet euch nur auf französisch. Ihr dürft auch sonst mit niemandem über den Zweck der Reise sprechen, nicht einmal mit eurer Familie! Man wird sie im Laufe der Zeit zu euch nachschicken, und ihr werdet sie also in rund zwei bis drei Wochen, sobald euer Auftrag erfüllt ist, wiedersehen." Wir erhielten unsere Bahnkarten und weitere Anweisungen.

Als wir zu unseren Familien heimkehrten, erzählten wir ihnen – wie befohlen – nur, daß wir nach Saint Martin fahren wollten, um einen geeigneten Platz zum Wohnen zu suchen.

Am nächsten Tag brachen wir zum angegebenen Ort auf. Nach einer vierstündigen Bahn- und einer kurzen Busfahrt erreichten wir das Ziegelwerk, einen ausgedehnten Komplex in einer entlegenen Gegend.

Gaston Lefefre erwartete uns bereits. Er befragte uns gleich, über welche speziellen Fähigkeiten wir verfügten. Ich sagte ihm, daß ich Mechaniker gelernt hätte und mich gut mit Automobilen auskenne. Willi gab seine Kenntnisse als Elektriker an.

Dann wurden wir in unsere Tätigkeit eingewiesen und bekamen eine Schlafbaracke zugeteilt, die zwar sehr klein, aber dennoch ordentlich und angenehm war. Man gab uns 100 Franc als Vorschuß und betonte, wir sollten keinerlei Fragen stellen.

Am nächsten Morgen zeigte man mir eine Zugmaschine, mit der ich arbeiten sollte. Das Fahrzeug, das auf Schienen fuhr und eigentlich mit Benzin betrieben wurde, hatte man für den Betrieb mit Holzkohle umgebaut. Treibstoff war nämlich äußerst rar. Rasch hatte ich begriffen, wie man den Kohlenmotor bediente und startete.

Die Maschine verfügte auch über mehrere Anhänger. Mit diesen mußte ich bis in ein einsames Sumpfgebiet fahren, in dem man kleine Bomben und Handgranaten fertigte. Die Fahrt dorthin dauerte etwa eineinhalb Stunden. Unmittelbar vor diesen Hallen mußte ich den Zug anhalten, um das Beladen zu ermöglichen. Nachdem das Material in die Anhänger geschafft war, bedeckte man alles mit Schutt, und es ging wieder zurück, wo man dann den Schutt abräumte und die Bomben auslud. Die gesamte Prozedur verlief in absoluter Stille. Keiner der Beteiligten sprach auch nur ein Wort.

In der Nacht trafen dann Lastwagen ein, die die Explosivstoffe abtransportierten und ihrem eigentlichen Verwendungszweck zuführten – der Sabotage von Bahnlinien in ganz Frankreich, um das Vordringen der Deutschen zu behindern. Unsere Mission war gefährlich, dafür aber umso besser vorbereitet. Viel später erfuhren wir, daß in dieser Gruppe die Kommunisten das Sagen hatten. Diesen Umstand verschwieg ich viele Jahre lang, denn nicht nur in Frankreich waren die Kommunisten eine gesellschaftlich eher gemiedene Organisation. Eines Tages stürmte Gaston in die Baracke und eröffnete uns, daß sich unter uns ein Verräter befände, das gesamte Unternehmen also fallengelassen werden müßte und wir umgehend flüchten müßten. Wir warteten auf den Einbruch der Dunkelheit, als wir von einer anderen Partisanengruppe abgeholt wurden, und setzten uns in die nahen Wälder ab. Unsere Gruppe bestand aus zehn Mann. Zusammengebunden an einem langen Seil, wodurch wir uns einerseits in der Dunkelheit nicht verlieren konnten und uns andererseits bei Gefahr alle blitzartig und wortlos auf den Boden werfen konnten, marschierten wir durch die Nacht.

Obwohl wir zwei Stunden in absoluter Dunkelheit gingen und in großer Gefahr waren, verspürten wir keinerlei Angst. In einer Widerstandsgruppe muß der einzelne persönliche Gefühle und politische Differenzen zugunsten einer gemeinsamen Sache einfach wegstecken.

Alles, was wir hatten, war die Kleidung, die wir am Leib trugen. Weder Lebensmittel noch sonstige Ausrüstungsgegenstände hatten wir dabei. Unser Anführer schickte zwei Kundschafter los, um Nahrung zu beschaffen. Tatsächlich hatten sie es geschafft, irgendwie Brot, Ziegenkäse und Milch zu organisieren. Nur Wasser hatten sie nicht gebracht.

Einige Tage später rief man uns erneut in der Nacht zum Ziegelwerk, und unsere Gruppe wandte wieder die bewährte Methode mit dem langen Seil an, das sich jeder um den Bauch band, um in der Finsternis nicht verlorenzugehen. Man erklärte uns, daß unsere Tätigkeit hier beendet sei, weil man für die Sicherheit nicht mehr garantieren könne. Die nächtlichen Arbeiten im Ziegelwerk müßten überhaupt eingestellt werden, und wir sollten uns rasch nach Saint Martin de Vesubie begeben. Dort würden wir unsere Familien wieder treffen.

Als ich im Zug nach Nizza saß und aus dem Fenster blickte, mußte ich die prächtigen Olivenbäume und Zypressen bewundern und an die hinter uns liegende Arbeit für die Résistance denken. Was waren das für unvergeßliche Erlebnisse gewesen! Willi und ich sehnten uns nach unseren Familien, blickten gleichzeitig aber mit großer Sorge in die Zukunft. Niemand wußte, was uns in Saint Martin noch alles bevorstand, dieser nächsten Station unserer schier endlosen Reise ins Ungewisse. Alles, was wir bisher über diesen Ort gehört hatten, war, daß er sich auf einer Anhöhe bei Nizza befand, recht abgelegen war und das Klima dort sonnig und trocken sei.

Die Fahrt verlief erstaunlich ruhig bis zu dem Zeitpunkt, als wir plötzlich umsteigen mußten.

Im Zug wurden sofort alle Türen versperrt, obwohl wir uns schon in der italienischen Zone befanden. Von uns völlig unerwartet bestiegen Gestapoleute den Zug, um die Reisedokumente zu kontrollieren. Die Résistance hatte uns versichert, daß es dazu nicht mehr kommen könnte, wenn wir einmal in Nizza wären, da dort die Italiener das Sagen hätten. Ganz offensichtlich hatten sie sich da getäuscht. Wir alle waren zu Tode erschrocken, da wir nicht sicher waren, ob man uns die französische Herkunft abnehmen würde. Trotzdem versuchten wir, gelassen zu erscheinen, um nicht durch Nervosität aufzufallen. Die Spannung unter uns, die man regelrecht spüren konnte, war so groß, daß wir nicht wagten, auch nur ein Wort zu sprechen. Es schnürte mir die Kehle zusammen, als ich bemerkte, wie die zwei Gestapomänner nun auch in unseren Waggon zustiegen. Beide trugen die üblichen grünen Uniformen, die aber auffällig besser ausgeführt waren und am Revers das Abzeichen der SS erkennen ließen. Als wir schließlich an die Reihe kamen und mit der Aufforderung „Papiere, bitte!" begrüßt wurden, versuchten wir gar nicht erst so zu tun, als verstünden wir – als vermeintlich gebürtige Franzosen – nicht, was man von uns wollte. Im Gegenteil, das wäre ein verhängnisvoller Fehler gewesen. Da wir ja nicht völlig akzentfreies Französisch sprachen, hatte die Résistance ja ohnehin Straßburg als unseren Geburtsort eingetragen. Mit einem freundlichen Lächeln übergab ich einem der beiden meinen Ausweis. Sein Gesichtsausdruck blieb jedoch völlig ausdruckslos. Während er das Dokument genau prüfte, wandte er seine Blicke keinen Moment von mir ab. Erst dann fragte er mich auf deutsch, wie ich heiße und wo und wann ich geboren wäre. „Bertrand Laurent", erwiderte ich, „geboren am 16. August 1911 in Straßburg, Elsaß Lothringen." – „Woher kommen Sie und wohin wollen Sie?" fragte er weiter. „Von La-Maloux-les-Bains und ich fahre zur Arbeit nach Saint Martin du Vesubie." Er starrte mich unentwegt an und fragte dann offenbar zur Kontrolle auf französisch weiter, warum ich so fließendes Deutsch spräche. Da ich auf diese Frage gefaßt war, erwiderte ich kurz, aber ohne zu zögern, daß ich in Straßburg geboren, dort zur Schule gegangen und meine Muttersprache eigentlich Deutsch sei. Ich versuchte, ja nichts Falsches zu sagen, da ich dadurch ja auch Willi und Sigmund gefährdet hätte.

Diese fünf uns endlos erscheinenden Minuten voller Angst, in denen wir perlustriert wurden, mußten seinem Kollegen offenbar schon zu lange gedauert haben. Er hatte schon ungeduldig am anderen Ende des Waggons gewartet, war mit seinen Kontrollen fertig und drängte zur Eile. Aus diesem Grund ließ der Gestapomann jäh von mir ab, ohne auch Sigmund und Willi zu kontrollieren, und verließ den Zug.

Wir mußten noch etwa 15 weitere Minuten im Zug bleiben, bis die Gefahr gebannt war. Wir waren zutiefst erleichtert, vermieden es aber immer noch, miteinander zu sprechen, solange wir nicht außer Sichtweite der Gestapomänner waren.

Der Bus, den wir nehmen mußten, stand schon vor dem Bahnhof, fuhr aber erst in einer halben Stunde ab. Wir entschlossen uns, etwas herumzugehen, wagten aber dabei nicht, uns zu unterhalten. Jedem von uns war klar, daß wir – sollte etwas schiefgehen – für Spione der Résistance gehalten worden wären, was uns im Frühling des Jahres 1943 zweifellos das Leben gekostet hätte. Die französische Résistance war mittlerweile für die Deutschen zu einer ernsthaften Gefahr geworden, griff nachts erfolgreich deutsche Soldaten an, tötete viele von ihnen und erbeutete Uniformen und Waffen.

Daher waren die Deutschen ständig auf der Jagd nach Mitgliedern der Résistance. Da wir uns dieser Tatsachen wohl bewußt waren, konnte hinter jeder Ecke die Gefahr für uns lauern. Selbst Monsieur Castagnier rief uns immer wieder in Erinnerung, daß wir ständig an die Möglichkeit denken müßten, beschattet oder verhört zu werden. Wir kamen an einem kleinen Park vorbei, wo uns auffiel, daß der Verkehr rundum durch italienische Karabinieri geregelt wurde. Italienische Soldaten, die uns irgendwie viel harmloser erschienen als deutsche, patrouillierten überall auf den Straßen von Nizza. An diesem angenehm warmen Frühlingstag schien sich das Leben in Nizza völlig normal abzuspielen. Italienische Militärs spazierten unbekümmert in Ausgehuniformen auf dem Boulevard oder saßen gut gelaunt in den Cafés und scherzten mit attraktiven jungen Damen. Während all die Leute hier scheinbar sorglos und zufrieden lebten, mußten wir selbst jede einzelne Minute um unser Leben bangen und wußten nicht, was die Zukunft für uns bringen würde. Deutlicher als jemals zuvor spürten wir die Ungerechtigkeit, die auf dieser Welt herrschte, in der die Menschen in Gewinner und Verlierer eingeteilt waren. Stets profitierten die einen, während die anderen ganz unten waren. Der Gedanke daran und an die ungewisse Zukunft, die uns bevorstand, ließ mich fast verzweifeln. Was würde mit meiner Frau Gisella und unserem kleinen Roland geschehen? Wie arglos und nichtsahnend sie wohl nun irgendwo in La-Maloux-les-Bains auf uns warteten. Ob wir sie je wieder zu Gesicht bekämen?

Seit Mitte 1942 fanden in Frankreich entscheidende politische Umwälzungen statt. Zuerst versuchte die Vichy-Regierung mit allen Mitteln, die Deutschen davon zu überzeugen, daß beide Seiten von der engen Zusammenarbeit profitieren würden. Deutschland befand sich mitten im Zweifrontenkrieg mit Rußland auf der einen und den Vereinigten Staaten auf der anderen Seite und trachtete danach, wenigstens die Westfront halten zu können. Amerikaner und Briten waren in Nordafrika gelandet. Das größte französische Flottenkontingent war in Toulon von den eigenen Besatzungen versenkt worden, und die Deutschen hatten schließlich auch den Rest von Frankreich besetzt und die entwaffnete Rumpfarmee der Vichy-Regierung aufgelöst. Ganz Frankreich war nun besetztes Territorium und die Vichy-Regierung nur mehr ein Werkzeug der Deutschen.

Auch innerhalb der französischen Freiheitsbewegung spielten sich Veränderungen ab: Das französische Nationalkomitee, bereits 1941 gegründet, sammelte Vertreter aller politischen Richtungen und der Widerstandskämpfer um sich. Die Untergrundbewegung fand verstärkt Zulauf vor allem von jungen Franzosen, die sich in die Berge und Wälder absetzten, um den deutschen Zwangsarbeitslagern zu entkommen, und gewann auf diese Weise enorm an Stärke. Diese Männer lebten in völliger Vogelfreiheit im Kreis der „Maquis", versorgt durch die Landbevölkerung und eine Luftbrücke von seiten Großbritanniens, und versetzten vor allem durch Anschläge auf deren Versorgungs- und Nachschubwege die Deutschen in Angst und Schrecken. Damit unterstützten sie aktiv die Landepläne der Briten und Amerikaner.

Alles, was ich durch die Gespräche mit Philippe und Monsieur Castagnier in La-Maloux-les-Bains wußte, ging mir nun durch den Kopf. Der Bus nach Saint Martin du Vesubie war nun abfahrbereit, so daß wir endlich – nicht ohne uns genau umzusehen – einsteigen konnten. Noch immer wagten wir nicht, uns miteinander zu unterhalten, zu sehr saß uns noch die Begegnung mit den Gestapoleuten in den Knochen. Erst als der Bus anrollte, konnten wir wieder erleichtert durchatmen, doch bei jedem Halt fürchteten wir, erneut von Gestapoleuten kontrolliert zu werden. Schließlich hielt der Bus am Stadtplatz von Saint Martin, genau vor dem Rathaus, wir stiegen aus und wagten erstmals wieder miteinander zu sprechen. Wie abgemacht, gingen wir sofort ins Rathaus, wo wir nach einem Monsieur Pierre Du Bois fragten, der uns weiterhelfen sollte. Man schickte uns hinauf in den zweiten Stock, wo wir auf Du Bois trafen. Er bat uns zuerst, ihm unsere Ausweispapiere zu zeigen, und begrüßte uns dann so freundlich, als wären wir alte Bekannte. Er hätte sogar für unsere Unterbringung ein ganzes Haus auftreiben können. Nach ein, zwei Tagen würde er dann Castagnier kontaktieren, um die Familien nachzuschicken. Unbedingt erforderlich sei es aber, so Du Bois, daß wir uns sofort auf die italienische Kommandantur begeben sollten, um uns registrieren zu lassen. Die Behörden wollten vom Wohnort eines jeden Fremden genaue Kenntnis haben. Da er bemerkte, welche Gesichter wir machten, als wir von ihm erfuhren, daß wir uns den Behörden stellen müßten, versicherte er uns, die Italiener seien uns wohl gesonnen und wir hätten überhaupt nichts zu befürchten. Er erklärte uns auch den Weg zu unserem zukünftigen Haus, das ursprünglich einer jüdischen Familie gehörte, die aber gerade dabei sei, über Spanien in die USA auszuwandern. Im Haus fänden wir alles, was wir zum Leben bräuchten. Wir bedankten uns herzlich bei Du Bois, baten ihn aber trotzdem, uns auf die Kommandantur zu begleiten, weil wir nach unseren Erlebnissen sehr mißtrauisch geworden waren.

Die Kommandantur war nicht weit. In einem kleinen Raum saßen sich an einem Schreibtisch zwei Karabinieri gegenüber, die uns auf italienisch begrüßten. Wir sprachen aber nur Französisch. Glücklicherweise stellte sich heraus, daß auch sie Französisch verstanden. Nachdem ich den Grund unseres Erscheinens erklärt hatte, fragten die beiden, warum wir La-Maloux-les-Bains verlassen hätten. Aus einer inneren Eingebung heraus sagte ich bloß, daß wir dort keine Arbeit hätten finden können und wir Familien erhalten müßten. Das schien – zumindest formell – eine passende Begründung gewesen zu sein. Die beiden gaben sich damit jedenfalls zufrieden. An ihrem Grinsen erkannte ich aber sofort, daß sie genau wußten, warum wir wirklich hierher gekommen waren.

Man sah sich unsere Papiere an und wollte anschließend noch wissen, wo wir denn zu wohnen gedächten und wo wir arbeiten wollten. Diese Fragen hatten wir erwartet und konnten sehr konkrete Anworten darauf geben. Ich erklärte, daß mein Schwager Zahnarzt sei und vorhatte, eine eigene Praxis im Ort zu eröffnen. Außerdem betonten wir, von der örtlichen jüdischen Gemeinde betreut zu werden, die uns auch eine Arbeit vermitteln würde; welcher Art diese sein würde, wüßten wir selbst noch nicht. Alles, was wir sagten, schien ihnen schlüssig, denn sie erstellten uns neue amtliche Ausweispapiere und übergaben sie uns mit der Auflage, uns einmal wöchentlich samt Familie hier im Amt zu melden. Damit war alles schon zu Ende, so daß sich die gesamte Prozedur als harmloser erwiesen hatte, als wir anfangs angenommen hatten. Monsieur Du Bois, der draußen gewartet hatte, bot an, uns noch bis zur neuen Wohnstätte zu führen, einem alten, aber netten Haus, das über einen schönen Hinterhof verfügte und komplett möbliert war. Jeder von uns konnte ein eigenes Zimmer beziehen. Sigmund, Willi und ich richteten uns im Obergeschoß ein, das Untergeschoß wollten wir Frieda, Karin und Robert überlassen. Hier gab es insgesamt vier Zimmer und eine Küche. Wir beschlossen, daß sich Robert für seine Praxis eines der größeren und helleren Zimmer aussuchen sollte. Die Familie, die uns das Haus überließ, hatte das Haus zwar noch nicht geräumt und hielt sich ebenfalls im Erdgeschoß auf, doch ihre Sachen waren schon gepackt.

Wir bedankten uns herzlich bei Du Bois, doch bevor er uns verließ, übergab er uns noch einen Umschlag, der für alle bestimmt war und dessen Inhalt wir – wie er betonte – gerecht zu teilen hätten. Nachdem er gegangen war, öffneten wir das Kuvert und fanden erwartungsgemäß Geld – genug, um uns so lange über Wasser halten zu können, bis wir selbst eine Arbeit gefunden hätten. Wir fanden auch einen Zettel, auf dem stand, daß wir in einem Monat wieder mit einer Geldsumme rechnen könnten. Wir waren zu Tränen gerührt. Es schien fast so, als wären wir gerade aus einem schlimmen Traum erwacht, und wir malten uns schon aus, wie es sein würde, wenn wir wieder mit den Familien vereint wären. Wir schrieben ihnen auf der Stelle einen Brief in französischer Sprache, ohne darin aber zu viel von unserem jetzigen Aufenthaltsort preiszugeben. Vielmehr versuchten wir sie auf verschlüsselte Weise zu warnen, auf unangenehme Kontrollen während der Zugsfahrt gefaßt zu sein, so daß nur sie verstanden, was gemeint war.

Am nächsten Tag besuchte uns ein Abgesandter der jüdischen Gemeinde, um zu fragen, ob wir irgend etwas bräuchten. Er erkundigte sich auch, welche Art von Arbeit wir in La-Maloux-les-Bains verrichtet hatten. Er verriet uns weiters, daß wir uns in einem Kurort befänden, in dem viele wohlhabende Leute ihre Ferien verbrächten. Da die Frau meines Bruders, Rachel, eine gute Näherin war, schlug er vor, eine Nähmaschine aufzutreiben, mit der sie ein kleines Gewerbe eröffnen könnte. Für den Rest von uns hatte er die Idee, eine eigene Wäscherei aufzumachen. Ich könnte mich um das Wäschewaschen kümmern, Gisella könnte bügeln und Sigmund für den An- und Abtransport der Wäsche sorgen. Auf der anderen Seite des Hofes gebe es eine Waschküche, die wir zu diesem Zweck benützen könnten. Die Gemeindeversammlung könnte dann dafür sorgen, daß wir die nötige Kundschaft bekämen, und auf der Anschlagtafel einen Hinweis plazieren. Sollten wir uns als tüchtig erweisen, würde sich der Erfolg ganz von allein einstellen.

Glücklich über diese guten Nachrichten, wollten wir uns auf der Stelle in der Waschküche umsehen. Tatsächlich gab es da einen großen ummauerten Kessel, mehrere Waschbecken, alle möglichen sonstigen Geräte sowie ein Bügelbrett; leider fehlte das Bügeleisen. Man versprach aber, eines für uns zu besorgen.

Nun mußten wir unsere Pläne nur noch dem Hilfskomitee vorlegen. Dieses hatte sich schon vor mehreren Wochen konstituiert, in einer Zeit also, in der es den Hauptstrom der Flüchtlinge nach Saint Martin zog.

Der Vorsitzende dieses Komitees hieß Monsieur Fass, ein intelligenter Mann, der alles tat, um das menschliche Leid unter den Flüchtlingen nach Kräften zu lindern – eine wirkliche Führungspersönlichkeit also. Fass kannten wir schon seit den Tagen in Saint Cyprien.

Zu unserem Projekt meinte er, daß uns die etwa 300 Flüchtlinge, die es hier gab, schon auf Trab halten und unsere Geschäfte folglich recht gut gehen würden.

Vier Tage später trafen unsere Familien ein, und alles verlief wie geplant. Robert wurden sein Behandlungsstuhl und die Instrumente nach Saint Martin nachgeschickt, und es dauerte nicht lange, bis wir uns im Haus eingelebt hatten.

Bald hatte sich – zur Freude der ganzen Familie – überall im Ort herumgesprochen, daß wir einen Wäschereibetrieb eröffnet hätten. Wir druckten 500 Flugzettel im Büro des Komitees, die Sigmund, der sich ein altes Fahrrad besorgt hatte, im ganzen Ort verteilte. Auf das Hauptproblem bei der ganzen Sache hatten wir jedoch völlig vergessen: den Mangel an Seife, die äußerst knapp und in Frankreich rationiert war!

Das Komitee, an das wir uns deshalb wandten, nannte uns zwei Möglichkeiten: Erstens könnten wir versuchen, selbst Seife herzustellen, und zweitens hätten wir die Möglichkeit, sie auch zu Schwarzmarktpreisen in diversen Läden einzukaufen.

Außerdem gab es Seife in so großen Mengen nur in Nizza. Trotz der Gefahren, die so eine Fahrt nach Nizza barg, waren Willi und ich bereit, das Risiko einzugehen. Es gelang uns tatsächlich, in Nizza einen jüdischen Seifenfabrikanten ausfindig zu machen, der sogar bereit war, uns einen guten Preis zu machen, als er erfuhr, daß wir Flüchtlinge waren, die mit einer Wäscherei den eigenen Lebensunterhalt bestreiten wollten. Glücklicherweise verliefen die Busfahrten nach Nizza in der Folgezeit ohne Zwischenfälle. Die italienischen Soldaten, von denen immer zumindest einer im Bus saß, kümmerten sich nie um uns.

Als wir einmal an einer Sitzung des Komitees teilnahmen, erwähnte Monsieur Fass, er hätte gehört, daß ich früher in Wien ein begeisterter Sportler gewesen wäre. Er fragte mich, ob ich nicht für die vielen jungen Menschen unter den Flüchtlingen, die keinerlei Freizeitbeschäftigung hatten, eine Turngruppe ins Leben rufen wolle.

Der Bürgermeister hätte auch sicher keinen Einwand dagegen, zu diesem Zweck den Fußballplatz mitzubenützen und bei Schlechtwetter in den Turnsaal der Schule auszuweichen. Trotz des Umstandes, daß diese Tätigkeit rein ehrenamtlich bekleidet werden mußte, war ich sofort begeistert davon. Monsieur Fass wollte nur noch das ausdrückliche Einverständnis des Bürgermeisters einholen, um sogleich alle Sportbegeisterten zusammenzutrommeln.

Ich solle dann herausfinden, wie groß das Interesse an einer solchen Turngruppe tatsächlich sei.

Der große Anklang, den diese Idee unter den jungen Leuten fand, war überwältigend. Ich erklärte den Leuten, daß der ganze Erfolg unserer Unternehmung ausschließlich vom persönlichen Einsatz eines jeden einzelnen abhängen würde.

Unter den jungen Burschen wurden gleich Pläne zur Gründung einer Fußballmannschaft geschmiedet, mit der man gegen das örtliche Team antreten wollte.

Das erste sportliche Zusammentreffen fand an einem Sonntagvormittag, Punkt neun Uhr, statt und begann mit einem einstündigen Aufwärmtraining. Unter allen, die sich eingefunden hatten, fiel mir eine Gruppe von vier Mädchen und sechs Burschen auf, die ich für besonders sportlich hielt. Ich beauftragte sie, mir beim Trainieren der Leute zu helfen.

Darunter befand sich auch ein junges Mädchen aus Wien, das Josefine hieß. Alle nannten sie jedoch nur Fini.

Sie war gemeinsam mit ihrer Mutter hier, die der Tochter an Attraktivität in nichts nachstand. Fini war 18, ihre Mutter knapp 40 und Witwe.

Beide hatten einen tief gebräunten Teint, blondes Haar und einen anmutigen, schlanken Körper. Wie sich noch herausstellte, waren beide auch überaus gute Sportlerinnen.

Ich teilte Fini ein, eine Gruppe von Jugendlichen zu leiten, ihre Mutter sollte einer Erwachsenengruppe vorstehen.

Die beiden wurden nicht nur meine verläßlichsten Stützen, es entwickelte sich auch eine besondere Art von Zuneigung zwischen uns dreien. Ob es wohl daran lag, daß ich die beiden unwiderstehlich attraktiv fand oder weil ich schon immer eine Schwäche für Wienerinnen hatte? Nebenbei bemerkt, gewannen wir durch sie auch neue Kunden für unsere Wäscherei.

Durch meine Tätigkeit als Trainer knüpfte ich Freundschaften zu vielen großartigen Menschen. Alle, die an unserer Turngruppe teilnahmen, vertrugen sich blendend.

Da Willi und ich aber auch recht musikalisch waren, fragten wir beim Komitee an, ob wir vielleicht einen bunten Abend organisieren könnten. Neben Willi und mir – wir spielten Gitarre und Mandoline – gab es ja noch andere „Künstler" unter uns: Da war einmal eine hübsche 22jährige Blondine namens Manja. Sie stammte aus Deutschland, wo sie Gesangsunterricht genommen hatte und Opernsängerin werden wollte. Karl, der etwa gleich alt war, sie verehrte und ebenfalls eine ausgebildete Stimme besaß, meinte, er könne mit ihr zusammen ein Duett aus La Traviata darbieten.

Wieder ein anderer, er hieß Aaron und kam aus Belgien, wollte eine Kabarettnummer zum besten geben, und schließlich war da noch ein siebenjähriges schüchternes Mädchen, das einen Ballettanz aufführen konnte. Rasch war auch ein anderes Mädchen gefunden, das in der Lage war, sie am Klavier zu begleiten.

Nachdem alles geregelt war, setzten wir den Aufführungstermin für einen Sonntagnachmittag fest.

Schon die Proben verliefen vielversprechend, und das benötigte Klavier konnte ebenfalls aufgetrieben werden. Wir rechneten mit etwa 500 Zusehern, einschließlich der Einheimischen, die uns bei allem sehr unterstützt hatten. Monsieur Du Bois ermöglichte uns, einen Anschlag im Rathaus anzubringen und Eintrittskarten zu drucken. Lange vor dem Ereignis waren alle Karten bereits verkauft.

Mittlerweile ging aber unser Turnprogramm weiter. Wir mußten sogar noch einen zusätzlichen Tag pro Woche einschieben, so groß war das Interesse. Da ich Fini sehr gern hatte, freute ich mich auf jeden dieser Tage, an denen ich sie sehen konnte. Mit der Zeit hatten wir eine sehr enge Beziehung aufgebaut, und ich bemerkte, daß ich mich unversehens in sie verliebt hatte. Dieser Liebe stand aber – neben unserem Altersunterschied – vor allem der Umstand entgegen, daß ich verheiratet war und einen Sohn hatte. Das alles konnte meine Gefühle zu ihr aber nicht abkühlen.

Schließlich kam der Tag unserer Veranstaltung. Der Saal war zum Bersten voll, da mehr Karten verkauft worden waren, als es eigentlich Sitzplätze gab. Die Aufführung wurde ein voller Erfolg. Auch Willi und ich, die zu Gitarre und Mandoline unsere Wienerlieder sangen, erhielten begeisterten Applaus.

Nach dem Ende der Aufführung ersuchte ich alle, die mitgewirkt hatten, noch nicht heimzugehen, sondern unseren Erfolg im kleinen Kreis zu feiern. Fini, die neben mir saß und eine eng anliegende rote Bluse trug, machte mich ganz verrückt. Es schien fast, als wäre genau das ihre Absicht gewesen. Plötzlich fühlte ich, wie sie mich am Schenkel berührte. Ich sah ihr tief in die Augen und gab ihr damit stumm zu verstehen, daß ich ihre Botschaft verstanden hatte.

Offenbar fühlten wir beide füreinander genau dasselbe. An der Art ihrer Blicke war zu erkennen, daß mit uns etwas geschehen würde. Ich hatte mich Hals über Kopf in dieses achtzehnjährige Mädchen verliebt und hatte keine Ahnung, wie diese Beziehung ausgehen würde. Wie mochte wohl Finis Mutter, die ich sehr schätzte und ebenfalls gern hatte, auf die Gefühle zwischen ihrer Tochter und mir reagieren? Ich hoffte, sie würde Verständnis dafür aufbringen, da sie ja ebenfalls noch in den Dreißigern stand.

Auf dem Heimweg erwähnte Willi, daß ihm nicht entgangen wäre, was sich zwischen Fini und mir angebahnt hätte. Ich leugnete es und meinte, daß jedenfalls noch nichts geschehen wäre, es dazu aber leicht kommen könne, obwohl ich nie die Absicht gehabt hätte.

Mittlerweile hatte das Veranstaltungskomitee die Einnahmen und Ausgaben abgerechnet und zum Erstaunen aller einen größeren Gewinn errechnet, als allgemein erwartet wurde. Die Rechnungen hatten insgesamt fünf Personen geprüft. Wir überreichten das Geld Monsieur Fass, der darüber hocherfreut war. In diesen Tagen sinnierte ich viel über meine Beziehung zu Gisella. Ich kam zur Erkenntnis, daß wir mehr aus Bequemlichkeit geheiratet hatten denn aus Liebe. Trotzdem gab es da aber noch unseren Sohn Roland, den ich über alles liebte.

Am darauffolgenden Mittwoch traf sich die Turngruppe wieder am Fußballplatz. Fini und ich begrüßten einander überschwenglich. Finis Mutter war diesmal nicht erschienen, weil sie – wie mir Fini sofort erzählte – den Bus nach Nizza genommen hatte, um einen Bekannten zu treffen. Als ich Fini erklärte, nachher mit ihr etwas Wichtiges klären zu müssen, meinte sie vergnügt, sie hätte nichts dagegen und würde mich gern auf einem kleinen Spaziergang durch den Park begleiten.

Das taten wir dann auch. Um keine Gerüchte entstehen zu lassen, verließen wir die anderen auf getrenntem Weg und trafen uns gleich an der nächsten Ecke. Wir gingen ein Stück weiter, und als wir beim Park angekommen waren, fiel mir Fini unvermittelt um den Hals und begann mich stürmisch zu küssen. Auch ich umarmte sie und küßte sie leidenschaftlich. Dann nahm ich mich zusammen und riß mich los, um mit ihr die Dinge zu besprechen, die ich mir vorgenommen hatte. Sie schlug mir vor, über alles am besten bei ihr daheim zu reden, wo wir ungestört wären.

Als ob sie geahnt hätte, worüber ich mit ihr sprechen wollte, erzählte sie mir auf dem Heimweg, daß sie ihr erstes Liebesabenteuer schon mit fünfzehn gehabt hatte, also nicht mehr unerfahren sei. Sie erzählte mir weiters, daß sie sehr großen Spaß am Sex habe und ich mich in keiner Weise ihr gegenüber verpflichtet fühlen müsse. Sie wolle eben nur eine völlig unverbindliche Affäre mit mir beginnen. An der Art, mit der sie über solche Dinge sprach, erkannte ich, daß sie wirklich schon sehr erwachsen war. Außerdem – so verriet sie mir – hätte auch ihre Mutter einen Freund, nämlich diesen Bekannten in Nizza, von dem sie mir erzählt hatte, der in Wahrheit ein italienischer Offizier sei, den sie einmal wöchentlich traf.

Wir sprachen weiter, als wir bei ihr daheim waren. Ich stellte klar, daß ich eigentlich nie an eine Affäre gedacht hätte und ja schließlich Frau und Kind habe, die ich liebe. Fini meinte, sie hätte ohnehin nur an gelegentlichen Sex mit mir gedacht, weil sie genau wisse, daß für uns beide eine ernste Beziehung aus den genannten Gründen gar nicht in Frage käme, obwohl sie mich sehr liebe. Wir küßten uns wieder, und es dauerte nicht lange, da hatte sie sich auch schon entkleidet.

Was dann folgte, war genau so, wie ich mir den Sex mit ihr immer erträumt hatte. Wir spürten danach eine tiefe Befriedigung und lagen nebeneinander, ohne auch nur ein einziges Wort sprechen zu müssen.

Es war aber bereits recht spät geworden, und ich mußte wieder los. Wir küßten uns nochmals zum Abschied und vereinbarten, uns in Zukunft immer an den Tagen zu treffen, an denen Finis Mutter in Nizza sein würde.

Ich war über die Art meiner Beziehung zu Fini sehr glücklich, denn beiden von uns waren von Anfang an die Grenzen unserer Liebschaft klar.

Vielleicht sollte ich nun auch Norbert Wolfinger erwähnen, der noch in vielen schlimmen Stunden mein treuer Kamerad sein sollte. Norbert war damals ein gut aussehender junger Mann, gerade 15 Jahre alt, und immer schon war es sein größter Wunsch, einmal Opernsänger zu werden. Er hatte ja auch schon eine gut ausgebildete Stimme und liebte es, alle möglichen Lieder zu singen. Norbert und ich wurden sehr enge Freunde. Ich begleitete ihn oft bei seinen Proben mit meiner Mandoline. Niemand konnte damals ahnen, daß wir fast drei Jahre lang ein gemeinsames Schicksal teilen würden.

Mit der Zeit wurde ich auch ein enger Vertrauter von Monsieur Fass, dem Vorsitzenden des jüdischen Hilfskomitees, und von dessen Stellvertreter David Blum, einem jungen Belgier und überzeugten Zionisten. David versuchte unermüdlich, den Jungen unter uns die Ideale des Zionismus näherzubringen und ihren Glauben an einen eigenen jüdischen Staat zu stärken.

Monsieur Fass, David Blum und ich holten von überallher Informationen über den aktuellen Stand des Krieges ein. Als schließlich auch die Vereinigten Staaten in den Krieg eingetreten waren, waren wir vom raschen Ende des Krieges mehr denn je überzeugt. Auch die Rolle, die die italienische Armee in diesem Konflikt einnahm, beobachteten wir genau. Den Sendungen von Radio Free Europe und den lokalen Zeitungen entnahmen wir, daß die Italiener für einen eigenen Kriegseintritt nur sehr ungenügend vorbereitet waren. Einerseits war die italienische Armee nur sehr schwach, und andererseits wollte Mussolini nur von den deutschen Gewinnen profitieren, um auf einfache Weise als großer Führer des italienischen Volkes in die Geschichte eingehen zu können. Wie wir wissen, ist diese Rechnung nicht aufgegangen, und schon damals war klar, daß Italien früher oder später würde kapitulieren müssen und seine Rolle als Verbündeter Deutschlands einbüßen müßte.

In dieses Bild, das wir selbst gewannen, paßte ganz die nervöse Stimmung unter den lokalen italienischen Militärs, etwa im Gemeindeamt, so daß wir ernsthaft befürchteten, daß es mit unserer fragilen Sicherheit in Saint Martin ein baldiges Ende nehmen würde. Obzwar Mussolini von Anfang an ein Auge auf das Gebiet um Nizza geworfen hatte und es Italien einverleiben wollte, hatte Hitler ihm stets sein Einverständnis dazu verwehrt.

Als wir alle wieder bei einer Sitzung des Komitees zusammenkamen, blickte uns Monsieur Fass mit sorgenvoller Miene an. Fass erklärte, er wisse nicht, wie lange die Italiener noch das Gebiet um Nizza würden halten können. Mussolini sei nämlich bei Hitler wegen dessen Niederlagen in Afrika in Ungnade gefallen, weswegen nun Generalfeldmarschall Rommel nach Nordafrika entsandt worden war, um in die Kämpfe einzugreifen. Fass befürchtete, daß die Italiener kapitulieren müßten, in diesem Falle auch die Oberhoheit über Nizza verlieren würden und auch aus Saint Martin abziehen müßten. Das hieße, daß das Gebiet an die Deutschen fallen würde, die es mit der Wehrmacht und SS besetzen würden. Sollten sich diese Vermutungen bewahrheiten, so müßten wir unverzüglich über die nahegelegene Grenze nach Italien flüchten, in die nächste Stadt namens Borgo San Dalmazzo, was einen Fußmarsch von immerhin 25 Kilometern bedeutete. Diese Vorstellung erschreckte uns sehr, da es viele Kleinkinder gab.

Wenige Tage später bat mich Finis Mutter während einer Turnstunde um ein privates Gespräch. Ich sollte gleich nach Ende des Sportnachmittages mit zu ihr nach Hause kommen. Ich hatte keine Ahnung, was so wichtig sein hätte können, und vermutete, es müsse sich um ihre Tochter handeln, zumal ich sicher war, daß ihr unsere Beziehung nicht entgangen sein konnte. Ich begleitete Fini und ihre Mutter heim, wo ich erfuhr, daß sie bei ihrem letzten Treffen mit dem italienischen Offizier sehr schlechte Nachrichten erfahren hätte. Der Mann hätte ihr verraten, daß die Italiener binnen zehn bis zwölf Tagen die okkupierte Zone räumen würden, und bot ihr an, sie und ihre Tochter nach Italien mitzunehmen, wo sie sicher wären.

Die Frau bat mich nun um meinen Rat, weil sie nicht wußte, was sie tun sollte. Ich erklärte ihr, daß sie letztlich selbst entscheiden müsse, was sie zu tun gedenke, gab aber zu bedenken, daß sie im Falle einer Kapitulation Italiens vielleicht auch dort nicht mehr sicher seien. Was würden sie dann tun, was wäre dann ihr Schicksal und das ihrer Tochter?

Sie wußte darauf keine Antwort, sondern sah mich nur besorgt an. Ich ahnte, daß sie natürlich genau die gleichen Bedenken gehabt hatte und wohl nur noch eine Bestätigung suchte.

Ich hatte große Sorge um meine Familie und all die anderen Flüchtlinge, die sich in Saint Martin aufhielten. Da nun eine völlig neue Situation eingetreten war, war mir bewußt, daß es mit dem Leben hier in St. Martin nun endgültig vorbei war und ich umgehend das Hilfskomitee von meiner Information unterrichten mußte.

Also bat ich Finis Mutter um ihr Einverständnis, diese wichtige Nachricht weitergeben zu dürfen, die für die Sicherheit aller hier lebenden Flüchtlingsfamilien so wichtig war. Sie äußerte dagegen keine Bedenken. Dann dankte sie mir mit Tränen in den Augen für meinen Rat und meinte, sie hätte sich soeben dazu entschlossen, bei uns zu bleiben und das Angebot ihres Offiziers abzuschlagen. Da ich die beiden sehr mochte, wäre es für mich ein schwerer Schlag gewesen, wenn sie dem Rat des Italieners gefolgt wären und uns verlassen hätten.

Ich versprach ihnen, sie als erste zu informieren, sobald man im Komitee irgendwelche Maßnahmen beschlossen hätte, weil jeder nur den Wunsch haben könnte, den Deutschen nicht in die Hände zu fallen. Der Gedanke daran ließ mich erschaudern, und es war ihren Blicken zu entnehmen, daß auch sie sich davor fürchteten.

Mein Bruder Willi, dem ich als einzigem von meinem Gespräch erzählte, war ebenfalls der Ansicht, unsere Familien zum jetzigen Zeitpunkt noch nicht einzuweihen. Rasch begaben wir uns zu Fass und Blum, um unsere Information weiterzugeben. Die beiden waren überhaupt nicht überrascht, als sie unsere Geschichte vernahmen, möglicherweise verfügten sie bereits über ähnliche Informationen. Sie teilten uns mit, daß sie sich entschlossen hätten, innerhalb der nächsten Tage eine Versammlung aller Familienoberhäupter einzuberufen, auf der man alles weiter besprechen wolle. Bis dahin sollten wir jedoch absolutes Stillschweigen bewahren.

Wir kehrten nach Hause zurück und versuchten, so gut wir es konnten, gute Laune vorzutäuschen. Das fiel uns extrem schwer, und da Gisella und Rachel von Haus aus sehr ängstlich waren, spürten sie dennoch, daß etwas nicht in Ordnung sein konnte. Das tatenlose Zuwarten-Müssen zerrte sehr an unseren Nerven. Fast noch schlimmer war es, darüber nicht reden zu können. Jeder hatte eigene Ansichten darüber, was man im Falle einer deutschen Invasion tun müsse, doch hätte bestimmt niemand erklären können, wie wir es ganz ohne Transportmittel schaffen könnten, die 25 Kilometer bis in die nächste Stadt jenseits der italienischen Grenze zu bewältigen. Jeder wußte, daß es da nur schmale Wege und Fußpfade gab, die über die grüne Grenze führten. Wir hörten pausenlos die Nachrichten von Radio Free Europe, die die Verschlechterung unserer Lage belegten.

Es war also zu befürchten, daß die Italiener ihren Status als Besatzer tatsächlich jeden Augenblick verlieren und die Deutschen nachstoßen und vielleicht sogar ganz Italien besetzen würden. Unser einziger Hoffnungsschimmer war, daß die deutschen Verluste an der Ostfront so hoch sein mochten, daß die italienischen Partisanen – mittlerweile eine ernstzunehmende Kraft, die in ganz Italien etabliert war – erfolgreich einem geschwächten Besatzer trotzen konnten. Wie die französische Résistance wurde auch die italienische Untergrundbewegung aus der Luft von alliierten Transportflugzeugen versorgt.

Eines Abends kam dann aber doch dieses Thema zur Sprache. Es entbrannte eine Diskussion darüber, was man tun sollte, falls das Komitee empfahl, über die italienische Grenze zu gehen, um vor den Deutschen zu fliehen. Robert, der eine florierende Zahnarztpraxis betrieb, befürchtete, im Falle einer Flucht alles zurücklassen zu müssen. Das schien uns aber wirklich nicht die größte Sorge zu sein. Unsere drei Kinder, Roland – erst acht Monate alt –, Raymond – gerade zweieinhalb – und die fünfjährige Karin bereiteten uns die allergrößten Sorgen. Gisella müßte Roland in den Kinderwagen packen, darin noch Babynahrung verstauen und diesen vor sich herschieben. Karin könnte schon allein gehen, doch Willi und Rachel müßten abwechselnd den kleinen Raymond tragen. Dazu müßten wir noch Rucksäcke, voll bepackt mit Nahrung und warmen Decken, mit uns schleppen, denn der Weg war lang und die Nächte waren sehr kalt. Natürlich würden uns auch die anderen beim Tragen unserer Kinder behilflich sein.

Da wir wissen wollten, wo der kürzeste Weg über die Grenze verlief, beschafften wir uns eine Straßenkarte. Darauf konnten wir deutlich eine Straße erkennen, die in einen schmalen Fußpfad mündete, der leicht ansteigend durch den Wald führte. Überraschenderweise entdeckten wir auf der Karte auch zwei kleine Dörfer entlang des Weges. Wir hofften, dort vielleicht eine warme Mahlzeit für die Kinder und etwas frische Milch für Roland bekommen zu können.

Bis drei Uhr morgens diskutierten wir über unsere Zukunft, und obwohl jeder sehr besorgt war, schöpften wir neue Hoffnung, denn es gab da ja unsere Pläne. Gisella war diejenige, die immer schwarzsah und ständig meinte, daß uns nichts retten könnte, weil uns die Nazis so oder so zu fassen bekämen, was unser sicheres Ende wäre. Gewiß mußte ich ihr in vielem recht geben, doch war ich keineswegs so pessimistisch wie sie. Ich versuchte auf sie einzureden, daß man niemals die Hoffnung aufgeben dürfe, weil sonst gar keine Möglichkeit bestünde, durchzukommen. Gisella war in solchen Dingen recht stur, und ich glaube nicht, daß ich sie damals habe überzeugen können. Von nun an erhellte kaum mehr ein Lächeln ihr Gesicht, so daß ich sehr besorgt über ihren Gemütszustand war. Trotz allem war sie aber sehr intelligent.

Den Rest der Nacht konnte niemand wirklich unbeschwert schlafen. Wir verrichteten unsere tägliche Arbeit, und danach traf ich wieder Fini und ihre Mutter beim Turnen. Beide schienen überraschend zuversichtlich zu sein, ja, sie boten sogar an, sich am Marsch um unsere Kinder zu kümmern.

Die Stimmung im ganzen Ort war äußerst unruhig. In den Straßen bombardierten sich die Flüchtlinge, die sich über den Weg liefen, mit allen möglichen Fragen, die niemand beantworten konnte. Keiner konnte sagen, wann genau die Italiener abziehen und die Deutschen statt dessen das Sagen haben würden. Eine jüdisch-französische Familie, die ihr ganzes Leben in Saint Martin verbracht hatte, erklärte mir, sie wolle ihr Haus verlassen und mit uns nach Italien gehen. Sogar die französischen Juden fühlten sich jetzt nicht mehr sicher, weil die Deutschen auf dem Vormarsch in den letzten noch halbwegs sicheren Winkel von Frankreich waren. Erwartungsgemäß hatten wir allerdings die größte

Mühe, Robert davon zu überzeugen, daß er – ungeachtet seiner Nationalität – in Frankreich nicht mehr sicher war.

So weit war es also gekommen, daß wir wieder in Angst lebten und Tag für Tag einer ungewissen Zukunft entgegenbangten. Am liebsten wäre ich auf eigene Faust sofort aufgebrochen, ohne erst die langwierige Entscheidung des Komitees abzuwarten. Alle anderen von uns waren aber dagegen, denn sie sagten, daß ich mich hier in der Gegend nicht auskenne, so daß es besser sei, mit der Gruppe zu gehen. Was sollten wir außerdem allein mit den drei Kleinkindern anfangen? Ich sah ein, daß sie recht hatten, und fügte mich der Meinung der Mehrheit. In der Zwischenzeit hatten wir auch mit der Liquidierung unseres Betriebes begonnen. Ganz konnten wir ihn noch nicht schließen, weil wir auf die Einkünfte aus dem Wäschereigeschäft angewiesen waren.

Auch unsere Turnstunden, die wir im Freien abgehalten hatten, mußten wir aufgeben. Es war Herbst 1942, und die Tage wurden allmählich kühler. Auf das freundliche Angebot des Bürgermeisters, die Turnstunden in der kalten Jahreszeit im Turnsaal der Schule stattfinden zu lassen, konnten wir also nicht mehr zurückkommen. Der Bürgermeister brachte der Sorge um unsere Sicherheit zwar großes Verständnis entgegen, doch glaubte er, daß uns hier kein Haar gekrümmt werden würde, selbst wenn die Deutschen kämen. Er würde bezeugen, daß wir allesamt ehrenwerte und brave Leute seien, die hart für ihren Lebensunterhalt arbeiteten. Wie naiv manche Menschen doch sein können! Bis jetzt hatte der Mann in der unbesetzten Zone gelebt und vielleicht tatsächlich keine Ahnung gehabt, daß selbst die nichtjüdische Bevölkerung in Frankreich stets befürchten mußte, in die deutschen Zwangsarbeitslager verschleppt zu werden. Es war sinnlos, darüber mit ihm zu streiten. Er war ein französischer Patriot, der davon ausging, daß Pétain aus ehrenhaften Gründen das Waffenstillstandsabkommen mit Hitler unterzeichnet hatte. Fini und ich mußten unsere Rendezvous abbrechen, wir trafen uns aber noch ein paarmal.

Nach einem solchen Treffen erfuhr ich von ihr auf dem Heimweg, daß der Freund ihrer Mutter erzählt hätte, alle Regimentsangehörigen seien eingezogen worden, da der Abzug nach Italien angelaufen sei. Er versprach ihr, den genauen Tag seiner Abberufung noch zu nennen, und zwar, indem er einen Untergebenen senden wolle, der nur „Abschiedsgrüße" ausrichten werde, weil er ja offiziell nichts sagen dürfe. Ich fragte sie bestürzt, ob sie diese wichtige Information schon ans Komitee weitergegeben hätte. Sie meinte, sie habe niemanden damit beunruhigen wollen und deshalb noch nicht darüber gesprochen. Der italienische Offizier habe auch wieder versucht, die beiden doch noch dazu zu überreden, mit ihm nach Italien zu kommen. Er wäre in Rom stationiert, wo er für beide sorgen könne und sie absolut sicher wären. Beide seien jedoch dabeigeblieben, mit uns mitkommen zu wollen, weil sie sich bereits dazu entschlossen hätten.

Als wir in der Wohnung eintrafen, fielen mir sofort die gepackten Koffer auf. Die beiden hatten sich also bereits zum Aufbruch vorbereitet, den sie jeden Moment erwarteten. Ich fragte mich, warum sie so reibungslos schafften, was in unserer Familie so schwierig war.

Finis Mutter bat mich, Platz zu nehmen, und ich beschwor sie, mir alles zu sagen, was sie noch von dem Italiener erfahren hatte und für uns von Wichtigkeit sein könnte.

Sie sah mich schwermütig an und stellte mir jene unbeantwortbare Frage, die jeden von uns so beschäftigte: „Warum denn nur wir? Warum müssen ausgerechnet wir das alles ertragen?"

Große Traurigkeit hatte sie erfaßt, und dann begann sie mir zu erzählen, was Fini mir schon vorhin verraten hatte. Ich versuchte ihr möglichst ruhig klarzumachen, daß wir diese Informationen sofort ans Komitee weitergeben müßten. Sie wehrte ab, weil sie sich dem Offizier gegenüber verpflichtet hätte, nichts von alldem nach außen zu tragen. Trotzdem bestand ich darauf, daß das jüdische Hilfskomitee unbedingt alle Fakten wissen müsse. Wäre nicht Fini gewesen, die den Standpunkt vertrat, notfalls selbst zum Komitee zu gehen, es wäre mir allein sicher nicht gelungen, Finis Mutter von der Notwendigkeit dieses Schrittes zu überzeugen. Schließlich gab sie aber doch nach.

Wir eilten zum Komitee, wo wir sofort Monsieur Fass verlangten, den einzigen Menschen, dem wir unsere Information anvertrauen wollten. Fass war aber nicht da, so daß man sogleich einen Boten zu ihm nach Hause schickte, der ihn herholen sollte. Es dauerte endlose 45 Minuten, bis er endlich eintraf.

Ein aufgelöster Monsieur Fass hetzte ins Büro, der sehr erstaunt war, neben mir auch Fini und deren Mutter vorzufinden. Ich kam ohne Umschweife zur Sache, erzählte alles, was Finis Mutter von ihrem Offizier erfahren hatte, erwähnte allerdings nicht, in welcher Beziehung die beiden miteinander standen. Dann kamen seine vielen Fragen. „Wie vertrauenswürdig ist denn dieser Mann? Woher hat er diese Informationen?" Finis Mutter fiel ihm ins Wort und gestand, daß sie mit dem Offizier seit einigen Monaten eng befreundet sei. Sie kenne ihn jedenfalls gut genug, um ihm diese Geschichte absolut zu glauben. Sie erwähnte auch, daß der Offizier den beiden angeboten hatte, sie nach Rom mitzunehmen, wo seine Einheit stationiert war.

Monsieur Fass sah mich mißtrauisch an und bat dann, mich unter vier Augen sprechen zu können. Er fragte mich, wie gut ich denn die beiden kenne und inwieweit ich glaube, daß man dem Informanten trauen könnte. Ich erklärte, daß ich persönlich absolut keinen Grund hätte, ihnen nicht zu glauben, da sie das Angebot des Offiziers sogar abgelehnt und sich entschieden hatten, bei uns zu bleiben. Fass ließ sich das, was ich sagte, durch den Kopf gehen. Nach einem Moment machte ich ihm den Vorschlag, das Hauptquartier der Organisation in Nizza anzurufen und zu fragen, was man dort über einen angeblich unmittelbar bevorstehenden Abzug der Italiener wisse. Fass lehnte mit der Begründung ab, daß man ihn im Falle einer neuen Entwicklung schon längst von dort aus angerufen hätte. Ich bedrängte ihn aber trotzdem, das, was wir hier gehört hätten, wenigstens nach Nizza weiterzugeben und deren Meinung dazu einzuholen.

Ich ließ Monsieur Fass Zeit, sich das Ganze neuerlich durch den Kopf gehen zu lassen. Nach ein paar Minuten war er einverstanden und griff zum Telefonhörer. Das Gespräch wurde auf französisch geführt, so daß ich zumindest Teile davon verstehen konnte. Fass erkundigte sich zunächst danach, ob sich seit seinem letzten Telefonat am Morgen an der Lage etwas verändert habe. Seiner Reaktion auf die Antwort aus Nizza entnahm ich, daß man von dort keine neuen Nachrichten zu berichten wußte. Offenbar ahnte man aber, daß etwas in der Luft lag, denn man bat Fass, jederzeit erreichbar zu bleiben. Dann sagte Fass, was er von uns gehört hatte, daß die Italiener nämlich gerade dabei seien, die italienische Zone zu räumen. Der weitere Verlauf des Gespräches ließ nun den Schluß zu, daß Nizza umgehend diese Information überprüfen und man Fass gleich zurückrufen wolle.

Fass legte den Hörer auf und blieb beim Telefon. Während wir auf den Anruf aus Nizza warteten, nützte ich die Zeit, mir alles nochmals genau durch den Kopf gehen zu lassen. Ich erklärte Monsieur Fass, daß ich nach allem, was ich nun wisse, keine Zeit mehr verlieren wolle, um meine Familie in Sicherheit zu bringen, und überzeugt sei, daß wir binnen 48 Stunden unbedingt aufbrechen müßten. Ich merkte an, daß doch keiner von uns den Deutschen in die Hände fallen wollte. Fass gestand, im wesentlichen meiner Meinung zu sein, und fragte mich, was ich an seiner Stelle veranlassen würde. Ich riet ihm, zunächst einmal auf das Telefonat aus Nizza zu warten und seiner Überzeugung Ausdruck zu verleihen, daß man unbedingt so rasch wie möglich Saint Martin verlassen müsse. Er müsse ihnen auch klarmachen, daß nach einem Abzug der Italiener die Deutschen sofort die Gegend besetzen würden. Mit jeder Minute, die verstrich, wurde Fass unruhiger.

Schließlich läutete das Telefon – Nizza war am Apparat. Fass lauschte kurz seinem Gegenüber und sagte dann: „Ich glaube, ja, das sollten wir tun." Dann wieder Stille, Fass lauschte dem Gesprochenen, dazwischen ein aufgeregtes: „Oui, oui, oui!" Fass griff nun zu Bleistift und Papier, um sich Notizen zu machen. So verlief das Gespräch ganze 25 Minuten lang. Man schien ihm genaue Anweisungen zu geben, die er eifrig mitstenografierte. Danach war Fass leichenblaß und völlig fertig. Mir als Vertrautem verriet er, daß er noch für diesen Abend eine Versammlung aller Familienoberhäupter einberufen wolle. Man habe ihm geraten, schon übermorgen um fünf Uhr morgens aufzubrechen. Alle hätten sich dazu an einem zentralen Platz einzufinden, man würde 15 Lastwagen schicken, die uns die rund 25 Kilometer bis knapp an die italienische Grenze brächten, von wo aus wir dann zu Fuß weitermarschieren müßten. Auf die Reise dürften wir nur das Lebensnotwendigste mitnehmen. Er veranlaßte sofort, daß vier Knaben alle im Ort von dem angesetzten Treffen informierten. Fass und ich verabschiedeten uns voneinander, ohne ein weiteres Wort über dieses Thema zu sprechen. Unsere besorgten Mienen sagten mehr, als wir mit Worten vermocht hätten. Als ich Fini und ihre Mutter, die die ganze Zeit über draußen gewartet hatten, wieder sah, verriet ich ihnen nur, daß man für heute Abend eine wichtige Versammlung angesetzt hätte und die gesamte

Organisation ihnen für die wichtige Information sehr dankbar sei. Wir beschlossen, uns um acht Uhr abends im Büro von Monsieur Fass wieder zu treffen.

Ich ging zu meiner Familie und rief alle zusammen. Dann erzählte ich ihnen im Vertrauen, was ich erfahren hatte und daß wir schon übermorgen aufbrechen müßten. Ich erwähnte auch die Lastwagen, die man uns zugesichert hatte, um uns bis knapp an die Grenze zu bringen, und beschloß, daß Willi und ich stellvertretend für die Familie an der Versammlung teilnehmen. Alle waren entsetzt, besonders Gisella, die um ihr acht Monate altes Kind bangte.

Roland war vermutlich der jüngste in der ganzen Gruppe. Erst brachte keiner ein Wort heraus, dann prasselten die Fragen auf mich los. Wie und warum und wann wollte jeder von mir wissen, doch eigentlich hatte ich ja schon zu viel verraten. Wir durften nun keine Zeit mehr verlieren und mußten rasch packen. Eine ängstliche und nervöse Hektik machte sich im ganzen Dorf breit. Jeder tat noch, was getan werden mußte, und die Leute begannen, uns Fragen zu stellen, weil wir Hals über Kopf die Wäscherei schlossen. Ich riet Sigmund, auf alle Fragen einfach zu antworten, daß uns die Seife endgültig ausgegangen sei. Es war zweifelhaft, ob uns jemand diese Erklärung abnehmen würde, zumal mittlerweile schon jeder erfahren hatte, daß abends eine wichtige Versammlung angesetzt war.

Auf die Bitte von Monsieur Fass waren auch der Bürgermeister und einige Gemeindevertreter erschienen. Fass eröffnete die Sitzung mit der Frage, ob alle Familienoberhäupter anwesend wären, und bat dann alle, möglichst nicht die Nerven zu verlieren. Fass setzte seine Ausführungen mit der harmlos klingenden Formulierung fort, daß nun die Zeit gekommen sei, die Gastfreundschaft von Saint Martin zu verlassen. Dann setzte er nach, daß die Italiener beabsichtigten, die Zone zu räumen und wir daher darauf gefaßt sein müßten, schon übermorgen Saint Martin zu verlassen. Jeder sollte nur unbedingt nötige Dinge, wie Kleidung, Decken und genügend Nahrung für drei Tage, mit auf die Reise nehmen. Besonders wichtig wäre gutes Schuhwerk, denn die anfangs gegebene Zusage, 15 Lastwagen bereitzustellen, hätte man wieder rückgängig machen müssen, da die Italiener für den eigenen Abzug alle Transportmittel beschlagnahmt hätten.

Daher müßten wir die 25 Kilometer bis an die Grenze nun ebenfalls zu Fuß zurücklegen und dann noch den Weg bis zum ersten größeren Dorf in Italien, Borgo San Dalmazzo. Erst dort wären wir wieder sicher und außerhalb der Reichweite der Deutschen.

Alles klang fast zu schön, um wahr zu sein. Jeder war äußerst optimistisch und schien sich von diesem anstrengenden Marsch, der uns bevorstand, völlig falsche Vorstellungen zu machen. Viele Anwesende stellten überflüssige Fragen, wie: „Was für Dinge dürfen wir denn mitnehmen?" Die Älteren wollten hingegen wissen, wie sie die 25 Kilometer zurücklegen sollten und was mit ihnen passierte, würden sie in Saint Martin zurückbleiben. Ich meldete mich zu Wort und erklärte, daß es jeder versuchen sollte, mitzukommen. Ich forderte die Jungen auf, den alten Menschen beim Marschieren zu helfen, und rechnete damit, daß wir bei einem Marschtempo von drei Kilometer pro Stunde die Strecke eigentlich in einem Tag bewältigen müßten.

Einige der älteren Menschen weigerten sich schlichtweg, mit uns zu kommen, da sie nur mit Krücken oder am Stock gehen konnten. Mehrere wollten wissen, ob wir dann wenigstens in Italien würden bleiben können. Monsieur Fass erklärte, daß die italienischen Behörden von unserem Kommen informiert seien und schon für unsere Unterbringung gesorgt hätten. Das stimmte natürlich nicht, und ich fand es gefährlich, nur um zu beschwichtigen, einfach die Dinge schönzufärben.

Man kam überein, daß sich alle bis spätestens übermorgen fünf Uhr früh im Schulhof einzufinden hätten, von wo aus man aufbrechen werde. David Blum, der die Gegend gut kannte, wurde mit der Leitung der Marschkolonne betraut. Wir vertrauten voll auf seine Ortskenntnis, weil er zahlreiche Wanderungen in der Gegend unternommen hatte und den Weg zur Grenze kannte.

Jeder der Daheimgebliebenen, der mittlerweile mit dem Pakken fertig war, bestürmte uns sofort mit Fragen. Gisella war diejenige, die am unruhigsten war. Ich versuchte sie zu trösten, indem ich ihr sagte, daß wir ja auf dem Weg zur italienischen Grenze an zwei kleinen Dörfern vorbeikämen, wo man uns sicher etwas Warmes für unseren kleinen Sohn geben würde. Das schien sie wenigstens ein klein wenig zu beruhigen. Trotzdem wußten wir alle, daß uns noch zwei schlaflose Nächte bevorstanden.

Mir selbst gelang es, erst gegen vier Uhr früh einzuschlafen. Am Morgen hätten wir uns wie üblich wieder in der Kommandantur melden müssen. Als wir allerdings dort ankamen, war bereits alles verschlossen. Das sahen wir als klaren Beweis dafür, daß unsere Informationen stimmten und es tatsächlich höchste Zeit war, Saint Martin zu verlassen. Wir wollten unsere Beobachtung noch dem Komitee mitteilen, doch dort wußte man schon vom Abzug der Italiener aus dem Ort.

Daheim angekommen, trafen wir noch allerletzte Vorbereitungen. Fini kam vorbei, um zwei warme Decken für die Kinder zu bringen. Ich überredete sie, wenigstens kurz zu bleiben. Fini war sehr tapfer. Ich glaube, sie und ihre Mutter hätte kaum eine Situation wirklich aus der Fassung bringen können. Die beiden waren zu beneiden, und ich wünschte, meine Frau und meine Schwester hätten nur etwas von ihren Eigenschaften.

Finis Mutter hatte übrigens mittlerweile von ihrem Offizier die versprochene „Abschiedsbotschaft" erhalten. Ein rangniedriger Soldat hatte sie überbracht und gleichzeitig einen Zettel übergeben, auf dem stand, wo sie ihn in Rom treffen könnten. Finis Mutter, die sich ja dafür entschieden hatte, nicht mit ihrem Freund abzuziehen, ließ ihm nichts ausrichten. Mag sein, daß letztlich ich für ihre Entscheidung verantwortlich war. Damals wie heute weiß ich nicht, ob es richtig war, was ich den beiden geraten habe. Die beiden waren so großartige Menschen! Ich fragte Finis Mutter, ob sie ihren Entschluß irgendwie bereue. Ohne zu zögern, antwortete sie: „Keinen Augenblick lang!" Ich fragte sie weiter, ob sie sich nur wegen meines Drängens dazu entschlossen hätten, mit uns zu kommen, und auch das verneinte sie entschieden. Ich war jedenfalls sehr froh und erleichtert, die beiden an meiner Seite zu wissen. Schon ihre bloße Anwesenheit konnte mich aufmuntern, denn ich liebte Fini über alles. Fini wollte mich um halb fünf Uhr abholen, um gemeinsam mit uns zum Sammelplatz bei der Schule zu gehen. In dieser letzten Nacht – die uns ebenfalls wieder kaum Schlaf bescherte – erinnerten wir uns alle zurück an die schöne Zeit, die wir in Saint Martin zugebracht hatten, und überlegten, wie wohl unsere Zukunft, eine äußerst ungewisse Zukunft, aussehen mochte.

Schon um drei Uhr waren wir, die Erwachsenen, wach; nur die Kinder, die den Schlaf dringender brauchten, weckten wir noch nicht. Karin, meine kleine fünfjährige Nichte, schien, obwohl noch ein Kind, den Ernst unserer Lage zu erfassen. Frieda hatte ihr erklärt, wir seien auf der Flucht vor den Deutschen. Offenbar ahnte das Kind, was das für uns bedeutete.

Da sie außerdem schon groß genug war, um allein zu marschieren, mußte auch sie einen Rucksack tragen, in dem sich Decken und andere reisenotwendige Utensilien befanden. Sie schien stolz zu sein, allein gehen zu dürfen und selbst einen Rucksack tragen zu können. Was war sie doch für ein aufgewecktes, nettes Mädchen!

Auch diesmal spielte Robert wieder mit dem Gedanken, wenigstens einen Teil seiner medizinischen Instrumente einzupacken. Ich gab ihm den guten Rat, gar nicht erst daran zu denken, zumal er ja nicht gerade von kräftiger Statur war und die ganzen Sachen für ihn auf Dauer viel zu schwer gewesen wären. Wir versammelten uns also im Untergeschoß unseres Hauses, die Atmosphäre war sehr gedrückt, sagten ein letztes Mal unserem komfortablen Haus adieu und hinterließen dem früheren Besitzer eine Dankesbotschaft. Gerade rechtzeitig erschienen noch Fini und deren Mutter, so daß wir gemeinsam den Weg zur Schule zurücklegen konnten. Jede der beiden Frauen wollte uns unbedingt beim Tragen der Kinder behilflich sein.

Auf dem Schulhof hatten sich bereits fast alle Flüchtlinge eingefunden. Im Gedränge fand ich Monsieur Du Bois, dem ich nochmals für alles, was er für uns getan hatte, aufrichtig dankte.

Es fiel mir auf, daß manche viel zu viel Gepäck mitgenommen hatten. Willi, der bemerkte, wie besorgt ich darüber war, meinte gleichmütig, ich solle mir deswegen keine Gedanken machen, weil diese Leute schon noch sehen würden, daß sie das Zeug unterwegs zurücklassen müßten. Die meisten der Menschen, vielleicht mit Ausnahme der jüngeren, hatten keine Ahnung, was es heißt, so weit zu marschieren. Viele trugen völlig ungeeignetes Schuhwerk, manche der Frauen sogar Stöckelschuhe oder leichte Sandalen. Es war uns bewußt, daß wir unterwegs noch mit großen Problemen zu rechnen haben würden. Jetzt sah ich in der Menge auch wieder meinen treuen Freund Norbert Wolfinger samt Bruder und Vater. Die drei waren entschlossen, sich in Italien dem Widerstand anzuschließen, und mir fielen die Worte von Monsieur Fass ein, der auf der Versammlung davon gesprochen hatte, es würden uns „freundliche Italiener" an der Grenze in Empfang nehmen. Fass gebrauchte zwar nie den Ausdruck „Widerstandskämpfer", aber jedem war klar, daß genau das gemeint war. Ich weiß, daß damals an der französisch-italienischen Grenze starke Widerstandsgruppen aktiv waren, die von den Briten aus der Luft versorgt wurden.

Genau um sechs Uhr morgens brach unsere Marschkolonne, bestehend aus ungefähr 1250 Leuten, auf. David Blum, unser Anführer, bildete mit einer Gruppe junger Leute, die Bahren und medizinische Ausrüstung trugen, die Spitze des Zuges. Eine ähnliche Gruppe markierte den Abschluß.

Wir waren froh, in David Blum einen so fähigen Organisator zu haben. David meinte, ich solle mir wegen der Kinder nicht zu große Sorgen machen, er hätte auch Babynahrung einpakken lassen und es seien noch mehrere Dosen Kondensmilch für den Notfall mitgenommen worden. Außerdem würde er von Zeit zu Zeit selbst Nachschau halten und die Leute fragen, ob ihnen etwas fehle. Ich dankte ihm für seine Hilfsbereitschaft und entschied mich, mit meiner Familie gleich hinter ihm zu marschieren.

Zu dieser frühen Stunde waren die Straßen im Dorf noch wie ausgestorben. Nur einige Menschen standen vor ihren Häusern, um uns zu verabschieden. Ein alter Mann kam auf uns zu, schenkte uns ein Paket mit Lebensmitteln und wünschte uns weinend alles Gute. Diese Szene war wirklich sehr ergreifend. Einige der Frauen brachen ebenfalls in Tränen aus.

Nachdem wir das Ende des Dorfes erreicht hatten, blickten Monsieur Du Bois und die anderen Mitglieder des Komitees noch einmal wehmütig zurück, um endgültig von Saint Martin, das uns so großherzig aufgenommen hatte, Abschied zu nehmen. Auch das ging allen sehr nahe. Und in der Tat: Die Bewohner von Saint Martin waren die ganze lange Zeit über äußerst gastfreundlich gewesen. Monsieur Fass erzählte mir später, daß der Gemeinderat von Saint Martin eine beträchtliche Geldsumme für den Ankauf von Reiseproviant an das Komitee gespendet hatte. Die erste Zeit hindurch schien jeder der Marschierenden recht froh und guten Mutes zu sein. Ein vielversprechender Beginn einer Reise, deren Ziel, ein Ort irgendwo jenseits der Grenze, für alle im Ungewissen lag.

Als Saint Martin bereits weit hinter uns war, bogen wir auf eine kleine Seitenstraße ab, die aber eher wie ein schmaler Wanderweg beschaffen war, den gewöhnlich nur Ausflügler benutzen. Er führte uns in einen dichten Pinienwald. Die Sonne war gerade aufgegangen, und keine einzige Wolke trübte den Himmel. Ein strahlend schöner Tag stand uns bevor. Jetzt begann der Pfad allmählich steiler zu werden, was eine spürbare Verlangsamung unseres Tempos mit sich brachte. Fini schob Rolands Kinderwagen, und ihre Mutter trug, unmittelbar hinter ihr gehend, den kleinen Raymond. Erstaunlicherweise war jetzt auch Gisella wieder bei besserer Laune, was sicherlich allein Finis Verdienst war. Sie hatte sich die ganze Zeit über mit Gisella unterhalten und sie so erfolgreich von ihren Sorgen ablenken können – jener ungewissen Zukunft, die vor uns lag.

Ich ging währenddessen an der Seite von Willi und Sigmund. Wir sprachen nicht viel, zu bekümmert und sorgenvoll waren wir. Hin und wieder wechselte der eine oder andere von uns die Frauen beim Tragen unserer Kinder ab. Wir waren fast zwei Stunden unterwegs, als die Kolonne plötzlich zum Stehen kam. Blum rief eine 25minütige Pause aus. Eine große Überraschung war, als zwei Buben Orangensaft ausschenkten und an die Kinder Süßigkeiten verteilten. Dieses unerwartete Ereignis konnte die Menschen sichtbar aufmuntern, und es verbreitete sich sogar fast wieder Heiterkeit. Die allgemeine Stimmung war also ausgezeichnet, als das Signal zum Aufbruch kam. Immer schmaler und steiler wurde nun unser Weg, und immer häufiger wurden die Pausen, die wir einlegen mußten. Noch schlugen sich alle recht gut, doch in der Mittagspause erfuhr ich von Blum, daß eine ältere Dame nicht mehr weiterkonnte. Einer unserer Ärzte untersuchte sie und stellte leider fest, daß es keine andere Möglichkeit gab, als die Frau auf einer Bahre ins nächste Dorf zu transportieren. Dieses lag allerdings fast acht Kilometer entfernt und war von hier aus nur über einen schlechten Weg zu erreichen.

Ich fragte Blum, was er nun zu tun beabsichtigte. Er nahm es relativ gelassen und meinte, daß er und vier seiner jungen Helfer die alte Dame mit der Bahre ins nächste Dorf tragen würden, man sie dort den französischen Behörden anvertrauen würde und die Männer dann wieder zu uns stoßen wollten. Er gab das Kommando an ein junges Mädchen ab, das mit der

Route vertraut war, und machte sich zusammen mit den anderen auf den Weg.

Nach einer längeren Mittagspause machte sich unsere Kolonne wieder auf den Weg. Schon nach zwei Stunden sahen wir in der Ferne Blum und die vier anderen auf uns warten. Man hatte die alte Dame im Dorf abgesetzt, und sie waren auf einer Abkürzung wieder zurückgekommen. Angeblich hätte der Bürgermeister der kleinen Ortschaft sofort seine Hilfe angeboten und die kranke Dame per Auto ins Hospital nach Nizza bringen lassen. Blum überlegte, ob man angesichts der schlechten körperlichen Verfassung, in der sich die meisten der Gruppe mittlerweile befanden, nicht doch im nächsten Dorf übernachten sollte. Seiner Meinung nach wäre es unmöglich, beim jetzigen Tempo noch vor Einbruch der Dunkelheit die Grenze zu erreichen.

Auch mir war nicht entgangen, daß auch unsere Frauen, Gisella, Rachel und Frieda, völlig erschöpft waren, und so stimmte ich Blums Vorschlag zu. Blum beeilte sich noch, auch Monsieur Fass von der neuen Situation zu unterrichten, und wollte uns dann sofort in dieses Dorf bringen. Vom Bürgermeister des anderen kleinen Dorfes hatte er erfahren, daß es dort eine neue, geräumige Schule mit einem großen Turnsaal gebe, in dem man uns sicher übernachten ließe.

Die Information stimmte. Blum führte uns bis vor die Schule und begab sich dann zusammen mit Monsieur Fass auf die Suche nach dem Bürgermeister. Zu dritt kam man zurück, um uns den Turnsaal zu öffnen und für eine Nacht zur Verfügung zu stellen. Wir fanden Matten, die uns als Unterlage für ein Nachtlager dienten, und breiteten die mitgebrachten Decken darauf aus. Die Kinderwagen wurden in eine Ecke des Saales geschoben. Der kleine Roland war so müde, daß es nicht lange dauerte, bis er tief und fest schlief.

Schließlich kamen auch wir auf unseren Matten ein wenig zur Ruhe. Es war kurz vor sechs Uhr abends, und obwohl sich der Tag seinem Ende zuneigte, war der Marsch nicht so verlaufen, wie wir es angenommen hatten. Ein guter Teil des Weges lag noch vor uns, was bedeutete, daß wir zeitig am Morgen wieder aufbrechen mußten.

Unsere nächste Sorge war, wie wir zu warmer Milch für die Kleinkinder kommen konnten. Blum bat den Bürgermeister um

Hilfe, der ihn weiter an den Schuldiener verwies. Willi und ich griffen uns also einige der Dosen mit Kondensmilch und suchten damit das Haus des Schuldieners auf. Diese Familie empfing uns überaus freundlich und zuvorkommend. Man ließ es nicht zu, daß wir unsere eigenen Milchvorräte aufbrauchten, sondern schenkte uns warme frische Milch und Zwieback für die Kinder. Ja, man lud mich und Willi sogar ein, zum Abendessen zu bleiben.

Dazu muß man wissen, daß auch die Franzosen selbst unter der Knappheit an Nahrungsmitteln zu leiden hatten; selbst das Wenige, das es gab, war streng rationiert. Angesichts dessen war uns dieses großzügige Angebot peinlich, doch der Schuldiener und dessen Frau bestanden darauf, ihnen Gesellschaft zu leisten. Man erklärte uns, daß es kein Fleisch gebe, aber das erwarteten wir gar nicht. Damals waren wir für alles Eßbare dankbar. Mit einer großen Kanne heißer Milch konnten wir zu den Unseren zurückkehren. Ich fragte Willi, was er davon halte, sich bei der netten Familie mit einem Paket Zucker, das Sigmund seinerzeit am Schwarzmarkt eingekauft hatte, erkenntlich zu zeigen. Das Ehepaar hatte zwei kleine Kinder, die sich über etwas Süßes sicher sehr freuten, so wie sich auch unsere Frauen sehr glücklich schätzten, ihren Kindern warme Milch und Zwieback anbieten zu können.

Als wir später mit der Familie des Schuldieners beim Abendessen saßen, begann der Mann, uns Fragen zu stellen, wollte vor allem wissen, weswegen wir Saint Martin so überstürzt verlassen hätten. Wir erklärten ihm, daß die Italiener abgezogen seien und die Deutschen bald nachrücken würden. Das Ehepaar wußte wohl, daß wir Juden waren und uns auf der Flucht vor den Nazis befanden. Was sie aber nicht begreifen konnten, war, warum man Juden derart erbarmungslos verfolgte. Das war vermutlich auch kein Wunder, denn die beiden lebten in einem abgeschiedenen Dorf an der italienischen Grenze, wo sie vom Leid und der Verfolgung der Juden nur wenig mitbekommen hatten. Der Schuldiener erzählte, er habe gehört, daß die Deutschen bereits in Saint Martin eingetroffen seien und einige der zurückgebliebenen Juden in Viehwaggons weggebracht hätten. Er wußte allerdings nicht, was man mit ihnen vorhatte – wir glaubten, ihr Schicksal zu kennen. Wir wußten, daß man sie in die deutschen Ostgebiete deportierte und sie dort in Lager steckte, Arbeitslager, wie wir damals glaubten.

Wir hörten weiters, daß zwei der besten Freunde des Mannes sich den Partisanen in den Bergen angeschlossen hätten und nur fallweise ins Dorf kämen, um Nahrungsmittel, Wasser und Zigaretten für die Kameraden zu holen. Die Partisanen hätten die Anweisung, im Falle eines deutschen Einmarsches in Italien alle Verbindungsstraßen über die Grenze zu sprengen. Man riet uns, vor dem Grenzübertritt mit den Partisanen Kontakt aufzunehmen, weil sie über die neuesten Entwicklungen, was die Deutschen betraf, stets am laufenden waren. Keinesfalls aber sollten wir den Italienern trauen, von denen viele mit den Deutschen kollaborierten.

Der Mann berichtete auch davon, daß er alle Informationen sammle, die er über die Deutschen erhalten könne, um sie an die Partisanen weiterzuleiten. Auch nachtsüber wäre er äußerst aktiv und müsse daher meist am Tag etwas schlafen. Durch seine Verbindungsmänner in Saint Martin wisse er auch vom Einmarsch der Deutschen.

Ganz offensichtlich hatten wir also Saint Martin in allerletzter Minute verlassen.

Eine Frage, die wir ihm allerdings nicht beantworten konnten, war jene nach unseren genauen Plänen. Es war eine Frage, auf die niemand von uns eine Antwort wußte. Wir gaben nur unserer Hoffnung Ausdruck, in Italien auf ein rasches Kriegsende warten und überleben zu können. Unser Freund blickte uns mit sorgenvoller Miene an. Jedenfalls aber, so meinte er, gebe es in Italien viele anständige Bauern, von denen wir Hilfe erwarten könnten. Und nochmals riet er uns, gut zu überlegen, wem wir was erzählten, nicht auf der Straße, sondern besser im Schutz des Waldes zu marschieren und uns in Borgo San Dalmazzo sofort bei den italienischen Behörden zu melden. Die Menschen, die diesseits und jenseits der Grenze lebten, hätten vieles, nicht nur die Sprache, gemeinsam. Wir hofften, daß dazu auch ihre Gastfreundschaft zählte.

Nach dem Ende des köstlichen Abendessens kehrten wir wieder in den Turnsaal zurück und erzählten Monsieur Fass und David Blum, was wir an Neuigkeiten erfahren hatten. Fass war bestürzt zu hören, daß die Deutschen schon in Saint Martin waren, und er fürchtete, daß sie nun auch vor der italienischen Grenze nicht mehr haltmachen würden. Ich wandte ein, daß der

Schuldiener laufend die neuesten Informationen aus Saint Martin erhielt und versprochen hatte, uns zu informieren, falls sich etwas Unvorhergesehenes ereignen sollte. Wir beschlossen, über unser Wissen mit den anderen nicht zu sprechen und sicherheitshalber eine Nachtwache zu organisieren. David, Willi, zwei andere und ich selbst meldeten sich dafür freiwillig und wollten abwechselnd die Nacht über wach bleiben.

Als ich zur Stelle kam, an der meine Familie das Nachtlager aufgeschlagen hatte, fand ich alle schon schlafend vor. Man hatte ja den Frauen erklärt, daß es schon sehr zeitig, nämlich um sechs Uhr früh, wieder losging, man etwa um acht Uhr die Grenze erreichen und schließlich um zehn Uhr in Borgo San Dalmazzo sein werde.

Fini und ihre Mutter, die neben uns ihr Nachtlager hatten, waren noch wach. Um zehn Uhr schließlich schlief dann fast jeder.

Willi hatte die erste Nachtschicht im Freien vor dem Turnsaal übernommen. Bis zum Aufbruch hatten wir noch acht Stunden Zeit. Etwa um halb zwölf wäre dann ich an der Reihe und sollte ihn ablösen.

Ich konnte jedoch keinen Schlaf finden. Als ich im Dunkeln so dalag, mußte ich an meine schöne Zeit in Wien denken, als ich noch Arbeit hatte, gut verdiente und in Frieden leben konnte. Die Gegenwart erschien mir dagegen wie ein böser Traum. In meiner Erinnerung tauchten dann die Ereignisse aus meinem „zweiten Leben" auf. Mein „erstes" hatte ja mit dem Einmarsch Hitlers und meiner unfreiwilligen Flucht aus Österreich ein jähes Ende gefunden. Nachdem das alles in meiner Erinnerung abgelaufen war, stellte ich mir erneut die Frage, wie wohl meine weitere Zukunft aussehen mochte. Schon damals, wir schrieben Juli 1943, war ich felsenfest davon überzeugt, daß Hitler – vor allem nach einem Kriegseintritt der Vereinigten Staaten – den Krieg nicht würde gewinnen können.

Es schmerzte mich, mitansehen zu müssen, wie unser kleiner Sohn, wie Gisella und all die anderen von uns unter den Wirren dieser Zeit zu leiden hatten. Ich sprang auf, um meinen Sohn, der im Kinderwagen schlief, zu betrachten. Tränen rollten über mein Gesicht. Selbst die Nächte mußten wir in unserer Kleidung verbringen, um jederzeit für eine Flucht bereit sein zu können. Als ich Willi ablöste, fand ich ihn in einem hitzigen Streit mit David Blum. David war überzeugter Zionist – ganz anders als Willi, der das Judentum lediglich als eine von vielen Konfessionen verstand – und vertrat daher die Ansicht, daß alle Juden eine Nation seien. Das war ein grundlegender Auffassungsunterschied, der bisweilen für ziemliche Differenzen sorgte. Ich hörte den beiden eine Zeitlang zu und fragte dann David, ob er sich wirklich vorstellen könne, daß die Juden eines Tages alle vereint sein würden, einen eigenen Staat gründen und eine eigene Heimat besitzen könnten. Er war felsenfest davon überzeugt, daß es eines Tages zu alldem kommen würde. Er sollte damit recht behalten!

Ich riet Willi, nun etwas zu schlafen, und schickte auch David, der die Diskussion nun mit mir fortsetzen wollte, weg, weil ich meinte, daß auch er sich angesichts der uns noch bevorstehenden Anstrengungen ausruhen sollte. Als die beiden gegangen waren und ich allein in der Dunkelheit saß, hatte ich Zeit, mir das, was der Schuldiener über die italienische Bevölkerung sagte, die angeblich so freundlich und vor allem antideutsch eingestellt wäre, durch den Kopf gehen zu lassen.

Wenn das alles wirklich stimmte, hätten wir ja allen Anlaß zum Optimismus, doch ich traute diesen vielversprechend klingenden Ansichten nicht wirklich. Und mit der Zeit kamen immer mehr Zweifel hinzu, so daß meine anfänglichen Hoffnungen fast wieder gänzlich geschwunden waren. Völlig überraschend kam da Fini zu mir ins Freie, grüßte mich in der ihr eigenen fröhlichen Art und fragte, ob sie mir Gesellschaft leisten dürfe. Auf meine Gegenfrage, ob sie nicht müde sei und schlafen wolle, meinte sie lächelnd, sie könne kein Auge zutun und wolle lieber hier bei mir bleiben. Als sie sich mir gegenüber hinsetzte und mich melancholisch fragte, ob ich sie noch liebe, entgegnete ich, daß es für sie keinen Anlaß gebe, das Gegenteil anzunehmen. Fini warf mir vor, sie während des ganzen Tages ignoriert zu haben, obwohl sie immer meine Nähe gesucht hätte. Ihrer Offenheit wegen war ich etwas verlegen und erklärte ihr dann, sie müsse eben verstehen, daß mich die Sorge um meine Familie ganz in Anspruch genommen hätte.

Trotzdem fand ich es bewundernswert, wie unbekümmert sie doch an so vergleichsweise belanglose Dinge denken konnte, während jeden anderen hier ernsthafte Sorgen um seine eigene oder die Zukunft seiner Familie plagten. Doch ich verstand, daß ein junges Mädchen wie sie wohl ganz anders dachte und fühlte.

Es war stockdunkel, und sie beugte sich zu mir herüber und begann mich leidenschaftlich zu küssen. Ich konnte ihren Annäherungen nicht widerstehen und nahm sie in meine Arme, um ihre Küsse auf die gleiche Art zu erwidern, bis wir beide schließlich sehr erregt waren.

Auch das war für ihre Jugend charakteristisch: Sie kümmerte sich nie, was die anderen über sie dachten. Fini hauchte mir ins Ohr, daß sie neben dem Turnsaal eine kleine ungenützte Kammer entdeckt hätte, wo wir ungestört wären und uns der Liebe hingeben könnten. Ich fragte sie, wie sie in unserer mißlichen Situation nur auf solche Gedanken kommen könne. Fini erklärte mir, daß wir gerade deshalb jede Gelegenheit nützen müßten, weil wir ja nicht sicher sein könnten, ob es für uns überhaupt noch ein nächstes Mal gebe. Auch würde uns ein so schönes Erlebnis dabei helfen, den nächsten Tag leichter durchstehen zu können.

Ich hätte Finis Drängen beinahe nachgegeben, als plötzlich zwei Franzosen auftauchten. Ich sprang hoch, stellte mich ihnen in den Weg und rief ihnen zu, was sie hier wollten. Die beiden, um die 25 Jahre alt und im militärischen Drillich, ließen mit ihrer Antwort nicht lange warten, denn am Eingang des Turnsaales angekommen, riefen sie laut: „Die Deutschen kommen!"

Diese Nachricht traf uns wie ein Keulenschlag und versetzte die gesamte Menge augenblicklich in Angst und Schrecken. Leute liefen kopflos umher, begannen ihre Habe einzusammeln, drängten zum Ausgang, stellten erhitzte Fragen, schrien herum. Auch ich war zunächst wie vom Blitz getroffen und ließ mich von der allgemeinen Panik mitreißen. Erst allmählich gewann ich wieder meine Fassung zurück.

David Blum und Monsieur Fass kämpften sich zu mir durch, um mich zu befragen, was ich von den beiden Franzosen hielt, die uns so unsanft vor den Deutschen gewarnt hatten, und ob ich glaube, daß diese Information verläßlich sei. Ich hatte keine Ahnung, was ich ihm darauf antworten sollte, denn der Schuldiener hatte mir ja versprochen, uns persönlich von jeder neuen Entwicklung sofort in Kenntnis zu setzen.

Um alle Unklarheiten auszuräumen, gab es nur eines: Ich mußte zum Haus des Schuldieners laufen und diesen um seine Einschätzung bitten. In der allgemeinen Aufregung, die herrschte, kam mir aber der Schuldiener bereits selbst entgegen, um mir die Nachricht zu bestätigen und uns zu drängen, sofort aufzubrechen, weil die Deutschen tatsächlich im Anmarsch seien. Als ich zu den Meinen zurückkam, waren schon alle unsere Sachen gepackt und alle Familienmitglieder abmarschbereit. Roland lag schreiend in Finis Armen. Der große Wirbel rundum hatte ihn jäh aus dem Schlaf gerissen. Ich fragte Willi besorgt, ob er glaube, die Deutschen würden an der italienischen Grenze haltmachen oder auch nach Italien vorstoßen. Willi war ratlos.

Die Uhr zeigte drei, als sich unsere Kolonne in Bewegung setzte, wieder angeführt von David Blum. Einmal noch sah ich unseren Freund, den Schuldiener, und deutete David, er solle ihn nach dem kürzesten und besten Weg zur Grenze fragen.

Etwas später dann kam David zu mir herüber und berichtete, der Mann habe ihm geraten, die Gruppe direkt durch den Wald zu führen und die Straßen möglichst zu meiden. Auf diese Weise wären wir in etwa zwei Stunden an der Grenze. Unbedingt sollten wir den Kontakt zu französischen oder italienischen Partisanen suchen, die uns mit den neuesten Nachrichten versorgen würden. Ich erzählte Monsieur Fass, daß wir im Wald auf Partisanen treffen würden. In einem verzweifelten Versuch, den verängstigten Leuten wieder Hoffnung zu geben, ließ er diese Nachricht sofort verbreiten.

Die Gruppe mußte nun aufpassen, niemanden zu verlieren, es war ja stockdunkel. Bald hatten wir einen schmalen Fußweg erreicht, angetrieben nur von einem einzigen Gedanken – die Grenze zu erreichen, noch bevor uns die Deutschen eingeholt hatten.

Es bestand ja nun kein Zweifel mehr, daß die Italiener kapituliert hatten und die Deutsche Wehrmacht zumindest das letzte Stückchen von Frankreich auch noch einnehmen würde. Wie weit sie dann noch vorstoßen würden, das konnte zu dieser Zeit noch niemand beantworten. Es gab auch niemanden, der daran überhaupt denken wollte. Ich selbst war gar nicht optimistisch, da ich die Deutschen nur zu gut kannte. Für mich stand so gut wie fest, daß sie die Grenze überschreiten und auch nach Italien vordringen würden, allein schon, um aus Italien alles Eßbare und nicht Niet- und Nagelfeste zu rauben. Schließlich wurde das Gelände so unwegsam, daß es kaum noch möglich war, Rolands Kinderwagen zu schieben. Ich mußte Gisella klarmachen, daß es keinen anderen Ausweg gab, als den Wagen zurückzulassen. Gisella brach daraufhin in Tränen aus. Sie konnte einfach nicht mehr begreifen, warum ausgerechnet wir das alles ertragen mußten. Es war unmöglich, sie zu beruhigen. Ich beschwor Finis Mutter, sich etwas um meine Frau zu kümmern und ihr Trost zu spenden.

Aber alles Weinen half nichts, wir mußten den kleinen Roland nun tragen. Da ich sah, wie schwer es Gisella fiel, wieder Fassung anzunehmen, trug ich Roland zunächst fast eine Stunde allein und reichte ihn dann an Finis Mutter weiter.

Mittlerweile war auch eine weitere alte Dame zusammengebrochen, und Blums Männer mußten sie den ganzen langen Weg mit der Bahre tragen, weil kein Dorf in der Nähe war, in das man sie hätte bringen können. Wir machten uns große Sorgen um diese Frau, sie war sicher schon über siebzig. Der Arzt war der Ansicht, sie hätte einen Herzinfarkt erlitten und würde es bis ins nächste Dorf wahrscheinlich gar nicht mehr schaffen. Um wenigstens ihre Schmerzen etwas zu lindern, verabreichte er ihr eine Injektion. Immerhin hatten wir noch fast zwei Stunden Fußmarsch vor uns. Fini ging die ganze Zeit über schweigend neben mir.

Schließlich legten wir wieder eine Rast ein, um etwas zu trinken. Monsieur Fass fragte mich, wie wir zurechtkämen. Er selbst war sichtlich besorgt über die politische Lage in Italien und rechnete mit dem Schlimmsten.

Ich erkundigte mich nach der alten Dame. Sollte sie das erste Opfer dieses Marsches werden?

Es ging wieder weiter. Erstaunlicherweise trottete meine kleine Nichte Karin mit ihrem schweren Rucksack vor mir her, als wären wir gerade erst aufgebrochen. Keine Spur von Müdigkeit war ihr anzumerken, während uns Erwachsenen die Erschöpfung ins Gesicht geschrieben stand.

Da wir rechneten, auf Partisanen zu treffen, hatten wir einen jungen Mann als Kundschafter vorgeschickt. Vor dem Erreichen der Grenze wollten wir noch eine letzte Rast einlegen.

Da kam unser Kundschafter aufgeregt zurück und berichtete, er habe dort, wo wir die Grenze vermuteten, vier Männer in Partisanenuniformen entdeckt. Sie seien noch ziemlich jung und hätten sich unterhalten, doch er hätte aus der Entfernung nichts verstehen können. Es schien ihm ganz, als würden sie dort jemanden erwarten.

Blum hielt unsere Marschkolonne an. Zusammen mit einem jungen Burschen und einem Mädchen machte er sich in jene Richtung auf, in der unser Kundschafter die Partisanen gesehen hatte. Eine halbe Stunde später kehrte er allein zurück. Fass und Blum teilten nun auch offiziell mit, was wir schon geahnt hatten – daß wir wirklich auf Partisanen gestoßen waren. Und es stellte sich auch heraus, daß sie tatsächlich auf uns gewartet hatten. Blum informierte uns, daß auch sie äußerst besorgt über die jüngsten militärischen Entwicklungen wären und uns aufgefordert hatten, in ihr Lager in den Bergen mitzukommen. Die Sache hatte allerdings einen Haken: Weder Kinder noch Leute über fünfzig wollte man mitnehmen.

Blum selbst ließ keinen Zweifel offen, daß er und seine jungen Freunde jedenfalls fest entschlossen waren, sich den Partisanen anzuschließen. Das brachte Willi, Robert, mich und die anderen Männer, die Familie hatten, in arge Bedrängnis.

Da die Partisanen den Wunsch geäußert hatten, zu uns allen zu sprechen, führte Blum unsere Gruppe weiter. Nach etwa 15 Minuten hatten wir die vier Partisanen erreicht. Zwei von ihnen waren Franzosen, die anderen beiden Italiener, alle zwischen 25 und 30 Jahre alt.

Interessiert und neugierig begannen alle von uns, sich um diese Männer zu scharen. Sie sprachen auf französisch zu uns, Blum übersetzte für alle, die sie nicht verstanden.

Nach den Informationen der Partisanen war Borgo San Dalmazzo noch nicht von den Deutschen besetzt, es sei aber zu befürchten, so die Männer, daß die Deutschen auch nach Italien einzudringen versuchten. Eine SS-Einheit sei schon Richtung Italien in Marsch gesetzt worden, offenbar aus taktischen Gründen. Die italienische Armee und die Karabinieri, die mehr die Funktion eines Ordnungshüters erfüllten, seien uns aber wohlgesonnen. Trotzdem dürften wir ihnen nicht uneingeschränkt trauen, da es auch unter ihnen viele gebe, die nazifreundlich eingestellt wären. Die Karabinieri hätten eine alte, aber noch bestehende Kaserne in ein Auffanglager für Flüchtlinge umgewandelt. Außerdem gebe es im Ort eine große Schuhfabrik, die früher über tausend Arbeiter beschäftigt hatte. Die Männer des Ortes seien aber alle zum Militär einberufen worden, und wir sollten fragen, ob es vielleicht für uns in der Fabrik Arbeit gebe. Das war die erste Nachricht, die uns wieder Anlaß zur Hoffnung gab.

Und dann wurde uns schließlich gesagt, was wir schon von unserem Kundschafter wußten: Die Partisanen wollten nur jene in die Berge mitnehmen, die ihren Kriterien entsprachen.

Uns, die wir nach Italien weiter mußten, ermahnten die Partisanen, hier im Wald nicht zu laut zu sein, da die Grenzpatrouille ganz in der Nähe sein müßte und uns nicht erwischen durfte, bevor wir in Italien waren.

Die vier Partisanen machten einen sehr intelligenten Eindruck und waren offenbar über alles bestens informiert, so daß wir keinerlei Anlaß sahen, an ihren Worten zu zweifeln.

Aber so gerne auch wir uns ihnen angeschlossen hätten, wir hatten keine andere Wahl, als weiter nach Borgo San Dalmazzo zu marschieren und darauf zu hoffen, von den Karabinieri menschlich behandelt zu werden.

Daraufhin mußten alle, die mit in die Berge kommen wollten, an den Partisanen vorbeidefilieren, weil sie entscheiden wollten, ob sie auch tatsächlich mitgenommen werden konnten.

Ich riet Fini und ihrer Mutter, sich unbedingt für die Partisanen zu entscheiden, was sie auch taten. So hieß es also zum letzten Mal, voneinander Abschied zu nehmen. Mit Tränen vereinbarten wir – sollten wir den Krieg lebend überstehen –, einander Briefe per Anschrift „Poste Restante, Paris, France" zu hinterlegen.

Niemand konnte wissen, daß wir uns nie wiedersehen würden. Für alle von uns war dieser Abschied sehr schwer. Noch einmal fiel mir Fini um den Hals, um mich trotz der vielen Leute ringsum zu küssen. Doch niemand schenkte uns Beachtung, denn alle kämpften mit ihren eigenen Gefühlen. Ich bat noch Finis Mutter, gut auf ihre Tochter aufzupassen, jene treue Seele, die ich so gern hatte, und dann trennten sich unsere Wege für immer. Willi, Monsieur Fass und ich übernahmen nun das Kommando über die verbleibende Marschkolonne. Die jungen Männer, die sich dazu entschieden hatten, bei ihren Familien bleiben zu wollen, trugen die Bahre, auf der die alte Dame immer noch regungslos lag. Man sagte uns, daß es in Borgo San Dalmazzo ein kleines

Spital gebe und wir die Bahre sofort der ersten Streife übergeben sollten, die uns auf der Straße entgegenkam.

Ab nun gingen wir wieder auf der befestigten Straße. Lastwagen mit Truppentransporten fuhren an uns vorbei hinunter nach Borgo San Dalmazzo. Erst nach einer halben Stunde kam uns eine Fußstreife, 30 Mann unter dem Kommando eines Offiziers, entgegen. Man hielt uns auf und verhörte uns auf italienisch, dabei fungierte einer von uns, der die Sprache beherrschte, als Übersetzer. Die Italiener erklärten uns für verhaftet und wollten uns in die Kaserne nach Borgo San Dalmazzo eskortieren. Wir waren erleichtert, daß sie sich der kranken alten Dame annahmen und versprachen, ihr sofort ärztliche Hilfe zukommen zu lassen.

In einer langen Zweierreihe, angeführt und gesäumt von den Soldaten, geleitete man uns nach Borgo San Dalmazzo, einer alten und pittoresken Kleinstadt. Es ging durch die Stadt, an deren anderem Ende sich eine festungsartig angelegte Kaserne befand. Dorthin wurden wir gebracht. Durch ein riesiges Tor gelangten wir in den Komplex, gleich beim Eingang befand sich eine Art Wachstube, in der sich zehn Karabinieri sowie der Kasernenkommandant befanden. Es wurde freundlich gegrüßt, was uns vorsichtig optimistisch stimmte. Außerdem sahen wir keine Deutschen.

Der ganze Komplex war auf allen vier Seiten durch drei Stockwerke hohe Gebäudefronten begrenzt, die Mitte bildete ein großer Exerzierplatz. Alle Fenster befanden sich auf der Innenseite des Kasernenkomplexes. Es erging der Befehl, daß wir uns umgehend auf dem Kasernenhof zu versammeln hätten. Als wir in Reih und Glied angetreten waren, erschien auch der Kommandant zusammen mit zwei Adjutanten und eröffnete uns, daß wir nun Gefangene des italienischen Staates seien. Man wolle uns fair behandeln. Sofort fiel dem Kommandanten auf, daß sich in unserer Familie gleich drei Kleinkinder befanden, und er schickte einen der Adjutanten aus, um kleine Betten aufzutreiben. Mir gab er den Befehl, eine Liste mit den Namen und Geburtsdaten aller Flüchtlinge anzufertigen.

Ich bat, eine Frage stellen zu dürfen: „Sind wir nun tatsächlich Gefangene? Und warum? Welches Verbrechen wird uns denn vorgeworfen, das es rechtfertigt, uns einzusperren?“ Amüsiert antwortete der Mann, daß wir ja zumindest die Grenze illegal überschritten hatten, um dann leiser, damit nur ich es hören konnte, nachzusetzen, ich möge doch später mit Monsieur Fass zu ihm ins Büro kommen. Er wolle uns dort privat sprechen.

Monsieur Fass versuchte gerade den anderen von uns klarzumachen, allen Anweisungen der Italiener unbedingt Folge zu leisten, Ruhe zu bewahren und sich diszipliniert zu verhalten. Man möge den Italienern, die uns friedlich empfangen hatten, doch beweisen, daß wir alle anständige Leute seien. Die Gruppe applaudierte ihm. Dann bildete man eine Reihe und folgte den Soldaten, die uns die Zimmer, in denen wir untergebracht wurden, zeigen wollten.

In jedem dieser Räume standen zwölf hölzerne Stockbetten mit je einem Bettzeug für jeden Untergebrachten. Die Zimmer waren recht sauber und luden zu einer Ruhepause ein, die wir schon dringend nötig hatten. Ich rief Monsieur Fass zu, mich in einer halben Stunde im Zimmer abzuholen, um gemeinsam zum Kommandanten zu gehen. Die bewaffneten Soldaten, die überall postiert waren, die beiden Tore bewachten und im Hof patrouillierten, gaben uns unmißverständlich zu erkennen, daß wir tatsächlich Gefangene waren. Als wir das Büro des Kommandanten betreten wollten, hielten uns zwei Wachen auf. Erst als wir erklärt hatten, daß wir zu ihm bestellt worden waren, ließ man uns durch. Der Kommandant, er stellte sich uns als Ferosi vor, erklärte uns die Lage. Die italienische Regierung habe angeordnet, bis auf weiteres alle Flüchtlinge, die aus Frankreich kamen, zu internieren. Wir könnten unsere Haft aber auch als Maßnahme für die eigene Sicherheit betrachten, doch warnte er uns im guten, jeglichen Ausbruchsversuch zu unterlassen. Die bewaffneten Wachen wüßten dies wirksam zu unterbinden. Außerdem hätte das zur Folge, daß man uns unsere Vorrechte wieder entziehen und eine Kollektivstrafe verhängen müßte. Alles in allem sollten wir erkennen, daß es uns wesentlich besser ginge als in deutscher Gefangenschaft. Die Deutschen seien allerdings auf dem Vormarsch, und das könnte unsere Lage drastisch verschlimmern. Solange er aber das Kommando habe, würde er sich dafür einsetzen, uns die bestmögliche Behandlung angedeihen zu lassen. Am Ende des Gespräches ordnete er an, zwölf Freiwillige zu suchen, die unter Aufsicht eines italienischen Koches in der Küche Hilfsdienste versehen sollten. Also gingen wir auf die

Suche nach „Köchen". Es gab ja einen unter den Leuten, er hieß Julius, der gelernter Fleischhauer war. Ihn machten wir zum Anführer der Küchenmannschaft. Die anderen elf waren auch bald gefunden. Wir schickten sie in die Küche, die im Erdgeschoß gelegen war, wo sie der Küchenchef freundlich begrüßte, an sie Schürzen austeilte und sie im Zubereiten des Abendessens unterwies.

Es war erst vier Uhr nachmittags, genug Zeit, um zurück aufs Zimmer zu gehen. Ich erzählte meiner Familie von der Unterredung mit dem Kommandanten, der bereit war, uns die Haft so angenehm wie möglich zu gestalten, abgesehen von der Tatsache, daß er nicht wußte, wie sich die Deutschen verhalten würden. Aber gerade das war es, was einen dunklen Schatten auf unsere im Moment verhältnismäßig gute Situation warf, wo wir doch eben erst ein Dach über dem Kopf gefunden hatten.

Unsere Freiwilligen hatten sich in der Küche sehr nützlich gemacht. Wenn man bedenkt, daß es kein Fleisch gab, sondern nur Gemüse, etwa Mais, Bohnen und Kohl, dann hatten sie herrliche Mahlzeiten daraus bereitet. Die Italiener gaben sich alle Mühe, damit es uns an nichts fehlte. Milch gab es im Überfluß, daneben Sodawasser und Limonade. Der Speisesaal, den wir benutzen durften, war hell und sauber.

Mitten in der Nacht weckte mich Gisella, weil etwas mit Roland nicht in Ordnung zu sein schien. Er weinte und hatte erbrochen. Gisella war sehr besorgt und nahm den Kleinen zu sich ins Bett. Die ganze Nacht über konnten wir kein Auge zutun, weil der Kleine unentwegt weinte. Schließlich eilte ich zum diensthabenden Offizier, um ihm, so gut ich konnte, auf französisch und mit Brocken von Italienisch klarzumachen, daß es unserem Sohn schlechtginge und man etwas unternehmen müsse. Ich wurde auf den Morgen vertröstet, weil ich auf den Kommandanten warten müsse.

Sofort um acht Uhr morgens eilte ich zum Kommandanten. Ferosi war schon da und war über Roland informiert. Er erklärte mir, daß es im Ort ein katholisches Kloster gebe, dessen Nonnen sich um Kinder annehmen. Er fragte mich, wie alt Roland sei, und bat mich dann, draußen zu warten, weil er die Schwester Oberin anrufen wolle. Nach wenigen Minuten kam er guten Mutes heraus und teilte mir mit, daß eine Nonne per Auto den Kleinen abholen werde. Man wolle das Kind so lange im Kloster pflegen, bis es wieder völlig gesund sei. Er meinte, Gisella könne den Buben begleiten.

Ich rannte zu Gisella, um ihr diese gute Nachricht zu überbringen. Anschließend versammelten sich alle zum Frühstück im Speisesaal. Nur Gisella blieb bei Roland im Zimmer, wo sie auf das Eintreffen der Nonnen wartete. Das Frühstück war recht einfach zusammengesetzt: zwei Scheiben Brot, etwas Margarine, Kaffee, Milch, Zucker.

Monsieur Fass und ich trieben einen unbenützten Tisch auf, den wir in eine Ecke des Raumes stellten und als Schreibtisch benutzen wollten. So konnten wir damit beginnen, die gewünschte Liste mit den Personaldaten von gezählten 256 Leuten zu erstellen. Einige der Familien bestanden inklusive der Kinder aus fünf bis sechs Personen. Jene nämlich, in denen sich alle entschlossen hatten, zusammenzubleiben, also nicht mit den Partisanen in die Berge zu gehen. Etwas später kamen die Nonnen, um Roland abzuholen. Sie waren sehr freundlich und sprachen Französisch, was die Verständigung deutlich einfacher machte. Ich begleitete alle zum Ausgang, um zu vermeiden, daß Gisella von den Wachen nicht durchgelassen werden würde. Am Tor bekam sie allerdings einen Passierschein, der von Ferosi persönlich signiert war und den sie vorzeigen sollte, wann immer sie von einer Polizeistreife aufgehalten werden sollte.

Den weiteren Tag verbrachten wir mit dem Fertigstellen der Namenslisten, einige Kopien fertigten wir für den Eigengebrauch an. Ein siebzehnjähriges Mädchen, das eine gute Sekretärin abgegeben hätte, half uns beim Abtippen der Listen. Der Kommandant war mit unserer Arbeit äußerst zufrieden. Als Geste des Dankes schenkte er uns drei Laibe italienischen Brotes und einen Ziegel Butter. Wir brachten alles in die Küche, wo es der Koch für uns in gleiche Teile schnitt, die wir unter den besonders Jungen und besonders Alten verteilten.

Gisella kam erst am späten Nachmittag zurück. Sie war sehr froh darüber, daß sich die Nonnen so fürsorglich um Roland angenommen hatten. Man überredete sie sogar, zum Essen zu bleiben und anschließend ein Schläfchen zu machen. Roland brachte man in die Kinderabteilung, wo sich eine Nonne, die gleichzeitig Ärztin war, seiner annahm. Nach der Untersuchung stellte sich heraus, daß der Kleine eine Mageninfektion hatte, die möglicherweise von der nicht abgekochten Milch herrührte, angeblich aber nach ein paar Tagen vorüber wäre. Man entschied, Roland für eine Woche zu behalten, und riet auch Gisella, sich mehr zu schonen. Nach Ablauf dieser Zeit könne sie ihren Sohn abholen oder mit dem Kleinen noch eine weitere Woche zur Erholung im Kloster zubringen.

Am nächsten Tag erzählte ich Kommandant Ferosi, wie nett die Nonnen zu uns gewesen waren. Ferosi erklärte mir, daß er alle von ihnen persönlich kenne, da auch er ein gläubiger Katholik sei. Die Nonnen würden sich nicht nur um die Flüchtlinge aufopfernd kümmern, sondern auch notleidenden Italienern helfen.

Ich erkundigte mich jetzt, ob es für uns eine Möglichkeit gebe, in der Schuhfabrik Arbeit zu bekommen. Nicht nur ich, sondern auch Willi und mehrere andere Männer hätten gern etwas Geld verdient. Ferosi war über meine Frage höchst verwundert und meinte, er könne sich kaum vorstellen, daß uns das erlaubt werden würde, und erinnerte mich daran, daß wir Gefangene seien. Selbst wenn wir die Erlaubnis bekämen, müßten uns Wachen auf dem Weg zur und von der Arbeit ständig begleiten, was ein unlösbares Problem sei, denn dafür gebe es gar nicht genügend Soldaten. Als mir klar wurde, daß meine Bitte mit zu vielen Umständen verbunden war, zog ich sie wieder zurück. Trotzdem versprach mir Ferosi, bei Gelegenheit mit seinem Vorgesetzten, dem Militärhauptmann von Borgo San Dalmazzo, die Sache zu erörtern. Leider konnte er sein Versprechen nicht mehr einhalten.

Denn als am nächsten Tag einige unserer Leute aus den Fenstern ihrer Zimmer nach unten in den Kasernenhof blickten, fuhr gerade ein offenes Fahrzeug, in dem sich vier SS-Männer befanden, vor. Ich sagte zu Willi, daß dieses Ereignis früher oder später kommen hätte müssen und ich nicht einmal besonders verwundert wäre. Gisella reagierte hysterisch, weil sie sofort an Roland dachte und nicht wußte, was wir tun sollten, wenn man uns von hier fortbrächte. Wie üblich fiel wieder mir die Aufgabe zu, sie zu beruhigen. Ich sagte ihr, keiner von uns könne nun etwas anderes tun als abwarten, weil niemand wisse, was die Deutschen mit uns planten.

Es dauerte nicht lange, bis ein italienischer Soldat in unsere Unterkünfte kam und uns aufforderte, binnen zehn Minuten auf dem Kasernenhof anzutreten, um eine wichtige Ankündigung zu hören. Angesichts der vier SS-Leute, die in der Mitte des Platzes Aufstellung genommen hatten, konnte das keine gute Mitteilung sein. Wir versammelten uns also, wie befohlen, alle draußen, und bis absolute Ruhe eingekehrt war, schritten die SS-Männer unsere Reihen ab. Einer von ihnen fragte, ob jemand Deutsch verstehe. Ich meldete mich. Man ließ mich vortreten. Der SS-Mann sprach zu mir: Wir seien ab sofort nicht mehr Gefangene der Italiener, sondern unterstünden nun, ebenfalls als Gefangene, der Deutschen Wehrmacht und SS. Zwar bestünden die Wachen auch weiterhin aus Italienern, doch gebe es jetzt einen wesentlichen Unterschied. Falls jemand einen Fluchtversuch unternehmen sollte, würde man zehn beliebige Männer aussuchen und sie als Vergeltungsmaßnahme erschießen. Weiters brauche man für Hilfsdienste 15 Männer, die man in den acht Kilometer entfernten Militärstützpunkt mitnehmen wolle. Diese Männer müßten gesund und arbeitstauglich sein und würden am nächsten Tag um acht Uhr morgens abgeholt werden.

Als der SS-Mann mit seiner Verlautbarung fertig war, ordnete er mir im Befehlston an, auf der Stelle den anderen zu übersetzen, was er gesagt hatte. Es schien mir, als wolle er die Reaktion der Leute sehen, wenn ich die Stelle mit den Erschießungen erwähnte.

Die ganze Zeit über waren unsere Leute still, weil sie gespannt darauf warteten, was ich zu sagen hätte. Als ich zur besagten Stelle kam, stand den meisten die Angst ins Gesicht geschrieben. Der Deutsche hielt eine der Listen, die wir für Kommandant Ferosi zusammengestellt hatten, in der Hand, fragte nach meinem Namen, machte sich einen Vermerk und stellte dann die unvermeidliche Frage: „Alles Juden?", was ich bejahte. Damit war diese unangenehme Begegnung vorüber.

Kommandant Ferosi erschien. Obwohl die vier Deutschen niedrige Chargen waren, einer war Unteroffizier, stand Ferosi beim Rapport, den er in jämmerlichem, aber verständlichem Deutsch abgab, stramm, als stünde er einem Vorgesetzten gegenüber, und salutierte, als die Deutschen wieder davonfuhren. Unverkennbar hatte auch er Angst.

Nach dem Verschwinden der Deutschen wagten wir uns wieder zu rühren. Ferosi sprach zu uns, daß man uns bestimmt anständig behandeln würde, solange wir gehorchten und nicht zu flüchten versuchten. Es würde sich für uns nichts ändern, außer daß nun die Deutschen das Kommando hätten. Als ich ihn unter vier Augen sprechen konnte, vertraute er mir an, daß die gesamte italienische Armee kapituliert hätte und ganz Italien, obwohl immer noch eine der Achsenmächte, von den Deutschen besetzt sei. Es wären strenge Ausgangssperren verhängt worden, die nur in extremen Ausnahmefällen gelockert werden würden. Keiner von uns dürfe die Kaserne ohne Bewacher verlassen.

Auf meine Frage, wie Gisella nun unseren Roland aus dem Kloster abholen solle, meinte er, er werde einfach einen Soldaten beauftragen, das Kind zu bringen. Alldem entnahm ich, daß Ferosi befürchtete, von den Deutschen für Verfehlungen unsererseits voll zur Verantwortung gezogen zu werden. Ich versprach Ferosi, mich dafür einzusetzen, daß ihm niemand von uns Schwierigkeiten bereiten würde, wofür er mir dankte.

Als ich zu meinen Leuten zurückkehrte, erwartete man mich bereits ungeduldig. Viele Fragen sollte ich beantworten, auf die ich allerdings keine Antwort wußte. Alles, was ich mit Bestimmtheit wußte, war, daß wir fürs erste hier im Lager bleiben konnten. Ich versprach, alle umgehend zu informieren, falls es Neuigkeiten gebe. Gisella bestürmte mich, ob ich wüßte, was aus unserem Sohn werden würde. Ich erzählte ihr, was mir Ferosi gesagt hatte. Am liebsten hätte sie Roland auf der Stelle selbst geholt, aber ich riet ihr dringend, dies zu unterlassen.

Dann wollte ich gemeinsam mit Monsieur Fass die 15 Freiwilligen auftreiben, die die SS gefordert hatte. Willi und ich meldeten uns sofort, auch die restlichen 13 Männer waren bald gefunden.

Die Stimmung beim Mittagessen war sehr getrübt. Alle Fragen kreisten nur um das eine Thema: Was hatten die Deutschen mit uns vor?

Die Nacht verbrachten wir sehr unruhig. Um 7 Uhr 30 in der Früh standen wir – 15 Freiwillige – am Tor bereit, wo uns die Deutschen abholen wollten. Einer von uns hieß Arnold Tarnowsky. Er und seine Frau waren um die 20 Jahre alt. Jeder von uns fragte sich, warum die beiden nicht wie alle Jungen mit den Partisanen in die Berge gegangen waren. Außerdem wußten wir, daß er die Absicht hatte, zu fliehen, und glaubte, bis nach Rom durchzu-

Vater Jakob Linder in der k. u. k. Armee, 1916.

Bert und Milli (1. Ehefrau) im Wienerwald, 1932.

Bert mit Eltern und Geschwistern, Wien 1935.

Ausflug in den Wienerwald, 1937. Bert Linder in der Mitte, sitzend.

Bert (rechts) und Freunde in Belgien, 1939.

Bert Linder in Brüssel, 1939.

Bert Linder beim Spielen mit seiner Nichte Karin in Brüssel, 1939.

*Bert und Gisellas Hochzeit im Dezember 1941
in Sallelles d'Aud, Südfrankreich.*

Bert Linders Sohn Roland im Alter von sieben Monaten in Südfrankreich, 1943.

Bert Linder mit Freunden von der Résistance, Südfrankreich 1943.

Bruder Willi, Karin und Raymond in Südfrankreich, 1943.

Bert Linder in Bergen-Belsen im Mai 1945
nach der Befreiung durch die britische Armee.

kommen, wo manche Familien Juden versteckten oder hofften, im Vatikan Zuflucht finden zu können. Vor einem Fluchtversuch hatten uns die Deutschen aber eindringlich gewarnt, so daß ich ihn fragte, ob er sich bewußt sei, was das für uns alle bedeuten würde. Der deutsche Militärtransporter kam an, ein deutscher Soldat nahm unsere Namen auf und befahl uns, in den mit Planen gedeckten Lastwagen zu klettern. Zwei Deutsche saßen zu unserer Bewachung hinten, zwei andere vorne beim Fahrer. Von einem der Bewacher versuchte ich zu erfahren, welche Art von Arbeit wir verrichten sollten. Der Deutsche verstand genau, doch er grinste nur. Offenbar hatte man ihm verboten, mit uns ein Gespräch anzufangen. Die Fahrt ging über geschätzte zehn Kilometer bis in einen Kasernenhof, der auf allen Seiten von zweistöckigen Gebäuden flankiert war. Wie sich viel später herausstellte, fand dieser Komplex Verwendung als Rastkaserne für die SS. Hier erholten sich jene SS-Offiziere, die später an die russische Front geschickt wurden.

Vor dem Tor zur Kanzlei hielt der Lastwagen an. Auf beiden Seiten der Tür standen schwerbewaffnete Wachen mit Maschinenpistolen, Helmen und in voller Kampfmontur. Man holte uns vom Wagen und ließ uns in einer Reihe vor dem Eingang antreten. Die Soldaten schlugen und stießen uns mit den Gewehrkolben, wohl, um uns Angst einzujagen. Dann erschien einer der Unteroffiziere. Es war genau jener Mann, der tags zuvor bei uns in der Kaserne gewesen war. Er kam lächelnd auf mich zu und informierte mich, daß ich ab nun für die 15 Männer verantwortlich wäre und alle seine Befehle direkt weiterzugeben hätte. Ich war über diese Entscheidung natürlich nicht besonders glücklich, doch dachte ich, daß es vielleicht auch von Vorteil für uns sein könne, mit dem Mann in engem Kontakt zu bleiben. Der Hauptscharführer erklärte mir, daß wir zunächst einige Reinigungsarbeiten zu erledigen hätten, und erinnerte mich dann daran, daß jeder, der einen Fluchtversuch unternehmen würde, mit der sofortigen Erschießung rechnen müßte. Darüber hinaus würde man drei weitere Männer aussuchen und sie zur Abschreckung der anderen ebenfalls erschießen. Sollten wir allerdings die Anordnungen befolgen, so würde man uns anständig behandeln, und wir könnten sogar besseres Essen bekommen als zuvor bei den Italienern.

Unsere Vermutung schien sich zu bestätigen, daß diese Deutschen nicht hier waren, um die Juden zu verhaften, sondern vielmehr als Eliteeinheit, die die Eroberung Italiens vorbereiten sollte, hergeschickt worden waren. Ihre Aufgabe war es in erster Linie, Sachwerte aus Italien zu rauben und die italienische Bevölkerung einzuschüchtern. Sie sollten also eher militärische denn politische Ziele erfüllen. Am Schluß fragte er mich noch um meinen Namen und nannte mich fortan nur mehr „Bertl".

Anschließend brachten uns zwei Soldaten die Tagesration – je ein Brot und insgesamt drei kleine Stücke Margarine – und führten uns in die Küche, eine riesige Küche, in der es vier riesige Kessel gab, die brodelnd über Kohlenfeuer hingen und ganz offensichtlich zur Verköstigung der ganzen Mannschaft gedacht waren. Sechs Soldaten arbeiteten hier unter der Leitung eines Chefkochs. Sie alle trugen weiße Küchenuniformen. Einer von ihnen rief mich zum Chefkoch, dem er erklärte, er könne mir alle Befehle auf deutsch sagen und ich hätte Anweisung, sie an die anderen weiterzugeben. Ich sah, daß überall Fleisch an Haken aufgehängt war, das die Deutschen offenbar beschlagnahmt oder den Fleischern in Borgo San Dalmazzo gestohlen hatten.

Mein erster Tagesbefehl lautete, für die Reinigung der gesamten Küche zu sorgen. Das war eine ziemlich mühsame Aufgabe. Wir erhielten Eimer mit Schmierseife und gingen ans Werk. Überhaupt schien es den Deutschen an nichts zu fehlen. Sie hatten alles, was es sonst nirgendwo gab, so, als gebe es gar keinen Krieg. Klar, sie gehörten zur SS!

Wir mußten schwer arbeiten. Zwischendurch kam der Hauptscharführer vorbei, um sich beim Küchenchef nach dem Fortschritt der Arbeit zu erkundigen. Man schien mit uns recht zufrieden zu sein.

Eigentlich war die Atmosphäre ganz gut, so daß wir es bedauerten, nicht bei unseren Familien zu sein und das gute Essen mit ihnen teilen zu können. Davor hatte man uns aber eindringlich gewarnt. Nichts von den Lebensmitteln, die wir erhielten, durfte nach draußen mitgenommen werden. Sogar wenn wir Brot übrigließen, mußten wir es in der Küche abgeben und bekamen es am nächsten Tag wieder vorgesetzt. Um sechs Uhr abends brachte man uns zurück in unsere Kaserne, von wo man uns am nächsten Morgen wieder abholen wollte.

Bei unserer Ankunft in der Kaserne wurden wir mit neugierigen Fragen, vor allem, was die Art unserer Arbeit und Behandlung anging, gleichsam überhäuft. Ich vertraute Monsieur Fass an, daß ich mir große Sorgen machte, weil dieser Arnold Tarnowsky unserer Gruppe angehörte und ich ihn nicht für vertrauenswürdig hielt. Schon in Saint Martin hatte Fass mir gegenüber einmal bemerkt, daß Tarnowsky nur Schwierigkeiten mache und ihm ständig irgend etwas nicht paßte. Fass riet mir, ihn gut im Auge zu behalten oder besser ihn gegen einen anderen Mann auszutauschen. Hier in der Kaserne hätte man ihn besser im Griff. Ein Problem bestand darin, daß man einen Ersatzmann nur mit ausdrücklicher Genehmigung der Deutschen einstellen konnte, und ich wußte eigentlich nicht, welche Begründung ich dafür nennen hätte sollen. Nachdem wir am nächsten Tag unsere Arbeit angetreten hatten, fragte ich den Hauptscharführer, ob ich einen der Männer gegen einen tüchtigeren austauschen dürfe. Er erlaubte es. So informierte ich Tarnowsky noch am Abend, daß er sich am nächsten Morgen nicht mehr zur Arbeit melden müßte, weil ich bereits einen anderen an seiner Stelle eingeteilt hätte. Jeder war über diese Lösung erleichtert, obwohl dadurch nicht gesichert war, daß Tarnowsky doch etwas Leichtsinniges unternehmen könnte. Vielleicht hatte er einen Plan ausgeheckt, in den nicht einmal seine Frau eingeweiht war. Monsieur Fass bemühte sich daher, Tarnowsky nicht aus den Augen zu lassen.

Wie es dazu kommen konnte, daß Tarnowsky am nächsten Morgen dann doch im Wagen saß, werde ich wohl nie erfahren. Tarnowsky war jedenfalls da. Seinen Ersatzmann mußte er offenbar irgendwie dazu überredet haben, ihn erst tags darauf zu vertreten. Es wäre sinnlos gewesen, über dieses Problem mit den deutschen Soldaten im Wagen zu sprechen. Sie kannten weder Tarnowsky noch seinen Ersatzmann.

Unsere Arbeit begann wie vorgesehen in der Küche, und bei der nächsten sich bietenden Gelegenheit fragte ich Tarnowsky, warum er doch mitgefahren sei. Er schnauzte mich an, ich hätte kein Recht, ihm Vorschriften zu machen, weil er das tun würde, was ihm passe. Er wußte genau, daß ich es nicht wagen würde, ihn den Deutschen zu verraten. Deshalb hatte er mich in der Hand. Ich versprach ihm, daß wir diese Diskussion am Abend in der Kaserne weiterführen würden, doch er lachte mich nur aus und meinte, es kümmere ihn nicht, was die anderen dächten oder täten, weil er seine eigenen Pläne hätte.

Als wir am Abend mit dem Lastwagen zurückgebracht werden sollten, wurden meine schlimmsten Befürchtungen wahr: Tarnowsky fehlte. Was dann geschah, kann ich nicht mehr in allen Einzelheiten beschreiben. Sofort, als die Deutschen merkten, daß einer fehlte, befahl man uns, uns flach auf den Boden zu legen, mit dem Gesicht nach unten. Ich betete, man möge Tarnowsky finden, weil ich ständig daran denken mußte, was man uns immer angedroht hatte. Zwei Stunden vergingen, ohne daß man ihn gefunden hätte. Die ganze Zeit über schlugen und traten uns die SS-Männer ganz fürchterlich. Nicht einmal, als wir schon stark bluteten, ließen sie von uns ab, sondern prügelten unvermindert weiter. Der Hauptscharführer befahl mir, vom Boden aufzustehen. Als ich es gerade versuchte, traf mich ein Schlag mitten im Gesicht, der so heftig war, daß ich nach hinten taumelte, wo mich ein anderer SS-Mann mit einem Schlag auf den Hinterkopf wieder nach vorne prügelte. Ich fiel also wieder dem Hauptscharführer geradewegs in die Arme. Dieses grausame Spiel ging so lange weiter, bis ich fast besinnungslos war. Man hielt inne, um mich zu fragen, ob ich jetzt wisse, wo sich Tarnowsky versteckt hätte. Mit schwacher, erstickter Stimme stammelte ich, es nicht zu wissen, worauf mich die beiden weiterquälten, bis ich nicht mehr konnte und regungslos auf dem Boden lag. Blut quoll mir in Strömen aus Nase und Mund. Überall auf meinem Körper war Blut, so daß ich sicher war, hier und auf der Stelle getötet zu werden. Der Hauptscharführer fragte mich nochmals: Ob ich wisse, wie der Mann hieße. „Tarnowsky." Der SS-Mann erinnerte sich, diesen Namen schon gehört zu haben, und fragte mich, ob es nicht derselbe sei, den ich gegen einen anderen hätte ersetzen wollen. „Jawohl." Auf seine Frage, aus welchem Grund ich diesen Mann dann trotzdem mitgebracht hätte, konnte ich keine zufriedenstellende Antwort geben, so daß man mich weiterprügelte, bis ich bewußtlos war.

Das einzige, das ich noch spürte, war, daß ich mit einer Bahre weggebracht wurde. Als ich wieder zu mir kam, fand ich uns alle in einem fensterlosen Kotter, dem „Bunker". Das Licht brannte. Willi stützte meinen Kopf, der völlig gefühllos war. Ich hatte den Eindruck, als fehlten mir die Schultern, und konnte kaum sprechen. Willi erklärte mir, wir befänden uns noch immer in der Kaserne und wolle uns nicht eher gehen lassen, bis Tarnowsky gefunden war. Sollte das nicht gelingen, würde man drei von uns auswählen und sofort erschießen. Er war sicher, daß ich einer dieser drei sein würde, weil man mich für die Männer verantwortlich gemacht hätte. Es gab weder zu essen noch zu trinken. Gelegentlich öffnete jemand die Tür, schaute sich um und ging wieder. Ich verlor wieder das Bewußtsein, wahrscheinlich, weil ich sehr viel Blut verloren hatte. So verging die Nacht, und durch die Spalten in der Tür sahen wir, daß ein neuer Tag angebrochen war.

Irgendwann am späten Morgen wurde die Tür aufgerissen, ein Körper zu uns hereingeworfen und sofort wieder zugeknallt. Wir erkannten, daß es Tarnowsky war, den man bis zur Unkenntlichkeit mißhandelt hatte. Sein Schädel war völlig zertrümmert, er war tot. Wir schauten uns stumm an, nicht in der Lage, auch nur ein einziges Wort zu äußern, besessen von der Furcht darüber, was nun mit uns geschehen würde. Kurze Zeit später öffnete sich wieder die Tür, und der Hauptscharführer trat in Begleitung von zwei SS-Männern ein. Er befahl uns aufzustehen und verlautbarte, man habe unseren Freund in Cuneo, ganz in der Nähe von Borgo San Dalmazzo, aufgestöbert. Es sei ganz leicht gewesen, ihn zu finden, und wir könnten von Glück reden, weil sonst noch drei mit ihrem Leben hätten bezahlen müssen. Er fügte hinzu, daß es ab sofort für uns keinen Arbeitseinsatz mehr gebe und man uns in die italienische Kaserne zurückbringen werde, wo wir bleiben müßten. In der Tat mußten wir froh sein, daß wir mit dem Leben davonkamen. Was Tarnowsky anging, so bedauerte keiner von uns sein Schicksal, weil er durch sein Handeln bewußt in Kauf genommen hatte, auch uns zu gefährden. Bevor es für uns zurückging, verteilte man Spaten und Schaufeln, brachte uns zu einem Feld und ließ uns eine drei Meter tiefe Grube ausheben. Tarnowskys Leiche, die zwei von uns tragen mußten, wurde hineingeworfen und verscharrt. Erst dann schaffte man uns mit dem Lastwagen zurück. Als Gisella sah, wie ich zugerichtet war, fing sie zu schreien an. Monsieur Fass, ebenfalls bestürzt, fragte sofort, was denn geschehen sei. So gut ich mit meinem geschwollenen Mund und den schmerzenden Zähnen konnte, erzählte ich die ganze Geschichte. Monsieur Fass meinte, er hätte sich die größten Sorgen um uns gemacht, weil er Tarnowsky nirgends in der Kaserne hätte finden können, dafür aber seinem Ersatzmann begegnet sei. Ein Arzt kam zu mir, reinigte und verband meine Wunden und gab mir eine Schlaftablette, weil angeblich der Schlaf die beste Medizin gegen meine Schmerzen wäre.

Am nächsten Morgen bestellte mich der SS-Hauptscharführer zu sich ins Büro. Ich hatte Angst vor diesem Treffen, da ich noch gut in Erinnerung hatte, was er mir angetan hatte. Man konnte nie einschätzen, was ein SS-Mann vorhatte, zu unberechenbar waren sie. Ich beeilte mich mit dem Anziehen. Der Mann wartete schon auf mich und begrüßte mich so freundlich, als wäre gar nichts vorgefallen. Ich bemühte mich ebenfalls, freundlich zu lächeln. Er wollte von mir hören, wie es mir ging, obwohl mir die Antwort auf diese Frage förmlich ins Gesicht geschrieben stand. Trotzdem erwiderte ich, daß es mir gutgehe. Dann erkundigte er sich, ob mein Bruder ebenfalls Familie habe und daß er sich entschlossen hätte, uns beide mitsamt den Familien in die Militärkaserne mitzunehmen, um uns dort einzuquartieren. Mein Bruder und ich bekämen Arbeit in der Küche und könnten mit den Familien eine angenehme, kleine Wohnung auf dem Kasernengelände beziehen. Und schon am nächsten Tag werde man uns einen Lastwagen schicken, um uns mit Hab und Gut abzuholen. Ich fragte, was wir mit unserem Sohn Roland machen sollten, der sich noch immer bei den Nonnen befand. Er versprach, für Gisella einen Passierschein ausfertigen zu lassen, so daß sie den Sohn selbst holen könnte und wir alle morgen reisefertig sein würden.

Ich war sehr froh, daß meine Familien auf diese Weise wenigstens zu einem besseren Essen kommen konnten, und erklärte mir den Entschluß des SS-Mannes dadurch, daß wir dieselbe Sprache wie er sprachen und als fleißige Arbeiter bekannt waren.

Alle Familienmitglieder waren über unseren „Umzug“ froh, bis auf Gisella, der nicht recht war, daß sie Roland allein vom Kloster abholen mußte. Roland war wieder gesund, ja sogar einige Kilo schwerer, und die Nonnen boten an, uns jederzeit wieder helfen zu wollen.

Zwischenzeitlich bezogen wir unsere neuen Quartiere. Es waren ordentliche und einfach ausgestattete Räume, es gab ein gemeinsames Badezimmer und einen größeren Aufenthaltsraum für die beiden Familien. Als Überraschung brachte uns der Hauptscharführer sogar ein kleines Radio und stellte zwei Soldaten ab, die uns beim Auspacken halfen.

Mit einer freundlichen Geste winkte mich der Hauptscharführer zu sich, um mir zu raten, keine Dummheiten zu machen und nicht an eine Flucht zu denken. Ich versicherte ihm, nichts tun zu wollen, was meiner Familie schaden könnte. Dann erinnerte er mich, daß Willi und ich uns gleich am nächsten Morgen um sieben Uhr in der Küche zur Arbeit zu melden hätten.

Den Rest dieses Tages verbrachten wir auf unseren Zimmern. Jede der Familien hatte eine kleine Kochnische und einen Vorrat an Brot, Milch, Zucker und Malzkaffee. Nach der Mahlzeit schliefen wir so gut wie zuletzt in St. Martin.

Am nächsten Morgen begann also unser Küchendienst. Vom Küchenchef bekamen wir weiße Uniformen und Schürzen, dann mußten wir Gemüse waschen und Fleisch schneiden. Die Arbeit machte uns insofern Spaß, als wir wußten, daß es dadurch wenigstens unseren Familien gutging.

An einem Abend suchte uns überraschend der Hauptscharführer in unserem Quartier auf. Zusammen mit zwei Untergebenen stand er mitten im Wohnzimmer, wo er zu fragen begann, ob wir unsere Heimatstadt Wien sehr vermißten und was wir dort gearbeitet hätten. Er erwähnte, daß er selbst einmal in Wien gewesen sei und die Stadt ihm sehr gefallen hätte. Im Laufe des Gespräches erzählte er sogar von seiner Familie, seiner Frau und den beiden kleinen Kindern, und beklagte, daß sie alle derzeit nicht einmal wüßten, wo ihr Vater sei. Damit wollte er uns einreden, daß wir besser dran wären als er, weil wir zumindest im Kreise unserer Familien seien. Der kleine Unterschied, daß wir Juden waren und er der „Herrenrasse" angehörte, kam ihm offenbar nicht in den Sinn. Offenbar war es seine Absicht, uns die Angst vor der Zukunft zu nehmen, denn dann prahlte er, daß der Führer das Schicksal der Juden einer Endlösung zuführen wolle, die bereits gefunden sei. Seiner Meinung nach bestand diese darin, daß man alle Juden aus Europa vertreiben wolle. Angeblich hätte die deutsche Führung schon mit den Amerikanern und einigen südamerikanischen Ländern über die Aufnahme von Flüchtlingen verhandelt. Solange wir also hier unsere Arbeit zufriedenstellend verrichteten, hätten wir nichts zu befürchten.

Und zum ersten Mal bot er uns auch an, daß wir uns ohne weiteres an den Küchenchef wenden könnten, falls wir etwas brauchten.

Kurz bevor die Männer gingen, fragten sie noch Willi und mich, ob wir mit schweren Lastwagen mit Anhänger umgehen könnten. Wir bejahten. Sie meinten, in diesem Fall hätten sie eine besondere Aufgabe für uns, die nur ein paar Tage in Anspruch nehmen würde, nach denen wir wieder unseren Küchendienst verrichten könnten. Das war alles. Freundlich grüßend verabschiedeten sich die Männer.

Einige Tage später erging an uns frühmorgens der Befehl, uns umgehend im Büro des Hauptscharführers zu melden. Der Mann begrüßte uns höflich und befahl uns, ihm in den Kasernenhof zu folgen. Dort standen zwei italienische Fünftonner, die wir fahren sollten. Man erklärte uns, daß man damit Leder und andere Waren zur nahegelegenen Bahnstation schaffen wolle, wo die Sachen auf Güterwaggons umgeladen würden. Unsere Arbeit bestünde allerdings ausschließlich im Steuern der Lastwagen. Die anderen Tätigkeiten hätten Italiener unter Aufsicht der SS zu verrichten. Wir hätten danach zu trachten, täglich so viele Fuhren wie möglich zu machen. Militärfahrzeuge würden uns dabei jeweils von der Lederfabrik zur Bahnstation und wieder zurück eskortieren. Nach erfolgreicher Erledigung dieser Aufgabe bekämen wir je ein Paar neuer Schuhe.

Die Fahrzeuge, die man uns gezeigt hatte, waren in hervorragendem Zustand, eigentlich fast neu, und es dauerte gar nicht lange, bis wir das Fahren beherrschten. Als wir das Ziel unserer ersten Fahrt erreicht hatten, war uns klar, daß diese Lederfabrik mit jener Schuhfabrik identisch war, von der uns die Partisanen erzählt hatten. Nun waren die Deutschen dabei, sie zu demontieren. Der Zweck dieser Aktion lag auf der Hand: Die Deutschen stahlen alles, was nicht niet- und nagelfest war, ja, sie demontierten sogar eine ganze Schuhfabrik, die einst 1500 Leuten Arbeit gegeben hatte und über ein volles Lager mit zig Tonnen von feinem Schuhleder verfügte. Alles, Maschinen und Leder, wurde hastig für den Transport nach Deutschland eingepackt. Als wir mit den schweren Lastwagen ganz nahe an die Laderampen heranfuhren, erkannten wir die bösen Blicke der italienischen Zwangsarbeiter, die offenbar uns galten. Sie hatten ja glauben müssen, daß auch wir zu jenen deutschen Besatzern gehörten, die alle ihre Waren raubten. Da man uns verboten hatte, mit den Arbeitern zu sprechen, konnten wir ihnen nicht erklären, wer wir wirklich waren. Ständig schrie die SS „Forca!", was soviel wie „Beeilung!" heißt. Als die erste Wagenladung fertig war, geleitete uns das Militärfahrzeug zur Bahnstation.

Dort mußten wir die Fahrzeuge bis zu einem bestimmten Waggon heranfahren, der Teil eines langen Eisenbahnzuges war. Italiener standen bereit, die alle Waren in den Waggon umluden. Der gesamte Zug war von SS bewacht, die man überhaupt auf dem ganzen Gelände sah. Danach ging es wieder eskortiert und scharf bewacht durch das Militärfahrzeug zurück zur Fabrik. Das Mittagessen nahmen wir im Militärquartier in unmittelbarer Nachbarschaft des Lagerhauses ein. Anschließend brachten wir noch zwei Fuhren zur Bahnstation und parkten die Fahrzeuge wieder im Kasernenhof.

Als wir wieder in unserem Quartier waren, stand das Abendessen, Suppe und Brot, schon für uns bereit. Die SS war mit unserer Arbeit zufrieden, aber wir waren traurig darüber, daß die Italiener glaubten, wir gehörten zu den Deutschen. Willi und ich nahmen uns vor, bei der ersten sich bietenden Gelegenheit die Italiener aufzuklären.

Am Abend dieses ersten Tages suchte uns der Hauptscharführer wieder in unserem Quartier auf, um unsere Arbeitsleistung zu loben. Er erwähnte, daß alle diese Waren nach Deutschland transportiert würden, wo sie für die Wehrmacht gebraucht würden. Stolz erklärte er uns, daß die Deutsche Wehrmacht überall in Europa sei und das siegreiche Ende des Krieges nicht mehr fern wäre. Deutschland wäre dann der Herr über ganz Europa, in dem sich jeder ohne Reisepaß frei bewegen könnte. Die europäischen Völker würden bald zur Einsicht kommen, daß Hitler für alle der beste Führer sei. Ich fragte ihn, was dann mit den Juden geschehen würde. Wie schon zuvor versuchte er mir weiszumachen, daß sich Hitler für die Juden eine „Endlösung" ausgedacht habe, die es bestimmt allen Juden ermöglichen würde, in Frieden zu leben. Der Hauptscharführer konnte ein ganz sympathischer Mann sein, hatte sogar ein freundliches Auftreten, aber entweder glaubte er blind wirklich alles, was er hörte, oder er wußte wesentlich mehr, als er uns sagen wollte.

Fünf Tage lang pendelten wir ununterbrochen zwischen Fabrik und Bahnstation. Am letzten Tag unseres Einsatzes – wir standen gerade neben den Wagen, die entladen wurden – kam ein mit Italienern überfüllter Zug am Nebengeleise an. Die SS sah sich genau an, wer ein- und ausstieg. Unter den Wartenden, die in den Zug wollten, fiel uns eine junge Frau in Bauernkleidung auf, die einen Korb mit Brot trug. Ihr Gesicht war vollständig mit einem Tuch verhüllt. Als sie gerade in einen der Waggons stieg, bemerkten wir ihre ungewöhnlich stark ausgebildete Beinmuskulatur. Sofort waren zwei SS-Männer zur Stelle und zogen sie aus dem Waggon. Sie zerrten sie ins Zimmer des Stationsvorstandes. Als unsere Arbeit zu Ende war und wir schon auf dem Heimweg waren, machten wir uns Gedanken über das Schicksal dieser Frau. Es war etwa eine Stunde später – wir waren längst in unserem Quartier –, als uns Gisella aufgeregt zum Fenster rief. Unten im Hof spielte sich eine Szene ab, die ich bis heute nicht vergessen habe. An einer Wand stand ein Mann, die Hände hinter dem Rücken zusammengebunden, völlig nackt. Einige Meter davor waren etwa zehn SS-Männer in Stellung gegangen und zielten nun auf den jungen Mann. Zweifellos waren wir nun Augenzeugen einer Exekution! Als wir näher hinsahen, erkannten wir in dem Mann jene vermeintliche Frau, die man zuvor am Bahnhof verhaftet hatte.

Willi und ich forderten die Frauen auf, vom Fenster zu verschwinden, da wir nicht wollten, daß sie diese schreckliche Szene mitansahen. Dem jungen Mann wurden nun die Augen verbunden. Er war noch sehr jung, hatte schwarzes Haar und war außergewöhnlich gutaussehend – eben ein echter Italiener. Jetzt hob man seine Arme und band ihn in dieser Stellung an der Wand fest. Die Scharfschützen legten an, Schüsse hallten durch den Hof, und ein Mann, der für die Freiheit Italiens gekämpft hatte, verlor sein Leben, nur damit die SS demonstrieren konnte, wie man mit Widerstandskämpfern verfuhr. Es war furchtbar, dieses Ereignis miterleben zu müssen. Einmal mehr wurde uns ein Beweis für die Brutalität der SS vor Augen geführt. Als wir vom Fenster zurücktraten, merkten wir, daß auch Gisella und Rachel kreidebleich waren. Den ganzen Abend über waren wir sehr deprimiert. Keiner konnte begreifen, warum diese SS so unberechenbar und gefühllos agierte. Dann – völlig überraschend – erschien wieder

der Hauptscharführer bei uns im Zimmer. Er sprach uns ohne Umschweife auf die vollstreckte Exekution an, da er genau wußte, daß jeder von uns zugesehen hatte. Er betonte, daß man vor der Deutschen Wehrmacht Respekt haben müßte, denn sie führte alles, was sie angekündigt habe, auch zu Ende. Diese Exekution solle uns allen eine Warnung sein und beweisen, daß man keinem Deutschen auf der Nase herumtanzen könne. Ich fragte, was denn der Mann getan habe und warum man ihn unbedingt hatte töten müssen. Tatsächlich beantwortete mir der Hauptscharführer meine Frage. Der junge Italiener sei ein Spion der Partisanen gewesen, der gestanden hätte, von seinem Kommandanten geschickt worden zu sein, um auszuspähen, was sich in den Waggons befand. Wir erfuhren weiters, daß man dem Mann nur dadurch auf die Schliche gekommen sei, weil ihn seine muskulösen Beine verraten hätten. Betroffen schaute ich Willi an. Also stimmte mein Verdacht. Bedauerlicherweise machte der junge Italiener einen verhängnisvollen Fehler: Das Paar Strümpfe, das er vergessen hatte überzuziehen, hätte möglicherweise sein Leben retten können.

Der Hauptscharführer erklärte uns auch, daß man genau wisse, wo sich das ganze Widerstandsnest befände und man es schon noch ausheben werde. Willi und ich warfen uns wieder Blicke zu, mit denen wir einander zu verstehen gaben, daß wir genau an das gleiche dachten, nämlich wie man die Widerstandskämpfer vor der Gefahr, in der sie sich jetzt befanden, warnen könnte. An diesem Abend wünschten wir alle diesen Hauptscharführer zum Teufel und hofften, daß seine ganze Einheit möglichst bald abziehen würde. Nichts als Verachtung empfanden wir für diese Nazis!

Die Frauen zogen sich mit der Ausrede zurück, sie müßten nach den Kindern sehen, und wünschten dem Hauptscharführer gute Nacht. Der Mann schien zu spüren, wie verzweifelt wir alle an diesem Tag waren, denn schon im Gehen versicherte er uns wieder, daß wir überhaupt keine Angst zu haben brauchten. Dann griff er in die Manteltasche, zog ein Päckchen deutscher Zigaretten heraus – damals eine Kostbarkeit – und steckte sie uns gleichsam zum Trost zu. Wir konnten nichts damit anfangen, weil wir Nichtraucher waren, doch hatten wir Angst, er könnte eine Zurückweisung seines Geschenkes falsch verstehen, und bedankten uns höflich.

Irgendwie müssen die Partisanen von der Exekution eines ihrer Männer erfahren haben, denn noch in der gleichen Nacht stand der Eisenbahnzug in Flammen. Die Kunde von diesem Ereignis erfüllte uns mit großer Genugtuung. Noch einmal besuchte uns dann der Hauptscharführer. Er erwähnte das Feuer und bemerkte, daß man drei der Täter gefaßt hätte. Wir glaubten ihm kein Wort, da er sonst schon geschildert hätte, was man mit ihnen tun würde. Statt dessen behauptete er, daß der Zug schon nach Deutschland unterwegs sei und unser Einsatz als Fahrer somit beendet wäre. Es dauerte keine drei Tage, als es hieß, wir müßten wieder in unsere frühere Kaserne zurück und sollten alles zusammenpacken.

Am Abend vor unserer Verlegung stattete uns der Hauptscharführer einen Abschiedsbesuch ab. Er erklärte uns, daß wir wieder zurück müßten, weil das gesamte Lager hier aufgelöst werde und seine ganze Einheit an die russische Front verlegt würde. Vielleicht hatte er gar erwartet, daß wir ihn deswegen auch noch bedauerten, weil er gegen die Russen kämpfen mußte, während wir im sonnigen Italien bleiben konnten. Wie hätten wir über dieses Thema mit einem SS-Mann, der bedingungslos an Hitler glaubte, jene Person, die dafür gesorgt hatte, daß man uns ohne jeden Grund einsperrte und letztlich auch für seine Versetzung an die Front und den gesamten Krieg verantwortlich war, nur sprechen können?

Wir dankten ihm kurz für alles, was er für uns getan hatte, und wünschten ihm alles Gute. Sahen wir da doch noch eine kleine Gefühlsregung in diesem Mann? Der sonst so abgebrühte Soldat fragte, ob er sich auch von unseren Kindern verabschieden könnte, da er vielleicht seine eigenen nie wieder zu Gesicht bekäme. Und ich glaubte, Tränen in seinen Augen sehen zu können. Nur aus einem einzigen Grund bedauerten wir es, von hier, der „Höhle des Löwen", wieder fort zu müssen: Es gab hier immer gutes Essen, und wir hatten ein schönes Quartier. Leid tat uns aber auch, daß wir – wenn auch nicht vorsätzlich – mitgeholfen hatten, die Italiener zu berauben und ihre Schuhfabrik zu demontieren. Jetzt waren 1500 Einheimische ohne Arbeit. Der Tag, an dem das Militärlager aufgelöst wurde, begann als strahlend schöner Herbsttag. Eine Transporteinheit mit Lastwagen und allen möglichen Fahrzeugen war in der Kaserne eingetroffen. Offiziere erteilten in der den Deutschen eigenen Weise Befehle. Eines der Fahrzeuge steuerte genau auf die Tür zu, vor der wir warteten. Mit all unseren Sachen kletterten wir in den Lastwagen. Natürlich durften auch die drei SS-Männer, die uns während dieser kurzen Fahrt zurück in die andere Kaserne bewachten, wieder nicht fehlen.

Gar nichts hatte sich dort geändert. Monsieur Fass hieß uns willkommen, Sigmund, Robert, Frieda und Karin waren ebenfalls da. Wir setzten uns zu unseren Freunden, um ihnen alles, was wir bei der SS erlebt hatten, zu erzählen. Erstaunlicherweise hatte man auch hier von der Exekution des italienischen Partisanen gehört, wußte allerdings keinerlei Einzelheiten.

An einem der folgenden Tage stürzte Monsieur Fass eines frühen Morgens zu uns herein, um aufgeregt zu erzählen, er habe draußen auf dem Kasernenhof beobachten können, wie die Karabinieri zwei Männer – offenbar Gefangene – den Wachen am Tor übergeben hatten. Sofort machten sich Fass und ich auf den Weg dorthin, und wir trauten unseren Augen nicht, als wir erkannten, wer diese Männer waren: Norbert Wolfinger und Siegfried Hartmayer, die zusammen mit den Partisanen in die Berge gegangen waren. Was war geschehen? Wir hatten immer geglaubt, daß alle, die mit den Partisanen mitgegangen waren, dort oben in den Bergen sicher wären. Und nun hatte man zwei von ihnen verhaftet und zu uns in Lager gebracht!

Wir warteten fast eine halbe Stunde, während sie Kommandant Ferosi drinnen im Büro verhörte. Dann wurden plötzlich auch wir hineingerufen, und Ferosi fragte, ob wir diese Männer kannten. Ohne zu zögern verneinten wir dies und meinten, wir hätten sie noch niemals zuvor gesehen. Damit saßen wir in der Patsche, denn die beiden hatten vorher gestanden, alle von uns schon aus der Zeit in Saint Martin zu kennen und gemeinsam mit allen zur Grenze marschiert zu sein. Kommandant Ferosi wußte alles über uns, und wir waren als Lügner entlarvt. Er befahl uns, sie in die Quartiere mitzunehmen, da sie nun ebenfalls unter Arrest stünden.

Schon auf dem Weg dorthin fragten wir die Männer aus, weil wir wissen wollten, was passiert war. Sie erzählten uns folgendes:

Nachdem wir uns getrennt hatten, erreichten sie nach einem vierstündigen Fußmarsch zusammen mit den Partisanen das Lager. Es bestand aus Einrichtungen, die man für einen dauerhaften Aufenthalt angelegt hatte. Ungefähr 250 Leute waren dort versteckt, alle jung und schwer bewaffnet, darunter auch einige Krankenschwestern und zwei Ärzte.

Eines Nachts erlitt Norberts Vater einen Schlaganfall und brauchte dringend Medikamente. Der einzige Ort, wo man diese bekommen konnte, war die Apotheke in Borgo San Dalmazzo. Da es um Leben und Tod ging, entschloß sich Norbert, in der Dunkelheit ins Dorf abzusteigen. Niemand konnte ihn davon abbringen. Siegfried Hartmayer begleitete ihn. Der Arzt beschrieb genau, wo sich die Apotheke befand, und erklärte, was Norbert besorgen müßte. Zwei Stunden später standen die beiden vor der Apotheke. Sie war geschlossen. Norbert läutete, er bekam die Medizin. Also machten sich die beiden wieder auf den Weg zurück ins Lager. Leider wurden sie von zwei Karabinieri aufgehalten, und da sie sich nicht auf Italienisch verständigen konnten, nahm man sie mit auf das Revier. Von dort aus wurden sie schließlich zu uns überstellt. Norbert konnte nicht einmal sagen, daß er seinem Vater eine dringend benötigte Medizin bringen mußte, denn dadurch hätte er die anderen verraten. Also warf er die Medizin einfach weg, noch bevor er eingesperrt wurde. Die beiden konnten von Glück reden, daß sie überhaupt noch lebten. Jeder von uns machte sich Sorgen um Norberts Vater. Norbert setzte sich in den Kopf, gleich in der Nacht auszubrechen. Ich arrangierte mit Monsieur Fass, daß man Norbert bei uns im Zimmer schlafen ließ, um ihn besser beobachten zu können.

Norbert berichtete weiters, daß man nach der Exekution des jungen italienischen Partisanen damit gerechnet habe, daß die Deutschen die Berge durchkämmen würden, um ihr Lager auszuheben. Um für diesen Fall vorzusorgen, habe man beschlossen, die schmale Bergstraße, die bis wenige hundert Meter an das Lager heranführte, noch in derselben Nacht an mehreren Stellen zu verminen. Auch habe man an einer versteckten Stelle ein Depot mit Waffen eingerichtet.

Es fiel mir schwer, Norbert davon zu überzeugen, daß es besser sei, nichts Unüberlegtes zu unternehmen, weil er sich ja solche Sorgen um seinen kranken Vater machte. Ich versuchte ihn zu trösten, indem ich erklärte, daß die Partisanen seinen Vater sicher ins Tal bringen würden, falls er in Lebensgefahr schweben sollte. Ich weiß nicht, ob ich ihn damit hatte wirklich überzeugen können, er versprach uns jedenfalls, keinen Ausbruchsversuch zu unternehmen. Siegfried Hartmayer meinte ebenfalls, daß das Risiko dafür zu groß sei.

Siegfried erzählte mir seine Geschichte: Manya, seine Schwester, und deren Freund Ernest hielten es im Lager nicht mehr aus und beschlossen, sich nach Rom durchzuschlagen. Der Kommandant der Partisanen empfahl ihnen, erst das Lager zu verlassen, sobald die SS-Einheit aus Borgo San Dalmazzo abgezogen war. Er versprach, ihnen einen sicheren Weg nach Rom zu nennen, sie mit Proviant zu versorgen und ihnen genügend Geld für eine Bahnkarte nach Rom zu geben.

An jenem Tag, als die SS abgezogen wurde, löste der Kommandant sein Versprechen ein, wies sie jedoch an, besser nicht in Borgo San Dalmazzo in den Zug zu steigen, sondern mit dem Bus zum Bahnhof in Cuneo zu fahren. Seit der Nacht, in der Manya und Ernest das Lager verließen, hatte Siegfried nichts mehr von den beiden gehört. Manya und Ernest waren ein sehr verliebtes junges Paar, das so schnell wie möglich heiraten wollte und große Zukunftspläne hatte. Ich war überzeugt, daß die beiden durchkommen würden, da ich Ernest als sehr tüchtigen und verläßlichen Menschen kannte.

Kommandant Ferosi schien selbst sehr erleichtert über den Abzug der SS und verhielt sich uns gegenüber wieder sehr großzügig. Er veranlaßte, daß uns besseres Essen gegeben wurde, sorgte dafür, daß wieder Obst und Gemüse auf den Tisch kamen, und einmal gab es sogar Fleisch. Monsieur Fass überreichte namens aller Internierten eine Dankesnote an Ferosi, mit dem wir ein sehr gutes Gesprächsklima hatten. Alles schien wieder halbwegs im Lot, bis auf die Tatsache, daß selbst Ferosi dem SS-Kommandanten der nächstgelegenen Stadt, Cuneo, täglich Rapport ableisten mußte und es jederzeit in der Kaserne eine Blitzkontrolle durch die SS geben konnte.

Es war Anfang August 1943.

Gelegentlich besuchten Nonnen die Kaserne, um für die Gefangenen Lebensmittelpakete, Kinderkleidung oder Seife abzugeben. Wir nahmen uns der Verteilung dieser Geschenke an, um sicherzustellen, daß wirklich jeder etwas davon erhielt. Trotz der Umstände begannen wir uns fast schon sicher zu fühlen, obwohl wir natürlich genau wußten, daß die Deutschen – aus Mangel an eigenen Arbeitskräften – immer wieder auf gefangene Juden zurückgriffen, die sie als Zwangsarbeiter in den Fabriken verwendeten.

Eines Nachmittags erschien Tarnowskys Frau Stella bei mir, weil sie Einzelheiten über den Tod ihres Mannes erfahren wollte. Ich erzählte ihr davon, daß er damals einen Fluchtversuch unternommen hätte, obwohl wir ihn ausdrücklich davor gewarnt hatten.

Sie zeigte sich sehr erstaunt darüber, da er ihr nichts davon verraten habe, sie allein zurücklassen zu wollen. Sie wollte wissen, wie es möglich war, daß man ihn so rasch wieder hatte finden können. Ich vermied es, ihr zu verraten, wie sich alles abgespielt hatte, vor allem aber verschwieg ich, daß man ihn totgeschlagen und dann den leblosen Körper zu uns in den Bunker geworfen hatte. Doch sie fragte weiter, wollte wissen, ob und wo man ihn begraben hatte. Da ich Angst hatte, sie könnte darauf bestehen, zu jener Stelle zu gehen, an der wir ihn hatten verscharren müssen – was uns in große Schwierigkeiten gebracht hätte –, sagte ich einfach, nichts darüber zu wissen. Dann bat sie mich, meine Familie zu fragen, ob sie wenigstens bei uns im Zimmer schlafen könne, weil sie sich so einsam fühle und jemanden brauche, mit dem sie sprechen könne. Ich versprach ihr, mit den anderen darüber zu reden, bot ihr aber an, daß sie sich mir jederzeit anvertrauen könne. Stella tat mir sehr leid. Ihre Situation hätte viel besser sein können, wäre sie nur zusammen mit ihrem Mann zu den Partisanen in die Berge gegangen. Meine Familie hatte nichts dagegen, Stella bei uns aufzunehmen. Sie war überaus attraktiv und ziemlich charmant, jeder fühlte sich in ihrer Gegenwart wohl. Gisella und Rachel freundeten sich schnell mit ihr an. Eines Nachmittags, ich saß gerade an unserem improvisierten Schreibtisch und las eine alte Zeitung, kam Stella in den Raum und setzte sich neben mich. Sie sagte mir, daß sie ehrlich sein wolle, und gestand mir, daß sie das dringende Bedürfnis hatte, mit einem Mann zu schlafen. Ich sei derjenige, den sie dafür ausgewählt hätte. Ich erinnerte Stella daran, daß ich verheiratet war und keine Möglichkeit sah, mit ihr intim werden zu können. Sie ließ jedoch nicht locker und erzählte von einer Abstellkammer, die sie entdeckt habe und in der uns niemand finden würde.

Stella machte es mir schwer, zu widerstehen. Wir vereinbarten schließlich, daß wir noch etwas zuwarten wollten, aber da fiel sie mir um den Hals und küßte mich auf eine Art, die ich bis heute nicht vergessen habe. Ich sprang auf und hielt mich von ihr fern, weil es der einzige Weg war, ihren Annäherungsversuchen auszuweichen. Damit war meine „Affäre" mit Stella auch schon wieder beendet.

Es fiel auf, daß unseren italienischen Kasernenkommandanten etwas zu beunruhigen schien. Wir kamen bald dahinter, was es war: Denn ganz zeitig am nächsten Morgen rollte ein Fahrzeug der SS in die Kaserne, zwei mit Maschinenpistolen bewaffnete SS-Männer sprangen heraus und ließen sofort das Gebäude durch vier Italiener abriegeln. Kommandant Ferosi kam aus seinem Büro, um mit ihnen zu sprechen, dann erging der Befehl, alle Gefangenen auf dem Kasernenhof antreten zu lassen.

Allgemeine Angst machte sich breit, als wir draußen Aufstellung nahmen. In Begleitung der SS-Männer stand Ferosi vor uns. Ihre Blicke waren freundlich, doch das besagte gar nichts. Ferosi schritt auf mich zu und ließ mich vortreten. Er erklärte den Leuten der SS, daß ich Österreicher sei und für die anderen im Bedarfsfall alle Verlautbarungen übersetzen könne. Es hieß, man habe nun wieder das alleinige Kommando über die gesamte Kaserne übernommen, die Italiener unterstünden alle den Befehlen der SS. Und wieder wurde betont, daß uns nichts geschähe, falls wir uns ruhig verhielten und keinen Fluchtversuch unternahmen. In ein paar Tagen brächte man uns alle in Arbeitslager im Reichsgebiet, Frauen und Kinder würde man gut unterbringen, wir Männer könnten unter angenehmen Bedingungen arbeiten, solange wir allen Befehlen gehorchten, geschähe uns nichts.

Ich wagte zu fragen, ob man uns sagen könne, wo genau wir in Deutschland arbeiten würden. Der SS-Mann verneinte, er habe die Befehle direkt aus der Reichskanzlei in Berlin erhalten – also von Hitlers Schergen.

Wann es soweit sei, würden wir rechtzeitig erfahren, dann käme man uns holen und brächte uns zur Bahnstation, wo Züge bereitstünden, die uns an unseren Bestimmungsort transportierten. Nach dieser Verlautbarung zogen die SS-Männer wieder ab. Dieser Auftritt der SS gab uns allen Anlaß zu größter Sorge und bescherte uns eine schlaflose Nacht. Es gab zwar einzelne, die –

weiß Gott, warum – glaubten, aus den Worten der SS einen Hoffnungsschimmer heraushören zu können, doch wir waren nicht so leichtgläubig, sondern fragten uns, was aus unseren Frauen und Kindern werden sollte. Da sie für schwere Arbeiten nicht in Frage kämen, würden sie die Deutschen wohl kaum durchfüttern.

Ich fragte Gisella, was sie davon halte, zusammen mit Roland wieder ins Kloster zu gehen und dort zu bleiben. Sie hielt gar nichts von meiner Idee, sondern wollte bei mir bleiben und nicht mit Roland allein. Alle Versuche, sie zu überreden, waren vergeblich. Die ganze Nacht lang überlegte ich, was ich nur tun sollte. Am Morgen faßte ich dann den festen Entschluß, Gisella und Roland – koste es, was es wolle – in das Kloster zu bringen, damit sie dort eine Chance hätten, den Krieg zu überleben. Ohne Gisella lang zu fragen, lief ich zu Ferosi und machte ihm weis, mein kleiner Sohn sei wieder erkrankt und er möge doch Mutter und Sohn wieder zur Genesung ins Kloster schicken. So könnten beide rechtzeitig zu unserer Abreise wieder gesund sein. Ich weiß bis heute nicht, ob er mir diese Geschichte abgenommen hat, doch Ferosi war ein aufrechter Katholik und hatte für uns Juden großes Verständnis. So gestattete er also Gisella und Roland, unter Bewachung ins Kloster zu gehen. Ich war Ferosi sehr dankbar für diese freundliche Geste und wußte, daß jetzt erst das größte Problem auf mich zukam, nämlich meiner eigensinnigen Ehefrau beizubringen, sich an meine Anweisungen zu halten.

Ich wollte absolut unnachgiebig mit ihr sein und darauf bestehen, daß alles so zu geschehen hätte, wie ich es sagte, weil ich instinktiv wußte, daß es das richtige war. Gisella wurde hysterisch, als sie merkte, daß sie nun keine andere Wahl mehr hatte. Ich war sehr enttäuscht von ihr, denn sie wollte nicht verstehen, warum ich in diesem Punkt so hart zu ihr sein mußte. Ihrem Bruder Sigmund war klar, warum ich so handelte, und er hielt meinen Standpunkt für richtig.

Ein weiteres Problem war, ob die Nonnen Gisella überhaupt behalten würden, wenn sie erführen, daß man uns wegbringen wollte. Meine einzige Hoffnung war, das sie – wie viele gläubige Katholiken auch – die Nazis ablehnten und zu den Juden hielten. Noch immer wütend auf mich, packte Gisella einen kleinen Koffer und schien sich mit ihrer Bestimmung abgefunden zu haben.

Ob nun der Kommandant meine Geschichte glaubte oder nicht, zu offensichtlich durfte meine Absicht nicht erscheinen. Als wir beim Tor angekommen waren und er für Gisella den Passierschein ausstellte, sah ich seinen Blicken an, daß er an meiner Geschichte zweifelte, doch er wollte mich offenbar nicht daran hindern, Frau und Kind in Sicherheit zu bringen.

Dabei riskierte er damit selbst auch einiges, denn die SS durfte nichts von dieser Entscheidung erfahren. Wir setzten allerdings ganz auf den Umstand, daß die SS bis jetzt noch keine Namenslisten verlangt hatte und daher die Abwesenheit von Gisella und Roland nicht auffallen würde. Mit Tränen in den Augen küßte ich die beiden nochmals zum Abschied. Würde ich meine Frau und den geliebten Sohn jemals wieder sehen in dieser verrückten Welt?

Ich war zutiefst unglücklich darüber, daß ich in solch einer unsicheren Zeit leben mußte, in der mir jede eigene Entscheidung genommen und ich auf Gedeih und Verderb diesen Nazis ausgeliefert war. Ein Leben, in dem alles von unberechenbaren und grausamen Leuten entschieden wird, hatte ich mir nie vorstellen können. Mir war nach Weinen zumute. Als ich mich aufs Zimmer zurückziehen wollte, war ich nicht allein. Das war vielleicht das beste, denn Willi, der mir genau ansah, wie verloren ich mich fühlte, setzte sich neben mich und spendete mir Trost. Ich könne von Glück reden, daß ich Frau und Kind bei den Nonnen habe unterbringen können, meinte er, denn für seinen Sohn hätte er sich eine ähnliche Lösung gewünscht. Leider sei er schon zu groß, denn das Kloster nehme nur Kinder bis zu einem Jahr auf. Der Krieg, so behauptete er, könnte außerdem nicht mehr allzu lange dauern, denn die Alliierten seien nicht mehr aufzuhalten. Und selbst wenn wir in ein Arbeitslager kämen, wären wir stark genug, um allen Entbehrungen zu trotzen. Willi versuchte mir alle trüben Gedanken auszureden, und wirklich, ich fühlte mich wieder besser, vor allem, weil ich wenigstens Gisella und Roland in Sicherheit wähnte.

Ich ging zu Monsieur Fass, um ihm vorzuschlagen, unsere Leute zusammenzurufen und sie mit dem Gedanken an den Transport in die deutschen Arbeitslager vertraut zu machen. Für wichtig hielten wir etwa, ihnen einzuschärfen, nicht zu viel Gepäck auf die Reise mitzunehmen, was sich doch nur wieder als hinderlich herausstellen würde. Eines stand aber fest: Die Stimmung unter den Leuten hatte nach dem Erscheinen der SS einen Tiefpunkt erreicht.

Die Versammlung war für nach dem Abendessen angesetzt. Man stellte Fragen über Fragen. Einer der Männer griff uns hart an, weil er behauptete, wir wüßten mehr, als wir sagten. Es war schwierig, ihn vom Gegenteil zu überzeugen. Wir erklärten den Leuten, wir wüßten lediglich, daß erst geeignete Waggons eintreffen müßten, die uns alle aufnehmen konnten. Niemals hätten wir zu diesem Zeitpunkt auch nur geahnt, welche schlimme Fahrt uns bevorstehen würde. Wir versuchten, die Leute aufzumuntern, indem wir ihnen erzählten, wir kämen alle wieder in das gleiche Lager, Frauen mit Kindern bräuchten nicht zu arbeiten, Männer und alleinstehende Frauen würden hingegen zur Arbeit herangezogen werden. Alle bekämen dort, wie man uns versichert hatte, ein gutes Essen, und wir würden in Baracken leben, die man extra für uns errichtet hatte. Obwohl man uns selbst das alles so geschildert hatte, glaubten wir kein einziges Wort davon.

Wir sagten den Leuten, daß die Bahnstation nicht weit sei und man uns vielleicht sogar mit Lastwagen dorthin brächte, aber selbst wenn wir zu Fuß gehen müßten, dauerte es nicht länger als eine halbe Stunde. Mit alldem versuchten wir nur, den Leuten wieder etwas Hoffnung zu geben, doch unser Erfolg hielt sich sehr in Grenzen. Am Ende der Versammlung hatten sich allgemeine Beklommenheit und Grauen breitgemacht, denn niemand hatte beantworten können, was uns wirklich erwarten würde. So ging man zurück in die Zimmer und packte zusammen.

Gleich am nächsten Morgen machte ich mich zu Kommandant Ferosi auf, um herauszufinden, ob es neue Nachrichten gebe. Ich erfuhr, daß die SS schon morgen um acht Uhr hier sein werde, um uns abzuholen. Den Weg mußten wir zu Fuß unter Bewachung seiner Karabinieri zurücklegen. Seine Männer hätten den Befehl, Flüchtende sofort zu erschießen. Ich versuchte herauszufinden, wo das Ziel unserer Reise sein würde, doch Ferosi hatte keine Ahnung. Er wußte genausoviel wie wir – nämlich nichts. Die Italiener waren in keine Einzelheiten eingeweiht, weil die Deutschen ihnen nicht trauten. Man gab sich überhaupt nur mit ihnen ab, weil ein Mangel an eigenen Mannschaften herrschte.

Ich gab die Information sofort an alle weiter. Die Leute reagierten sehr gereizt, so daß ich die Warnung, die mir Ferosi gegeben hatte, wiederholte. Einige hatten Angst, die Deutschen könnten auch so auf sie schießen, und heizten die allgemeine Nervosität noch weiter an.

Da auch Stella sehr aufgeregt war, erinnerte ich sie nochmals daran, nichts Unüberlegtes zu tun, weil nicht nur sie dafür mit dem Leben bezahlen würde, sondern ihr Verhalten auch uns anderen sehr schaden könnte. Sie versprach mir, vernünftig zu sein, und meinte, daß wir beide im Lager vielleicht als Paar leben könnten, weil Gisella ja nicht bei mir wäre. Ich wollte ihre Hoffnungen nicht zunichte machen, aber das war wirklich nicht das, was ich mir vorgestellt hatte.

Den Rest des Tages verbrachten wir mit dem Zusammensuchen unserer wenigen Habseligkeiten. Bis zum Abendessen war jeder damit fertig. Unser letztes Essen in der Kaserne war etwas ganz Besonderes und bestand aus Fleisch und Gemüse, ja, es gab sogar etwas zum Nachtisch. Am Schluß erschien Kommandant Ferosi, der auf französisch eine Abschiedsbotschaft an uns richtete. Ich wußte, daß wir diese ausgezeichnete Mahlzeit ihm allein zu verdanken hatten. Deshalb dankte ich ihm im Namen von uns allen. Doch damit nicht genug. Auch die Köche hatten etwas vorbereitet. Jedem von uns überreichten sie große Pakete mit Brot, Käse und einem Stück italienischer Salami, die sie auf einem Karren in den Saal brachten. Nochmals bedankte ich mich bei Ferosi für dieses großzügige Abschiedsgeschenk. Die Stimmung unter den Leuten war also ausgezeichnet an diesem letzten Tag vor der langen Reise ins Ungewisse. Wir sangen Lieder, ja, man konnte sogar übermütiges Gelächter hören, und erst spät in der Nacht waren alle in den Betten.

Schon früh am nächsten Morgen mußten wir aufstehen, denn bis acht sollten alle bereit zum Aufbruch sein. Als dann die zwei SS-Männer mit ihrem Fahrzeug in der Kaserne eintrafen, erteilten sie sofort mit lauter Stimme ihre Befehle. Noch neben dem Fenster unseres Zimmers im zweiten Stock, wo ich gerade stand, konnte ich alles ganz deutlich hören.

Unsere Marschkolonne sollte aus Sechserreihen bestehen, an der Spitze die Familien mit den Kindern. Die Italiener, denen man befahl, auf Flüchtende ohne Vorwarnung zu schießen, bildeten zu beiden Seiten im Abstand von zehn Metern einen Kordon. Da die beiden SS-Männer 50 Karabinieri kommandierten, deren Sprache sie nicht verstanden, und diese wiederum uns – immerhin etwa 250 Leute – zu beaufsichtigen hatten, schienen sie sich selbst in ihrer Haut nicht ganz wohl zu fühlen. Ihre krasse zahlenmäßige Unterlegenheit machte ihnen schwer zu schaffen. Ich kann gar nicht sagen, wie ich es genoß, einmal SS-Männer zu sehen, die unsicher und nervös waren!

Willi, Rachel, Robert, Frieda und die beiden Kinder bildeten die erste Marschreihe. Als alles zum Aufbruch bereit war, rannte einer der Karabinieri zum Kommandanten, um ihm etwas ins Ohr zu flüstern. Ich verfolgte den Ablauf gespannt und neugierig, weil ich etwas Unerwartetes befürchtete. Ich wollte meinen Augen nicht trauen, als ich dahinterkam, was die Ursache dieses Aufsehens war: Gisella stand am Kasernentor, im Arm hielt sie den kleinen Roland! Ferosi sprach einige Worte mit ihr und führte sie dann zu den verwunderten SS-Männern, denen er verzweifelt die ganze Situation zu erklären versuchte.

Einer der SS-Männer schrie ihm ins Gesicht: „Lügen, alles Lügen!", er glaubte dem armen Ferosi kein Wort. Trotzdem schien er zufrieden zu sein, daß Gisella rechtzeitig aus dem Kloster zurückgekehrt war, doch bestand er auf einer Erklärung, warum man diesen Umstand nicht vorher erwähnt hatte. Ferosi, den wirklich keine Schuld traf, schwieg. Er tat mir in diesem Augenblick sehr leid. Schweigend stand er da, in Erwartung dessen, was nun auf ihn zukommen mochte. Der SS-Mann wandte sich nun wieder uns zu und knurrte, er werde sich Ferosi später noch vorknöpfen. Gisella reihte sich bei uns ein, während ich ihr bitterböse Blicke zuwarf. Zur Rede stellen konnte ich sie in dieser Situation freilich nicht, doch man sah ihr an, daß auch sie sehr betroffen wirkte. Dazu hatte sie auch allen Grund.

Die Kolonne setzte sich in Bewegung. Der andere der beiden SS-Männer trat auf mich zu und fragte, ob ich diese Frau kenne. Ich bejahte und erklärte, sie sei meine Ehefrau, die nur unseren kranken Sohn aus dem Kloster geholt hätte, der dort zur Behandlung war. Der Mann meinte, ich sollte froh sein, daß sie wirklich meine Frau sei und sie rechtzeitig zurückgekehrt sei, andernfalls wären wir alle streng bestraft worden. Ich mußte wieder an Kommandant Ferosi denken, der uns so anständig behandelt und viel für uns riskiert hatte.

Wir trafen nach einiger Zeit am Bahnhof ein, wo uns gleich der nächste Schreck in die Knochen fuhr. Anstatt eines gewöhnlichen Personenzuges standen Viehwaggons für uns bereit. Jeweils 40 Leute wurden abgezählt und mußten in einem solchen Waggon Platz finden. Für jeden Waggon wurde einer als Verantwortlicher bestimmt. Es gelang mir, mit meiner Familie zusammenzubleiben, so daß wir in den gleichen Waggon gepfercht wurden. Nach etwa einer Stunde waren alle verladen, dann schloß man von außen die Türen und verriegelte sie.

Erst allmählich wurde uns bewußt, daß nur zwei SS-Männer es fertiggebracht hatten, uns alle wie eine Herde frommer Lämmer zum Bahnhof zu treiben, und dabei nicht auf den geringsten Widerstand getroffen waren. Selbst unsere Bewacher, die 50 Karabinieri, sympathisierten nicht wirklich mit den Deutschen.

In den vielen Jahren, die seither vergangen sind, habe ich mich oft gefragt, warum wir so dumm gewesen sind, uns von bloß zwei SS-Männern, die auch noch 50 Karabinieri zu beaufsichtigen hatten, einschüchtern zu lassen! So viele anständige Menschen haben tatenlos zugelassen, daß man sie zur Schlachtbank führte!

Nachdem die Riegel hinter uns zugefallen waren, galten meine ersten Fragen Gisella. Warum um alles auf der Welt war sie zurückgekehrt, obwohl ich ihr genau das Gegenteil befohlen hatte? Gisella war sehr betrübt. Sie habe am Morgen von den Nonnen erfahren, daß die Auflösung des Lagers im Gange sei, und es sich sofort anders überlegt. Die Nonnen hätten vergeblich versucht, sie zurückzuhalten. Auch ihre Warnungen, ein Transport nach Deutschland könne nichts Gutes bedeuten, blieben ungehört. Gisella wollte unbedingt zu mir zurück. Eine Nonne habe sie dann zurück zum Kasernentor geführt. Ich warf meiner Frau daraufhin vor, sehr eigennützig und dumm gehandelt zu haben, und mit ihrer Entscheidung hätte sie weder sich selbst noch dem kleinen Roland einen guten Dienst erwiesen. Gisella beharrte jedoch darauf, ein Recht zu haben, in meiner Nähe zu sein, und war noch immer davon überzeugt, das Richtige getan zu haben. Was sollte ich darauf noch sagen? Ich bemühte mich, mit meinen Vorwürfen ihre Lage nicht noch mehr zu verschlimmern, doch der Gedanke an ihren so gravierenden Fehler von damals verfolgt mich noch heute.

Wir kauerten uns in eine Ecke des Waggons, in dem es, abgesehen von einigen Ritzen, durch die Sonnenlicht drang, völlig dunkel war. Für die drei Kinder breiteten wir die mitgebrachten Decken und einige Kleidungsstücke aus, um ihnen eine Liegestatt herzurichten. Draußen peitschten die Kommandos der SS, und wir harrten drinnen der Abfahrt des Zuges. Ganze vier Stunden dauerte es, bis der Zug langsam anrollte und uns einem unbekannten Ziel näherbrachte. Niemand konnte sagen, wie lange wir in der Enge dieses Waggons gefangen sein würden, wann das Ziel dieser Reise ins Ungewisse erreicht war. Das geschah Ende August 1943.

Der Zug gewann nur allmählich an Geschwindigkeit, jedenfalls hatten wir diesen Eindruck. Wahrscheinlich hatten wir die Hauptstrecke noch nicht erreicht. Als wir schließlich schneller fuhren, war es schon fast dunkel. Die Nacht war nicht mehr fern, und schließlich war es stockdunkel. Mit einigen Taschenlampen konnten wir wenigstens so viel Licht machen, daß wir in der Lage waren, den mitgebrachten Proviant zu verzehren. Jeder versuchte, seine Situation so erträglich wie möglich zu machen, trotzdem gab es nicht einmal genügend Platz zum Schlafen.

Wir waren froh, als die ersten Sonnenstrahlen wieder in den Waggon drangen. Die Leute rätselten wieder über den Bestimmungsort des Zuges, und viele Fragen wurden aufgeworfen, auf die man vergeblich eine Antwort suchte. Allmählich wurde es zum Problem, daß die meisten dringend auf die Toilette mußten. Zum Urinieren fanden wir in einer Ecke des Waggons ein Loch, doch wie sollten wir die anderen Fäkalien loswerden? Außerdem fiel es besonders den älteren Menschen schwer, ihre Geschäfte vor den anderen zu verrichten. Es war ihnen auch unmöglich, sich hinzuhocken. So stellten wir den einzigen Kübel, den es gab, in ein Eck, legten mehrere Stapel Zeitungspapier daneben und richteten so eine improvisierte Latrine ein. Wir machten alle darauf aufmerksam, sie womöglich nur im äußersten Notfall zu benützen, denn die Deutschen würden sicher noch eine Pause für uns einlegen, an einer Station, auf offener Strecke oder irgendwo im Wald.

Der Zug fuhr durch Wälder, an Häusern und Dörfern vorbei, doch jede Hoffnung auf einen Halt war aussichtslos. Der Gestank, der langsam aufkam und mit jeder Stunde unerträglicher wurde, erschwerte unsere schlimme Lage noch zusätzlich.

Eine Frau wurde hysterisch, begann gleichzeitig zu wimmern und zu schreien und versuchte sich in ihrer Verzweiflung das Leben zu nehmen. Jeder Versuch, sie zu beruhigen, war zwecklos. Auch die anderen wußten weder ein noch aus, doch wir hatten es längst aufgegeben, Trost zu spenden, da wir solchen nun selbst dringend nötig hatten.

Etwa um die Mittagszeit des folgenden Tages hielt der Zug an, was wieder Grund zur Hoffnung gab. Es dauerte mehr als eine Stunde, bis die Tür des Waggons geöffnet wurde. Links und rechts davon standen zwei mit Gewehren bewaffnete Franzosen als Wachen postiert. Auf französisch gab man uns zu verstehen, daß jeweils zwei unter Aufsicht hinaus dürften.

Wir befanden uns auf einer Bahnstation in Frankreich, irgendwo auf freier Strecke. Nachdem die Franzosen vom penetranten Gestank, der aus den offenen Waggons drang, verscheucht worden waren, befahl man uns, sofort den Zug zu reinigen und die Kübel mit den Fäkalien zu leeren. Als jeder von uns den Waschraum der Bahnstation benützt hatte und alle sich wieder in den Waggons befanden, baten wir unsere Bewacher um Trinkwasser. Wir hatten großen Durst. In ruhigem Ton wies man uns darauf hin, daß man uns später ohnehin noch verpflegen würde. Tatsächlich fuhr dann ein kleiner Lastwagen von Waggon zu Waggon, aus dem für jede Person ein Päckchen mit Käse, Brot und einem Apfel ausgeteilt wurde. Anschließend gab es auch einen Kübel voll Wasser für jeden Waggon. Wir waren darüber sehr erleichtert, doch da es uns an geeigneter Nahrung für die Kinder fehlte, fragten wir die Wachen, ob sie uns welche beschaffen könnten. Statt dessen ernteten wir höhnisches Gelächter, und man erinnerte uns daran, daß wir Gefangene seien, die froh sein müßten, überhaupt etwas zu bekommen.

Glücklicherweise kehrte aber einer der Soldaten – kurz bevor die Türen wieder verriegelt wurden – mit einem Päckchen zurück, das er mir hinaufreichte. Es war für unsere Kinder gedacht und enthielt drei Flaschen Milch, Kekse und ein Paket Zucker. Dann ging die Fahrt weiter. Eine weitere Nacht waren wir im Waggon eingesperrt.

Am nächsten Morgen erzählte einer von uns, es wäre ihm gelungen, mit Hilfe seines Taschenmessers ein kleines Guckloch in die Bordwand zu bohren, durch das er im Vorbeifahren an einer belebten Bahnstation die Aufschrift „Lyon“ hatte lesen können. Das hieß, daß wir uns also noch in Frankreich befanden und die ganze Zeit über nach Norden unterwegs waren.

Mittags hielt der Zug an einer kleinen Bahnstation, die Türen gingen wieder auf, und wieder durften je zwei von uns, bewacht von den gleichen französischen Soldaten, den Waschraum der Station benutzen. Bei dieser Gelegenheit fragte ich einen der Soldaten, wohin wir gebracht würden und was mit uns geschehe. Bereitwillig antwortete er, daß der Zug nach Paris ging, wo wir die Waggons verlassen müßten und man uns in eine Militärkaserne etwas außerhalb der Stadt transportieren würde. Er erwähnte den Namen „Drancy“. Damit stand aber auch fest, daß die Fahrt in den Viehwaggons noch mindestens eine weitere Nacht und einen Tag dauern würde.

Drei Frauen sowie ein Mann aus unserem Waggon erkrankten während der Fahrt schwer, zwei Leute starben. Es blieb uns nichts anderes übrig, als die Toten in eine Ecke des Waggons zu legen und mit einem Tuch zuzudecken. Zwei der Kranken nahmen keine Nahrung mehr zu sich und schienen ebenfalls todgeweiht. Jetzt, da wir ja haltgemacht hatten, meldeten wir den Wachen, daß wir Tote im Waggon hatten. Man teilte uns mit, sie würden ihren Abtransport veranlassen. Wir waren erleichtert, als sie nicht mehr neben uns lagen, und beeilten uns, die Stelle zu reinigen. Kurz darauf wurden die Türen wieder verriegelt und der Zug rollte weiter.

Glücklicherweise hatten die Kinder bis jetzt die meiste Zeit geschlafen und aßen nur wenig. Trotzdem sahen wir, daß es ihnen nicht allzu gutging. Unser kleiner Roland war ein so ruhiges Baby. Kein einziges Mal hatte er seit Beginn der Fahrt geweint, so, als ob er geahnt hätte, daß er damit in der traurigen Lage, in der wir uns befanden, überhaupt nichts erreicht hätte. In der Nacht verstarb ein weiterer Mann. Seine Frau wurde derart von Weinkrämpfen geschüttelt, daß es keinem gelang, sie zu beruhigen. Als mittags die Tür des Waggons wieder aufging, schaffte man den toten Körper gegen den Willen seiner Frau fort. Wir versuchten sie davon zu überzeugen, daß es aus hygienischen Gründen das beste für uns sei. Wieder gab es dann etwas Eßbares und Milch für die Kinder.

Nachdem wir endlich nach Paris gekommen waren, schwanden alle Hoffnungen auf ein baldiges Verlassen der Waggons.

Unser Zug wurde nämlich auf eines der unzähligen Abstellgleise außerhalb des riesigen Bahnhofes umgeleitet. Draußen herrschte große Verwirrung, denn unser Zug wurde hin und her geschoben. Das bedeutete, daß es immer unwahrscheinlicher wurde, vor der herannahenden Nacht aus den Waggons herausgelassen zu werden.

Der Abend dämmerte, und wir waren für eine weitere Nacht eingesperrt. Jeder hoffte, sie möge bald vorbei sein, um endlich den grauenhaften Waggon verlassen zu können. Es wurde die schlimmste Nacht, die wir bisher durchmachen mußten: Unsere Kinder erkrankten, und mit einigen der Erwachsenen gingen die Nerven durch. Besonders schlimm stand es um jene Frau, deren Mann gestorben war. Sie wollte Selbstmord begehen, um bei ihrem Mann sein zu können.

Mit bloßen Fäusten trommelte sie gegen die Wände und schrie aus Leibeskräften, daß sie hinauswolle. Andere begannen dabei ebenfalls zu weinen oder zu schreien. Jeden, der sie trösten wollte und sagte, daß bei Tageslicht wieder alles anders würde, beschimpften sie als Lügner. Mir etwa warfen sie vor, ihnen etwas zu verheimlichen, denn man hatte mich beobachtet, wie ich mit einem der Bewacher gesprochen hatte, und glaubte, ich wisse mehr, als ich sagen wolle. In dieser verzweifelten Situation suchten die Leute eben einen, den sie für ihr Übel verantwortlich machen konnten.

Als die ersten Sonnenstrahlen durch die Ritzen der Bordwand zu uns ins Innere des Waggons drangen, atmeten wir langsam auf. Die Leute hatten sich mittlerweile beruhigt, jeder wartete gespannt, was nun folgen würde. Der Zug rollte wieder an, draußen waren lautstarke Kommandos in deutscher Sprache zu hören. Der Zug war also in einen Bahnsteig eingefahren. Unser Mann am Guckloch teilte uns mit, daß er zahlreiche Lastwagen erkennen konnte. Als der Zug endlich zum Stillstand kam, stieg die Spannung an. Sigmund bemühte sich, der trauernden Witwe gut zuzureden, beim Aussteigen nicht unüberlegt zu handeln.

Stimmen näherten sich der Tür unseres Waggons, diesmal wurde aber französisch gesprochen. Die Tür wurde aufgeschoben, und ein Soldat der französischen Nationalgarde gab Anweisung, ruhig zu bleiben, bis man uns erlaubte, auszusteigen. Frauen und Kinder durften als erste die Waggons verlassen, dann erst die anderen. Wir hätten sofort auf die bereitstehenden Lastwagen zu klettern, die uns in ein Lager namens Drancy brächten. Die ersten Menschen wurden aus dem Waggon geholt, einige waren in so schlechter Verfassung, daß sie sich nicht auf den Beinen halten konnten und wie ein Brett flach auf den Boden fielen. Jeder fühlte sich ziemlich zittrig und klammerte sich an seinen Nachbarn, um nicht hinzufallen. Allein die Männer der Garde Mobile hatten nur hämisches Grinsen für uns übrig. Diese Einheit war allerorten für ihre Kaltblütigkeit und Brutalität berüchtigt. Schon vor dem Krieg hatten wir gelesen, daß sie von der französischen Regierung überall dort eingesetzt wurde, wo es Konflikte gab und man durch blinde Gewalt wieder Ruhe und Ordnung herstellen wollte.

Und jetzt waren sie unsere Bewacher. Willi sah mich an, und wir wußten beide, daß wir – besonders jetzt, da die Vichy-Regierung völlig unter deutscher Kontrolle agierte – von ihnen keine Schonung erwarten durften. Genau so geschah es dann auch. Die Gardisten setzten ihre Gewehrkolben ein, um gnadenlos auf jene hinzuprügeln, die sich nicht schnell genug bewegten. Vieles diente aber nur als Ausrede, um ihnen einen Grund zur Demonstration ihrer Macht zu liefern. Einige wurden regelrecht blutig geschlagen. In einer Reihe angestellt, warteten wir darauf, in die Lastwagen steigen zu können. Es wurden zehn junge Männer bestimmt, an sie Eimer und Lappen ausgegeben und ihnen befohlen, die Waggons zu reinigen. Vom Zug war ein entsetzlicher Gestank aufgestiegen, der die Gardisten sehr zu verwundern schien. Was hatten sie erwartet, wenn man so viele Menschen drei Tage und vier Nächte lang in stickige Waggons sperrt?

Über eine Stunde brauchten die Männer, um den gesamten Zug unter den ständigen Schlägen der Garde Mobile zu säubern. Erst nachdem sie die Arbeit getan hatten, durften wir in die Lastwagen. Auch dabei wurde jeder, der nicht schnell genug war, mit dem Gewehrkolben geschlagen.

Vom Gare de Lyon, im Zentrum von Paris, brausten die Lastwagen mit hohem Tempo quer durch die Stadt und dann auf einer Landstraße nordwärts, bis wir einen ausgedehnten Komplex erreichten, der aus drei je vierstöckigen Gebäuden bestand und von einer hohen Mauer umgeben war. Das Haupttor war von schwer bewaffneten Männern der Garde Mobile bewacht, die uns beim bloßen Anblick schon in Angst und Schrecken versetzten. Die Lastwagen fuhren auf den Kasernenhof, wo 20 SS-Männer ihr Eintreffen erwarteten.

Rasch sprangen wir von den Wagen, um weiteren Schlägen durch die Garde Mobile oder SS zu entgehen. Man ließ uns in Reihen antreten. Dann die große Überraschung: Ein Mann in Zivilkleidung, um die dreißig, sprach zu uns auf Französisch. An seinem Akzent erkannte ich, daß er ebenfalls Österreicher sein mußte. Als ich näher hinsah, erkannte ich ihn sofort – es war Otto Reich, ein gefeierter Fußballstar aus Wien! Nun gab er die Befehle. Er stellte sich als Chef der Lagerpolizei vor, einer von der SS eingesetzten jüdischen Hilfspolizei. Es erübrigt sich fast zu erwähnen, daß nun wieder die übliche Rede davon war, man würde ordentlich behandelt werden und brauche keine Angst haben, falls man alles befolgen würde. Es hieß weiters, es gebe gute Verpflegung und angenehme Unterkünfte.

Zusammen mit seinen Männern von der Lagerpolizei wolle man uns auf die Zimmer führen. Allen Befehlen müsse Folge geleistet werden. Auch die übrigen Angehörigen der Lagerpolizei trugen Zivilkleidung, hatten aber eine Armbinde, die in roten Lettern mit „Police“ beschriftet war.

Als ich zusammen mit meiner Familie in ein Zimmer kam, sprach ich mit einem dieser Lagerpolizisten, und er bestätigte mir, daß sein Chef jener Otto Reich, der bekannte Tormann der Hakoah-Mannschaft, war. Ich erfuhr, daß er nur deswegen zum Chef der Hilfspolizei ernannt worden war, weil ihn der SS-Kommandant von Drancy, ebenfalls ein Wiener, als jenen berühmten Sportler aus seiner Heimatstadt wiedererkannt hatte. Ich kannte Reich über einen Freund meiner Schwester, Dolfi Fischer, der ebenfalls in der Hakoah-Mannschaft spielte. Einige Male trafen wir so auch mit Reich zusammen. Als ich Frieda von meiner Entdeckung erzählte, stellte sich heraus, daß auch sie ihn gleich erkannt hatte. Wir beschlossen, ihn bei Gelegenheit aufzusuchen, um vielleicht von ihm zu erfahren, was mit uns geschehen würde.

Wir versuchten, uns an die neue Umgebung zu gewöhnen. Es gab Betten mit Decken, Leintücher fehlten aber. Zumindest hatten wir reichlich Platz. Duschen fanden sich in jedem der Stockwerke, aber auch hier fehlten Seife und Handtücher. Nachdem wir uns gewaschen hatten, setzte sich die Familie zusammen, um über diesen Otto Reich zu sprechen. Frieda kannte ihn am besten. Sie erinnerte sich, daß Dolfi Fischer einer seiner besten Freunde war, spielte er doch in derselben Mannschaft. Otto war wirklich sehr bekannt und spielte sogar, wie übrigens auch Dolfi, in der österreichischen Nationalmannschaft. Frieda, Willi und ich beschlossen, ihm gleich am folgenden Tag einen Besuch abzustatten. Ganz sicher waren wir allerdings nicht, ob er uns ebenfalls wiedererkennen würde, obwohl wir öfters mit ihm bei Spielen der Hakoah und dem jährlichen Faschingsball der Hakoah zusammengetroffen waren. Unsere Hoffnung war, von ihm bevorzugt behandelt zu werden, da er einigen Einfluß besaß, und – wie gesagt – Auskunft über unser weiteres Schicksal zu bekommen.

Alle Gefangenen hatten sich um sechs Uhr zum Abendessen im großen Speisesaal einzufinden. Es gab einen Teller Suppe und ein Stück Brot, für die Kinder heiße Milch und einmal täglich eine warme Mahlzeit. Diese Nachricht stimmte uns wieder froh. Zweifellos herrschte im ganzen Lager Ordnung, denn die Polizei war allgegenwärtig. Sie verhielt sich freundlich, beantwortete aber keine Fragen.

Nach dem Essen durften wir nicht sofort den Saal verlassen, sondern mußten still sitzen bleiben. Otto Reich erschien, stieg auf ein Podest und hielt eine Ansprache, erst auf deutsch, dann auf französisch, um sicherzustellen, daß alle verstehen würden. Was er sagte, klang sehr gebieterisch. Er erklärte, daß wir uns in einem Lager befänden, das von der SS kontrolliert werde. Er selbst hätte das Recht, jeden Verstoß gegen die Vorschriften zu bestrafen. Er betonte, daß ihm dazu eine Einheit von 20 Lagerpolizisten unterstellt wäre, die ständig im Lager patrouillieren und nötigenfalls unbarmherzig vorgehen würden. Wir hörten, daß wir für eine unbestimmte Zeit hier festgehalten würden und dann zum Arbeitsdienst in deutsche Lager gebracht würden. Frauen und Kinder würden da gut versorgt werden. Es gebe keinen Grund, irgend etwas befürchten zu müssen, da die Deutschen anständige Menschen seien und wir uns nur ihren Befehlen beugen müßten.

Ein SS-Mann, Alois Brunner, stieg anschließend zu Reich aufs Podium und setzte auf deutsch fort. Er bestätigte, daß wir Reichs Befehle befolgen müßten und er das volle Vertrauen der SS genieße, womit er mehr als genug erklärt hatte, woran wir waren.

Der Offizier meinte, wir würden sehen, daß das ganze Lager bis ins kleinste durchorganisiert wäre, die Verpflegung sei ausgezeichnet und für Kranke stünden zwei Ärzte in der Krankenabteilung bereit. Abschließend wünschte er uns einen angenehmen Aufenthalt und drückte Reich lange und freundschaftlich die Hand, womit er den Anwesenden zeigen wollte, daß Reich einer von ihnen sei. Dann entließ man uns in die Zimmer. Für jene, die nicht zu Bett gehen wollten, gab es im zweiten Stock einen Aufenthaltsraum, wo man Karten spielen konnte.

Wir gingen hinauf in dieses Zimmer, aber nicht um Karten zu spielen, sondern um unsere Freunde zu treffen, Erfahrungen auszutauschen und herauszufinden, was während der langen Zugsfahrt geschehen war. Ich war gespannt, was Monsieur Fass zu erzählen hatte, da ich seine Ausführungen immer als verläßlich und wichtig empfand.

Fass berichtete, daß insgesamt 16 Leute während der Fahrt gestorben waren, vorwiegend ältere Personen, und eine junge Frau mit einer Überdosis an Tabletten Selbstmord begangen hatte. Fass betonte, daß er Reich nicht traute, und ließ sich von seinem Urteil auch nicht abbringen, als wir erzählten, daß wir ihn aus Wien kannten. Er warnte mich, im Gegenteil sehr vorsichtig mit allem zu sein, was ich Reich sagte. Ich versprach, seine Warnungen zu beherzigen und sie auch an Willi und Frieda weiterzuleiten. Nach dieser langen Fahrt waren wir alle ziemlich erschöpft, doch nach dem Duschen fühlten wir uns wieder frischer und freuten uns auf die erste erholsame Nacht seit langem.

Zeitig am nächsten Morgen erwachten wir durch lautes Geschrei. Ich sprang aus dem Bett und lief zum Fenster, um zu sehen, was los war. Was ich sah, war nicht angenehm. Ein Mann war offenbar aus dem vierten Stock in die Tiefe gesprungen und lag da in einer riesigen Blutlache. Um ihn herum standen vier Männer der SS und der Lagerpolizei. Lautes Schreien und Wimmern drang aus einem Fenster im vierten Stock. Ich konnte den Mann nicht erkennen. Alles, was ich sah, war, daß er älter und ganz in Schwarz gekleidet war. Ich dachte sofort an Herrn Wolf, einen ultraorthodoxen, frommen Juden mit weißem Bart und Backenlocken, den ich noch aus Saint Martin kannte. Er und seine Frau waren ebenfalls mit uns hierher gekommen. Ich war sicher, daß er es war.

Willi bestätigte meine Befürchtung – auch dieser Mann war also ein Opfer der Nazis geworden. Ich wollte unbedingt erfahren, wie es dazu gekommen war, da ich Wolf als tapferen Mann kannte, der immer zuversichtlich daran glaubte, daß wir Hitlers Terrorregime mit heiler Haut überleben würden. Um also herauszufinden, was sich tatsächlich abgespielt hatte, liefen wir gleich in sein Zimmer. Da saß Frau Wolf, umgeben von anderen Zimmergenossen, und weinte bitterlich.

Zwei SS-Männer standen bei einem Tisch, überall am Boden lag abgeschnittenes Haar verstreut. Die SS-Männer verließen rasch das Zimmer. Was war geschehen? Wir erfuhren, daß die SS eine Zimmerkontrolle durchgeführt hatte, wobei ihnen Herr Wolf, der langes Haar und Schläfenlocken trug, offenbar besonders aufgefallen war. Wolf war ein besonders orthodoxer Jude, seine Schläfenlocken waren deutlich länger als die anderer frommer Juden. Als die SS-Männer Wolf bemerkt hatten, setzten sie ihn auf einen Stuhl mitten im Raum und begannen, sein Haar, den Bart und die Locken abzuschneiden. Wolf schrie und weinte, alles nützte nichts.

Wolf jammerte, er wolle lieber sterben, als Bart und Schläfenlocken zu verlieren. Er wehrte sich nach Kräften gegen die beiden Männer, konnte sich schließlich doch losreißen und sprang aus dem geöffneten Fenster in die Tiefe. Seine entsetzte Frau wollte es ihm gleichtun, wurde aber von Zimmergenossen daran gehindert. Sie schrie die beiden Männer an und nannte sie Mörder. Diese grinsten bloß und warnten die anderen im Zimmer befindlichen Leute, daß jeder, der sich ihren Befehlen widersetzte, ebenfalls mühelos auf die gleiche Weise zu Tode kommen könne.

Alle waren vor Schreck wie gelähmt und brachten kein Wort heraus. Der Tag verlief sehr traurig. Einige der Religiösen versammelten sich und baten um Erlaubnis, Herrn Wolfs Leichnam auf dem nahegelegenen Friedhof begraben zu dürfen. Ihre Bitte wurde abgelehnt. Daraufhin entschlossen wir uns, mit Otto Reich Kontakt aufzunehmen.

Gleich am nächsten Morgen begaben wir uns zu seinem Büro, wo wir den anwesenden Hilfspolizisten baten, Reich sprechen zu dürfen. Der Mann fragte, wer wir seien und worum es gehe. Wir erklärten, Otto privat von der Wiener Hakoah zu kennen. Der Mann lachte und erzählte, daß auch er aus Wien stamme und Otto von früher kenne. Wer kannte Otto nicht? Als prominenter Fußballer war sein Name jedem in der Stadt ein Begriff. Er verschwand in Reichs Zimmer, während wir draußen warteten.

Dummerweise kam gerade da ein SS-Mann vorbei, der uns sofort fragte, was wir hier verloren hätten. Wir wußten nicht, ob es klug sei, ihm zu sagen, daß wir wegen einer privaten Angelegenheit hier seien, doch da kam auch schon wieder der Hilfspolizist aus Reichs Zimmer zurück und klärte die Situation. Den SS-Mann schien seine Begründung zu befriedigen, und wir wurden zu Reich vorgelassen.

Otto Reich konnte sich natürlich nicht an uns erinnern, nicht einmal, als wir unsere Namen nannten. Frieda versuchte, mehrere Anlässe aufzuzählen, bei denen sie mit Reich zusammengetroffen war, und erwähnte den gemeinsamen Freund Dolfi Fischer. Reich kannte Fischer sehr gut. Er erkundigte sich, ob wir wüßten, was aus ihm geworden war. Wir verneinten. Ich sprach ihn auf Wienerisch an, erzählte von vielen Ereignissen, die ihm sicher noch in bester Erinnerung gewesen sein mußten, und davon, daß auch ich in einem Sportverein aktiv gewesen war. Reich schien zu bemerken, daß wir uns tatsächlich kennen mußten, weil wir viele gemeinsame Freunde hatten und uns in der gleichen Weise an bestimmte Ereignisse erinnern konnten. Sein Ton wurde familiärer, und er bat uns, Platz zu nehmen. Dann erzählte er von seiner Zeit bei der Wiener Hakoah und meinte zum Schluß, wir müßten hier im Lager keine Angst haben, weil alles doch nur halb so schlimm wäre. Er selbst hätte im Lager weitreichende Befugnisse, so daß er für uns bestimmt etwas tun könnte. Drancy sei allerdings nur ein Durchgangslager.

Jeder hier würde letztlich in einem Arbeitslager auf deutschem Territorium landen. In diesen Lagern gebe es allerdings recht gute Verpflegung und man werde auch gut behandelt, da die deutsche Kriegsindustrie einen immensen Bedarf an Arbeitskräften hätte.

Er erzählte von seiner Verhaftung in Paris, wie er ins Lager gekommen sei und man ihn zum Chef der Hilfspolizei ernannt hätte, nur weil er von einem hohen SS-Offizier als jener bekannte Fußballer wiedererkannt worden war. Er versuche hier im Lager ja bloß, für Ruhe und Ordnung zu sorgen, schien sich Reich zu rechtfertigen, damit die SS keinen Vorwand hätte, hart durchzugreifen und die Internierten zu quälen.

Wir sprachen Reich auf den Vorfall mit Herrn Wolf an. Dazu bemerkte Reich aber lediglich trocken, daß dem Mann gar nichts passiert wäre, hätte er sich nicht zur Wehr gesetzt.

Reich fragte uns daraufhin, ob wir uns vorstellen könnten, selbst hier in Drancy Hilfspolizisten zu werden. Er könne das arrangieren, wenn wir nur wollten. Auf diese Weise könnten wir so lange hierbleiben, bis das Lager schließlich aufgelöst werde, was bestimmt noch viele Monate dauern würde, weil noch lange nicht alle Juden im Land verhaftet worden wären. Wir machten Reich darauf aufmerksam, daß beide von uns Familie hätten. Es sei völlig ausgeschlossen, so Reich weiter, die Familien hier zu behalten. Diese müßten, wie die übrigen auch, einen der Transporte nach Deutschland nehmen. Davon waren Willi und ich natürlich überhaupt nicht begeistert. Wir fragten Otto, was eine alleinstehende Mutter mit Kind in einem deutschen Lager anfangen sollte. Reich konnte uns keine Antwort geben, so daß wir seinen Vorschlag gar nicht erst in Erwägung zogen. Wir wollten auf jeden Fall bei unseren Familien bleiben. Was auch immer auf uns zukommen sollte, wir wollten unser Schicksal gemeinsam bewältigen.

Ich hatte für Reichs Sicht der Dinge nichts übrig, obwohl ich ihn natürlich der SS vorzog. Otto versprach, uns mit Sonderrationen an Lebensmitteln auszuhelfen, die er uns aufs Zimmer bringen lassen wollte. Doch er konnte nicht begreifen, wie wir seinen Vorschlag hatten ablehnen können, der unsere Deportation hinausgezögert hätte. Wußte er vielleicht noch etwas, das er uns verschwiegen hatte?

Jeden Tag trafen Neuzugänge im Lager ein, in erster Linie aus Frankreich, Belgien, Luxemburg, aber auch aus Griechenland. Binnen einer Woche war der Komplex heillos überfüllt. Während ich einmal mit einem der Neuen, einem Franzosen, über die jüdische Lagerpolizei sprach und den Namen Reich dabei erwähnte, fragte er mich sofort, ob ich den Mann etwa näher kenne. „Nur flüchtig", sagte ich, „aus Wien, wo er ein sehr bekannter Fußballer war." Der Franzose behauptete, Reich sei ein guter Freund der Deutschen, speziell von SS und Gestapo, denen er beim Verhaften von Juden behilflich war, weil er sie besser aufspüren konnte als die Deutschen selbst.

Ich fragte, ob es Beweise für diese Behauptung gebe oder sie nur auf Gerüchten beruhe. Der Mann schwor mir, mit eigenen

Augen gesehen zu haben, wie Reich in Gesellschaft von Gestapoleuten in den Straßen von Paris Juden verhaftet hatte. Einige dieser Leute hätten sich geschworen, falls sie das Kriegsende erleben würden, Reich als ersten auf einem Baum mitten auf der Champs-Élysées aufzuhängen. Mein Gefühl, was Reich betraf, hatte mich also nicht getäuscht.

Ich erzählte meiner Familie, was ich erfahren hatte. Keiner konnte fassen, daß Otto Reich, selbst Jude, mit unseren größten Feinden freiwillig zusammenarbeiten konnte. Otto hielt jedenfalls seine Versprechungen. Einer seiner Polizisten brachte tatsächlich eine Schachtel voll mit Lebensmitteln vorbei. Ich wollte dieses Geschenk eigentlich nicht annehmen, doch meine Schwester redete mir meinen Entschluß wieder aus, weil sie Angst hatte, den allmächtigen Reich damit zu brüskieren. Entgegen meiner Überzeugung nahmen wir das Paket also entgegen und ließen uns freundlichst bedanken. Ab nun mieden wir Reich aber. Ich wußte nicht, ob ich mich bei einer weiteren Begegnung mit ihm nicht hätte dazu hinreißen lassen, ihn wegen seiner Kooperation mit den Deutschen zur Rede zu stellen und ihn zu fragen, ob er seine Handlungen mit dem Gewissen vereinbaren kann und sich nicht als Verräter fühle. Jedenfalls hatten wir nun den wahren Hintergrund seiner Ernennung zum Chef der Hilfspolizei herausgefunden. Wir haben zwar selbst niemals beobachtet, daß er jemanden geschlagen hat, doch erzählte man, er hätte sehr wohl schon Leute mißhandelt, die sich ihm widersetzt hatten. Eine Woche später ging der erste Transport ab. Am Tag davor hatte man allen, die auf der Liste standen, gesagt, sie hätten ihre Sachen zusammenzupacken. Zeitig in der Früh fuhren Lastwagen vor, die die tausend Personen, die jeder Transport umfaßte, wegbrachten. Beim Zusammentreiben und Einladen der Menschen in die Fahrzeuge half die Lagerpolizei. Die Fahrer gehörten jener Garde Mobile an, deren Brutalität allgemein bekannt war. Diese Leute hatten einen speziellen Drill hinter sich und stammten großteils aus dem gleichen Milieu, waren ehemalige Waisenkinder, gescheiterte Existenzen oder waren ohne jede Zuwendung aufgewachsen. Es fehlte ihnen jegliches Gefühl für Gewissen oder Reue. Vor der Garde Mobile fürchteten sich alle. Als wir sahen, daß man genau diese Truppe für die Abwicklung der Deportationen eingesetzt hatte, wußten wir, daß brutale

Schläge unvermeidlich sein würden. Leider behielten wir damit recht.

In der Zeit, die wir in Drancy verbrachten, sprangen sechs Leute aus dem Fenster in den Tod, viele andere, hauptsächlich ältere Menschen, drehten völlig durch. Man brachte sie fort, und niemand hat sie jemals wieder gesehen.

Jenen bereits erwähnten Aufenthaltsraum suchten wir öfter auf, um mit den anderen zusammenzukommen oder unsere Erfahrungen auszutauschen. Die Geschichten rund um Reich wurden von vielen bestätigt, besonders von denen, die auf sein Betreiben hin verhaftet worden waren. Wir erfuhren in den vielen Gesprächen auch, wohin die Garde Mobile diejenigen gebracht hatte, von denen keiner mehr etwas hörte. Sie wurden in Irrenanstalten eingeliefert, wo sie innerhalb kürzester Zeit zu Tode kamen.

Dahinter steckte natürlich Methode: Frankreich litt selbst unter Nahrungsmittelknappheit, und so wollte man jene, die nicht selbst für ihren Lebensunterhalt aufkommen konnten, auf die eine oder andere Art loswerden. Das hatten die Franzosen offenbar von den Deutschen gelernt und waren eben dabei, es sehr wirkungsvoll umzusetzen. Da gab es auch Schilderungen über Deportationen in Viehwaggons, in die man je 50 Personen zwängte, immer unter den Schlägen durch die Garde Mobile und dem wachsamen Auge der SS. Szenen von unbeschreiblichem Leid spielten sich angeblich auf diesen Bahnstationen ab. Es hieß, daß die Garde Mobile manchmal weniger brutal umginge, wenn Kinder dabei wären. Also wiesen wir die Frauen an, ihre Kinder möglichst im Arm zu tragen, wenn unsere Zeit gekommen war.

Die Stunden, die wir in diesem Gemeinschaftsraum zubrachten, waren fürchterlich deprimierend. Manche glaubten, die ohnehin schlimmen Schilderungen noch mit Übertreibungen schmücken zu müssen, von denen man meist nur die Hälfte glauben durfte.

Es war bei einer dieser Gelegenheiten, als ich Stella wieder traf. Sie war dabei, als Herr Wolf in die Tiefe sprang, und war tief betroffen, denn die Wolfs stammten aus dem gleichen Ort wie sie. Ich versuchte, ihr wieder Zuversicht zu vermitteln, indem ich davon erzählte, daß die deutschen Arbeitslager angeblich nicht so schlimm sein würden, weil man dort ja dringend Arbeitskräfte brauchte.

Sie hoffte, wir könnten wenigstens in den gleichen Transport kommen wie sie, um zusammenzubleiben. Bevor wir uns dann wieder aus den Augen verloren, küßten wir uns noch einmal freundschaftlich.

Nun hieß es nur mehr, auf den Tag unserer Deportation zu warten. Die Angst vor der völlig ungewissen Zukunft war unerträglich und wurde durch den Umstand, daß man der SS nichts, aber auch gar nichts glauben durfte, noch zusätzlich verschlimmert. Willi und ich hatten unsere eigenen Ansichten, was die Zukunft betraf. Diese behielten wir freilich für uns und erzählten sie keiner Seele. Wir glaubten nicht daran, daß es gemeinsame Arbeitslager für Männer, Frauen und Kinder geben könne, weil wir uns nicht vorstellen konnten, daß ausgerechnet die Deutschen Menschen durchfüttern würden, die für sie keinen Nutzen brachten, wie etwa Frauen mit Kleinkindern, Kranke oder Alte. Der Umstand, daß schon die Garde Mobile beim Abtransport die Leute so brutal behandelte, stimmte uns ebenfalls nachdenklich. Der Zweck einer solchen Mißhandlung wehrloser Leute konnte ja nur der Beginn eines nachhaltigen Einschüchterungsprozesses sein.

Jeden Abend wurde eine lange Liste mit den Namen derer ausgehängt, die mit dem Transport am Folgetag abgingen. Schließlich standen auch unsere Namen auf der Liste. Stella war ebenfalls darunter. Eigentlich befanden sich die Namen aller, die mit uns von Saint Martin nach Borgo San Dalmazzo gegangen waren, darauf. Nur wenige Namen sagten mir gar nichts. Ich traf zufällig Stella und riet ihr, sich in der Reihe gleich hinter uns anzustellen, weil sie dann vielleicht mit uns zusammen in den gleichen Waggon käme. Wieder einmal war es Zeit, Abschied zu nehmen.

Otto Reich hatte uns versprochen, am Tag unserer Deportation noch einmal ein Paket mit Proviant vorbeibringen zu lassen. Willi und ich überlegten, ob wir ihn nochmals darauf ansprechen sollten, weil er vielleicht keine Ahnung haben könnte, daß wir bereits am nächsten Morgen fort mußten. Obwohl wir die Lebensmittel für die Kinder dringend brauchten, entschloß ich mich dazu, es nicht zu tun, weil ich niemals wieder in Gesellschaft eines so verachtungswürdigen Mannes gesehen werden wollte. Doch Reich hielt sein Versprechen und ließ tatsächlich ein Paket mit einer großzügigen Menge hochwertiger Lebensmittel vorbeibringen. Ich fragte mich, wie er wohl an all diese Dinge herangekommen war, wo doch alles streng rationiert war, und mutmaßte, daß er es von den Lieferungen einer karitativen Organisation, die die Kinder im Lager unterstützte, abgezweigt haben könnte. Wahrscheinlich bedienten er und seine Kumpane sich daran regelmäßig und verkauften die Waren gewinnbringend auf dem Schwarzmarkt.

In dieser Nacht schliefen wir kaum, die meisten kamen einfach nicht zur Ruhe, weil ihnen der Gedanke an das, was uns allen bevorstand, Angst einjagte. Schon zeitig mußten wir wieder aus den Betten, hinunter in den Speisesaal, dort hastig das Frühstück einnehmen und anschließend im Zimmer auf unseren Abtransport warten. Die ersten, die in der Kaserne eintrafen, waren Angehörige der Garde Mobile, die man sofort an ihren schwarzen Uniformen und den Reithosen erkannte. Sie waren mit Gewehren bewaffnet. Dann fuhr ein Lastwagen vor, von dem eine Gruppe SS-Männer sprang, die sofort in der Platzmitte in Stellung ging. Zuletzt traf der Lastwagenkonvoi ein, der uns abtransportieren sollte. Die Szene erinnerte mich frappant an das Verladen von Vieh, das für den Schlachthof bestimmt ist. Es war entwürdigend, das mitansehen zu müssen, und ein Gefühl unendlicher Hoffnungslosigkeit überkam uns.

Nun waren also auch wir an der Reihe und sollten in einen der Lastwagen klettern. Die Männer der Garde Mobile halfen den Frauen, auf die Wagen zu steigen. Als ich versuchte, Gisella, die unser Kind im Arm trug, behilflich zu sein, traf mich ein harter Schlag mit dem Gewehrkolben am Rücken und ein Gardist schrie mich an, ich solle zusehen, in den Wagen zu kommen und mich sonst um nichts kümmern. Ich sah ihn verzweifelt an, worauf er nochmals drohend den Gewehrkolben gegen mich erhob, nur um mir zu zeigen, daß ihn meine Meinung nicht interessierte.

Nachdem alle im Wagen waren, setzten sich zwei Männer der Garde Mobile zur Bewachung neben uns auf die Pritschen, ihr Gewehr zur Abschreckung griffbereit zwischen die Beine gestellt. Dann wurde die Bordwand geschlossen. Ich sah, daß Stella bei uns im Wagen saß, und war darüber sehr froh, denn außer uns hatte sie niemanden, dem sie sich anvertrauen konnte.

Am Gare de Lyon war die Fahrt vorerst zu Ende. Die Lastautos hielten außerhalb des Bahnhofes etwas neben den Gleisen.

Wir erkannten einen langen Zug aus zahlreichen Viehwaggons, der da auf uns wartete. Die Bordwand wurde geöffnet, die Gardisten sprangen heraus, postierten sich neben dem Auto und trieben uns unter Androhung von Schlägen rasch aus dem Wagen. Alle liefen, so schnell sie konnten, Richtung Zug, wie uns befohlen wurde. Während Gisella sich beeilte, vom Wagen zu springen, nahm ich ihr das Baby ab. Fünfzig Menschen mußten in einen solchen Waggon hinein. Dabei wurden einige Familien getrennt. Wo es die geringsten Klagen dagegen gab, brach man jeglichen Widerstand unter Einsatz der Gewehrkolben.

Sobald einer der Waggons voll war, schob man die Tür sofort zu und verriegelte sie. Wieder waren wir in der Dunkelheit und beklemmenden Enge eines solchen Viehwaggons gefangen.

Unsere Familie hatte einen Platz in einer der Ecken bekommen, wo wir nun standen und Mühe hatten, uns auf den Boden zu kauern. Es gelang uns, eine Decke aufzubreiten, auf die wir den mitgebrachten Proviant legten und den Kindern wieder ein Schlaflager herrichten wollten. Alle suchten nach Ritzen, durch die man nach draußen schauen konnte. Deutlich war der laute und zackige Kommandoton der SS zu vernehmen. Es war fürchterlich, die Szenen, die sich an der Laderampe abspielten, mitanhören zu müssen. Ältere Menschen, die Schwierigkeiten hatten, in die Waggons zu klettern, wurden regelrecht hineingeprügelt. In unserem Waggon machte sich Panik breit, einige drehten durch und trommelten wie wild an die Bordwand. Dabei schrien sie immer wieder, man solle sie lieber auf der Stelle töten, als sie noch einmal den Alptraum einer Fahrt in diesem stickigen und stinkenden Gefängnis durchmachen zu lassen. All ihr Flehen war umsonst.

Ich machte einen Versuch, dieses Klagen und Jammern zu beenden, indem ich die Leute anschrie, sich zusammenzunehmen, da ihr Handeln niemandem von uns nützte. Ich beschwor die anderen, ebenfalls ruhig zu bleiben und sich hinzusetzen. Einige begannen wild um den besten Platz zu streiten, so, als ob es in unserer Situation genau darauf angekommen wäre. Aus einer Ecke des Waggons drangen Lichtstrahlen zu uns herein. Ich erkannte, daß es dort ein vergittertes Fenster gab, das zwar mit einer eisernen Klappe verschlossen war, aber kleine Luftlöcher aufwies und eben auch Licht durchließ. Mehr als eine Stunde lang schob man den Zug hin und her. Jeder war mittlerweile wieder etwas zur Ruhe gekommen und schien gefaßter. Stella kauerte gleich neben uns. Schweigend sah sie mich die ganze Zeit über an. Ich bewunderte an ihr, daß sie so ruhig und tapfer sein konnte. Sie war eine bemerkenswerte Frau, intelligent und in der Lage, mit nahezu jeder Situation fertigzuwerden. Schon beim Tod ihres Mannes hatte sie das unter Beweis gestellt.

Spät am Nachmittag verlangsamte sich das Tempo unseres Zuges wieder. Die Leute zerbrachen sich über vieles den Kopf. Die meisten waren fassungslos, daß die französische Garde Mobile bereit war, die Drecksarbeit für die Deutschen zu übernehmen. Einige in unserem Waggon waren erbarmungslos geschlagen worden, hauptsächlich auf Kopf und Rücken. Es machte mir Sorge, daß wir nur zu essen, dafür aber nichts zu trinken hatten. Um zu verhindern, von großem Durst geplagt zu werden, durften wir daher nur wenig essen. Von Otto Reich hatten wir unter anderem drei Flaschen Milch für die Kinder bekommen, die wir allerdings schnell aufbrauchen mußten.

Nach vierstündiger Fahrt blieb der Zug bei einer Eisenbahnstation stehen. Wir fragten uns, was das zu bedeuten hatte. Die Waggontür wurde aufgeschoben, und französische Soldaten, die von Waggon zu Waggon gingen, teilten jedem einen Pappbecher voll Wasser aus. Anschließend wurde an jeden eine Scheibe Brot ausgegeben. Wir versuchten den Soldaten klarzumachen, daß sich auch mehrere Kleinkinder im Waggon befanden, worauf man uns ein Paket Zwieback und eine Schachtel Kekse zuschob. Wasser und Brot schienen den Lebensmut unserer Leute wiederaufflammen zu lassen. Es ist schon erstaunlich, was das Fehlen so banaler Dinge bei Menschen in kurzer Zeit anrichten kann! Dann gingen die Türen wieder zu. Es dauerte aber noch zwei weitere Stunden, bis der Zug die Fahrt fortsetzte. Da man uns gesagt hatte, erst in Belgien wieder Wasser und Nahrung zu erhalten, bemühten wir uns, die spärliche Verpflegung gut einzuteilen. Den Hunger und vor allem den quälenden Durst, den wir während der Fahrt von Borgo San Dalmazzo nach Drancy litten, hatten wir noch in allzu frischer Erinnerung.

Die Beengtheit im Waggon machte allen schwer zu schaffen. Einige kümmerten sich gar nicht, wie es dem Nachbarn ging, sondern waren allein auf sich selbst bedacht. Andere waren hilfsbereiter, doch ganz ohne Stoßen und Streiten ging es nie. Immer wieder mußten Willi und ich bei solchen Auseinandersetzungen eingreifen, um wieder Frieden einkehren zu lassen, wobei man natürlich genau achten mußte, niemanden ungerecht zu behandeln. Dabei waren wir alle gemeinsam in der gleichen mißlichen Lage.

Das, was uns aber am meisten quälte, war die Frage nach dem Ziel unserer Fahrt. Die Vorstellungen darüber waren geteilt. Die einen erwarteten ordentliche und saubere Lager, weil sie die Deutschen als ordentlich und gut organisiert kannten, und meinten, daß auch ihre Lager diese Lebensweise widerspiegeln müßten. Man glaubte sogar, daß man für die Arbeit bezahlt bekäme und alles dort gut verlaufen würde, solange man sich an die Vorschriften hielt. Freilich gab es auch solche, die realistischer dachten und der Überzeugung waren, man würde die arbeitsfähigen Männer von den Frauen, die man nicht für schwere manuelle Tätigkeiten gebrauchen könnte, trennen und würde überhaupt entsetzliche Arbeitsbedingungen vorfinden. Die meisten Sorgen um ihre Existenz machten sich die Alten, die sich fragten, was die Deutschen mit nicht arbeitsfähigen Menschen in einem Arbeitslager anfangen wollten. Würde man jemanden, der nicht in der Lage ist, eine Arbeitsleistung zu erbringen, einfach so durchfüttern? Ich konnte ihre Ängste nur zu gut verstehen.

Die Gespräche um dieses Thema schienen kein Ende zu nehmen, obwohl ich immer wieder vorschlug, das ständige Herumrätseln doch sein zu lassen. Es machte zwar wirklich keinen Sinn, über alles die wildesten Spekulationen anzustellen, doch allein das Sprechen schien für die Menschen eine Erleichterung darzustellen. Als größtes Problem schien mir im Moment die lange Fahrt, die uns noch bevorstand. Wie würden das die alten Menschen wohl verkraften, mit wenig oder gar keiner Nahrung und gänzlich fehlenden sanitären Einrichtungen? Ein Kübel diente – wie schon während der letzten Fahrt – als Klosett, und es stank schon jetzt fürchterlich. Doch sollte diese Zugsfahrt noch lange so weitergehen, ohne daß wir wenigstens an den Bahnstationen die Waschräume benützen dürften, dann würde unsere Situation bald kaum noch auszuhalten sein.

Eine weitere Nacht war angebrochen, jeder versuchte, ein wenig zu schlafen. Mit der Zeit verschlechterte sich der Zustand der meisten alten Leute besorgniserregend, doch es gab nichts, womit wir ihnen helfen konnten. Dazu kam der immer penetranter werdende Gestank, so daß die Alten bitterlich zu weinen begannen und um ihre Erlösung flehten. Willi und ich, ja sogar Sigmund und Robert taten, was wir konnten, doch niemand war in der Lage, sie zu trösten. Wir waren erleichtert, als diese Nacht, die uns wie eine Ewigkeit vorgekommen war, ein Ende nahm und der Morgen graute. Wir hofften fest, die Waggontür möge wieder geöffnet werden.

Es hieß aber noch einmal zwei Stunden zu warten, bis es soweit war. Wir befanden uns irgendwo vor Brüssel, als die zwei Wachen wieder die Tür öffneten und angewidert vor dem entsetzlichen Gestank zurückprallten. Von uns waren erneut vier Menschen gestorben. Ich stand direkt an der Tür, weil ich unsere Wächter darum bitten wollte, unbedingt die vier Leichen wegzuschaffen. Einer von ihnen muß aber gedacht haben, ich wollte fliehen, denn er versetzte mir mit dem Gewehrkolben einen Stoß in den Bauch, so daß ich verkehrt ins Innere des Waggons zurückfiel. Ich rang nach Luft und konnte minutenlang kaum atmen. Willi ergriff das Wort und erklärte den Soldaten, ich hätte nur melden wollen, daß man die Toten aus dem Waggon wegbringen müsse. Der Soldat gab ihm keine Antwort. Nach einer Weile erschien ein Unteroffizier mit zwei Soldaten und fragte, ob jemand Deutsch verstehe. Willi trat vor. Der Offizier erklärte ihm, daß man als erstes die Toten wegschaffen würde und man uns dann erlaube, jeweils zu zweit und unter Bewachung den Waschraum aufzusuchen. Dann gebe es auch Wasser und Verpflegung. Alles müsse aber in größter Eile ablaufen.

Man befahl, alle Leichen einfach aus den Waggons und neben die Schienen zu werfen. Vier Männer aus unserem Waggon mußten sie anschließend aufsammeln und auf einen Handkarren laden. Als sie mit dem Karren bei uns vorbeifuhren, lagen schon etwa zehn Leichen darauf. Ich erinnere mich noch genau an diesen schrecklichen Anblick. Man hatte sie nicht einmal zugedeckt. Wahrscheinlich hielt der Zug deswegen außerhalb der Stadt, weil man für die Szenen, die sich hier abspielten, keine Augenzeugen haben wollte.

Einige Leute waren schon apathisch und hatten mit dem Leben abgeschlossen. Andere kamen nicht mehr von selbst auf die Beine und mußten von anderen zum Waschraum getragen werden. Weil das länger dauerte als erlaubt, gab es wieder Schläge von den Wachen. Zwei ältere Menschen, die man aus diesem Grund brutal geschlagen hatte, fielen zu Boden. Man brachte sie auf Bahren fort. Niemand hat je wieder von ihnen gehört.

Alle unsere Kinder erkrankten an Durchfall. Den neun Monate alten Roland schien es am schlimmsten erwischt zu haben, er konnte ja noch nicht einmal sagen, wo es ihm wehtat. Und weil er auch noch nicht den Topf benutzen konnte, war es für uns jetzt doppelt schwer. Ich machte mir solche Sorgen um den kleinen Buben, dessen Leben durch den Mangel an geeigneter Nahrung – es gab immer nur Wasser anstatt Milch – und die lange Fahrt nun in ernsthafter Gefahr war. Wir hofften, daß wir wenigstens diesmal etwas für den Kleinen bekämen, doch wir wurden bitter enttäuscht. Es gab nur Wasser und Zwieback. Beim Gedanken daran, daß sich Roland in diesem Augenblick gut versorgt in der Obhut der Nonnen befinden hätte können, wäre seine Mutter nicht so störrisch gewesen, mußte ich Gisellas Entschluß zutiefst bedauern. Ich möchte auch nicht verschweigen, daß ich Gisella immer noch sehr böse deswegen war.

Ich sagte Gisella, sie möge doch fragen, ob sie für ihren Sohn nicht etwas Milch bekommen könnte. Unser Wächter antwortete aber ziemlich gleichgültig, daß keine da sei, es aber beim nächsten Aufenthalt gewiß Milch geben würde. Es war klar, daß das nur leere Versprechungen waren, um sich nicht um uns kümmern zu müssen.

Weitere zwei Stunden später war unser Zug der Todgeweihten wieder unterwegs. Da die Leichen nicht mehr im Waggon lagen, hatten wir wenigstens etwas mehr Platz. Die Leute waren aber moralisch völlig am Boden. Jeder hatte gehofft, daß die Fahrt von Brüssel nach Deutschland nicht mehr lange dauern könnte. Aber was, wenn es weiter in die deutschen Ostgebiete ginge?

Fünf Tage waren nun schon vergangen. Den Männern waren Bärte gewachsen, und schon lange hatte sich keiner mehr gewaschen. Alle Kinder waren krank. Roland nahm gar keine Nahrung mehr zu sich, und Gisella versuchte verzweifelt, ihm Zuckerwasser einzuflößen. Langsam begannen wir daran zu zweifeln, ob diese Fahrt überhaupt jemand von uns überleben würde. Unsere Kräfte hatten nachgelassen, keiner konnte mehr richtig stehen. Um Energie zu sparen, schliefen wir die meiste Zeit über. Willi und Sigmund ging es noch verhältnismäßig gut. Die beiden halfen, wo sie nur konnten. Gisella hingegen war in sehr schlechter Verfassung. Sie konnte sich kaum noch auf den Beinen halten, und es sah bisweilen so aus, als würde auch sie sterben. Sie machte sich um Roland die größten Sorgen, und es war ihr anzusehen, daß sie mit dem Schlimmsten rechnete. Bestimmt machte auch sie sich nun die schwersten Vorwürfe, weil sie nicht auf mich gehört hatte.

Als der Zug das nächste Mal anhielt, waren wir bereits in Deutschland. Auch unsere Wachen waren nun Deutsche, etwas ältere Männer. Unsere Hoffnung auf bessere Behandlung wurde teilweise erfüllt. Zwei weitere Menschen, die sich in kritischem Zustand befanden, wurden auf Bahren weggebracht. Jetzt erhielten wir auch für die Kinder Milch und weiters Kekse, Brot und winzige Portionen Margarine. Wir wurden nicht mehr geschlagen, und unsere Bewacher schienen etwas gesprächiger zu sein. Von ihnen erfuhren wir, daß uns noch zwei weitere Tage Bahnfahrt bevorstanden und unser Ziel ein Lager im Osten sei.

Von da an fuhr unser Zug nur noch nachts. Tagsüber blieb er mitten auf freier Strecke stehen. Bald kamen wir dahinter, welchen Zweck das hatte: Da die alliierten Luftstreitkräfte Deutschland bereits bombardierten und fahrende Züge ein bevorzugtes Angriffsziel darstellten – man vermutete Truppentransporte –, war man nur noch im Schutz der Dunkelheit sicher. In der folgenden Nacht ging es nur sehr langsam weiter. Nach den unvorstellbaren Qualen des Eingesperrtseins auf engstem Raum – nun schon seit sechs Tagen und sieben Nächten – konnte man alles fast nur mehr ertragen, indem man schlief. Auch ich versank in tiefen Schlaf. Irgendwann spürte ich eine Hand, die mich berührte, und hörte dann Stellas Stimme, die mir zuflüsterte, sie müsse mit jemandem sprechen. Ihre Stimme war jedoch so tränenerstickt, daß ich gar nichts richtig verstehen konnte. Ich entnahm, daß sie ihren Mann vermißte und den Vorfall, der zu seinem Tod führte, zutiefst bedauerte. Ich versuchte ihr, gut zuzureden und sie davon zu überzeugen, sich nicht schuldig fühlen zu müssen, doch ich sah, daß sie sich am Rand eines Nervenzusammenbruches befand. Stella tat mir leid, doch war sie nicht die einzige, die sich in mißlicher Lage befand.

Ich beschwor sie, sich zusammenzunehmen und ihre Kräfte zu schonen. Stella wollte wissen, was genau mir der deutsche

Soldat gesagt hatte und wie lange die Fahrt denn noch dauern würde. Ich wiederholte seine Worte und fügte hinzu, daß es vielleicht noch länger dauern könne, weil der Zug ja nur nachts fahren könne. Weiß Gott, wie Menschen unter so schlimmen Bedingungen so lange durchhalten können!

Eines sah ich jetzt aber ganz deutlich: Kaum eines der Kinder würde bei so wenig Nahrung und unter den hier herrschenden Zuständen lebend unser Ziel erreichen.

Stella war durch nichts zu trösten. Sie wandte sich von mir ab und klagte, sie wolle sich am liebsten das Leben nehmen. Weil ich so eine Einstellung aber ablehnte, herrschte ich sie an, sie möge doch den Mund halten, weil jeder von uns es hier schwer genug habe.

Am nächsten Morgen hielt der Zug wieder an. Unsere Leute waren in katastrophaler Verfassung. Nur wenige hatten noch die Kraft, sich zum Kübel schleppen zu können, wenn sie ihre Bedürfnisse verrichten mußten. Die Mehrzahl blieb einfach liegen und ließ den Bedürfnissen freien Lauf. Der Gestank war unbeschreiblich. Als die Waggontür wieder aufgeschoben wurde, warf man vier weitere Leichen ins Freie. Wir standen knapp außerhalb einer kleinen Bahnstation irgendwo in Deutschland. Unsere deutschen Bewacher sahen genau, wie es um uns bestellt war, doch sie rührten keinen Finger.

Es wurde frisches Wasser ausgeschenkt, dazu erhielten wir eine kleine Armeeration trockenes Brot, Zucker, Trockenmilch und ein Stückchen Hartwurst – alles inmitten dieser dreckigen Umgebung. Für die Kinder gab es überhaupt nichts. Wahrscheinlich hatte man ihnen ohnehin keine Überlebenschancen gegeben. Unsere Lage war völlig hoffnungslos. Das Weinen der Frauen, die den Zustand ihrer Kinder nicht verkraften konnten, nahm kein Ende. Wir Männer gaben unser Letztes, einschließlich unserer eigenen Rationen, um Frauen und Kinder am Leben zu erhalten.

Die Waggons wurden gereinigt, so gut die wenigen von uns dazu noch körperlich in der Lage waren. Dann gingen die Türen wieder zu, und es hieß warten, bis nachts diese elende Reise weitergehen konnte. Wie es aussah, würde nur die Hälfte oder noch weniger lebend am Ziel ankommen. Immer mehr der Leute lagen da, ohne sich zu rühren, nahmen weder Wasser noch Nahrung zu sich und schienen mit ihrem Leben schon abgeschlossen zu haben. Besonders bei den Älteren halfen unsere Ermutigungen nichts mehr. In dieser Weise transportierte man uns noch weitere drei Nächte lang durch Deutschland. In der letzten dieser Nächte blieb dann der Zug völlig unerwartet bis zum Tagesanbruch stehen. Als es hell wurde, konnte man draußen Kommandorufe hören. Schließlich öffneten SS-Männer die Türen der Waggons. Sieben weitere Menschen waren in der Nacht verstorben. Unter Stößen mit ihren Gewehrkolben befahl man uns, sie ins Freie zu werfen. Die Wachen bemühten sich, uns möglichst fern zu bleiben, weil sie den ekelhaften Gestank, der aus den Waggons entwich, nicht aushalten konnten. Ein SS-Angehöriger, offenbar der Kommandant, befahl allen, die Waggons zu verlassen und draußen in einer Reihe Aufstellung zu nehmen.

Während wir versuchten, irgendwie aus den Waggons zu klettern, dürfte ein junger Mann in einem der anderen Waggons die Nerven und sicher auch den Verstand verloren haben – was angesichts unserer zehntägigen Irrfahrt nicht weiter verwundern muß. Er sprang aus dem Zug und lief laut brüllend davon. Ich konnte nicht verstehen, was er schrie. Sofort riefen ihm mehrere SS-Wachen nach: „Halt oder wir schießen!" Sie legten an und streckten ihn mit mehreren Gewehrsalven nieder. Der Kommandant feuerte noch weitere Schüsse auf den schon tödlich Getroffenen, so, als wolle er ihn gleich mehrere Male umbringen. Der junge Mann lag jenseits der Gleise in einer Blutlache und war auf der Stelle tot. Da wir alles nur wie durch einen Schleier mitbekamen, berührte uns diese Szene überhaupt nicht. Auch die Warnungen des SS-Kommandanten, jeder Flüchtende würde sofort erschossen, gingen an uns vorbei. So entmenscht hatte uns diese Fahrt, eingesperrt auf engstem Raum, all das Leid um uns herum, der Hunger und der Durst, daß wir den Tod eines weiteren Menschen fast nicht mehr wahrnahmen.

Nachdem alle die Waggons verlassen hatten, holte man sich zehn der jüngeren Leute, gab ihnen Besen, Seife und Kübel mit Wasser und ließ sie die Waggons reinigen. Dabei wurden die jungen Männer mit Tritten und Stößen mit den Gewehrkolben gequält und mußten auch weiterarbeiten, als sie aus offenen Wunden bluteten. Zwei der Männer waren so schwer verletzt, daß man sie sterbend neben den Gleisen liegen ließ.

Mit lauter Stimme verlautbarte der Kommandant der SS-Einheit, daß nur eine begrenzte Anzahl von Transportmitteln zur Verfügung stünde, und jene, die die sechs Kilometer bis zum Lager auf eigenen Beinen zurücklegen könnten, sollten die Plätze in den Lastwagen den Frauen, den Kindern und den Gebrechlichen überlassen.

Wir wurden aufgefordert, zwei Gruppen zu bilden, eine, die marschieren konnte, und eine, die fahren wollte. Niemand bräuchte sich Sorgen zu machen – hieß es –, denn im Lager würden sich alle wiedersehen. Trotzdem hatte jeder Angst vor dem, was uns noch bevorstand. Wir mußten stehend warten, bis der Befehl zum Losmarschieren kam, und weil es geheißen hatte, die Männer würden gleich bei der Ankunft im Lager ihre Familien treffen, nahmen wir von unseren Lieben nicht einmal Abschied. Niemand wagte auch nur die geringste falsche Bewegung zu machen, denn die SS ließ uns keinen Moment aus den Augen. Mit uns, einer entkräfteten Gruppe von Menschen, die nur noch ein Gefühl völligen Ausgeliefertseins empfand, hatte sie leichtes Spiel. Selbst unser Haß auf diese SS war längst dem sehnlichen Wunsch nach einem Platz zum Schlafen gewichen. Die sieben Lastwagen, in denen sich nun unsere Frauen, die Kinder und alle, die nicht mehr weiter konnten, befanden, fuhren an uns vorbei, während wir immer noch auf den Marschbefehl warteten. Schließlich schritt ein SS-Offizier unsere Reihe ab, schaute jedem scharf in die Augen und fragte dann jeden einzelnen um Alter und Beruf. Da die meisten kein Deutsch verstanden, fragte er, wer den Leuten übersetzen konnte. Ich meldete mich. Er trat auf mich zu und wollte wissen, woher ich stammte und wo ich Deutsch gelernt hatte. Ich erklärte ihm, ich sei aus Wien und Deutsch meine Muttersprache. Ich mußte neben ihm hergehen und jedem, der nur Französisch sprach, übersetzen, was er sagte.

In erster Linie wollte er von den älteren Männern, die sich entschlossen hatten, doch zu marschieren, ihr Alter wissen. Jeden über fünfzig ließ er wegtreten. Auf diese Weise kamen etwa 30 bis 40 Männer zusammen, als plötzlich zehn Lastwagen um die Ecke bogen. Die alten Männer wurden verladen und sofort weggebracht, und auch uns befahl man, in die restlichen Lastwagen zu klettern. Verblüfft taten wir, was uns befohlen wurde, und wußten nicht, was hier eigentlich vorging. Irgend etwas konnte nicht stimmen, denn auf einmal waren genug Lastwagen zur Stelle. Trotzdem schien jeder erleichtert zu sein, die lange Strecke nicht zu Fuß zurücklegen zu müssen. Als unser Lastwagen an einem Schild vorbeifuhr, auf dem wir die Aufschrift „Auschwitz" lasen, wußten wir natürlich noch immer nichts um die tragische Bedeutung dieses Ortes, der unser Leben so nachhaltig verändern würde. Wir Juden hatten nichts verbrochen, waren sehr gutgläubig und hatten noch nie von einem Auschwitz gehört.

Die Fahrt dauerte rund eine Stunde. Vor uns und hinter uns fuhren die ganze Zeit über andere Lastwagen. Das Ende des Konvois markierte ein Fahrzeug, in dem SS-Soldaten saßen, die ihr Maschinengewehr im Anschlag hielten. Alle von uns waren totenstill, doch jeder fragte sich, was uns nun bevorstand. Körper und Geist waren wie betäubt, so daß wir zu diesem Zeitpunkt vor unserem Schicksal eigentlich keine Angst hatten. Seit jenem Tag, an dem wir aus Paris abfuhren, mußten mindestens 300 von uns in diesen fürchterlichen Waggons gestorben sein! Den Deutschen war das vollkommen egal. Solange wir aber lebten, blieb uns nichts anderes übrig, als ihren Befehlen zu gehorchen.

KAPITEL V

Auschwitz-Buna, I. G.-Farben

1943 bis 1945

Gleich bei der Ankunft im Lager bemerkten wir über dem hölzernen Tor ein großes Schild, es trug die Aufschrift „Arbeit macht frei". Zu beiden Seiten der großen Lagerstraße, durch die wir hereingebracht wurden, befanden sich Baracken – um die hundert müssen es gewesen sein –, die hauptsächlich aus Holz gebaut waren. Zur Straße hin hatten sie eine Tür, die Fenster befanden sich auf der Rückseite. An einer Sammelstelle hielten die Lastwagen schließlich. Den Kommandorufen der SS, die hier allenthalben zu hören waren, entnahmen wir, daß dieser Ort „Appellplatz" hieß. In aller Eile trieb man uns von den Autos und ließ uns in einer Reihe Aufstellung nehmen. Jeder von uns hielt verzweifelt Ausschau nach seinen Angehörigen, Frauen und Kindern – vergeblich. Da erst begriffen wir, daß man uns auf grausame Weise zum Narren gehalten hatte: Frauen und Kinder waren gar nicht ins selbe Lager gebracht worden, und auch bei den Männern wollte man bloß herausfinden, wer von seiner körperlichen Verfassung her noch in der Lage war, zu marschieren. Was aber war mit den anderen geschehen?

Eine Gruppe von etwa hundert Gefangenen marschierte in Zehnerreihen an uns vorbei, alle im Gleichschritt, alle trugen sie gestreifte Kleidung, gleichsam als Uniform, alle hatten sie dieselben Holzschuhe und dieselben Mützen. Kommandiert wurden sie ebenfalls von einem Häftling, der sich äußerlich in nichts von den anderen unterschied und als „Kapo" bezeichnet wurde.

Jetzt, da auch wir in einer Reihe dastanden, trat ein höherer SS-Mann samt Gefolgschaft auf uns zu. Er eröffnete uns, daß wir in einem Arbeitslager gelandet wären und uns zunächst einer

Reinigungsbehandlung mit anschließender Desinfektion zu unterziehen hätten. Wir wurden angewiesen, umgehend eine Marschkolonne – je vier Mann in einer Reihe – zu bilden, ein Kapo würde uns daraufhin in jene Baracke geleiten, in der die genannten Prozeduren stattfänden. Jetzt wußten wir wenigstens, was uns als nächstes bevorstand. Trotzdem beschäftigte uns der Gedanke an unsere Frauen, die Kinder und die vielen alten Menschen, die man wie uns auf Lastautos geladen und weggebracht hatte. Wohin und was mit ihnen geschehen war, das verriet uns keiner. Auch wagte keiner, mit den anderen darüber zu sprechen. Im Grunde wollte jeder nur die Aufnahmeprozeduren endlich hinter sich haben und sehnte sich nach den durchgemachten Strapazen nach etwas Eßbarem und ein wenig Schlaf, um später wieder klarere Gedanken fassen zu können.

Das Reinigungsverfahren erwies sich als äußerst brutale Angelegenheit. Unentwegt schlug die SS auf uns Häftlinge ein und brüllte die Befehle in so rascher Abfolge, daß wir kaum in der Lage waren, ihnen nachzukommen. Zunächst hieß es einmal, wir hätten unsere Zivilkleidung mitsamt dem Inhalt der Taschen auf den Boden zu werfen.

Robert, der in der Reihe neben mir stand, deutete ratlos auf seine Hände, die zwei ansehnliche Goldbarren umklammerten, welche er für das Zahnarztgewerbe benötigte und ständig bei sich führte. Seine fragenden Blicke schienen von mir einen brauchbaren Rat dafür zu erbitten, wie er es denn anstellen könnte, seine beiden Kostbarkeiten unbemerkt an den Aufsehern vorbeizubringen. Ich versuchte, ihm zu verstehen zu geben, daß er die Goldbarren wohl mit den anderen Dingen zu Boden fallen zu lassen hätte, wie man es uns eingeschärft hatte. Jeder, der diesen Befehl mißachtet – so hieß es – und Dinge aus seinem Besitz zu verbergen versucht, hätte mit strengen Strafen, vielleicht sogar der sofortigen Erschießung zu rechnen. In so einer Situation denkt jeder nur ans nackte Überleben, Gold oder Wertsachen spielen dann keine Rolle mehr. Robert aber schien den Ernst der Lage noch nicht durchschaut zu haben. Splitternackt stand er da und hielt die beiden Goldbarren immer noch fest umklammert. Ein SS-Mann, der ihn schon die ganze Zeit über beobachtet hatte, trat auf ihn zu, schlug ihn ins Gesicht und schrie: „Du Judensau und Goldschmuggler!“ Robert erhielt keine Gelegenheit zu erklären, daß er das Gold aus beruflichen Gründen bei sich trug, denn der SS-Mann drosch unter wüsten Beschimpfungen unablässig auf den armen Robert ein, bis dieser hinfiel und sein Gesicht blutiggeschlagen war. Der SS-Mann hingegen nahm die Goldbarren an sich, ließ sie in seiner Manteltasche verschwinden und machte sich damit aus dem Staub.

Willi und ich halfen Robert auf die Beine. Wir mußten ihn stützen, allein hätte er wohl nicht stehen können. Von einem anderen Aufseher, an dem wir anschließend vorbei mußten, wurden unsere Hände auf Goldringe kontrolliert. Meinen Ehering hatte ich schon vorher mit der Kleidung abgelegt. Kein noch so wertvoller Ring rechtfertigte es in meinen Augen, für seinen Besitz schwere Prügel einstecken zu müssen oder gar totgeschlagen zu werden. Einer von uns, der seinen Ehering noch trug und vergeblich versuchte, ihn abzuziehen, wurde von einem Posten links und rechts geohrfeigt, der anschließend eine Zange zückte, den Ring durchtrennte und ihn – wie der Aufseher zuvor – ebenfalls einsteckte. Diese Banditen raubten uns alles, was wir noch hatten, und bereicherten sich sogar an dem, was sie in unseren Kleidungsstücken fanden, die wir zuvor hatten ablegen müssen.

Einer nach dem anderen wurde danach in einen Nebenraum gebracht, wo zehn Gefangene bereitstanden, die uns alles Körperhaar abrasierten. Dann ging es weiter in einen Duschraum. Es gab zwar nur kaltes Wasser und auch Seife fehlte, trotzdem war eine Dusche nach so langer Zeit sehr angenehm. Das alles hatte in allergrößter Eile zu geschehen. Noch vor Nässe triefend jagte man uns in einen weiteren Raum, wo wir graue Uniformen mit blauen Streifen ausfaßten. Es gab niemanden, dem seine Kleidung wirklich paßte, doch wen störte das schon? (Später tauschten wir untereinander heimlich die Sachen.)

Die Kleiderausgabe besorgten Häftlinge, die sich schon seit langer Zeit im Lager befanden. Ich wagte, einen von ihnen anzusprechen. Er stammte aus Deutschland, war kein Jude und hieß Ted. Wie die meisten der „Politischen" verhielt er sich uns gegenüber recht anständig. Er erzählte mir, daß er in Berlin verhaftet worden wäre und man ihn wegen seiner Mitgliedschaft bei der kommunistischen Partei ins Lager gebracht hätte. Sein Haar durfte er – wie bei Politischen üblich – behalten, an der Jacke trug er ein rotes Dreieck und eine Nummer. Ted war der Ansicht, daß man das Lager – gute Führung und Arbeitsleistung vorausgesetzt – schon irgendwie überstehen werde. Seine Einschätzung war – wie sich noch herausstellen sollte – in gewisser Weise auch eine Art Warnung, denn es gab hier viele nichtjüdische polnische Häftlinge, deren Haß gegen die Juden stärker ausgeprägt war als bei manchen Deutschen. Teilweise waren diese Polen schon lange im Lager und hielten mittlerweile innerhalb der Baracken viele wichtige Schlüsselpositionen wie Kapos oder Blockälteste.

Ted riet mir, gut auf meine Schuhe aufzupassen, weil es oft vorkam, daß sie gestohlen wurden. Ohne Schuhe existieren zu müssen, käme im harten polnischen Winter einem Todesurteil gleich, zumal verlorengegangenes Inventar nicht mehr ersetzt würde. Unsere Schuhe aus Holz mit einem Oberteil aus Stoff boten ohnehin keinen großen Schutz vor der Kälte, und es gab sie nur in einer einzigen Größe. So waren sie dem einen zu groß und dem anderen zu klein.

Ich versuchte von Ted zu erfahren, wohin man unsere Frauen und Kinder gebracht hatte, die gleichzeitig mit uns angekommen, aber auf andere Lastwagen verladen worden waren. Er schaute mich ernst an, so, als wüßte er mehr, als er eigentlich zugeben wollte. Dann belehrte er mich, ein Überleben des Lagers, der vielen Schläge durch die SS und der harten Arbeit – alles bei minimaler Ernährung – sei nur dann möglich, wenn man bereit sei, die Familie zu vergessen und in Hinkunft nur an sich selbst zu denken. Mehr konnte ich ihm nicht entlocken. Dann sagte er nur noch, daß wir gleich auf unseren „Block", also die Baracke, die uns fortan als Nachtquartier dienen sollte, gebracht würden. Um die 300 Personen bevölkerten so eine Baracke, untergebracht in pritschenartigen Stockbetten, jeweils zwei pro Etage. Der „Blockälteste", jener Häftling also, der über eine Baracke herrschte, war für gewöhnlich ein Verbrecher, den man aus einem deutschen Gefängnis hergebracht hatte. Als Kennzeichen trug er – wie alle Kriminellen – ein grünes Dreieck sowie die Häftlingsnummer.

Wir vier, Willi, Sigmund, Robert und ich, versuchten zusammenzubleiben, und tatsächlich wurden wir in der gleichen Baracke – Nummer 30 – untergebracht. Unser Blockältester hieß

Fritz, ein 45jähriger Deutscher, der uns durch seine bessere Kleidung auffiel. Gleich am Eingang zur Baracke begrüßte er uns als „Neue“ mit dem Gummiknüppel. Jedem zog er ohne ersichtlichen Grund einen Hieb über den Schädel, vermutlich, um sich sofort Respekt zu verschaffen. Anschließend ließ er uns vor einem der Betten Aufstellung nehmen und sodann zu zweit je eine der Etagen belegen. Mein Bruder Willi und ich suchten uns die mittlere aus, Sigmund und Robert nahmen die oberste. In der untersten Koje schliefen Norbert Wolfinger und Siegfried Hartmayer, jene beiden Freunde, die zusammen mit uns aus Borgo San Dalmazzo deportiert worden waren. Dieser Ort in Italien, erschien uns nun – verglichen mit Auschwitz – wie ein Paradies.

Als der Block mit 300 Mann belegt war, rief der Blockälteste um Ruhe und schritt die Reihen ab, immer mit dem Knüppel spielend. Alles verharrte in Stille, angespannt dem lauschend, was der Älteste zu sagen hatte. Wir befänden uns in einem Arbeitslager, erfuhren wir, das unter dem Befehl der SS stünde. Es hätte also zu jeder Zeit strikte Disziplin zu herrschen. Er selbst, der Blockälteste, wäre der SS gegenüber für alle unsere Verfehlungen verantwortlich.

Unserer Baracke gegenüber, erklärte er, lägen die Latrinen und Duschräume. Jeden Morgen müßten wir dorthin, um zu duschen, und innerhalb von fünfzehn Minuten wieder zurück im Block sein. Dann gebe es ein Frühstück, bestehend aus einem Stück Brot, etwas Margarine und einem Becher Kaffee. Jeder bekäme zum Ausfassen der Mahlzeiten einen eigenen Eßnapf, für den es – sollte er verlorengehen oder gestohlen werden – keinerlei Ersatz gebe. Diesen Napf müßten wir zur Arbeit mitnehmen, um mittags eine weitere Mahlzeit ausfassen zu können. Abends hätten wir uns gleich nach der Rückkehr von der Arbeit unverzüglich wieder in die Baracke zu begeben, wo wir dann die letzte Mahlzeit, eine Portion Suppe, bekämen. Es war das zweite Mal, daß ich nun die Warnung hörte, unter keinen Umständen die Schuhe zu verlieren. Allerdings wäre es nicht gestattet, sie während der Nacht anzubehalten oder sie ins Bett zu nehmen, ihr Platz sei unter dem Bett.

Nach dieser Belehrung versuchten wir endlich, in den Kojen etwas Ruhe zu finden. Wir sprachen über unsere Familien und rätselten, wo sie nun wohl wären. Dazu bestanden die unterschiedlichsten Ansichten. Mein Bruder und ich waren allerdings nicht allzu optimistisch. Nur Robert und Sigmund waren überzeugt, man hätte die Frauen einfach in ein anderes Lager gebracht. Für mich ergab diese Erklärung keinen Sinn. Auf jeden Fall gab es niemanden, der sich gar keine Sorgen machte und den diese Frage nicht beschäftigte. Nach einiger Zeit rief uns der Kapo aus den Kojen, weil es Zeit für die Suppe war, unsere erste Mahlzeit in Auschwitz. Obwohl diese Suppe sehr dünn und fast ohne Geschmack war, fanden wir sie gut. Mit unterschiedlichem Erfolg fischten wir gierig nach den winzigen Gemüsestückchen, die bisweilen in ihr schwammen. Es war die erste warme „Mahlzeit", die wir nach unserer langen Irrfahrt zu uns nehmen konnten.

Vor der Nachtruhe schickte man uns in den Waschraum, wo wir unser Eßgeschirr säubern und sofort wieder in die Baracke zurückkehren mußten. Unser erster Tag in Auschwitz neigte sich seinem Ende zu. Um neun Uhr befahl man uns in die Betten, und schließlich wurde das Licht ausgemacht. Kein Lärm und auch keine Gespräche waren dann mehr erlaubt. Da wir keine Unterwäsche bekommen hatten, mußten wir in unserer einzigen Kleidung, der gestreiften Uniform, schlafen. Aus unseren Jacken hatten wir ein Kopfkissen geformt, die Schuhe wie befohlen unters Bett gestellt. Um den Platz in den Schlafkojen besser zu nutzen, einigten wir uns darauf, daß der eine mit dem Kopf am Fußende des anderen schlief. Weil alle von uns ungeheuer erschöpft waren, fielen wir bald in einen tiefen, aber unruhigen Schlaf.

Am nächsten Morgen trommelte man uns um sechs Uhr aus den Betten und hetzte uns in den Waschraum. Beim Zurücklaufen in den Block warteten dort bereits drei SS-Männer, die uns anbrüllten: „Ihr Judenschweine, habt ihr euch anständig gewaschen? Raus, aber schnell!" Mit ihren Gummiknüppeln droschen sie dann auf jeden ein, der an ihnen vorbeigehen mußte. Schläge auf die nasse Haut sind etwas besonders Schmerzhaftes.

Es geschah in der Folgezeit, daß der Blockälteste oft schon vor sechs Uhr früh durch die Baracke schritt und beim Vorbeigehen nach Gutdünken mit dem Knüppel auf uns eindrosch. Zumindest einen Schlag bekam dabei jeder von uns ab. Nachdem wir angezogen waren, mußten wir warten, bis das „tolle" Frühstück angesagt war. Es kamen zwei große Kessel mit heißem Kaffee, dazu gab es Brot und kleine Stückchen Margarine. Einzeln faßten wir unsere „Leckerbissen" aus, kehrten zu unseren Kojen zurück und durften dieses Frühstück dort einnehmen. Das, was Kaffee sein sollte, schmeckte zwar nach schmutzigem Spülwasser, doch wir waren derart ausgehungert, daß einfach alles gut schmeckte.

Auf unserem Block gab es auch mehrere nichtjüdische Häftlinge. Es waren zum größten Teil polnische Nationalisten, die gegen die Deutschen gekämpft hatten. Sie haßten also die Nazis, verachteten Juden aber fast noch mehr. Diese Polen waren überhaupt die ersten, die uns bald nach der Ankunft im Lager zu schlagen begannen. Es entwickelte sich rasch ein sehr feindseliges Klima zwischen uns und den polnischen Häftlingen. Einer zum Beispiel, namens Tadek, hatte es auf mich abgesehen. Er provozierte mich ständig und riet mir in dem schlechten Deutsch, das er sprach, mich vor ihm in acht zu nehmen. Ich ließ nun schon geraume Zeit seine Einschüchterungsversuche über mich ergehen, hatte aber schließlich die Nase voll davon und ließ ihn wissen, daß er in meinen Augen kein Recht hätte, mir zu drohen, schließlich trug er die gleiche Uniform wie wir alle und war ein Häftling wie ich. So mutig hätte ich besser nicht sein sollen, denn kaum hatte ich das gesagt, da attackierte er mich auch schon mit den Fäusten. Ich schlug zurück, worauf sich ein Kampf auf Leben und Tod entwickelte. Willi und Sigmund, die zwischen uns beiden standen, wurden ebenfalls von ihm attackiert. Zusammen hätten wir ihn sicher überwältigen können, da kam allerdings Fritz, unser Blockältester, dazwischen und beendete augenblicklich den Kampf.

Fritz holte mich in einen kleinen Raum am anderen Ende der Baracke. Dort erklärte er mir, daß Tadek innerhalb des Blockes einen höheren Rang habe als ich, der ihn sehr wohl berechtige, mir Vorschriften zu machen. Daraufhin ließ er mich niederbücken und züchtigte mich durch die Vollstreckung von zehn schmerzvollen Stockhieben über den Hintern. Ich erduldete sie ohne einen Schrei des Schmerzes. Die Schläge – so belehrte mich Fritz – sollten mir austreiben, mich in Hinkunft weiteren Befehlen zu widersetzen, und eine ständige Erinnerung daran sein, daß ich alles zu befolgen hätte, was mir Vorgesetzte anschafften. Da Fritz eine starke Autorität besaß, herrschte er total über unseren

Block. Zurück in meiner Koje, erzählte ich allen, was mir Fritz in so schmerzhafter Weise beigebracht hatte.

Ich war auf weitere Belästigungen durch Tadek gefaßt, Befürchtungen, die sich bald bewahrheiten sollten. Vor dem Schlafengehen stellte ich meine Schuhe – genauso wie tags zuvor – unter das Bett, doch als ich am nächsten Morgen erwachte, waren sie verschwunden. In meiner Verzweiflung beging ich einen schwerwiegenden Fehler: Ich wandte mich an Fritz, beklagte den Verlust der Schuhe und fragte ihn, wie ich zu einem neuen Paar käme. Statt einer Antwort forderte mich Fritz wieder auf, mich zu bücken, und er verpaßte mir wie schon zuvor mit dem Stock zehn Hiebe aufs Hinterteil. Er bezeichnete es als Strafe für meine Nachlässigkeit, die zum Verlust meiner Schuhe geführt hätte. Ich begriff, daß es überhaupt keinen Sinn hatte, etwas erklären zu wollen, denn hier im Lager gab es keine Gerechtigkeit. Statt dessen gab mir Fritz zu verstehen, daß ich keinesfalls ein neues Paar bekäme und ich eben barfuß zur Arbeit gehen müsse. Meiner Ansicht war ich damit so gut wie zum Tod verurteilt, denn barfuß würde ich entweder bei den Kontrollen der SS auffallen oder schon bald todkrank darniederliegen. Wieviel Zeit zum Leben blieb mir also noch? Wenn man ohne Schuhe unterwegs war, hieß es oft, man hätte „geschoben", sie also für etwas anderes – meist ein Stück Brot oder eine zusätzliche Portion Suppe – eingetauscht, was ebenfalls streng untersagt war.

Nach nur so kurzer Zeit im Lager kam mir meine Gutgläubigkeit teuer zu stehen. Ich konnte von Glück reden, daß wir wenigstens nicht zur Arbeit geschickt wurden, weil uns an diesem Tag eine Erkennungsnummer eintätowiert werden sollte. So warteten wir im Block, bis vier Häftlinge mit Tätowierwerkzeugen erschienen. Wir mußten uns in einer Reihe anstellen und bekamen – einer nach dem anderen – am linken Unterarm eine Nummer eintätowiert. Der Vorgang selbst war nicht schmerzhaft. Meine Nummer war 167595; Willi, der nach mir kam, erhielt 167596, Robert folgte mit 167597 und schließlich noch Sigmund mit 167598. Nur das, was wir von den Tätowierern zu hören bekamen, beunruhigte uns, bestärkte aber nur unsere Befürchtungen, daß wir bis zum Lebensende in diesem Lager des Führers festgehalten werden sollten. Tadek, der neben uns stand, um alles zu beobachten, grinste mich hämisch an und schlug mir, als ich ihn ansah, ohne Vorwarnung ins Gesicht. Ich bemerkte, daß er mir die ganze Zeit auf die nackten Füße gestarrt hatte, und begriff, daß er es gewesen sein mußte, der meine Schuhe gestohlen hatte. Es war mir klar, daß er mein Feind bleiben würde, solange wir beide im selben Block lebten.

Den Rest des Tages verbrachten wir damit, die Baracke zu kehren und die Kojen in Ordnung zu bringen. An diesem Abend erhielt ich dann unerwarteten Besuch: Völlig überraschend und wie aus dem Nichts stand plötzlich Benedikt Kautsky vor mir. Kautsky, eine prominente politische Figur aus Wien, hatte ich zwar bei verschiedenen Veranstaltungen in meiner Heimatstadt öfter gesehen, doch nie persönlich kennengelernt. Mein Vater kannte ihn allerdings über seine Parteiarbeit näher, war fasziniert von seiner Ausstrahlung und seinem großen Wissen und sprach nur in höchsten Tönen von ihm. Der Vater Kautskys, Karl Kautsky, einer der Begründer der österreichischen Sozialdemokratie, war weit über die Grenzen Österreichs hinaus sehr berühmt. Benedikt Kautsky – wie wir bald erfahren sollten, verfügte er im Lager über beste Kontakte und hatte eine Untergrundgruppe mitaufgebaut – fragte uns, ob wir die Linder-Brüder wären. Wir bejahten. Kautsky setzte sich zu uns und erzählte, daß er in der Schreibstube arbeite und ihm in den Zugangslisten unsere Namen aufgefallen wären. Daraufhin hätte er sich durchgefragt und uns schließlich gefunden. Fritz hätte ihn zu uns geführt.

Kautsky trug zwar die gleiche Uniform wie wir, seine sah aber besser aus und trug – anders als unsere – neben der Häftlingsnummer noch den roten Winkel der Politischen. Noch am gleichen Tag, als Hitler in Österreich einmarschiert war, nämlich am 13. März 1938, verhaftete man Kautsky, internierte ihn zunächst in Buchenwald und verlegte ihn 1942 nach Auschwitz. Dieser Mann hatte also bereits fünf Jahre in Konzentrationslagern zugebracht. An seinem Haar, das er behalten durfte, erkannte man gleich, daß er ein politischer Gefangener, ein sogenannter „Ehrenhäftling", wie es auch hieß, sein mußte, ein Umstand, der ihm das Privileg verlieh, eine Beschäftigung in der Schreibstube zu finden und nicht wie die übrigen schwere körperliche Arbeiten ausführen zu müssen. Aus den Schilderungen all dessen, was er bereits hinter sich hatte, war zu ermessen, daß

Buchenwald eine Hölle gewesen sein mußte. Kautsky beteuerte, daß er bereit wäre, uns zu helfen und zu diesem Zweck alles nur Mögliche für uns tun würde. Ich erzählte ihm sofort von den Schwierigkeiten mit Tadek und meiner Vermutung, er hätte meine Schuhe gestohlen. Bendl, so wurde er hier von Freunden genannt, versprach mir, ein neues Paar zu besorgen, weil ein Auskommen ohne Schuhe vor allem während des kalten polnischen Winters in kurzer Zeit zum Tod führe. Das neue Paar Schuhe wolle er mir sogar selbst bringen. Fritz, dem Blockältesten, habe er uns beide schon als seine Freunde vorgestellt, so daß wir von nun an zumindest von ihm verschont werden würden. Im Grunde sei dieser Fritz – so zeigte sich Bendl überzeugt – ein anständiger Mensch, nur habe er als Blockältester mit Neuankömmlingen schon eine Menge Schwierigkeiten gehabt und wäre für Verfehlungen seiner Untergebenen, etwa einem verlorengegangenen Paar Schuhe, stets auch selbst – durch die SS – zur Verantwortung gezogen worden. Bendl verabschiedete sich vorerst von uns und verließ uns in Begleitung von Fritz. Dieser kam anschließend zurück zu uns, erzählte uns über sich und seine politische Vergangenheit (er war ebenfalls Sozialdemokrat und stammte aus Stuttgart), ja, es stellte sich heraus, daß er Bendl schon aus der gemeinsamen Zeit in Buchenwald gut kannte. Zu guter Letzt fanden wir sogar ein freundliches Lächeln füreinander und wurden für die nächste Zeit vorsichtige Freunde.

Schon kurze Zeit nach dieser Begegnung erschien Bendl mit einem Paar neuer Schuhe. Meine Freude über dieses Geschenk war unbeschreiblich. Ich versuchte, ihm irgendwie für seine Hilfsbereitschaft zu danken, er wehrte aber bloß ab. Dann gab er uns einen nützlichen Hinweis: Erwin Schulhof, einer seiner Freunde, sei der Leiter des „Arbeitsdienstes". Bendl erklärte, das sei jene Abteilung im Lager, die alle Häftlinge den verschiedenen Arbeitskommandos zuzuteilen hatte. Und es sei – wie er betonte – angesichts des bevorstehenden strengen Winters von allergrößter Bedeutung, eine Arbeit im Trockenen zu ergattern. Das ganze Lager arbeitete für die I. G.-Farben, ein Werk, das rund fünf Kilometer entfernt lag. Täglich mußten die Gefangenen dorthin zur Arbeit ausrücken, bis sie abends wieder ins Lager heimkehren durften. Bendl riet uns, Schulhof gegenüber – der bald auch in unsere Baracke kommen würde, um alle neuen Häftlinge nach der Art ihrer zivilen Berufe zu befragen – auszusagen, daß wir Mechaniker, Elektriker oder Klempner seien. Jede fachliche Ausbildung, die wir zu Protokoll gäben, wäre recht, so daß es uns gelänge, in Kommandos mit erträglicheren Arbeitsbedingungen eingeteilt zu werden. In der ersten Woche käme ohnehin jeder zum Straßenbau, danach aber fände die Befragung durch Schulhof statt. Dieser sei aber schon über uns informiert worden, so daß wir nichts Schlimmes zu befürchten hätten.

Jetzt verstand ich: Die Kameraden aus dieser Untergrundgruppe halfen sich gegenseitig, hatten sie doch – alle aus Buchenwald kommend – mittlerweile wichtige Positionen im Lager eingenommen, die ihnen diese geheime Arbeit ermöglichten. Bendl verriet uns, wo er im Notfall erreichbar sei, und versicherte, er würde uns nicht im Stich lassen. Wie glücklich durften wir uns schätzen, daß Bendl uns am zweiten Tag in Auschwitz begegnet war! Unser Überleben – das kann ich heute behaupten – verdanken Willi und ich in erster Linie ihm und seinem selbstlosen Einsatz.

Als ich Bendl aber nach dem Verbleib unserer Frauen und Kinder fragte, vermied auch er es, eine klare Antwort zu geben. So wie die anderen Kameraden, die wir diesbezüglich angesprochen hatten, legte er uns nahe, jetzt an uns selbst zu denken und später erst das Schicksal unserer Familien zu erkunden. Wir mögen uns also mit der Trennung von unseren Familien abfinden, auch er wisse nicht genau, wo sie seien oder was mit ihnen passiert wäre. Ich spürte deutlich, daß er mehr wußte, als er zugab, ließ es aber dabei bewenden. Schon im Weggehen riet er uns noch zwei Dinge: Zum ersten sollten wir uns möglichst rasch daran gewöhnen, hier im Lager nur noch als Nummer behandelt, also mit „Häftling Nummer soundso" aufgerufen zu werden, und zweitens wäre es besser, trotz der strengen Lagerordnung, die solches untersagte, auch beim Schlafen die Schuhe anzubehalten oder sie wenigstens neben den Kopf zu stellen. Das sei die einzige Möglichkeit zu verhindern, daß sie gestohlen würden. Wir befolgten also seinen Rat, und obwohl wir uns des Eindrucks nicht erwehren konnten, daß unser Blockältester von Anfang an Kenntnis von diesem Verstoß gegen die Vorschriften hatte, duldete er ihn stillschweigend. Wir standen ja nun unter Bendls

Schutz, und das sollte sich in weiterer Folge noch als unschätzbarer Vorteil für uns erweisen.

Ein Leben in ständiger Angst, das Erfahren dauernder Mißhandlungen und diese quälende Ungewißheit waren einem tiefen Schlaf nicht gerade zuträglich. Man lernte bald, es gleichsam zu wittern, wenn frühmorgens die Zeit kam, aufzustehen. Willi und ich schliefen niemals so lange, bis uns erst der Blockälteste auf seine Art wecken kam. Darauf zu warten, brachte zumindest wüste Beschimpfungen ein, viel öfter setzte es dann allerdings Prügel. So galt es, allein an der Helligkeit des Tageslichtes zu ermessen, wie spät es war, Uhren gab es ja keine.

Nach dem Frühstück kam Schulhof in Begleitung von zwei SS-Wächtern auf unseren Block. Da Bendl ihn als seinen Freund bezeichnet hatte, waren wir auf diesen ungewöhnlichen Besuch schon gefaßt. Man befragte jeden Häftling – genau wie Bendl das angekündigt hatte –, um herauszufinden, welchen Beruf oder welches Handwerk er früher im zivilen Leben ausgeübt hatte. Ich gab an, Automechaniker zu sein, Willi sagte, er sei Elektriker, Robert nannte Zahnarzt als seinen Beruf, und Sigmund erklärte, daß er Automechanikerlehrling sei. Man nahm alle Angaben wortlos zu Protokoll, und wir waren froh, daß alles so schnell und ohne Schläge abgelaufen war. Schulhof verhielt sich während der ganzen Prozedur zwar freundlich, blieb aber sehr sachlich.

Nachdem die Männer gegangen waren, kam der Befehl, vor den Baracken in Viererreihen Aufstellung zu nehmen. Ein Gefangener mit einer „Kapo"-Armbinde hatte das Kommando über unseren Zug übernommen. Sein Akzent war der eines gebürtigen Polen, der sich abmühte, Deutsch zu sprechen. Er gab uns zu verstehen, daß er ab sofort unser Kapo sei und den Arbeitsplan bekanntgeben würde. Gleich morgen früh ginge es in Begleitung von Wachen der SS aufs Gelände außerhalb des Lagers zum Straßenbau. Solange wir ihm keine Probleme machten, würde auch er uns gut behandeln. Er benützte dabei Redewendungen, die wir noch nie zuvor gehört hatten und erst später richtig deuten konnten, wie etwa „Baut mir keine Lampen und wir werden gut miteinander auskommen". Dieser Kapo war als politischer Gefangener hier im Lager, das konnte man am roten Winkel, den er neben der Häftlingsnummer trug, erkennen.

Später bekamen auch wir so ein Erkennungszeichen in Form eines weißen Stückes Stoff, auf dem die Nummer aufgedruckt war. Zusammen mit einem gelben Davidstern wurde es auf den linken Brustteil unserer Jacken genäht. Damit waren wir weithin als Juden gebrandmarkt.

Bendl lehrte uns seine bewährten Gebote des Häftlingsdaseins, eine Liste von Grundsätzen, die zum Überleben im Lager unabdingbar waren. Diese lauteten: Benütze den Waschraum immer früher als die anderen! Iß deine dünne Suppe, aber schiele nicht argwöhnisch auf die Portion des anderen! Ruhe dich aus, so oft und so lange du kannst! Mach deine Arbeit genau so, wie man sie dir befohlen hat! Gehe Konfrontationen mit anderen Häftlingen aus dem Weg, was immer auch der Grund solcher Konflikte gewesen sein mochte! Verhalte dich stets unauffällig und schenke den Gerüchten, die man dir erzählt, keinen Glauben! Paß dich der Lagerordnung an und befolge die Vorschriften!

Bendl erklärte uns weiters, daß die SS mit den uns eintätowierten Nummern in erster Linie bezweckte, die Häftlinge, die man für Massentötungen vorgesehen hatte, leichter identifizieren zu können und gleichzeitig jeden Fluchtversuch von vornherein zu unterbinden.

Am nächsten Tag mußten wir uns wieder vor den Baracken in Viererreihen versammeln. Unser Kapo war zugegen, weiters ein Vorarbeiter, der auch aus Polen stammte. Die Polen waren überhaupt im Lager mit einem sehr großen Kontingent vertreten. Die meisten davon waren nicht Juden, sondern polnische Nationalisten, die wegen ihrer Aktivitäten gegen die Deutschen interniert worden waren. Der Kapo erklärte uns hierauf, daß es jetzt unter Aufsicht von SS-Wachen auf einen Arbeitseinsatz außerhalb des Lagers ginge, wo wir zum Bau einer Straße, die von unserem Lager nach Birkenau führen sollte, eingesetzt würden.

Dabei betonte der Kapo erneut, daß er selbst für etwaige Verfehlungen der Gruppe von der SS zur Verantwortung gezogen werden würde, und drohte, daß er in diesem Falle seine ganze Wut darüber an uns auslassen würde und dies gleichzeitig auch mehr Prügel und härtere Arbeit bedeutete. Wir verstanden, was er damit meinte, hatten uns doch Bendls Ausführungen bereits einen leisen Vorgeschmack von dem vermittelt, was uns noch alles bevorstehen sollte.

Das Arbeitskommando setzte sich Richtung Tor in Bewegung, während weitere Züge Gefangene zu uns strömten und sich dem Auszug aus dem Lager anschlossen. Unser eigenes Kommando bestand aus hundert Mann und dem Kapo, der voranging und uns anführte. Jede Marschreihe bestand aus zehn Gefangenen. Dann die große Überraschung: Als wir fast beim Lagertor angelangt waren, erblickten wir zur linken Hand auf einer improvisierten Bühne eine Kapelle, die scheinbar für die Gefangenen einen Marsch aufspielte. Tatsächlich ließ man uns zum Klang von Marschmusik im Gleichschritt durchs Lagertor ins Freie ausziehen, während der Kapo Kommandos brüllte. Wir drehten uns nach links und bemerkten SS-Männer. Einer von ihnen war mit Eintragungen auf einer Liste beschäftigt, die er mit sich trug, während zwei andere die Häftlinge abzählten. Nach einem Marsch von vielleicht drei Kilometern erreichten wir das vorläufige Ende der Straße, die über flaches, mit Gras bewachsenes Gelände führte. Ein Lastwagen, beladen mit Spitzhacken, Schaufeln und Schubkarren, stand in der Nähe, weiters Unmengen an Werkzeug und Material für den Straßenbau. Unsere Kolonne machte halt, man befahl drei Männer auf die Lastautos, um die bereitstehenden Werkzeuge auszugeben. Die meisten von uns erhielten zur Arbeit Spitzhacke oder Schaufel, andere hatten den Aushub wegzukarren. Während wir arbeiteten, gingen der Kapo und sein Vorarbeiter auf und ab, um uns zu kommandieren und uns durch „Schneller"-Rufe anzutreiben. Unentwegt schrien sie mit jenen Kameraden, die ihnen nicht rasch genug zu arbeiten schienen. Mittags brachte dann ein Lastwagen vier Kessel einer dünnen Brühe, die man uns zum Essen verabreichte. Dreißig Minuten hatten wir Zeit, uns am Boden sitzend auszuruhen und dabei diese sogenannte Suppe einzunehmen, bis die Arbeit weiterging.

Ein anderer Trupp von Gefangenen, die alle die gleichen Uniformen trugen wie wir, stieß zu uns und begann ebenfalls zu arbeiten. Es war mir möglich, in einer Latrinenpause einen der Männer anzusprechen. Dabei erfuhr ich, daß er und seine Kameraden aus Birkenau kamen, einem Lager, in das hauptsächlich Frauen- und Kindertransporte eingingen. Er könne mir nur soviel sagen, daß fast alle Menschen aus diesen Transporten schon kurz nach ihrer Ankunft im Lager in Gaskammern umgebracht würden. Ich erkundigte mich nach dem Transport, in dem sich meine Familie befunden haben mußte, und wollte wissen, was denn mit all diesen Menschen geschehen wäre. Auf seine Frage nach dem genauen Tag unserer Ankunft erklärte ich, wir wären vor vier Tagen aus Paris kommend eingetroffen. Er machte auf mich den Eindruck, als wären ihm diese Fragen sehr unangenehm, er versprach jedoch, sich bei der nächsten Gelegenheit bei seinem Freund, der in der Schreibstube des Lagers arbeitete, nach diesem bestimmten Transport zu erkundigen und mich dessen Antwort wissen zu lassen.

Ich begriff zu diesem Zeitpunkt noch nicht, was es bedeutete, in der Gaskammer zu Tode zu kommen, und wollte mir so eine schreckliche Art zu sterben auch gar nicht vorstellen. Wohl war mir aber dieses Wechselbad aus Unglauben, Verwirrtheit und blanker Angst anzusehen, das ich beim Vernehmen dieser Nachrichten empfand. Niemals zuvor hatte ich von solchen Greueltaten gehört, und beim Gedanken an meinen Sohn Roland und meine Frau Gisella überkam mich ein Gefühl unbeschreiblicher Leere und Verzweiflung.

Da ich viel zu lange der Arbeit ferngeblieben war, verhörte mich der Kapo sofort und schlug mir auch noch ins Gesicht. Er drohte mir, daß ich im Wiederholungsfall nicht so glimpflich davonkäme, und warnte mich vor Unterhaltungen mit anderen Häftlingen, die streng untersagt waren. Ich war sehr deprimiert und unsicher, ob ich Willi und meinen Freunden von den Geschichten über die Gaskammern und Öfen in Birkenau erzählen sollte. Das Bedürfnis, dieses Wissen irgendwem mitzuteilen, war allerdings größer, so daß ich Willi in der folgenden Nacht mitteilte, was ich erfahren hatte. Ungeachtet möglicher Konsequenzen beschlossen wir beide, gleich am nächsten Tag mit diesem Kameraden erneut zu sprechen, um herauszufinden, ob man seinen Behauptungen trauen dürfe, und vielleicht weitere Einzelheiten in Erfahrung zu bringen. Wir waren sicher, daß wir durch seine Hilfe dahinterkommen würden, wo man unsere Familien hingebracht hatte und was mit ihnen passiert war.

Am Abend besuchte uns Bendl. Wir erzählten ihm sofort von meiner Unterhaltung mit dem Häftling aus Birkenau. Bendl riet mir, mit diesem Mann keinesfalls mehr zu sprechen, weil er meinte, das Risiko, dafür vom Kapo schwer mißhandelt zu werden, sei zu groß. Unser Kapo, den er nur zu gut kenne, sei für seinen grenzenlosen Haß gegen Juden berüchtigt und habe schon mehrere Menschen mit den bloßen Händen erschlagen. Da für mich schon außer Zweifel stand, daß ich wieder den Kontakt mit diesem Häftling aus Birkenau suchen würde, ließ ich mich durch Bendls Warnungen nicht abschrecken.

Dann sprachen wir noch über den skurrilen Umstand, daß man am Lagertor ein Orchester Marschmusik aufspielen ließ, was wir angesichts der unmenschlichen Zustände, die sonst im Lager herrschten, als besonders zynisch empfanden. Bendl quittierte unsere Ansichten mit einem müden Lächeln. Wir bekämen im Laufe der Zeit noch viele Dinge zu Gesicht, die weit unergründlicher wären als das, merkte er an. Da fiel mir ein, daß Robert ja ein vorzüglicher Musiker war und vielleicht im Orchester gebraucht werden könnte. Außerdem machte ich mir Sorgen um seine Gesundheit, die wegen der für ihn ungewöhnlich schweren körperlichen Arbeit arg in Mitleidenschaft gezogen war. Bendl überlegte eine Weile und versprach, mit Brunek, dem Leiter des Orchesters, über eine Verwendung von Robert zu sprechen.

Unser Lager war rundum von einem zweieinhalb Meter hohen, elektrisch geladenen Zaun umgeben, der jeden Fluchtversuch aussichtslos erscheinen ließ. Zudem säumte knapp außerhalb dieses Zaunes eine Serie von Wachttürmen, jeder gut zehn Meter hoch und in Rufweite vom anderen entfernt, den gesamten Komplex. Jeder dieser Türme war ständig mit einer Wachmannschaft besetzt, die über ein Maschinengewehr verfügte. Insgesamt bestand das Lager aus rund 200 Häftlingsbaracken, von denen zwei als Lazarett dienten. Zwei andere fanden Verwendung als Küchen, zwei weitere als Magazine für Uniformen und andere Gebrauchsgegenstände. Die Gefangenen, die in diesen Baracken arbeiteten – hauptsächlich gewöhnliche Kriminelle aus Deutschland, in einigen Fällen auch politische Häftlinge aus Deutschland, Österreich oder Polen –, waren in mancher Hinsicht privilegiert. Sie brauchten zum Beispiel das Lager zur Arbeit nicht zu verlassen, sondern verrichteten ihren Dienst immer in einer der Baracken. Jeder dieser Häftlinge trug eine Armbinde, die anzeigte, wo er arbeitete – „Küche", „Magazin", „Krankenbau" usw.

Unter uns Gefangenen gab es auch einen Schwerverbrecher aus Deutschland, der angeblich fünf Familienmitglieder umgebracht hatte und für diese Tat zu einer lebenslangen Haftstrafe verurteilt worden war. Die SS hatte ihn wegen dieser Eigenschaft zum Oberkapo im Lager gemacht, der alle Arbeitskommandos befehligen konnte. Er war sehr groß, und schon sein Äußeres ließ das Ausmaß an Brutalität erahnen, das sich in dieser Gestalt verbarg. Das Kopfhaar hatte man ihm gelassen. Durch das dunkle Blau seiner Jacke unterschied er sich von den anderen, die Hosen waren die gleichen gestreiften, die auch wir trugen. Er war als rücksichtsloser Sadist gefürchtet, der Häftlinge nach Lust und Laune verprügelte. Dann gab es einen anderen, den man zum Aufseher für die Baracken ernannt hatte. Seine Aufgabe war, dafür zu sorgen, daß in allen Häftlingsunterkünften Ordnung und Disziplin herrschten. Dieser Kamerad war als politischer Häftling ins Lager gekommen, war Deutscher aus Berlin und hatte eine kommunistische Vergangenheit, weswegen man auch ihn zu lebenslänglicher Haft verurteilt hatte.

Tags darauf – wir rückten wieder aus, um auf der Straße, die nach Birkenau führen sollte, zu arbeiten – hielt ich Ausschau nach dem Gefangenen aus Birkenau. Als ich ihn ausgemacht hatte, mußte ich wieder mehr als zwei Stunden abwarten, bis er auf die Latrine ging und ich ihm dorthin folgen konnte. Dann erzählte er mir die schrecklichsten Dinge, die sich ein Mensch nur vorstellen kann. Ich erfuhr, daß sich unsere Frauen und Kinder gleich nach ihrer Ankunft in Birkenau hatten entkleiden müssen und anschließend in die Gaskammern getrieben wurden. Genaueres konnte ich gar nicht mehr erfragen, denn mir wurde fürchterlich übel. Das einzige, was mich noch interessierte, war, ob es nicht vielleicht doch Überlebende aus diesem Transport – einem der sogenannten „Französischen Transporte" – geben könne. Mein Informant meinte, daß vielleicht einige, aber nur ganz wenige, nicht getötet worden wären, nämlich die sehr jungen und hübschen Mädchen. Sie hätte man aber entweder ins Bordell geschickt oder nur vorläufig für die grausamen medizinischen Experimente verschont, die SS-Ärzte später an ihnen ausführen wollten. Alles, was ich angegeben hatte, hätte er an seinen Freund aus der Schreibstube in Birkenau weitergegeben, und dieser habe ihm das Schicksal jener vielen unschuldigen Opfer unseres Transportes nach genauer Prüfung der Unterlagen ohne jeden Zweifel bestätigen können.

Ich muß völlig verstört gewirkt haben, denn mein Informant wollte wissen, ob ich in Ordnung sei. (Im normalen Leben wäre es freilich jedem klar gewesen, daß man beim Vernehmen einer solchen Nachricht zusammenbricht. Hier aber, im Lager, wo Unmenschlichkeit und Brutalitäten zum Alltag gehörten, löste eher mein Entsetzen Verwunderung aus. Vor allem jene, die das Lagerleben schon lange zu erdulden hatten, waren durch den ständigen Anblick des Todes recht abgestumpft.) Wortlos beeilte ich mich daraufhin, wieder zu meiner Gruppe zurückzukehren, um wenigstens keine Prügel für mein langes Fortbleiben zu kassieren. Willi, der mich mit fragenden Blicken erwartete, konnte ich nichts von alldem erzählen, weil es – wie gesagt – nicht gestattet war, während der Arbeit miteinander zu sprechen. Und so mußte ich noch ausharren, bis wir endlich abends in der Baracke zusammenkommen konnten. Der Rest des Tages war einfach unerträglich. Vergeblich bemühte ich mich, durch rastloses Arbeiten bis an die Grenze der Erschöpfung die Gedanken, die mich so sehr quälten, irgendwie aus dem Kopf zu verdrängen. Selbst mittags schuftete ich verbissen weiter, ohne die für jeden lebenswichtige Portion Wassersuppe zu mir zu nehmen. Dennoch sehnte ich den Abend herbei, um mich endlich jemandem anvertrauen zu können. Durch mein merkwürdiges Verhalten an diesem Tag, das er natürlich auf die Zusammenkunft mit dem Mann aus Birkenau zurückführte, ebenfalls beunruhigt, bestürmte mich Willi gleich nach der Rückkehr ins Lager mit allerlei Fragen. Es dauerte eine Weile, bis ich soweit gefaßt war, das Gehörte nach und nach wiederzugeben. Die Hartnäckigkeit meines Bruders, der aber nicht lockerließ und die ganze Wahrheit erfahren wollte, entlockte mir schließlich alle furchtbaren Einzelheiten dieser schrecklichen Neuigkeiten.

Willi, der diese Geschichte offenbar noch nicht wahrhaben wollte, fragte mich immer und immer, ob ich meinte, dieser Informant sei wirklich glaubwürdig. Auch ich wünschte mir so sehr, er wäre es nicht gewesen und hätte alles bloß erfunden. Um endlich Gewißheit darüber zu erlangen, was wirklich mit unseren Familien geschehen war, und von dieser unerträglichen Last der dauernden Ungewißheit ein für allemal erlöst zu sein, beschlossen wir, Bendl noch an diesem Abend zu uns zu holen. (Hätte er sich geweigert oder wäre er aus anderen Gründen nicht erschienen, so hätten wir ihn damals selbst aufgesucht, obwohl es streng untersagt war, die Baracke zu verlassen.) So rührte an jenem Abend auch Willi seine Abendsuppe nicht an. Unsere Erregung war größer als der Hunger, so daß wir gar keinen Bissen hinuntergebracht hätten. Statt dessen gaben wir unsere Portionen an Sigmund und Robert weiter, die sie ohnehin sehr nötig hatten und noch nicht wußten, was wir wußten.

Es ergab sich, daß Bendl uns tatsächlich von sich aus besuchte und ich ihm meine Begegnung mit dem Mann aus Birkenau schilderte. Wie schon zuvor reagierte Bendl wieder ausweichend, wollte uns beschwichtigen und erinnerte erneut daran, daß wir im Moment eben nicht an die Familien denken sollten, weil wir ja überhaupt nur dann die Möglichkeit hätten, sie wieder zu sehen, wenn es uns selbst gelänge zu überleben. Deshalb sei es entscheidend, allein an unser eigenes Fortkommen zu denken. Bendl merkte allerdings genau, wie verzweifelt wir waren und wie sehr uns die Sorge um das Schicksal unserer Familien belastete. Doch alle seine Versuche, uns Mut zuzusprechen, waren vergebens. Dabei hätten wir allen Grund gehabt, ihm schon für seine bisherige Hilfe zutiefst dankbar zu sein. So verblieben wir damit, seine Ratschläge zu beherzigen, und versprachen ihm, vorerst unsere Familien zu vergessen. In Wahrheit aber konnten wir dieses Versprechen nicht einlösen.

Die Tage vergingen, wir rückten aus zum Arbeitseinsatz. Wenn es regnete, waren wir durchnäßt bis auf die Haut, doch das kümmerte keinen, wir mußten trotzdem weiterschuften. Abends im Lager sprach man über die Ereignisse des Tages und erzählte von Erlebnissen mit seinen Familien, so ging es Tag für Tag. Die Arbeit, zu der wir eingesetzt wurden, schien sehr wichtig zu sein, bald erfuhren wir auch, warum: Die SS brauchte eine Straße, die von unserem Lager direkt nach Birkenau reichte, um jene Häftlinge aus unserem Lager, die als nicht mehr arbeitsfähig galten, gleich direkt zu den großen Gaskammern zu befördern. Das „Gesetz des Lagers" besagte nämlich, daß jeder nur so lange leben durfte, wie er physisch in der Lage war, eine Arbeitsleistung zu erbringen. Bei der spärlichen Kost, die man hier erhielt, hinterließen die schwere Arbeit, die ständigen Mißhandlungen und Demütigungen sowie die entsetzlichen sanitären Zustände bei allen ihre Spuren, so daß früher oder später jeder von uns auf die eine oder andere Weise arbeitsunfähig sein müßte.

Eines Abends, als wir alle in den Kojen saßen und miteinander sprachen, mischte sich ein Häftling in unsere Unterhaltung. Sein Deutsch war schlecht, denn er stammte – wie er erklärte – aus Litauen. Er befand sich schon über ein Jahr, also viel länger als wir, im Lager. Sein Name war Jakob, doch jeder nannte ihn einfach Litwack. Dieser Litwack schien recht gerissen zu sein und beherrschte die Gesetze des Lagerlebens. Nach einer Weile fragte ich ihn, ob er etwas über die Vorgänge in Birkenau wisse. Auch er stockte und antwortete ausweichend, wie wir das schon von Bendl kannten. Wir bestanden diesmal auf eine direkte Antwort und konfrontierten ihn mit den Details, die mir mein Informant aus Birkenau verraten hatte. Noch immer sträubte er sich. Erst als wir ihm klargemacht hatten, daß es sehr wichtig für uns wäre, endlich die Wahrheit zu kennen, war er bereit und bestätigte die Geschichte, die bisher nur Willi und ich kannten. Auch seine Familie, bemerkte Litwack, hätte er auf diese Weise verloren. Überhaupt sei es ja das erklärte Ziel der SS, alle Juden zu vernichten und sie nur vorläufig als billige Arbeitskräfte am Leben zu lassen. Deshalb, so riet er uns, sollten wir alles tun, um möglichst lange bei Gesundheit zu bleiben, um unsere Arbeit zufriedenstellend verrichten zu können und dabei möglichst unauffällig zu sein.

Jetzt hatten also auch Robert und Sigmund erstmals vom wahren Schicksal unserer Familien gehört. Ich konnte den beiden also nicht länger verheimlichen, was ich schon längst wußte. Aber wie sollte ich ihnen das alles nur in Worten beibringen?

Nach der Kraft, die mir das Bewältigen meines Schmerzes, meiner unendlichen Verzweiflung selbst abverlangt hatte, und der stillen Trauer um den erlittenen Verlust fiel es mir sehr schwer, den beiden Ahnungslosen alles zu erzählen, was ich über die Vernichtung in den Gaskammern, der unsere Frauen und Kinder zum Opfer gefallen waren, bereits erfahren hatte.

Es war herzzerreißend, mitansehen zu müssen, wie sie darauf reagierten: Robert verlor völlig die Kontrolle über sich, brach in Tränen aus und schluchzte dann völlig haltlos. Sein Anblick glich dem eines kleinen Kindes, dem es nicht gelingt, seine innersten Empfindungen zu verbergen. Sigmund erging es ebenso. Nur Willi verarbeitete das Gehörte schweigend. Freilich litt auch er nicht weniger, doch er ertrug es im stillen, und es schien, als käme das alles für ihn nicht wirklich überraschend, sondern vielmehr als letzte Bestätigung einer schrecklichen Vermutung, die wir beide längst in uns trugen.

Niemand von uns sprach, keiner fand seinen Schlaf. Wir alle waren beherrscht von der Vorstellung, alles sei doch nur ein Alptraum und nichts von dem wahr. Es gab keinen, der uns in diesem Augenblick Trost zusprach, und so verging die Nacht unendlich langsam. Irgendwie aber faßten wir beim Tagesanbruch neuen Mut, der dem unstillbaren Willen, doch weiterzuleben, wieder Auftrieb verlieh. Schließlich mußte es ja weitergehen.

Litwack wurde unser Freund. Er hatte das Glück, eine Arbeit im Magazin ergattert zu haben, wo er Kleidung ausgab. Da niemandem die Kleidung richtig paßte, machte er einmal den Vorschlag, uns beizeiten in die Kleiderkammer mitzunehmen, wo wir passende Uniformen aussuchen könnten. Nach mehreren Tagen kamen wir glücklicherweise dahinter, weshalb er das für uns tun wollte, und wir erfuhren auch noch andere Methoden, die manche Häftlinge praktizierten, um einen schwunghaften Tauschhandel zu betreiben. Man bezeichnete solche Häftlinge als Schieber.

Bendl, dem wir von Litwack erzählten, riet uns dringend, diesen Kerl zu meiden, weil er als Geschäftemacher im ganzen Lager bekannt sei. So verlange er in der Regel ein oder zwei Scheiben Brot im Tausch gegen passende Kleidung. Das war also die Erklärung dafür, daß Litwack – obwohl er sich schon recht lange im Lager befand – trotzdem besser genährt aussah als die meisten der Neuankömmlinge. Und wieder verdankten wir Bendl einen Ratschlag, der für unser Überleben von großer Bedeutung sein sollte. (Zu den wichtigsten Dingen im Lager zählte es, nach Möglichkeit bei Kräften zu bleiben, um einerseits körperlich in der Lage zu sein, die schwere Arbeit zu verrichten, und andererseits bei den häufig durchgeführten Selektionen nicht als schwach und arbeitsunfähig aufzufallen. Das hätte unweigerlich den Tod in der Gaskammer zur Folge gehabt. Bei der spärlichen

Lagerkost konnten also schon ein paar Scheiben Brot mehr oder weniger zwischen Leben und Tod entscheiden.) Verglichen damit war es wirklich nicht so wichtig, ob einem die Uniform paßte oder nicht.

Bei dieser Gelegenheit erzählten wir Bendl auch, daß Litwack die Meldung meines Informanten aus Birkenau, der uns vom Schicksal unserer Familien berichtet hatte, bestätigen konnte. Trotzdem schwieg er dazu immer noch.

Bendl, der unseren Vater als Funktionär der Sozialdemokratischen Partei aus Wien kannte, wußte, daß Willi und ich bei der Partei waren. Ich hatte ihm ja erzählt, daß ich Bezirksfunktionär in der Sozialdemokratischen Arbeiterjugend gewesen war und viele Genossen kannte, die auch mit ihm zusammengearbeitet hatten. Das dürfte der Grund gewesen sein, daß er uns anvertraut hat, daß es im Lager eine sozialdemokratische Organisation gab, die aus deutschen, österreichischen, tschechischen und ein paar polnischen Genossen bestand und regelmäßig zum Austausch von Informationen zusammenkam. In ein paar Wochen – so versprach er uns – könnten wir beide an einer solchen geheimen Zusammenkunft teilnehmen, wo wir alle wichtigen Persönlichkeiten der Gruppe, die als „Alte" bezeichnet wurden, weil sie schon sehr lange im Lager waren, kennenlernen würden.

Die Gespräche mit Bendl, der stets Zuversicht ausstrahlte, gaben uns Kraft, hoben unsere Stimmung und verliehen uns wieder die Hoffnung, das Ende des Dritten Reiches doch noch erleben zu können.

Litwack, den wir nach ein paar Tagen wieder trafen, begründeten wir unseren Meinungswandel, nun doch keine passenden Uniformen zu brauchen, damit, daß wir den anderen nicht erklären hätten können, woher unsere neue Kleidung stammte und wir unnötigen Schwierigkeiten aus dem Weg gehen wollten. Da er ahnte, daß es nicht der wahre Grund gewesen sein konnte und man uns gewarnt haben mußte, ließ er sich fortan nicht mehr blicken und suchte sich andere Opfer.

In regelmäßigen Abständen kam der Befehl, am Appellplatz anzutreten, wo man jeden Häftling einer Gesundheitskontrolle unterziehen wolle. Es gab viele Gefangene, die entsetzlich mager waren, so daß die Gefahr bestand, sie würden sofort ins Gas geschickt. In Viererreihen versuchten wir uns dann so aufzustellen, daß sich die ausgemergelten Kameraden nach Möglichkeit immer in der letzten Reihe befanden und bei den Kontrollen am wenigsten auffielen. Oft erwies sich dieser Trick als wirkungsvolle Methode, um so manchen unserer Freunde vor der Gaskammer zu bewahren, freilich führte er nicht immer zum Erfolg. Einmal ließ man einen unserer französischen Kameraden aus St. Martin, einen gelernten Feinmechaniker, vortreten, weil er so auffällig schwach und dürr aussah. In strammer Haltung, die Mütze auf dem Kopf, stand er vor der SS, als ihn einer der SS-Leute anschrie: „Mütze ab!" Der jämmerliche Mann erschrak fürchterlich, konnte dem Befehl aber nicht Folge leisten, weil er kein Wort Deutsch verstand. Gerade, als ein SS-Mann zu einem Schlag ausholte, rief ich laut: „Enlevez votre chapeau!", was dieser auch sogleich tat, doch er wurde dennoch ins Gesicht geschlagen, obwohl er nun in strammer Haltung und mit der Mütze in der Hand dastand.

Doch das große Zittern war noch nicht vorüber, weil der SS-Mann nun fragte, wer dem Gefangenen, ohne gefragt worden zu sein, auf französisch zugerufen hätte. Ich trat vor und erklärte gehorsam, ich wüßte, daß der Gefangene kein Deutsch verstand, und hätte ihm den Befehl übersetzt. Für mein Geständnis erhielt auch ich einen Schlag ins Gesicht und wurde ermahnt, derartiges künftig zu unterlassen. Der SS-Mann wandte sich wieder dem Franzosen zu und fragte diesen nach seinem Beruf. Der bemitleidenswerte kleine Mann, der kein Wort verstand, drehte sich hilfesuchend zu mir. Ich konnte nichts tun, ohne dabei mein eigenes Leben aufs Spiel zu setzen. Doch der Franzose hatte Glück, denn der SS-Mann verlangte nun, daß ich ihm übersetzen sollte, und so konnte ich ihnen weismachen, daß er als Flugzeugmechaniker für die Firma „Mirage" gearbeitet hätte. Diesen Namen mußte der Fragesteller natürlich kennen, und tatsächlich setzte der SS-Mann sogleich seinen Vorgesetzten von diesem Umstand in Kenntnis, ließ sich die Häftlingsnummer geben und schickte den Franzosen wieder zurück in die Reihe. Fürs erste hatten dem Franzosen also seine Fertigkeiten das Leben gerettet. Der Umstand, daß er seine Nummer nennen mußte, ließ den Schluß zu, man hätte eine bestimmte Verwendung für ihn gefunden, eine Vermutung, die sich mehrere Wochen später tatsächlich bestätigte.

Eines Tages wurden bei einer solchen Selektion 60 Gefangene auf Lastwagen verfrachtet, und sie verschwanden spurlos. Von Bendl erfuhren wir später, daß man sie direkt in die Gaskammern gebracht hatte, weil sie den Deutschen wegen ihrer schlechten Verfassung nicht mehr arbeitstauglich erschienen wären.

Am Abend desselben Tages kam Bendl zu uns in die Baracke, um uns mitzuteilen, daß unser erster Arbeitseinsatz bald abgeschlossen sein würde und wir zu anderen Arbeiten eingeteilt würden. Er erwähnte die Existenz eines chemischen Werkes, ungefähr vier Kilometer von unserem jetzigen Lager entfernt. Es gehörte zum Komplex der I. G.-Farben, einem der größten deutschen Konzerne. Alle Internierten unseres Lagers würden bald dort arbeiten müssen. Für eine Tätigkeit innerhalb der Werkshallen seien aber spezielle Fähigkeiten vonnöten. Bendl erklärte, daß wir unseren Qualifikationen gemäß eingesetzt würden, und schärfte uns ein, stets anzugeben, über irgendwelche Spezialkenntnisse zu verfügen, selbst wenn wir dazu lügen müßten – schließlich hatte der Winter begonnen, und es war lebenswichtig, eine Arbeit im „Trockenen" zu bekommen!

Für Willi und mich war das kein Problem. Er war gelernter Elektriker und ich verstand durch meine Zeit als Angestellter von Steyr, einer großen österreichischen Autofabrik, einiges von Automechanik. Deshalb wollte ich angeben, Mechaniker zu sein. Nur Sigmund war altersmäßig noch etwas jung, um eine abgeschlossene Ausbildung vortäuschen zu können. Bendls Vorschlag war, daß Sigmund ja behaupten könnte, Metallerlehrling in Berlin gewesen zu sein und kurz vor Abschluß seiner Lehre zu stehen, während Robert sich mit Recht als Musiker ausgeben solle. Nun waren wir auf die Befragungen vorbereitet.

Von Bendl, der ja stets bestens informiert war, erfuhren wir weiters, daß das Deutsche Reich bereits mit einem erheblichen Mangel an Fachkräften zu kämpfen hatte, weil die hohen Verluste an der russischen Front durch immer mehr Einberufungen von Zivilisten ausgeglichen werden mußten. Man würde uns also zumindest so lange am Leben lassen, als wir für die deutschen Konzerne von Wert wären. Angesichts dessen hofften wir, daß es uns vielleicht gelänge, doch noch bis Kriegsende durchhalten zu können, obwohl es ungewiß war, was die Deutschen dann mit uns tun würden. Die Tatsache, daß Deutschland den Krieg verlieren würde, stand für uns jedenfalls von allem Anfang an außer Zweifel. Diese feste Überzeugung war einer meiner geistigen Rettungsanker und half mir oft, wieder zu neuem Mut zu finden.

Bendl erwies sich immer wieder als unschätzbarer Freund, nicht nur seiner profunden Ratschläge wegen, sondern auch, weil uns Fritz, der Blockälteste, bei vielen Gelegenheiten in seiner Gesellschaft sah. Fritz, der Bendl ebenfalls sehr schätzte und wie er ein „alter Buchenwalder" war, schien uns aus Respekt gegenüber Bendl irgendwie besser zu behandeln als die anderen. So teilte er uns oft zu Arbeiten ein, die man zwar als „schmutzig" bezeichnen könnte, die jedoch den Vorteil hatten, nicht sehr anstrengend zu sein – etwa dem Kehren der Baracke oder der Ausgabe der Suppe – und bisweilen sogar mit einer Extraration Suppe und einem zweiten Stück Brot belohnt wurden. Wenn man ständig unter Hunger leidet, ist das viel. Trotzdem verloren auch wir ständig an Gewicht und waren sehr besorgt, vielleicht bei den Selektionen als zu mager zu erscheinen.

In unserer Baracke gab es einen gewissen Felix, einen Polen, der in Belgien gelebt hatte, mit dem wir uns überhaupt nicht verstanden. Er war ein egoistisches, selbstgefälliges Individuum, das sich so verhielt, als wäre es allein im Lager, Gefühl für Kameradschaft war ihm überhaupt fremd. Das Schlimmste an diesem Polen war aber, daß er sich – obwohl selbst jüdischer Herkunft – immer nur mit den nichtjüdischen Polen umgab. Ihnen diente er sich dann als eine Art persönlicher Untergebener an, brachte ihnen die Suppe, hielt ihre Kojen in Ordnung und verrichtete alle möglichen unangenehmen Arbeiten für sie. Ihm war zwar die antisemitische Einstellung vieler dieser Polen genauso bekannt wie uns, doch er kroch ihnen trotzdem in den Arsch.

Eines Abends beklagte irgend jemand den Verlust seines Eßnapfes. Da wir, wie gesagt, jeder nur einen solchen besaßen, wußten wir, daß dieser Kamerad nun keine Suppe mehr ausfassen und derjenige, der den Napf gestohlen hatte, sich um eine zweite Portion anstellen konnte. Willi und ich beschlossen, uns bei Fritz für diesen bedauernswerten Mann einzusetzen, der durch diesen Diebstahl gleichsam zum Tod verurteilt war.

Als wir Fritz davon erzählten, schob er – wie nicht anders zu erwarten – die Schuld dafür auf den Bestohlenen selbst, den er eben als nicht genügend sorgsam bezeichnete. Es gelang uns aber diesmal, Fritz davon zu überzeugen, daß der bedauernswerte Mann völlig schuldlos war, und baten um Erlaubnis, das gestohlene Utensil suchen zu dürfen. Als Freunde von Bendl gewährte er uns diese Bitte. Nun machten wir uns daran, sämtliche Kojen zu durchsuchen, doch stand mein Hauptverdächtiger, dem ich so eine gemeine Tat zutraute, von Anfang an fest. Willi stimmte mir zu, und wir begaben uns geradewegs zur Koje von Felix. Er saß stumm dort. Als Willi blitzartig die Jacke, die am Bett lag, hochzog, kam die gesuchte Schüssel auch schon zum Vorschein. Felix sprang hoch, beschimpfte uns wütend und nannte uns Diebe, doch wir ließen uns dadurch nicht beirren. Ich konnte meine Empörung über diese Tat nicht länger verbergen, so daß ich ihm eine Ohrfeige verpaßte. Ich nannte ihn Mörder, weil jedem hier klar sein müsse, daß der Diebstahl des Eßnapfes für den Bestohlenen nichts anderes als den Hungertod bedeute. Eingeschüchtert flehte mich Felix an, dem Blockältesten nichts von alldem zu melden. Den Napf gaben wir dem Bestohlenen wieder zurück und erklärten Fritz die näheren Umstände der Auffindung. Er exekutierte an Felix strafweise zehn Stockhiebe. Zweifellos hatten wir uns damit Felix zum Feind gemacht und mußten künftig vor ihm auf der Hut sein.

Am folgenden Morgen fiel mir vor dem Ausrücken zur Arbeit auf, daß Robert gar nicht gut aussah. Darauf angesprochen, gestand er, starke Bauchschmerzen zu haben. Tatsächlich konnte er sich kaum auf den Beinen halten. Der Umstand, daß Robert nicht arbeitsfähig war und ein Kandidat für die Gaskammer werden könnte, machte mir große Sorgen. In meiner Verzweiflung wandte ich mich an Bendl. Er beruhigte mich zunächst und versprach von Erwin Schulhof eine schriftliche Erlaubnis zu besorgen, die für eine Einweisung ins Krankenrevier notwendig war. Meine Bedenken, Robert könne in die Gaskammer kommen, zerstreute Bendl, er wisse, daß Robert bereits für das Lagerorchester vorgesehen wäre, eine Einrichtung, der die SS große Bedeutung zuschrieb. So konnte ich mich erneut vorbehaltlos auf Bendl verlassen. Ich eilte zurück in die Baracke, wo ich Robert sofort die gute Nachricht überbrachte.

Robert bestand immer noch darauf, mit uns zur Arbeit zu kommen, wohl aus Angst vor der Gaskammer. Ich versuchte ihm klarzumachen, daß er ohnehin nicht in der Lage wäre, zu arbeiten, und Bendl alles arrangiert hätte. Es kostete mich einiges an Überzeugungsarbeit, Robert von seinem Vorhaben abzubringen, schließlich mußte aber auch er einsehen, daß er selbst zum Stehen zu schwach war. Schon bald betraten dann Häftlinge mit Rotkreuzarmbinden unseren Block und fragten nach Häftling 167597. Man brachte Robert auf den Krankenblock. Ich versprach, ihn noch am selben Abend zu besuchen. Er hatte Tränen in den Augen, als man ihn wegbrachte, und ich bin sicher, daß alle anderen damals bereits glaubten, daß das sein Ende sei.

Den ganzen Tag über waren wir um Robert besorgt. Was, wenn jemand von den SS-Männern Robert trotzdem hätte in die Gaskammer bringen lassen? Ich hätte mir ewig deshalb Vorwürfe machen müssen, habe ich doch Robert gegen seinen Willen abtransportieren lassen.

Am Abend, wieder zurück in der Baracke, bat ich Fritz sofort um Erlaubnis, zusammen mit Willi nach Robert sehen zu dürfen. Er gestattete es unter der Bedingung, uns nicht auf seine Erlaubnis berufen zu können, falls wir unterwegs durch die SS aufgehalten würden.

Es war bereits dunkel, die Beleuchtung der Lagerstraße war schlecht. Von unserer Baracke waren es rund zehn Minuten bis zum Krankenrevier, und wir hatten Angst, die SS könnte uns aufhalten. Um weniger leicht verstanden zu werden, sprachen wir untereinander im Wiener Dialekt.

Beinahe hatten wir das Lagerhospital erreicht, als uns ein SS-Mann entgegenkam. Er war untersetzt und auffällig kleiner als die meisten seiner Einheit, doch hatte er den Rang eines SS-Unterscharführers. Wir grüßten ihn, wie man es tun mußte, wenn man so einem Gott begegnet, mit gezogener Mütze und im militärischen Gleichschritt vorbeigehend. Er war schon fast an uns vorüber, als er plötzlich hielt und nach uns beiden rief. Wir erschraken, weil wir nicht wußten, was er vorhatte. Sofort und völlig unerwartet fragte er, woher wir stammten. „Aus Wien", sagte ich. An seiner Ausdrucksweise erkannte ich sofort, daß auch er Österreicher war. (Später erfuhr ich, daß er aus Graz kam.) Hierauf wollte er wissen, wo denn Wien eigentlich läge. „Ein Scherz!" dachte ich. „Weiß der nicht, wo Wien liegt?" Wie naiv wir doch damals noch waren. Und gehorsam antwortete ich: „In

Österreich!" Ein Österreich existiere nicht mehr, der Führer hätte es in Ostmark umbenannt, schrie er mich plötzlich an. Mit meiner Antwort würde ich mich dem Führer widersetzen und ihn und seine Ideen nur verspotten wollen. Dabei begann der SS-Mann, auf mich loszuprügeln. Er schlug derart auf mich ein, daß ich bald gar nichts mehr richtig wahrnehmen konnte. Blut quoll mir aus Nase und Mund, doch er ließ nicht von mir ab. Als ich dann zusammenbrach, trat er mich, schon am Boden liegend, noch brutal mit seinen spitzen Stiefeln. Ich dachte, daß ich nun sterben müsse. Bevor ich die Besinnung ganz verlor, flehte ich den SS-Mann noch an, er möge mich doch von den Qualen erlösen und sofort erschießen. „Eine Kugel ist zu schade für dich, du Saujud!" spottete er, „du verdienst einen langsamen Tod!" Grinsend ging er weiter.

Als ich wieder zu Bewußtsein kam, lag ich in einem Bett im Krankenrevier. Willi und Bendl standen neben mir, mein Körper schmerzte überall. Ich konnte kaum sehen, weil mein Gesicht derart geschwollen war, auch das Sprechen fiel mir schwer. Nun erinnerte ich mich, was geschehen war.

Mir fiel wieder ein, wie mich dieser SS-Mann in hinterlistiger Weise gefragt hatte, wohl wissend, daß ich statt Ostmark mit Österreich antworten würde und ihm so einen Vorwand lieferte, mich zu Tode prügeln zu können. Ich dachte daran, wie ich ihn anflehte, mich zu erschießen ...

Willi flüsterte mir zu, daß sich Bendls Freunde hier um mich schon kümmern würden und alles wieder gut werde. Immerhin konnte ich von Glück reden, daß meine Knochen heil geblieben waren und ich überhaupt noch lebte.

Bendl sagte, daß dieser SS-Mann für seine Brutalität im Lager bekannt war. Sie stamme aus dem Minderwertigkeitskomplex, den er wegen seiner geringen Größe haben müsse, die für einen SS-Angehörigen recht ungewöhnlich war. Trotzdem war es ihm – wohl wegen seiner Roheit – möglich gewesen, sich innerhalb der SS zu behaupten.

Bendl versicherte mir, ich brauchte mir vorerst keine Sorgen machen, sondern sollte zusehen, möglichst rasch wieder gesund zu werden. Meine größte Sorge galt eigentlich Robert. Willi meinte aber, Bendls Freunde würden auch ihn wieder gesundpflegen, so daß er gleich nach seiner Genesung im Lagerorchester mitspielen können würde. Nach Ansicht von Bendl, der tatsächlich einige Leute im Krankenrevier hatte, die auf mich aufpaßten, müßte auch ich nach wenigen Tagen wieder in der Lage sein, diesen doch recht gefährlichen Ort zu verlassen. Dann reichte er mir eine Schüssel mit einer etwas dickeren Suppe, die speziell für die Erkrankten zubereitet wurde. Doch trotz aller Hilfe war ich nicht in der Lage, diese zu essen. Alle meine Versuche, den Mund auch nur ein wenig zu öffnen, schlugen fehl, alles in meinem Gesicht war zu stark geschwollen. Außerdem verspürte ich sowieso keinen Appetit. Die Suppe brachte man statt dessen zu Robert, der sie ohnehin nötiger hatte als ich. Durch meine Blicke versuchte ich, Bendl meinen tiefen Dank auszudrücken, er drückte meine Hand als Zeichen, daß er mich verstanden hatte.

In der Tat behandelte man mich mit großer Fürsorge, ohne mich deswegen allerdings gleich als privilegierten Patienten anzusehen. Immer, wenn ein SS-Mann auf Visite kam, um die wieder Arbeitstauglichen zu inspizieren oder Selektionen für die Gaskammern durchzuführen, erklärte ich – wie mir Bendl geraten hatte –, vor kurzem bei der Arbeit gestürzt zu sein, ein dummes Mißgeschick eben. Dabei muß ich wirklich Eindruck gemacht haben, wieder auf dem Weg der Besserung zu sein, sonst wäre ich wohl in der Gaskammer gelandet. Nahe daran war ich allemal.

Bendl hatte sich also aufs neue als edler Freund erwiesen, indem er Robert und mich wieder vor dem Tod bewahrt hatte.

Einige Tage nach meiner Entlassung gestand mir Willi, daß der SS-Mann nur von mir abgelassen hätte, weil er vermutet hatte, daß ich längst tot sei. Noch Wochen nachher, als ich wieder bei Kräften war, spürte ich Schmerzen am ganzen Körper. Mein Lebenswille war aber gewachsen, genau wie meine Verachtung für diese sadistischen SS-Leute. Eines Tages – davon war ich überzeugt – würde ich es erleben, wie diese Kreaturen um ihr eigenes Leben betteln würden.

Als ich dann wieder in meine Baracke kam, hatte es Fritz bereits so eingerichtet, daß ich ein paar Tage lang nicht zu Außenarbeiten eingeteilt wurde. Er erfand eine Reihe komischer Arbeiten, nur damit ich nicht ins Freie mußte. Das half mir ungemein, und ich begriff, daß Freundschaft in dieser Hölle das Allerwichtigste war. Ich weiß allerdings nicht, was aus uns allen geworden wäre, hätte es nicht Bendl und seine Gruppe gegeben. Kurz nach mir kam auch Robert aus dem Krankenrevier. Er wurde als Violinist ins Lagerorchester aufgenommen, wo er bald als einer der besten Musiker galt. Täglich konnte ich ihn beim morgendlichen Ausrücken sehen und spielen hören, was mir Freude bereitete, wußte ich doch dann immer, daß er auf diese Weise wenigstens eine Chance hatte, zu überleben. Das war allein Bendls Verdienst, der für seine guten Taten nie auch nur ein Wort des Dankes entgegennehmen wollte.

Etwa drei Wochen später wurde meine Nummer über den Lagerlautsprecher ausgerufen. Das bedeutete, daß ich mich noch am selben Tag bei der Arbeitseinteilung, also jenem Büro, in dem Erwin Schulhof und Gustl Herzog saßen, zu melden hatte. Weil ich nicht sicher war, was das zu bedeuten hatte, bemühte ich mich, mit Bendl in Kontakt zu treten. Erfreulicherweise ahnte er schon, daß ich deshalb besorgt sein würde, und so suchte er mich vorsorglich gleich von sich aus auf.

Es stünde mir jetzt jene Befragung bevor – beruhigte mich Bendl –, in der man mehr über meine Kenntnisse und Fertigkeiten erfahren wollte, und ich möge mich einfach so verhalten, wie er es uns allen zuvor erklärt hatte, also auszusagen, ein tüchtiger Mechaniker zu sein. Auch Willi hätte nun jederzeit mit der gleichen Befragung zu rechnen, meinte Bendl. In der Tat suchten die Deutschen – wie Bendl erzählte – damals fieberhaft nach Spezialisten unter den Gefangenen, die dringend im I. G.-Farben-Werk gebraucht wurden, um den enormen kriegsbedingten Mangel an deutschen Arbeitskräften wettzumachen. Dadurch hatten wir aber wenigstens eine kleine Chance, den eiskalten polnischen Winter, dem wir im Freien unserer spärlichen Kleidung wegen völlig schutzlos ausgesetzt waren und der bereits begonnen hatte, durch einen Einsatz innerhalb des Werkes zu überleben.

Ich begab mich also in die Schreibstube, wo mich Schulhof, den man offensichtlich schon über mich unterrichtet hatte, recht freundlich begrüßte. Er erklärte mir, daß er mich zum Büro der SS zu begleiten hätte, wo mich ein SS-Mann namens Stolten befragen würde. Dieser Mann war mit der Rekrutierung von Facharbeitern für das I. G.-Farben-Werk beauftragt.

Schulhof machte zwar keine Bemerkungen darüber, was ich dort sagen sollte, er riet mir aber, wie ich es zu tun hätte: nämlich immer nur dann zu sprechen, wenn Fragen an mich ergingen und diese kurz und ohne Umschweife zu beantworten, wobei ich stramme Haltung einzunehmen hätte. Vorstellen sollte ich mich am besten mit dem Satz: „Häftling Nummer 167595 meldet sich zur Stelle."

Stolten, der an einem Schreibtisch saß und eine Liste vor sich hatte, war ein großgewachsener Mann. Ich verhielt mich genau nach Schulhofs Anweisungen und nahm auch während der gesamten Befragung eine stramme Haltung ein. Nachdem ich mich wie befohlen mit meiner Häftlingsnummer vorgestellt hatte, musterte mich Stolten zuerst äußerlich und hakte mich anschließend in seiner Liste ab. Dann fragte er nach meinem Namen, Alter und der Art von Tätigkeit, die ich vor meiner Verhaftung im bürgerlichen Leben ausgeübt hatte.

Im Telegrammstil erwähnte ich meine Beschäftigung bei den Steyr-Automobil-Werken in der „Ostmark" – ein Ausdruck, der mir unter Schmerzen beigebracht wurde und den ich seither verwendete –, wo ich als Leiter der Auslieferung angestellt war, und merkte an, daß ich über gute Kenntnisse in Automechanik verfüge. Stolten zeigte sich interessiert und fragte, welche Aufgaben ich bei Steyr im einzelnen zu erfüllen gehabt hätte. Ich erklärte ihm, daß jeder Neuwagen vor der Auslieferung an den Käufer auf mögliche mechanische Defekte inspiziert werden mußte und ich diese Kontrollen damals durchgeführt hätte. Seine Frage, ob ich mich auch in der Wartung von Maschinen auskenne, konnte ich also getrost bejahen.

Daraufhin wies er Schulhof an, mich ins Arbeitskommando Nr. 178/Betriebskontrolle einzustellen, welches für die Wartung der Maschinen auf dem Gelände der I. G.-Farben zuständig war.

Schulhof, der mich den ganzen Weg auch wieder zurück begleitete, war der Ansicht, daß alles für mich bestens gelaufen sei. Ich hatte ja drinnen im Werk eine Arbeit erhalten, eine vergleichsweise leichte noch dazu. Als „Spezialisten" würde man uns obendrein noch relativ gut behandeln, sogar einige Vergünstigungen seien denkbar (er ging aber nicht näher darauf ein, was er darunter verstand). Später erfuhr ich dann von Bendl, daß der Kapo jenes Kommandos, ein Pole namens Bollek Pressen, als brutaler Gewalttäter gefürchtet sei. Bollek – selbst kein Jude – haßte alles Jüdische und stand im Verdacht, einige seiner jüdischen Mithäftlinge mit bloßen Händen ermordet zu haben. Zu meiner Erleichterung also, eine Arbeit innerhalb des Werkes ergattert zu haben, mischte sich jetzt ein etwas mulmiges Gefühl, das nur durch den Umstand, daß Willi als gelernter Elektriker – wie Schulhof meinte – höchstwahrscheinlich dem gleichen Kommando zugeteilt werden würde, etwas gemildert wurde (Schulhofs Vermutung erwies sich übrigens als richtig).

Am Beginn des folgenden Tages mußten wir so lange in der Baracke ausharren, bis man uns zur Arbeit im neuen Kommando Nummer 178 geholt hatte. Mir fiel wieder ein, was uns Bendl noch über Bollek verraten hatte: Daß er nämlich von dem fast zwanghaften Bedürfnis beherrscht war, immer von Gefangenen umgeben sein zu müssen, die ihm in jeder Hinsicht unterlegen waren. Wenn er einen Häftling ansprach, so hatte dieser sogleich die Mütze vom Kopf zu nehmen und vor ihm stramm zu stehen. Auf Anraten von Bendl sollten wir uns Bollek und seinen eigenwilligen Gepflogenheiten besser nicht widersetzen, um ihm möglichst keinen Vorwand für Gewaltausbrüche zu liefern.

Schließlich holte uns ein Mithäftling ab und führte uns hinaus auf die Lagerstraße, wo wir erstmals Bollek zu Gesicht bekamen. Tatsächlich war er ein grobschlächtiger Typ von stattlichem Äußeren, etwas klein vielleicht. Er trug eine geschniegelte Uniform und sah überhaupt – verglichen mit uns – recht gepflegt aus. Mein erster Gedanke war, daß er wohl Privilegien genoß, von denen wir nur träumen konnten. Während ich also strammstand, kam er an mir vorbei, fragte mich nach Nummer und Namen, und als ihm auffiel, daß ich ein wesentlich besseres Deutsch sprach als er – seines hatte einen harten Akzent und strotzte vor Fehlern –, interessierte ihn, woher ich kam. „Aus Wien!" antwortete ich. „Schöne Stadt", meinte er. Ich schwieg. Da verpaßte er mir einen Schlag ins Gesicht und wiederholte: „Ich sagte: ‚Schöne Stadt', hörst du schlecht?" Schnell stimmte ich zu. Warum ich nicht gleich geantwortet hätte, obwohl er eine freundliche Bemerkung gemacht habe, setzte er nach. Statt es ihm zu vorlaut erklären zu wollen, wiederholte ich nur nochmals, daß Wien – wie er bereits gesagt hätte – eine sehr schöne Stadt sei. Dann fragte er, ob ich sie sehr vermisse. „Ja, sehr!" antwortete ich wahrheitsgemäß, worauf er höhnisch meinte, daß ich Wien vergessen sollte, weil ich diese Stadt nie wieder zu sehen bekäme. Wie alle Juden hier müsse auch ich bis zu meinem Tod im Lager arbeiten. Wie gut es doch war, daß ich vorhin meinen Mund gehalten habe und Bollek gegenüber so wenig wie möglich gesagt hatte!

Bollek unterstanden 200 Gefangene, die er nun auf seinen Befehl in Zehnerreihen formieren ließ. Alle Kommandos erteilte er in genau derselben Manier, wie wir sie von Leuten der SS gewohnt waren, und er gab uns unmißverständlich zu verstehen, daß wir alle Schwierigkeiten, die er durch irgendein Fehlverhalten von uns bekäme, bitter zu büßen hätten.

Er behauptete, sogar in der Lage zu sein, jeden von uns wieder zu unserer früheren Arbeit beim Straßenbau zurückzuschicken. Natürlich war uns allen klar, daß er nicht ermächtigt war, diese Drohung wahrzumachen, denn man brauchte uns hier als Facharbeiter dringender. Das Dritte Reich konnte sich den Verlust von qualifizierten Kräften nicht leisten. Deshalb konnte uns die Androhung dieser Maßnahme keine Angst einjagen, wenngleich es niemand wagte, sich seinen sonstigen Befehlen zu widersetzen.

So taten wir, was er sagte, und marschierten aus dem Lager, bis wir schließlich zu einer gut gepflasterten Straße gelangten, die geradewegs zur I. G.-Farben-Fabrik führte.

Ich mußte an Robert denken, der uns davon informiert hatte, daß er wahrscheinlich in eine andere Baracke verlegt würde, in der alle Musiker untergebracht wären. Das bedeutete, daß er eine neue Uniform und besseres Essen bekäme, Reste aus der SS-Küche. Robert hatte uns viel von Brunek erzählt, dem freundlichen polnischen Orchesterleiter, der zwar kein Jude war, aber viel von Musik verstand. Ihm gegenüber hätte er mein Talent als Gitarrist – ich spielte die Mandoline – und Willis gesangliche Fähigkeiten gelobt und gebeten, uns beide im Bedarfsfall auch ins Orchester zu holen.

Nach einem Marsch von etwa drei Kilometern gelangten wir zu einem großen Fabrikskomplex mit hohen Schornsteinen, der von zahllosen kleineren Gebäuden umgeben war, in denen die verschiedenen Abteilungen angesiedelt waren.

Der Zugang zum Werk war mit Stacheldraht gesichert und von SS-Leuten bewacht. Bollek, der an der Spitze ging, ließ die

Marschkolonne gleich nach dem Passieren des SS-Kordons anhalten, wo uns mehrere deutsche Zivilisten – man nannte sie „die Meister“ – in Empfang nahmen.

Einer dieser „Meister“ wechselte einige Worte mit Bollek, wandte sich dann an die Gefangenen und wies uns an, die Hand zu heben, wenn seine erlernten Fähigkeiten aufgerufen würden. Es gab sogar einige Wissenschaftler unter uns, etwa meinen Freund Dr. Frankel, einen französischen Juden, den ich aus Saint Martin kannte. Diese gefragten Leute wurden natürlich zuallererst aufgerufen, waren sie doch im Werk am meisten begehrt. Dr. Frankel und noch vier andere meldeten sich. Jeden der Aufgerufenen befahl man vorzutreten und zu warten. Als die Mechaniker an die Reihe kamen, hoben etwa 50 Leute, darunter auch ich, ihre Hand.

So rief man nach und nach alle benötigten Berufe aus: Elektriker, Schweißer, Feinmechaniker usw. Nach Ende dieser Prozedur erklärte uns Bollek, daß uns die „Meister“ nun in die jeweiligen Abteilungen geleiten würden und wir uns erst mittags wieder an dieser Stelle einzufinden hätten, um während der halbstündigen Ruhepause die Suppe ausfassen zu dürfen.

Abends um sechs Uhr kämen wir hier dann neuerlich zusammen, um gemeinsam ins Lager zurückzumarschieren. Alle Anordnungen der „Meister“ hätten aufs genaueste befolgt und eingehalten zu werden, die kleinste Beanstandung zöge strenge Bestrafungen nach sich. Überdies sei uns verboten, mit Deutschen oder sonstigen Zivilisten zu sprechen. Nur die zur Arbeit notwendigen fachlichen Fragen dürften gestellt werden, und diese auch nur den zuständigen „Meistern“.

Dann folgten wir Mechaniker alle unserem „Meister“. Er führte uns zu einem größeren Gebäude, in dem sich eine Werkshalle befand. Jeder der Zivilisten, die hier an den Werkbänken arbeiteten, starrte uns an, als wir in unseren gestreiften Gewändern auftauchten. Einige grinsten uns wortlos an.

Unser Meister war ein kleingewachsener, umgänglicher und recht freundlicher Mann, der sich jedoch etwas zurückhaltend gab. Am Jackenaufschlag trug er gut sichtbar ein angeheftetes Hakenkreuzabzeichen.

Er wandte sich mir zu, fragte, welchen Beruf ich früher ausgeübt hätte, und wollte dann wissen, ob ich mir zutraue, mit

Hilfe eines speziellen Werkzeuges etwa fingerdicke Rohre zu biegen. Zusammen mit fünf anderen begleitete ich ihn zu einer Werkbank in einem abgelegenen Winkel der Halle, wo er uns das Biegewerkzeug erklärte. Nach etwa einer Stunde beherrschte ich dank dieses Gerätes das Rohrbiegen schon recht gut und schaffte es, die ersten Werkstücke nach Plan herzustellen. Die meisten dieser Rohre waren in einem Winkel von 35 oder 45 Grad zu biegen und mußten dann auf eine genaue Schnittlänge gebracht werden. Insgesamt war es also eine leichte Tätigkeit. Der Meister lobte mein gutes Geschick und den Arbeitserfolg.

Auch Willi und Sigmund gewöhnten sich langsam an die neue Umgebung, die werksintern als „Buna" bezeichnet wurde. Das angegliederte Lager (Buna-Monowitz), in das wir kamen, erstreckte sich über eine Fläche von knapp einem Quadratkilometer. Die Baracken waren in vier Reihen zu je 100 dreistöckigen Schlafkojen gegliedert. Jede Ebene wurde, wie schon im Aufnahmelager, von mehreren Häftlingen belegt. Buna-Monowitz war eines von insgesamt vier solchen Lagern, die zum militärisch-industriellen Komplex der Nazis zählten.

Gefangene mit besonderen Kenntnissen – auch als „Spezialisten" bezeichnet – wurden stets etwas besser behandelt. Diesem Umstand verdankten viele – auch Willi und ich – ihr Leben. Wir wußten genau, daß wir allerdings nur dann eine Chance hätten, wenn wir gesund bleiben könnten und immer die geforderte Arbeitsleistung erbrächten. Es bedeutete eine gewisse Erleichterung, hier wenigstens in einiger Entfernung von der SS zu arbeiten, obwohl es immer schien, als wären diese Leute überall und als könne nichts ihren Blicken entgehen.

Während wir nur für eine Suppe schufteten und ums Überleben kämpften, gab es auch sogenannte „Zivilarbeiter" – großteils Polen und Tschechen –, die für ihre Arbeit eine Art Entlohnung erhielten. Weder mit ihnen noch mit den Meistern war es uns erlaubt, eine Unterhaltung zu führen, die über das tolerierte Maß an Fragen hinausging, die sich auf die unmittelbare Arbeit bezogen. Viele der Meister brachten uns Gefangene ihre Verachtung aber auch so entgegen oder vermieden Gespräche mit uns einfach deswegen, um Problemen mit der SS möglichst aus dem Weg zu gehen.

Trotzdem konnte man auch während der Arbeit Prügel beziehen, denn die SS brauchte dafür keinen triftigen Grund und konnte uns zu jeder Tageszeit, egal, ob im Lager oder im Werk, schwer zusetzen. Man hatte sich mit dieser Praxis abzufinden. Nicht selten mußten die Meister bei so einer Aktion tatenlos zusehen, und nur ihr Gesichtsausdruck verriet die Abscheu gegen die SS und deren willkürliches Vorgehen. Manche hingegen waren selbst Nazis und kümmerten sich nicht weiter um unser Schicksal, ja, sie ermutigten die SS sogar zu mehr und härterem Prügeln.

Eines Abends hieß es, alle Häftlinge müßten sich vor dem Ausfassen der Suppe auf dem Appellplatz versammeln. So eine Verlautbarung hatte stets einen besonderen Grund. Als wir nun – Baracke für Baracke – in Reihen Aufstellung genommen hatten, mahnte uns eine Stimme über den Lautsprecher, still zu sein. Eine Gruppe von SS-Leuten, angeführt von Oberscharführer Schöttl, begab sich in die Mitte des Platzes. Durch ein Mikrophon verlautbarte er, daß drei Lagerinsassen einen Fluchtversuch unternommen hätten und nun zur Strafe gehenkt würden.

Man brachte die drei Männer zu den zuvor errichteten Galgen, sechs von uns wurden als Henker abkommandiert. Es war die erste Exekution, der ich beiwohnen mußte. Es kam der Befehl an alle, stramm zu stehen und auf die Galgen zu blicken. Jeder von uns sollte mitansehen, was mit den bedauernswerten Kameraden gleich geschehen würde. Die SS wachte darüber, daß keiner die Augen vom Schauplatz des Geschehens entsetzt abwandte. Verschiedene Befehle wurden hin und her gerufen, und niemand von uns Zuschauern wollte wahrhaben, was da ablief, keiner wollte hören, was zu hören war.

Man legte den Verurteilten die Schlinge um den Hals, und auf Befehl wurde die Falltür unter ihren Füßen betätigt. Drei unserer Kameraden waren nicht mehr am Leben, die Exekution vollstreckt.

Man ließ die Toten am Galgen baumeln, während Schöttl eine Rede schwang, in der er darauf hinwies, daß ein Fluchtversuch vollkommen aussichtslos wäre und jeder, der einen solchen trotzdem versuche, gehenkt werde wie jene Gefangenen, die nun tot vor uns hingen. Um seine Behauptungen zu bekräftigen, ließ er alle der anwesenden Häftlinge einzeln an den Galgen vorbeigehen und zwang uns, zu den Toten emporzublicken: Es waren junge Männer, vielleicht um die zwanzig Jahre alt.

Wir schrieben den Januar 1944 – der Abend war klirrend kalt. Vielen von uns war der Appetit auf die Suppe vergangen, man löffelte sie trotzdem, schließlich war es wichtig, bei Kräften zu bleiben.

An diesem Abend besuchte uns Bendl, wissend, daß unsere Stimmung nach all dem, was wir miterlebt hatten, wohl am Tiefstand war. Für Bendl, einen „alten Buchenwalder", waren solche blutigen Schauspiele nichts Neues. Er verriet uns, daß diese drei beklagenswerten Opfer völlig unschuldig gewesen waren und überhaupt nicht versucht hätten, aus dem Lager zu fliehen. Die SS hätte sich diese Anschuldigung vielmehr nur zurechtgelegt, um drei Männer hängen zu lassen. Man wollte ein Exempel statuieren und die übrigen Gefangenen damit einschüchtern. Was uns Bendl da erzählte, klang unglaublich, doch er versicherte, daß diese Praxis in jedem Lager von Zeit zu Zeit durchgeführt werde. Schließlich hatte sich die Lager-SS für Exekutionen an Häftlingen niemandem gegenüber zu rechtfertigen und konnte mit uns buchstäblich tun, was sie wollte. Bendl warnte uns bei dieser Gelegenheit vor Spionen in den eigenen Reihen, die die SS überall eingeschleust hätte, um von unseren Gesprächen und Absichten in Kenntnis zu sein. Wir sollten uns gut überlegen, riet Bendl, mit wem wir sprachen, besonders aber bei Kameraden, die uns unbekannt wären, sollten wir sehr vorsichtig sein.

Viele von uns verloren angesichts der miterlebten Exekution ihren ganzen Lebenswillen, so trostlos erschien ihnen ein Existieren in dieser unmenschlichen Umgebung. Zwei Männer, beide noch jung, warfen sich in den elektrisch geladenen Stacheldrahtzaun. Obwohl sie schon durch den starken Stromschlag auf der Stelle tot waren, wurden ihre leblosen Körper noch von unzähligen Kugeln, die die SS-Mannschaft von den Wachttürmen aus Maschinengewehren auf sie abfeuerte, getroffen.

Die Stimmung im Lager war am absoluten Tiefpunkt. Bollek, unser Kapo, verstand es prächtig, in dieser Situation gleichsam Salz in offene Wunden zu streuen, indem er uns allen die vorausgegangene Exekution immer wieder als abschreckendes Beispiel für jene in Erinnerung rief, die sich ihrem Schicksal nicht fügen könnten und sich zu einer „Dummheit" – einer Flucht etwa – hinreißen ließen.

Nach dem, was wir von Bendl gehört hatten, war uns klar, daß Bollek – als altem Buchenwalder – diese willkürlichen Hinrichtungen nicht fremd sein konnten und ihm also auch die Unschuld dieser drei Männer bewußt gewesen sein muß.

Es entsprach aber seiner Art von Sadismus, uns auf diese Weise zusätzlich quälen und demoralisieren zu können.

Tags darauf geschah dann etwas Unvorhergesehenes: Nach der Rückkehr ins Lager kam Robert nicht wie üblich zu uns in die Baracke. Erst warteten wir eine gute Stunde auf ihn, als er dann immer noch nicht aufgetaucht war, wandten wir uns an Bendl. Der bat uns wie immer, Ruhe zu bewahren und wieder in die Baracke zurückzukehren. Er wolle sich erst einmal umhören und uns später informieren, was mit Robert passiert sei.

Wir waren sehr beunruhigt, denn Robert war – nach allem, was er seit der Zeit in St. Martin durchmachen mußte – in keiner guten gesundheitlichen Verfassung, ein Umstand, der auch für die SS sichtbar gewesen sein mochte. So stand zu befürchten, daß man Robert vielleicht bereits für die Gaskammer bestimmt haben könnte.

Doch da erschien Bendl, um uns mitzuteilen, daß Robert während einer Orchesterprobe zusammengebrochen sei und man ihn wieder ins Krankenrevier gebracht hätte. Er leide angeblich schon länger an Verdauungsproblemen und habe schweren Durchfall. Roberts Zustand, so gestand Bendl, wäre trotz aller bereits getroffenen Maßnahmen besorgniserregend, und es sei ungewiß, ob er durchkommen würde.

Brunek, der Leiter des Lagerorchesters, war bereits im Krankenrevier gewesen und hatte seine dort tätigen polnischen Freunde dringend gebeten, alles Erdenkliche zu unternehmen, da doch Robert dringend im Orchester benötigt werde.

Für uns, Willi und mich, war es an diesem Abend bereits zu spät, um einen Besuch noch wagen zu können, hatten wir doch unser nächtliches Erlebnis mit dem SS-Mann aus Graz, das mich beinahe das Leben gekostet hätte, noch in frischer Erinnerung.

Nichts, was uns bedrückte, durften wir hier einem Zivilisten anvertrauen; bereits der Versuch war sehr gefährlich. Bendl hatte uns oftmals davor gewarnt, daß viele dieser Zivilisten überzeugte Nazis waren, die jeden Verstoß gegen die Vorschriften erbarmungslos an die SS meldeten. Welche schlimmen Folgen das für uns haben könnte, hatten wir mittlerweile schon herausgefunden. Besonders den Meistern aus Deutschland war nicht zu trauen, obwohl viele von ihnen den Eindruck erweckten, freundliche Menschen zu sein. Oft wünschte ich, alle Sorgen meinem Meister Frenkel anvertrauen zu können. Er war stets gut gelaunt und zu seinen Kollegen und Freunden zuvorkommend, die er freundlich grüßte – mit „Heil Hitler". Aber trotz der gewissen Zuneigung, die ich zu diesem Menschen empfand, durfte ich nicht riskieren, ihm meine Sorgen anzuvertrauen. So sprach ich nur dann mit ihm, wenn er mich zu meiner Arbeit befragte.

Eines Tages bemerkte Meister Frenkel freimütig, daß er an meiner Arbeit großen Gefallen fände und er mir demnächst gestatte, auch andere Gefangene zu instruieren, um sie zu genauso tüchtigen Arbeitern auszubilden. Das Werk benötigte diese Rohrstücke anscheinend kilometerweise, und man konnte den Eindruck gewinnen, es sei das vordringlichste Ziel, in möglichst kurzer Zeit so viele wie nur möglich zu fabrizieren. Natürlich fühlte ich mich irgendwie geschmeichelt durch Frenkels Lob und dankte ihm für sein Vertrauen. Da fragte er mich – ihm war mein österreichischer Akzent nicht entgangen –, woher genau ich denn käme. Ich wußte nicht, ob ich mich darauf einlassen sollte, mit ihm über diese privaten Dinge überhaupt zu sprechen. Frenkel bemerkte mein Zögern, schaute mich lange an und meinte dann, daß es mir ja freistünde, dazu etwas zu sagen oder nicht, und er meine Lage gut verstehen könne. Mit freundlicher Miene ging er weiter. Sein Verhalten war für mich ein Rätsel, doch Willi, dem ich den Vorfall am Abend erzählte, war der festen Überzeugung, daß ich mich völlig richtig verhalten habe (was übrigens auch Bendl meinte).

An diesem Abend wollte Willi unbedingt selbst Robert besuchen. Da er mich nicht wieder der Gefahr aussetzen wollte, einem SS-Mann in die Quere zu kommen, bestand er darauf, allein zu gehen. So bat ich also Fritz, unseren Blockältesten, meinem Bruder die Erlaubnis zu geben. Als Bendls Vertrauter bot er sogar an, meinen Bruder zu begleiten. Fritz trug eine Armbinde, die ihn als Blockältesten aus Block 30 auswies, was für unser Vorhaben von großer Bedeutung war. Träger eines solchen Abzeichens waren nämlich für die Disziplin innerhalb der Baracken verantwortlich und wurden deshalb – wohl auf höheren Befehl hin – nie von der SS vor den übrigen Gefangenen geschlagen. Durch einen so gekennzeichneten Begleiter erhielt der Besuch bei Robert im Krankenrevier einen offiziellen Anstrich. Leider wurde mir nicht erlaubt, mitzukommen.

Während ich also auf Willis Rückkehr wartete, hörte ich von meinem Schwager Sigmund, der mir Gesellschaft leistete, daß auch er zu einer erträglichen Arbeit eingeteilt worden war und einen freundlichen Meister hatte. Dieser Mann stammte, genau wie Sigmund, aus Berlin.

Eindringlich riet ich meinem Schwager, seinem Meister nicht zu viel zu erzählen, vielmehr jedes Gespräch auf das unbedingt Notwendige zu beschränken, weil ihm alles andere irgendwann zum Verhängnis werden könnte.

Nach einiger Zeit kam Willi mit seinem Begleiter zurück. Mein Bruder wirkte furchtbar verzweifelt, er meinte, daß es Robert überhaupt nicht gutginge. Robert hatte – wie Willi erfuhr – den verhängnisvollen Fehler begangen, verdorbene Speisereste zu essen, die er aus einem Abfalleimer in der SS-Küche gefischt hatte. Der große Hunger, der uns alle im Lager so plagte, hatte ihn dazu getrieben, und die Versuchung war angesichts der eßbaren Reste einfach zu groß gewesen.

Durch den lange unbehandelt gebliebenen Durchfall hatte sich sein Zustand arg verschlechtert. Zwar bekam er nun die dickere Suppe, die nur an Kranke verabreicht wurde, erbrach aber alles gleich nach den Mahlzeiten. Einer der polnischen Ärzte vertraute Willi an, daß es für Robert keine große Überlebenschance mehr gebe, weil dieser hohes Fieber hätte und bereits zu sehr geschwächt sei.

Diese schlimme Nachricht machte mich so traurig, daß ich mir vornahm – was immer auch die Konsequenzen für mich sein mochten –, am nächsten Abend unbedingt Robert ebenfalls zu besuchen.

Am nächsten Tag fiel Meister Frenkel meine bedrückte Miene sofort auf. Er fragte mich, was mit mir los sei. Ohne mich an die vielen Ratschläge zu halten, die ich stets selbst gepredigt habe, überkam mich das nicht länger zu zügelnde Bedürfnis, Frenkel von meinem sterbenskranken Schwager Robert zu erzählen. Meister Frenkel überlegte, ob er irgend etwas tun konnte, um ihm zu helfen, vielleicht durch das Beschaffen einer Medizin gegen den Durchfall. Ängstlich wies ich seine Hilfe zurück, machte mir aber im stillen umgehend Vorwürfe für meinen überstürzten Entschluß. So nahm ich mir vor, gar nichts mehr zu sagen.

Allerdings kam Meister Frenkel nach kurzer Zeit mit einem kleinen Paket zurück, das er mir, um nicht aufzufallen, verstohlen in die Jackentasche schob. Er erklärte, es enthalte ein wirksames Medikament gegen Durchfall. Ich bedankte mich leise.

Beim Rückmarsch ins Lager betete ich, nicht – wie schon so oft – von der SS durchsucht zu werden. Mit dem Päckchen in der Tasche kam ich mir fast wie ein Schmuggler vor. Die SS durchsuchte uns regelmäßig nach Werkzeugen, die man zur Planung eines Ausbruches hätte ins Lager schmuggeln können. Ich hatte jedoch Glück und kam durch die Kontrollen.

Sofort erzählte ich Willi von meinem Erlebnis. Es fiel ihm schwer zu glauben, daß sich ein Nazi um einen kranken Juden Gedanken machen könnte, und so reagierte er äußerst mißtrauisch. Er meinte, ich müsse mich von nun an sehr in acht nehmen, könnte es sich doch genausogut um eine Falle von Frenkel handeln. Ich bekräftigte zwar, daß ich anderer Meinung sei, versicherte ihm aber, daß ich schon vorsichtig sein würde.

Mit der Medizin begab ich mich dann ins Krankenrevier, ohne einen weiteren Gedanken an meine eigene Sicherheit zu verschwenden. Robert sollte so rasch wie möglich geholfen werden. (Wie ich später erfuhr, enthielt das Päckchen eine Phiole mit Opium.) Als ich Robert dann zu Gesicht bekam, wußte ich sofort, daß es für ihn zu spät war. Er hatte die Augen geschlossen, erkannte mich nur an der Stimme. Ich streichelte ihn am Kopf und bat ihn zu versuchen, seine Augen zu öffnen. Er kämpfte mit seinen Kräften, dann schließlich erblickte ich die trüben Augen eines Sterbenden. Es war mühsam, seine leisen Worte noch zu verstehen. Alle Gedanken hatte er bei seiner Frau, meiner Schwester Frieda, und deren Tochter Karin. Er bat mich, ihr einen letzten Gruß zu bestellen, dann starb er in meinen Armen.

Ich rief nach den Sanitätern, doch die meinten nur, daß Robert ohnehin in die Gaskammer gekommen wäre und er noch das bessere Los gezogen hätte. Ich war bestürzt, wie Sanitäter über einen

Menschen, der soeben aus dem Leben gegangen war, so respektlos sprechen konnten, als handle es sich nur um Ungeziefer, das man losgeworden war. Als ich sie auf ihr Verhalten ansprach, gaben sie nur ein kühles Lächeln von sich und meinten, daß jeder – ich eingeschlossen – nach drei Jahren im Konzentrationslager so denken und handeln würde.

Hastig verließ ich das Krankenrevier und stahl mich zurück in meine Baracke, wo mich Willi und die anderen ungeduldig erwarteten. Ich mußte ihnen die traurige Nachricht überbringen. Es herrschte betretenes Schweigen.

Ich wollte nicht und nicht begreifen, was geschehen war, und bis heute kann ich nicht verstehen, warum gerade Robert auf so tragische Weise sterben mußte. Ich dachte daran, wie glücklich unsere Familien einst gewesen waren und wie nun so viele von uns in kürzester Zeit um ihr Leben gebracht wurden. Ich sah das wahre Gesicht des Naziregimes, doch ich durfte solchen Gedanken nicht zu großen Raum geben, weil ich sonst verrückt geworden wäre.

Zu meiner großen Verwunderung stand am darauffolgenden Morgen Meister Frenkel im Werk gleich neben mir, wartend auf eine Gelegenheit, um abseits der Blicke der anderen mit mir zu sprechen. Er fragte mich, wie es Robert ginge und ob die Medizin geholfen hätte. Zuerst bedankte ich mich nur, entschloß mich aber dann, ihm die Wahrheit zu sagen. Frenkel klopfte mir mitfühlend auf die Schulter und meinte, es werde noch viele Opfer in diesem fürchterlichen Krieg geben. Wäre es mir erlaubt gewesen, so hätte ich eingewandt, daß man Robert nicht als ein Opfer des Krieges, sondern von Hitlers Programm zur Judenvernichtung sehen mußte. Ich denke aber, daß Frenkel an meinem Schweigen gemerkt hat, daß ich mich seiner Ansicht nicht anschließen konnte, er entfernte sich wortlos.

Ich verschrieb mich ganz meiner Arbeit, um zu vergessen. Noch einige Male kam Frenkel an mir vorbei, schaute mich an, sagte aber nichts. Kein Wunder, denn wir beide waren einfach zu verschieden und hatten völlig konträre Anschauungen. Zwar war auch Frenkel hier kein wirklich freier Mann, doch unterschied sich seine Situation gewaltig von der eines Lagerhäftlings.

Mittags begegnete ich Willi und Dr. Frankel, die beide – so gut sie eben konnten – versuchten, mich irgendwie zu trösten. Es war schon fast Gewohnheit, daß Willi mich ermahnte, den Schmerz über den tragischen Verlust unseres Freundes besser zu verdrängen, um ans eigene Überleben denken zu können. Wie recht er doch hatte! Mein ständiges Trauern nützte schließlich keinem von uns, die wir noch lebten, und konnte unsere Toten nicht wieder ins Leben zurückholen. Also ging ich nach der Mittagspause an meine Arbeit und bemühte mich, den Gedanken an Robert und seine bedauernswerte Familie aus meinem Bewußtsein zu verbannen.

Am Abend besuchte uns wieder Bendl, der bereits über die Geschehnisse bestens unterrichtet war. Er versicherte mir gleichsam zum Trost, daß seine Freunde im Krankenrevier ihr Bestes getan hätten, um Robert zu retten. Der Umstand aber, daß er freilich nicht mehr der Jüngste gewesen war und auch nicht über jene robuste körperliche Verfassung verfügte, wie etwa Willi und ich, hatte ihn letztlich zu sehr geschwächt, um den vielen Entbehrungen noch standhalten zu können. Außerdem hätte die SS seine Nummer bereits auf der Liste für die Gaskammer vermerkt, so daß Robert in jedem Falle für den Tod bestimmt gewesen wäre. Bendl meinte, daß die Art seines Todes vielleicht weniger grausam gewesen sein mochte als das qualvolle Sterben in der Gaskammer.

Wer würde wohl als nächster von uns an die Reihe kommen?

Sigmund war zwar jung und hatte das Glück, eine Arbeit innerhalb der Gebäude verrichten zu dürfen, die ihn körperlich nicht besonders hernahm, doch war auch er relativ schmächtig und litt ständig an Hunger, so daß er immer mehr an Gewicht verlor. Willi und ich ließen ihm bisweilen kleinere Mengen unserer eigenen Rationen zukommen, was ja nur sehr bedingt möglich war, mußten wir doch selbst darauf achten, bei Kräften zu bleiben.

In religiösen Belangen lagen unsere Anschauungen meilenweit auseinander. Täglich verrichtete Sigmund gewissenhaft seine Gebete, von denen er meinte, sie ermöglichten ihm das Überleben. Eines Tages verstieg er sich gar zu der Behauptung, ich selbst könne noch Frau und Kind haben, wäre ich nur ein gläubiger Mensch gewesen. Er konnte mir zwar nie erklären, wie sich diese Prophezeiung hätte verwirklichen sollen, doch ich wußte auch so, daß er mir das alles nur aus Verbitterung über meinen fehlenden Glauben vorhielt. Ungeachtet dieser unüberbrückbaren Differenzen sah ich in ihm zu jeder Zeit meinen Schwager, dem ich hilfreich zur Seite stand.

Die schlimmsten Befürchtungen traten tatsächlich ein: Sigmund erkrankte an Lungenentzündung. Er bekam hohes Fieber und war durch seine chronische Unterernährung zusätzlich stark geschwächt. Während man ihn ins Krankenrevier verlegte, wandte ich mich wieder an Bendl, unseren Helfer in der Not. Ich bat ihn, seinen Kontaktleuten aufzutragen, sich Sigmunds Pflege besonders anzunehmen und unbedingt dafür zu sorgen, daß er mehr Nahrung erhielt. Zwei Wochen lang besuchten ihn Willi und ich jeweils abwechselnd, schenkten ihm kleine Stücke von unserer Brotration und einen Teil unserer Suppe. Auf diese Art kam er langsam wieder zu Kräften und konnte – nicht zuletzt dank Bendls Einsatz – als gesund entlassen werden. Gemeinsam war es uns allen gelungen, ihn vor der Gaskammer zu bewahren. Sigmund allerdings schrieb seine Gesundung ausschließlich den Gebeten zu, die er täglich zweimal verrichtete. Etwas verärgert darüber forderte ich ihn auf, sich doch bei Bendl für dessen uneigennützige Hilfe zu bedanken. Sigmund bestand aber darauf, sein Leben weder Willi und mir noch Bendl zu verdanken, sondern allein Gottes Willen. So dankte ich Bendl an Sigmunds Stelle, um ihn seiner religiösen Gefühle wegen nicht in Verlegenheit bringen zu müssen.

Meister Frenkel sah mir oft beim Arbeiten zu, er schien mit meinen Leistungen recht zufrieden zu sein. Immer wieder versuchte er beharrlich, mit mir ins Gespräch zu kommen, interessierte sich dafür, was mit uns nach der Arbeit im Lager geschah und wie wir dort lebten. Freilich war ihm auch nicht entgangen, daß regelmäßig einige der ihm anvertrauten Arbeitshäftlinge spurlos verschwanden und nicht mehr auftauchten. So kam es denn auch, daß er mich – scheinbar wirklich die Zusammenhänge nicht kennend – fragte, ob ich mir diese merkwürdigen Vorgänge erklären konnte. Und ob ich das konnte! Es war aber eine zweite Sache, darüber offen zu sprechen. Denn genau davor hatte uns Bendl unermüdlich zu warnen versucht: Da man ja nie sicher sein konnte, ob der „liebe Herr Meister" in Wahrheit nicht gerade solche oder ähnliche Äußerungen bei den Häftlingen nur provozieren wollte, um einen von ihnen bei der SS zu denunzieren, lief man nur allzuleicht Gefahr, für das freimütige Bekennen der eigenen Meinung in den Tod geschickt zu werden. Ich muß aber zugeben, daß ich Meister Frenkel, den ich im Grunde für einen braven Deutschen hielt, am liebsten alles, was die Lager-SS uns unschuldigen Menschen angetan hat, auf der Stelle erzählt hätte; alles über die Gaskammern, alles über das Schicksal meiner Frau, meines Sohnes, meiner Schwester und der restlichen Familie. Die Möglichkeit, dieses schreckliche Wissen, das so schwer auf meiner Seele lastete, einem Außenstehenden mitteilen zu können, wäre für mich eine große Erleichterung gewesen.

Einmal, als ich gerade bei der Arbeit war, bat mich Meister Frenkel, ein Konvolut von Blaupausen zum Planungsgebäude zu bringen. Er erklärte mir, wie ich dorthin fände, nach Herrn Direktor Köhler fragen müsse, ihm das Konvolut übergeben sollte und er mir eine Empfangsbestätigung ausstellen würde. Diese hätte ich dann zu retournieren. Es war das allererste Mal, daß ich quer durch den gesamten Fabrikskomplex gehen durfte. Man konnte sich in diesem gewaltigen Gelände mit seinen riesigen Gebäuden und unzähligen Straßen glatt verirren. Nachdem ich aber stets den Wegweisern folgte, fand ich bald das Gebäude „G". Beim Hineingehen fragte ich einen Wachtposten nach Herrn Köhler. Ich war an einen Sicherheitsmann geraten, der eine Art Polizeiuniform trug.

Auf einem Abzeichen an seiner Uniform las ich die Aufschrift „I. G.-Farben – Werksschutz". Der Posten mißtraute gleich meinen Angaben und ließ mich deshalb nicht allein in den zweiten Stock weitergehen, wo sich Köhlers Büro befand, sondern entschloß sich, mit mir zusammen dorthin zu gehen. Dabei brachte er seine Verärgerung über die Entscheidung meines Meisters, gerade einen Juden für diesen Botengang auszuwählen, durch mürrisches Gemurmel zum Ausdruck.

Wir erreichten eine Bürotür, mir wurde befohlen, davor zu warten. Der Wachtposten trat ins Zimmer ein, wo er Köhler meldete, daß draußen irgendein dreckiger Judenhäftling warte, der Pläne dabei hätte. Erst dann ließ man mich eintreten.

Vor mir saß ein freundlich wirkender Mann, der mich mit „Guten Tag" begrüßte, die Pläne entgegennahm und eine Empfangsbestätigung ausstellte. Dann schickte er den Posten, der währenddessen im Raum geblieben war und mich argwöhnisch zu bewachen schien, vor die Tür und fragte mich, erst als wir beide allein im Raum waren, aus welchem Grund man mich verhaftet und ins Lager eingewiesen hätte. Ich schwieg betreten, versuchte nur zu lächeln, ging in Richtung Tür und hatte mich auch schon mit einem raschen und ungewohnten „Auf Wiedersehen" von ihm verabschiedet, als Köhler plötzlich aufstand und auf mich zukam. Er bat mich, ihm doch wenigstens zu verraten, woher ich stammte.

Ich ließ mich durch das freundliche Auftreten dieser offenkundig intelligenten Persönlichkeit dann doch zu einer Antwort hinreißen und erzählte ihm, daß Wien meine Heimatstadt sei, ich dort ein Technikstudium begonnen hatte, dieses aber nicht beenden konnte, weil ich Geld verdienen gehen mußte. Daraufhin fragte er weiter, zu welcher Tätigkeit man mich hier im Werk eingeteilt hätte. Als ich antwortete, bei Meister Frenkel als Rohrbieger zu arbeiten, zeigte er sich äußerst erstaunt über diese Tatsache. Man hätte meine technischen Kenntnisse nicht zweckmäßig genug eingesetzt, sinnierte er, und müsse mir unbedingt eine qualifiziertere Arbeit zuteilen.

Jetzt wurde mir allerdings angst und bang, stellte doch die bevorzugte Behandlung eines KZ-Häftlings durch reichsdeutsches Firmenpersonal eines jener Dinge dar, die der SS immer ein Dorn im Auge waren. Ich bat freundlich um Verzeihung, sein Angebot abschlagen zu müssen und ihm nicht meine Häftlingsnummer geben zu können. (Im selben Augenblick wurde mir bewußt, daß er sie – wäre es seine Absicht gewesen – jederzeit an meiner Jacke hätte ablesen können.) Er beharrte jedoch darauf, mich an einem adäquaten Arbeitsplatz sehen zu wollen, und nahm sich vor, mit Meister Frenkel bei Gelegenheit darüber zu sprechen.

Als ich den Raum wieder verlassen hatte, nahm mich der Mann vom Sicherheitsdienst – er hatte die ganze Zeit über vor der Tür gewartet und fühlte sich sichtlich übergangen – sofort wieder in Gewahrsam. Mißmutig stellte er mich sofort zur Rede, weil er nicht verstehen konnte, was ich so lange in Köhlers Büro verloren hätte. Da ich ihm die Antwort darauf schuldig geblieben war, wurde er wütend und verpaßte mir einen Faustschlag mitten ins Gesicht. Er schrie mich an, ich hätte gefälligst auf die

Fragen eines deutschen Werksschutzmannes zu antworten. Ich war verwirrt. Hatte man uns nicht – im Gegenteil – bisher stets eingeschärft, nur ja mit keinem deutschen Zivilisten auch nur ein Wort zu wechseln? Trotz dieser offiziellen Anweisung war ich gerade von einem deutschen Zivilisten dafür bestraft worden, sie befolgt zu haben.

Blut rann aus meiner Nase, lief übers Kinn und tropfte auf den Empfangsschein, den ich Meister Frenkel zurückbringen sollte. Ich beschleunigte meinen Gang, um nur ja schnell den Machtbereich dieses verrückten Sicherheitsmannes wieder zu verlassen. Hastig kehrte ich in meine Werkshalle zurück. Immer noch mußte ich mit der einen Hand die Nase zudrücken, um die starke Blutung etwas zu stillen. Allerdings war der Empfangsschein, den ich in der anderen Hand hielt, dadurch in Mitleidenschaft geraten und blutverschmiert. Ich hatte mir bereits eine Ausrede für die Blutflecken zurechtgelegt, wollte vorgeben, auf dem Weg gestürzt zu sein. (Hätte ich die Wahrheit gesagt, also Meister Frenkel den Zwischenfall mit dem Werksschutzmann gebeichtet, so hätte ich damit rechnen müssen, daß Frenkel sich über dessen Verhalten beschwerte. Die Konfrontation der beiden Deutschen hätte dann leicht zu meinen Lasten ausgehen können.)

Also erzählte ich von dem vorgetäuschten Sturz und ersuchte um Erlaubnis, die Toilette aufsuchen zu dürfen, um mir das blutverschmierte Gesicht säubern zu können. Frenkel gab mir nicht nur diese Erlaubnis, er steckte mir sogar sein Taschentuch zu. Ich zögerte, es anzunehmen, doch er stopfte es in meine Jackentasche. Als ich im Waschraum stand, kam unverhofft ein anderer Meister herein. Sofort schrie mich dieser empört an, ich hätte die Toilette umgehend zu verlassen, weil ich als Jude kein Recht hätte, sie zu benützen. Juden stünden nur die Häftlingslatrinen zu. Er drohte, dieses Vergehen der SS zu melden, und verlieh seiner Drohung dadurch Gewicht, daß er meine Nummer in einem Merkbuch notierte.

Das hatte ich nun davon: Neuerlich war ich in größte Schwierigkeiten geraten, nur weil ich gutgläubig allen Anweisungen gefolgt war.

Ich stürzte aus dem Waschraum, von der Furcht gepackt, dieser Deutsche, der zum Herrscher über mein weiteres Schicksal geworden war, könnte jederzeit seine Drohung wahr machen. Da mir kein anderer Ausweg einfiel, erzählte ich Meister Frenkel von meiner fatalen Begegnung. Ich bat ihn inständig, seinen Meisterkollegen vom Vorhaben, eine Meldung über mich zu machen, abzubringen.

Meister Frenkels Empörung war deutlich zu merken. Ohne sich jedoch in meiner Gegenwart dazu zu äußern, begab er sich sogleich zu dem Kollegen. Ich sah beide in recht aufgeheizter Stimmung miteinander verhandeln.

Es gelang mir zwar nicht, sie zu belauschen, doch konnte ich erkennen, wie der andere meinem Meister zum Schluß ein Stück Papier übergab. Ich bekam es nie zu Gesicht, Meister Frenkel versicherte mir jedoch später glaubhaft, daß er es vernichtet hätte. So konnte ich von Glück reden, daß ich dank Frenkels Hilfe aus dieser verzweifelten Lage kommen konnte, andererseits war es eigentlich er selbst, der mir das alles – ohne jede schlechte Absicht – eingebrockt hatte. Ich wünschte mir, er würde mich nie wieder auf solch einen Botengang schicken.

Bendl, dem ich bei seinem Besuch am Abend wieder meine Erlebnisse schilderte, warnte mich, hier im Lager keinem Fremden zu trauen, vor allem dann, wenn es sich – wie im Falle von Frenkel und Köhler – um Deutsche handelte, die als treue und überzeugte Nazis im Zweifelsfall sicher jederzeit bereit wären, uns bedenkenlos zu opfern. Es fiel mir schwer, zu glauben, daß Meister Frenkel jemals etwas tun könnte, um mir zu schaden, aber was blieb mir andererseits übrig, als mich an die Ratschläge meines erfahrenen Freundes zu halten? So machte ich es mir zum Vorsatz, in Hinkunft ausschließlich an die Arbeit zu denken und alle gutgemeinten Freundlichkeiten, wenn sie von einem Deutschen kamen, zu ignorieren – so schwer das auch einem Mann wie Frenkel gegenüber fallen mochte, der mich stets zuvorkommend behandelte. Das war wohl eine Eigenschaft, die ich noch zu lernen hatte.

Als hätte ich nicht schon genug Probleme, legte sich tags darauf auch noch Kapo Bollek Pressen mit mir an. Er ließ mich wissen, daß er über alles, was ich tat und sagte, genau im Bilde sei, auch darüber, daß ich einen sehr freundschaftlichen Umgang mit Meister Frenkel pflege. Er hätte seine eigenen Quellen, durch die er alles in Erfahrung bringen könne, speziell über solche Häftlinge, die sich nicht an die Regeln hielten. Spätestens jetzt war mir klar, daß Bollek neben seiner tiefen Abneigung, die er gegen mich hegte, auch noch eifersüchtig auf das enge Vertrauen war, das Meister Frenkel mir entgegenbrachte und das ihn offenbar um seine eigene Autorität fürchten ließ. Da ich deshalb mit Racheaktionen gegen mich rechnete, bat ich meinen Meister, nichts, was mich und unsere Gespräche betraf, an Kapo Pressen weiterzuerzählen. Damit gelang mir nicht, zu verhindern, daß Bollek keine Gelegenheit ausließ, mit mir herumzuschreien, mich wiederholt heftig zu schlagen und an nahezu allem, was ich tat, etwas auszusetzen hatte.

Ich war überzeugt, daß es Bollek auf mich als Person abgesehen hatte und mich früher oder später umbringen würde. Ich fragte Bendl, der Bollek noch aus seiner Zeit in Buchenwald kannte, was er von meinen Befürchtungen hielt. Er meinte, daß ich Bollek aus dem Weg gehen sollte, indem ich mich einem anderen Arbeitskommando zuteilen ließe. Er, Bendl, könne das schon irgendwie einfädeln. Ich erklärte Bendl, daß das sicher nicht meine Absicht sei, weil ich auf jeden Fall bei Meister Frenkel bleiben wollte und auch die Art von Arbeit, die ich dort tat, nicht allzuschlecht sei. Bendl akzeptierte meinen Wunsch und versprach zu versuchen, Bollek von seinen Plänen abzubringen.

Sollte dieses Vorhaben nicht gelingen, bestünde dann immer noch die Möglichkeit, seine direkten Vorgesetzten, Schulhof und Herzog, auf ihn anzusetzen. Als seine Vorgesetzten könnten sie nämlich auf absoluten Gehorsam bestehen. In der Tat zeigten Bendls Schritte – wie sie auch ausgesehen haben mochten – rasch Wirkung. Bolleks Schikanen blieben zunächst aus, und er hörte auf, mich zu schlagen. An den bösen Blicken, die er mir fortan zuwarf, konnte ich aber unschwer ablesen, daß er nur gezwungenermaßen von mir abgelassen hatte. Da er mich als Bendls Freund kannte, mußte er Herzog und Schulhof besonders fürchten. Immerhin oblag es ihrer Macht, im äußersten Fall sogar seine Verlegung in ein anderes Lager, ja sogar zur Zwangsarbeit in eine der gefürchteten Kohlengruben, zu veranlassen. Als erster Schritt dazu reichte schon die Meldung über ungehorsames Verhalten oder eine schlechte Arbeitsleistung.

Für die nächste Zeit war ich also vor Bollek, diesem miesen Kerl, sicher, wenn auch nur vorübergehend.

Eines Morgens, als ich eben mit meiner Arbeit begonnen hatte, sprach mich Meister Frenkel in freundlichem Ton an. Er wollte von mir erfahren, was wir im Lager zum Frühstück bekämen. Auf mein Zögern hin beruhigte er mich und meinte, er hätte von anderen Häftlingen bereits erfahren, woraus diese Mahlzeit bestand, wolle es aber gern von mir bestätigt bekommen. Also zählte ich auf: ein Stück trockenes Brot, ein winziger Patzen Margarine, eine Schüssel ekelhaften Ersatzkaffee, der eher aussah, als wäre er eine Schmutzwasserbrühe. Er schien sich zu wundern, daß es tatsächlich nicht mehr zu essen gab und das Wenige auszureichen hätte, bis wir am Ende eines beschwerlichen Arbeitstages unsere Abendsuppe, die eigentliche „Hauptmahlzeit", erhielten. Kopfschüttelnd und stumm ging er wieder an seine Arbeit.

Tags darauf sprach Meister Frenkel erneut mit mir. Er wies mich an, ab sofort täglich sein Arbeitszimmer aufzuräumen, ein anderer Häftling, der diese Arbeit üblicherweise ausführte, wäre ausgefallen. Ich fragte mich, warum Frenkel wohl gerade mich für diese simple Tätigkeit ausgesucht hatte, wo ich doch in der Lage wäre, viel nützlichere Aufgaben zu erfüllen. Es war mir aber schwerlich möglich, die Entscheidung eines Meisters in Frage zu stellen.

Am nächsten Morgen begrüßte mich Meister Frenkel auf die bekannt freundliche Weise und schickte mich sofort zum Aufräumen in sein Arbeitszimmer. Ich möge diese Tätigkeit, wies er mich an, überhaupt am besten als erstes in der Früh ausführen und dabei nicht vergessen, den Papierkorb zu leeren. Ich machte mich also daran, sein Büro, das am anderen Ende der Werkshalle lag, in Ordnung zu bringen. In der Mitte des Zimmers befand sich ein großer Schreibtisch, um den mehrere Stühle gruppiert waren. Ein übergroßes Bild des Führers hing an der Wand, daneben Aktenschränke und ein Waschbecken mit Spiegel, alles in allem das typische deutsche Büro: nett und sauber, dabei aber einfach und auf höchste Effizienz ausgelegt. Während ich den Boden aufwusch und den Tisch abstaubte, erblickte ich auch den Papierkorb, auf den ich nicht vergessen sollte. Bis auf ein kleines Knäuel am Grund war er nahezu leer. Ich faßte hinein, um ihn zu entleeren, als sich der vermeintliche Müll als kleines, sorgsam eingewickeltes Ding entpuppte. Vorsichtig wagte ich, es auszupacken. Ich fand darin zwei Scheiben Butterbrot und ein Stückchen Wurst. Weil es noch frisch und durchaus nicht nach Abfall aussah, nahm ich an, daß Frenkel es versehentlich in den Müll geworfen hatte. Was sollte ich jetzt tun?

Trotz des ständig quälenden Hungers war ich nicht sicher, ob ich diese Gelegenheit wahrnehmen und es einfach essen oder ihm das gefundene Brot zurückgeben sollte. Der Gedanke an dieses Brot ließ mich alles andere vergessen. Doch bevor ich mich zu einer Entscheidung durchringen konnte, öffnete sich die Tür und Meister Frenkel stand, freundlich lächelnd wie immer, im Raum. Jetzt hatte er mich also ertappt, wie ich sein Brot in den Händen hielt. An meiner betretenen Miene hatte er sicherlich sofort erkannt, wie erschrocken ich über sein plötzliches Auftauchen war. Um so größer war dann meine Verwunderung, als er mir stumm deutete, ich könne das Brot ruhig essen. Also war es tatsächlich für mich bestimmt, also absichtlich von ihm selbst im Papierkorb deponiert worden! Ohne meine Reaktion abzuwarten, drehte er sich auch schon wieder um und verließ eiligen Schrittes den Raum. Ich war fassungslos. Frenkel, stets als überzeugter Nazi in Erscheinung tretend, hatte eben mit mir, einem Juden, der vom System zum Feind erklärt worden war, seine auch nicht gerade üppige Essensration geteilt. Ich begriff, daß er mich wirklich mochte und es nicht ertragen konnte, mich hungern zu sehen. Nur auf diese eigenartige Weise konnte er mir – um selbst nicht aufzufallen – Nahrung zukommen lassen. Das Brot versteckte ich in meiner Jackentasche, machte mit dem Aufräumen in Frenkels Büro weiter und begab mich nach getaner Arbeit wieder in die Werkshalle zurück. Dort wartete ich auf eine passende Gelegenheit, um meinem Meister für das, was er getan hatte, zu danken. Ich wollte ihm sagen, daß es keinesfalls meine Absicht sei, dadurch seine eigenen Portionen in irgendeiner Weise zu schmälern.

Es hatte aber ganz den Anschein, als erachtete Meister Frenkel es als seine Pflicht, mir meine schlimmen Lebensumstände durch seine Tat etwas erträglicher zu machen. Er versicherte mir, daß ich ihm durch die Annahme des Brotes kein Essen wegnehmen würde.

Von nun an versorgte er mich täglich auf die gleiche Weise mit Broten, die ich nie allein aß, sondern immer abends mit

Willi und anderen Kameraden teilte. Bendl war über die ganze Sache nicht sehr glücklich. Er wies mich auf das Risiko hin, das ich durch mein Verhalten eingegangen war, und hoffte, Meister Frenkel würde mich nicht eines Tages fürchterlich enttäuschen. Dieses Risiko, das ich für gering schätzte, war ich bereit zu tragen.

Jeden Abend hieß es eine Stunde lang Appell stehen, bevor wir uns ausgehungert auf die dünne Wassersuppe stürzen durften. Sechs SS-Offiziere schritten die Reihen ab, während sie im Vorbeigehen jeden Häftling mit kritischen Blicken musterten. Das kleinste Anzeichen einer körperlichen Schwäche oder ein Gesicht, das ihnen nicht behagte, genügte bereits, um vortreten zu müssen. Allen von uns war klar, was das bedeutete, offiziell aber erklärte man uns immer, daß die Schwächeren lediglich in ein anderes Lager geschickt werden, wo man sie wieder gesundpflege. Abend für Abend hieß es aufs neue, vor der Selektion zu zittern, jeder mußte stets damit rechnen, aus irgendeinem Grund zur Vernichtung in den Gaskammern von Birkenau bestimmt zu werden.

Bollek Pressen war einer von denen, die die SS bei der Auswahl von solchen Häftlingen berieten. Da er mich haßte, hatte ich umso größere Angst, bei den Selektionen früher oder später selbst in die Schar seiner Todeskandidaten aufgenommen zu werden. Er aber schien es vorzuziehen, mich beharrlich zu übergehen, denn jedesmal blieb ich von ihm fast wie durch ein Wunder verschont. Oder heckte er insgeheim bereits etwas anderes für mich aus? Auch meine Kameraden waren nämlich der Ansicht, daß es Bollek auf mein Leben abgesehen hätte und mit Sicherheit irgendwann tödliche Rache an mir nehmen würde. Es war mir klar, daß sich Bollek – nach allem, was vorgefallen war – bereits durch meine bloße Anwesenheit in seiner Autorität eingeschränkt sehen mußte und diesen – für ihn unerträglichen – Zustand kaum für längere Zeit hinnehmen würde.

Diesen für mich ungünstigen Tatsachen hatte ich ins Auge zu sehen, auch Bendl war nun der Ansicht, daß Bollek, der laufend in Buna Kameraden totschlug, für das Leben von uns allen eine nicht mehr kalkulierbare Gefahr darstellte. Man beschloß also, diesen Kerl irgendwie loszuwerden. Da er mich ohnehin im Visier hatte und ich mich langsam daran gewöhnt hatte, vor ihm besonders auf der Hut zu bleiben, wurde ich von Bendl beauftragt, Bollek genau zu beobachten. Über jeden seiner Schritte sollte ich der Gruppe Bericht erstatten, denn man wollte dahinterkommen, welche groben Verstöße gegen die Lagerordnung ihm nachzuweisen seien.

Bendl war sicher, daß Bollek eine Beziehung zu einer polnischen Zivilistin unterhielt, die im Werk zur Zwangsarbeit eingesetzt wurde. Kontakte dieser Art waren natürlich ausnahmslos untersagt und auch Kapo Bollek streng verboten. Der Umstand, daß er sich der SS als willfähriger Helfershelfer andiente, spielte dabei überhaupt keine Rolle und wäre für den Fall, daß solche verbotene Taten ans Tageslicht kämen, sicher kein Milderungsgrund.

Auf Dauer konnte diese für mich unerträgliche Situation nicht bestehen bleiben. Solange ich Bollek auf Gedeih und Verderb ausgeliefert war, mußte ich einer düsteren Zukunft entgegenblicken. Es war unvermeidlich, daß mich Bollek auf seinen häufigen Kontrollgängen beim Gespräch mit Meister Frenkel ertappte und dann, gepackt von blindem Neid über das Vertrauen, das ich genoß und welches ihm versagt war, seinem Zorn freien Lauf ließ. Nur um mir zu zeigen, wer mein eigentlicher Herr wäre, beschimpfte und demütigte er mich vor den Augen von Meister Frenkel oder verpaßte mir abends im Lager ein paar Fausthiebe, ohne mir einen Grund dafür zu nennen. Dabei wußte er genau, daß stets Meister Frenkel es war, der ein Gespräch anfing und nicht ich. Trotzdem drohte er mir wiederholt, mein Fehlverhalten der SS zu melden.

Keine zwei Wochen später – wir waren in einen anderen Lagerabschnitt verlegt worden – hatte ich dann Erfolg: Ich konnte Bollek bei einem Rendezvous mit einer sehr hübschen Polin beobachten. Die beiden verschwanden gemeinsam in einem Rohrstück von etwa zwei Metern Durchmesser. Solche Rohre lagerten in großer Anzahl in den Magazinen. Da sie ein ausgezeichnetes Versteck darstellten, dienten sie vermutlich immer als ihr Liebesnest. Es wäre ein leichtes gewesen, die beiden der SS zu melden, die sie dann gleich auf frischer Tat ertappt hätte. Unseren Peiniger wären wir vermutlich losgewesen. Doch da ich noch nicht wußte, an wen ich diese Information hier hätte weitergeben sollen – es wäre leicht möglich gewesen, daß ich den

„falschen“ SS-Mann angesprochen hätte und mein Handeln auch für mich fatale Folgen gehabt hätte –, erinnerte ich mich an Bendls Ratschlag: Nimm niemals etwas eigenmächtig in Angriff, sondern besprich alles erst mit der Gruppe.

Also unternahm ich nichts, sondern berichtete Bendl noch am gleichen Abend von meinen Erkenntnissen. Obwohl ich hinzufügte, daß man von einer schweren Verfehlung ausgehen könne, die man nur noch zu melden brauche, um Bollek rasch loszuwerden, konnte ich Bendl damit nicht überzeugen. Er ließ sich auf keine Diskussion mit mir ein, sondern bat mich nur, Bollek weiter nachzuspionieren.

Die Schikanen, denen mich Bollek aussetzte, nahmen kein Ende, so daß sich schließlich sogar Meister Frenkel ernsthafte Sorgen um meine Sicherheit machte. Es fiel ihm schwer, zu begreifen, daß zwischen uns eine solche tödliche Feindschaft herrschte. Ich versuchte, Frenkel zu erklären, daß alles wohl durch das Vertrauen bedingt sei, das er in mich setzte, welches den eifersüchtigen Bollek in blindwütige Raserei versetzte, und ersuchte meinen Meister abermals inständig, Bollek nichts von unseren Gesprächen zu erwähnen.

Eines Tages, als ich mittags in der Schlange stand und für die Suppe angestellt war, baute sich Bollek vor mir auf und fragte herausfordernd, was ich denn hier schon wieder verloren hätte. Als ob das nicht jedem klar gewesen wäre! Im Kommandoton befahl er mir, die Reihe zu verlassen, denn für mich gebe es keine Suppe. Es blieb mir nichts anderes übrig, als meinem Kapo zu gehorchen.

Dann geschah es, daß Bollek zufällig vorbeikam, als ich gerade in der Werkshalle meine Suppe zu mir nehmen wollte. Mit einem Fußtritt schlug er mir die Schüssel aus der Hand, die in weitem Bogen durch die Halle flog, so daß sich meine Mahlzeit über den Boden ergoß. Als ich aufsprang, um meine Schüssel in Sicherheit zu bringen, gab er mir einen weiteren Fußtritt und schrie, daß jemand wie ich keine Schüssel verdiene. Die einfache Formel: „Keine Suppe, kein Leben mehr“, kannte er nur zu gut. Er bemächtigte sich des Utensils und stampfte es mit einem einzigen Tritt zu einem platten Gebilde. Ich war verzweifelt, wußte ich doch, daß ein Verlust der Suppenschüssel von niemandem ersetzt werden würde.

Für mich bedeutete das einmal einen ganzen Tag ohne jede Mahlzeit. Es war zwecklos, einen Kameraden darum zu bitten, mir seine Schüssel zu borgen, denn die Ausgabe der Mahlzeiten dauerte nur kurz und war meist schon beendet, als wir noch aßen. Zwar teilte Willi seine karge Portion mit mir, doch damit verringerte sich auch noch seine Chance, zu überleben. Bendl war sich darüber im klaren, daß ich unbedingt wieder einen Suppennapf bekommen müßte, und versprach, sich darum zu kümmern. Da es aber nahezu ausgeschlossen schien, mir vor dem nächsten Abend zu einem neuen Utensil zu verhelfen, rechnete ich damit, auf mindestens drei weitere Mahlzeiten verzichten zu müssen. Doch niemand konnte mir garantieren, daß Bendl überhaupt eine neue Schüssel würde auftreiben können, und so standen meine Aussichten nicht gerade zum besten.

Trotz alledem war es aber Bollek selbst, von dem die meiste Gefahr für mich ausging. Sein verschlagenes Wesen ließ ihn so unberechenbar erscheinen, daß es nahezu unmöglich war, seine nächsten Pläne auch nur zu erahnen. Es schien aber jedem meiner Kameraden klar zu sein, daß Bollek entschlossen war, mich aus dem Weg zu räumen.

Diese schlimmen Gedanken, die mir nicht aus dem Kopf gehen wollten und mich sehr belasteten, sollten durch ein freudiges Ereignis jäh vertrieben werden:

Für mich völlig unerwartet eilte mir Bendl am nächsten Morgen – Bollek hatte gerade das Kommando zum täglichen Abmarsch ausgegeben – mit einer neuen Suppenschüssel entgegen. Er wollte sie mir noch rechtzeitig vor dem Abmarsch überreichen, damit ich nicht bis zum Abend mit leerem Magen arbeiten mußte. Es war Bollek nicht entgangen, daß mir Bendl soeben die zertretene Schüssel durch eine neue ersetzt hatte. Und da auch Bendl wußte, daß wir von ihm beobachtet worden waren, schärfte er mir ein, das neue Utensil unter keinen Umständen aus den Augen zu lassen. Ich versuchte zu tun, was Bendl mir nahelegte, und war bereit, meinen Besitz auch gegen Kapo Bollek zu verteidigen, wohl wissend, daß es der einzige Weg sein würde, die Absichten meines Widersachers zu durchkreuzen.

Wieder an meiner Arbeitsstätte, blieb auch Meister Frenkel meine besorgte Miene nicht verborgen, und er verwickelte mich in ein Gespräch. Aus Sorge, Bollek könnte auch davon Wind bekommen, erzählte ich ihm nicht alles, schließlich war die Lage, in der ich mich befand, schon schlimm genug. Andererseits war mir bewußt, daß ich ohnehin nichts mehr zu verlieren hatte, und so entschloß ich mich, Bolleks Aktivitäten auch weiterhin auszukundschaften. Daß ich es bei diesem Kampf ums Überleben mit der Wahrheit auch nicht so genau nehmen konnte, stand von vornherein fest. Also bat ich Meister Frenkel darum, mir wieder irgendeinen Botengang zu vermitteln, um – wie ich ihm erklärte – diese Gelegenheit für den Besuch eines Freundes zu nützen, dem es nicht gutginge. Frenkel überlegte und kam nach zwanzig Minuten mit einem verschlossenen Kuvert wieder, das ich ins Verwaltungsgebäude zu bringen hätte. Ich könne mir dabei ruhig Zeit lassen, meinte Frenkel, solle aber doch nach spätestens einer halben Stunde wieder hier sein. Diesmal gab er mir für den Fall, daß man mich aufhalten sollte, eine schriftliche Weisung mit auf den Weg.

Ich wußte genau, wo ich Bollek finden konnte. Für die Kapos gab es eine eigene Baracke, in der sie zusammenkamen, und tatsächlich: Schon nach kurzer Zeit kam Bollek heraus, schlug zielstrebig einen Weg ein, auf dem ich ihm unauffällig folgte, immer auf der Hut, von ihm nicht bemerkt zu werden. Er näherte sich einer Zivilistin, der er im Vorübergehen etwas zuflüsterte. Man schien sich zu verstehen, denn mit einiger Verzögerung begann sie Bollek zu folgen. Jetzt bemerkte ich, daß sie ein Päckchen unter dem Arm trug. Die beiden verschwanden schließlich wieder in jenem überdimensionalen Rohr, zu dem ich sie bereits einmal verfolgt hatte. Meine Vermutung traf also zu, Bollek unterhielt heimlich eine fixe Beziehung zu einer Polin, die als Zwangsarbeiterin im militärisch-industriellen Komplex arbeitete. Zwangsarbeiter, wie sie auch offiziell hießen, genossen zumindest das Privileg, nicht in den schmutzigen Lagerbaracken leben zu müssen. Sie konnten mittels Marken eine kleine Menge an Lebensmitteln beziehen und bekamen auch eine Art geringer Entlohnung. Etwa 15 Minuten später kroch das Mädchen wieder aus dem Rohr, das Päckchen trug sie jetzt nicht mehr bei sich. Dafür trug es Bollek beim Herauskommen mit sich. Ich hatte alles beobachtet, was ich beobachten wollte! Jetzt führte ich rasch meinen Botengang zu Ende und kehrte wieder in die Werkshalle zurück.

Am Abend ersuchte ich Fritz, den Blockältesten, um Erlaubnis, Bendl aufsuchen zu dürfen, wohl wissend, daß er mir diese Bitte nicht versagen würde. Bendl hörte sich das, was ich über Bollek zu erzählen hatte, mit großem Interesse an und ließ sich die Polin genau beschreiben. Erneut warnte mich Bendl vor allen eigenmächtigen oder übereilten Plänen. Ich sollte über das Gesehene Stillschweigen bewahren und alles Weitere ihm überlassen. Man hätte bereits einen Plan, um Bollek endgültig loszuwerden, Näheres verriet mir Bendl aber nicht. Dafür erzählte er mir, daß sich Bollek mittlerweile auch bei einigen SS-Leuten äußerst unbeliebt gemacht habe, auch hätte man ihn in Verdacht, verbotene Kontakte zu polnischen Zivilisten zu pflegen. Es war bekannt, daß Bollek seine Position als „Alteingesessener" dafür nützte, um im Lager einen schwunghaften Schwarzhandel mit Nahrungsmitteln, die er von draußen bezog, zu betreiben, ja, er verschachere sogar Schnaps, Fleisch und Lebensmittel, die auf normalem Weg gar nicht erhältlich wären. Das alles sei natürlich ohne Wissen und Duldung durch einige Leute der SS nicht möglich. Des weiteren auch nicht der Umstand, daß er von einem Kameraden, einem ehemaligen Zahnarzt, Zahngold bezog, das dieser mit einem heimlich angefertigten Instrument aus den Zähnen von Häftlingen extrahierte. Diese Schilderungen erschienen mir so unglaublich, daß ich sie – stammten sie nicht aus Bendls Mund – wohl kaum für möglich gehalten hätte.

Am nächsten Tag fragte mich Meister Frenkel, wie es mir ginge und ob Bollek mich immer noch nicht in Ruhe ließe. Ich spielte den Konflikt herunter, die letzten Tage wären besser verlaufen, meinte ich. Während wir so sprachen, kam Bollek in die Halle. Ich hatte ihn leider zu spät bemerkt. Schnell griff ich zu meinem Werkzeug, um weiterzuarbeiten und Bollek durch die Fortsetzung meines Gespräches mit Meister Frenkel nicht zu provozieren. Bollek kam auf mich zu und sprach mich in der für ihn typischen barschen Manier an: „Wie oft muß man dir denn noch sagen, daß du mit einem Deutschen nicht zu reden hast?" Bevor ich noch antworten konnte, unterbrach uns Frenkel. Er erklärte, daß wir soeben lediglich über Dinge, die die Arbeit betrafen, gesprochen hätten und wir niemals private Unterhaltungen pflegten. Bollek ließ das nicht gelten, durfte aber einem deutschen Meister nicht offen widersprechen. So ignorierte er einfach Frenkels Einwand und richtete seinen Zorn gegen mich: „Ich habe dich lange genug beobachtet, und ich weiß genau, daß du immer wieder mit Deutschen redest, und zwar nicht über deine Arbeit. Deshalb werde ich das an die SS melden, dann kannst du denen ja selbst deine Unterhaltungen erklären." Mit seinem verächtlichen Blick, mit dem er mich immer anglotzte, verließ er daraufhin die Halle.

Als Bollek außer Reichweite war, kam Frenkel wieder zu mir und meinte, daß er nun verstehen könne, warum ich Bollek hasse, und gestand, daß auch er tiefe Verachtung für ihn empfand. Frenkel bot mir seine Hilfe an, doch ich wollte nicht wagen, das Risiko einzugehen, das eine solche, nicht gern gesehene Unterstützung durch einen Deutschen auch barg.

Am Abend, als wir ins Lager marschierten, sah ich Bollek wieder. Er stand neben Stolten, dem Verantwortlichen für die Arbeitshäftlinge im I. G.-Farben-Werk, beim Lagertor. Auf einen Wink von Bollek mußte ich vortreten. Ich hatte gerade noch Zeit genug, um Willi, der neben mir marschierte, zuzuflüstern, Bendl im Ernstfall Bescheid zu geben.

Bollek und der SS-Mann nahmen mich in Gewahrsam und führten mich in die Baracke der SS. Zusammen mit dem dort diensthabenden Offizier brachte mich Stolten in sein Büro, wo mich beide, ohne ein Wort zu verlieren, mit heftigen Faustschlägen bearbeiteten, so daß mir bald Blut übers Gesicht rann. „Das war für deine Gespräche mit deutschen Zivilisten", belehrte mich Stolten. „Merk es dir gut. Das nächste Mal bleibst du nicht ungeschoren, dann stecken wir dich in die Kohlengrube." Ich verstand seine Drohung, doch es war zwecklos, auch nur das Geringste zu meiner Verteidigung einzuwenden.

Auf dem Weg zur Baracke wusch ich das Blut aus meinem Gesicht. Ich wollte Willi und den anderen nicht in diesem Zustand gegenübertreten. Mein ganzer Körper schmerzte, das rechte Ohr und ein Auge waren aber besonders schlimm verletzt.

Einige Kameraden, denen Willi später von dem Zwischenfall erzählte, wurden wütend und wollten ihren Zorn an Bollek, den auch sie haßten, entladen. Nur mit Mühe konnte ich sie von ihrem Vorhaben, das uns allen mehr geschadet hätte, abhalten, indem ich sie schließlich davon überzeugte, daß ich selbst einen Weg finden müsse, mit Bollek fertig zu werden.

Bendl war nicht überrascht, daß Bollek mich auf diese Weise einzuschüchtern versuchte, war er doch zunehmend nervös geworden und mußte fürchten, daß ihm seine eigenen Machenschaften einmal zum Verhängnis werden könnten. Bendl riet mir, einfach zuzuwarten, jedenfalls aber Bollek nicht zu reizen. Ohne mir Einzelheiten zu nennen, meinte er, daß das Unternehmen, Bollek das Handwerk zu legen, bereits im Laufen sei.

Bald darauf machte ich die Bekanntschaft von Ernstl Zimche. Zimche, um die 22 Jahre alt und Berliner, betrat unsere Baracke, weil er nach einem Bert Linder suchte. Er war von athletischer Erscheinung und ebenfalls ein sogenannter „Alter". Man hatte ihn zunächst 1942 in Berlin verhaftet und dann ins KZ gebracht. Wir unterhielten uns über Bollek, den er – wie Bendl – aus Buchenwald kannte. Da Ernstl akzentfrei Deutsch und Polnisch sprach, war er Bollek, seinem Kapo, von der SS als Übersetzer für nichtdeutsche Gefangene stets vorgezogen worden. Das genügte, um sich Bolleks gnadenlosen Haß zuzuziehen. Bollek geriet, meist aus rasender Eifersucht, oft in gefährliche Wutausbrüche.

Nach diesen Geschichten, die ich mir mit großem Interesse angehört hatte, war mir aber immer noch nicht klar, weswegen mich Ernstl eigentlich aufgesucht hatte. Trotzdem fand ich irgendwie Gefallen an ihm, denn obwohl ich ihn ja gar nicht kannte, vertraute auch ich ihm meine Erfahrungen mit Bollek an. Mit keinem Wort erwähnte ich dabei allerdings Bendls Rolle oder den Plan der Gruppe, Bollek unschädlich zu machen.

Ernstl erzählte, daß auch er Bolleks Mißhandlungen ausgesetzt war, und schloß damit, daß nun der Zeitpunkt gekommen wäre, diesem gefährlichen Sadisten endlich das Handwerk zu legen. Er wäre mit mehreren prominenten Häftlingen gut befreundet, die allesamt zur gleichen Überzeugung gelangt wären. Ich fragte Ernstl, ob er mich nicht in diese Pläne einweihen könne.

Er blickte mich skeptisch an, dann meinte er, ich hätte mich in diesem Falle zu verpflichten, mit seiner Gruppe zusammenzuarbeiten. Obwohl ich viele Ansichten dieses jungen Mannes teilte – so war auch er in der sozialdemokratischen Jugendbewegung aktiv –, erbat ich Bedenkzeit. Ich wollte mich vorher bei Bendl erkundigen, wen Ernstl mit dieser Gruppe prominenter Häftlinge eigentlich gemeint hatte.

Nach Ernstls Besuch begann mich Fritz zu verhören. Er schien sich dafür zu interessieren, wie gut ich Ernstl kannte, und versuchte mir einzureden, daß dieser – er hatte ihn ebenfalls in Buchenwald kennengelernt – als Unruhestifter bekannt sei und ich den Umgang mit ihm meiden solle. Zum Schein dankte ich ihm für seinen Rat.

Von Fritz, unserem Kapo, wußte ich nicht allzuviel. Ja, nicht einmal den Grund seiner lebenslangen Haftstrafe, die er zu verbüßen hatte und mit der er manchmal prahlte, kannte ich. Er erzählte bloß, er sei froh, daß man Konzentrationslager errichtet hätte, weil er dadurch von den Nazis in eine wichtige Position gehievt worden war, in der es für ihn bessere Verpflegung und Kleidung gebe als im Kerker, er nicht kahlgeschoren werde und tagsüber auch nicht hart zu arbeiten brauche. Im Gegenzug dafür müsse er nur regelmäßige Kontrollen durchführen und für Ordnung in der Baracke sorgen. Sicherlich wurde ich von ihm nur deswegen in Ruhe gelassen, weil ich in Bendl einen respektierten Freund hatte.

Bald aber bereitete mir Bollek neuerlich Schwierigkeiten: Als ich mich wieder einmal um die Suppe anstellte, kam Bollek geradewegs auf mich zu. Der grimmige Blick in seinem Gesicht ließ mich Böses ahnen. Er forderte mich auf, meinen Suppennapf vorzuweisen. Die Schüssel sei nicht sauber, schrie er, nur ein Jude würde aus so einem dreckigen Gefäß essen. Daraufhin schleuderte er mir die Schüssel aus der Hand. Ich wollte sie aufheben, doch er trat mir mit voller Wucht in den Hintern, so daß ich flach auf den Boden fiel, worauf er zu meiner Schüssel rannte und sie wieder flachtrampelte. So mußte ich ein weiteres Mal tatenlos zusehen, wie Bollek meine Suppenschüssel unbrauchbar gemacht hatte. Vermutlich hätte ihm ein Widerstand meinerseits in dieser aufgeheizten Stimmung nur den Vorwand geboten, mich auf der Stelle totschlagen zu können. Bendl hatte mich ja stets vor einer solchen Reaktion gewarnt.

Ich überlegte, wie ich diesmal zu einer neuen Schüssel kommen könnte. Eine Möglichkeit wäre gewesen, meine Brotration einem Schieber anzubieten, also einem Häftling, der einem der Kameraden die Schüssel gestohlen hatte, um sie seinerseits gegen Nahrung einzutauschen.

Bollek hingegen wußte genau, daß mir wegen des Verlustes meiner Suppenschüssel immer die schmerzvolle Bestrafung durch meinen Blockältesten Fritz bevorstand.

Fritz, der ein äußerst rüder Mensch war, konnte dann und wann von einer Laune in die andere fallen, wodurch er sich für die anderen als völlig unberechenbar erwies. Es gab da ganz bestimmte Zwischenfälle, die so einen Stimmungswandel bei ihm auslösen konnten, wie etwa der Verlust einer Suppenschüssel. Da er für unsere Eßutensilien verantwortlich war, spielte es für ihn überhaupt keine Rolle, aus welchem Grund etwas fehlte, es genügte einfach die Tatsache, daß es fehlte. Für ihn stand sowieso fest, daß jeder Verlust immer durch pure Nachlässigkeit eines Häftlings geschah. Und das war es, was ihn in Rage brachte.

In meiner Not wußte ich keinen anderen Ausweg, als mich abermals hilfesuchend an Bendl zu wenden. Bevor ich aber noch irgend etwas unternehmen konnte, erwartete mich in der Baracke bereits Fritz. Höhnisch fragte er, wie mir die Abendsuppe geschmeckt hätte. Jetzt war mir klar, daß ihm Bollek alles erzählt hatte, jede Lüge war zwecklos. Auch Bollek zu beschuldigen, brächte nichts. Also hatte ich mich jener schmerzvollen Prozedur zu unterziehen, die ich schon mehrmals über mich hatte ergehen lassen müssen. Mit der Lederknute wurden mir diesmal 25 brutale Schläge übers Hinterteil gezogen. Die Schmerzen dabei waren so groß, daß ich fast die Besinnung verlor. Trotzdem setzte ich alles daran, mir nichts anmerken zu lassen.

Keinesfalls wollte ich Fritz den Gefallen tun, bei jedem Peitschenhieb laut aufzuschreien.

Ich schleppte mich danach zu meiner Pritsche, um mich zu verkriechen. Die Schmerzen, die ich am ganzen Rücken spürte, trieben mir Tränen in die Augen. Willi saß neben mir. Ich steigerte mich in solche Haßgefühle gegen Bollek, der alles daransetzte, mich fertigzumachen, daß ich für kurze Zeit meinte, völlig den Verstand zu verlieren.

Fast hatte ich mich schon entschlossen, Bendl – dessen gute Kontakte mir das ermöglicht hätten – darum zu bitten, mich in irgendein anderes Lager verlegen zu lassen, nur um Bollek nicht mehr über den Weg laufen zu müssen.

Etwas später besuchte mich Bendl. Er hatte es tatsächlich geschafft, mir wieder zu einer Schüssel zu verhelfen! An meiner verstörten Miene erkannte er aber sofort, daß etwas mit mir nicht stimmte. Ich erzählte ihm von der grausamen Züchtigung durch Fritz und auch, daß ich es nicht länger ertragen würde, ständig unter Bollek leiden zu müssen. Ich sei mittlerweile auch bereit, auf eigene Faust zu handeln, selbst wenn das mein Leben koste. Bendl aber beschwor mich, nur ja nicht die Beherrschung zu verlieren und mich zu Handlungen hinreißen zu lassen, die mir anschließend noch leid täten. Denn genau das sei es, was Bollek letztlich bezwecke: mich zu einer Verzweiflungstat zu treiben, um schließlich leichtes Spiel mit mir zu haben. Sollte ich dann die Hand gegen ihn erheben, würde er keinen Augenblick zögern, sondern mich totschlagen. Bendl riet mir deshalb, weiterhin auf ihn zu vertrauen, egal, was noch geschehen sollte.

Ich wandte ein, daß meine Geduld langsam zu Ende ging, zumal es auch eine andere Gruppe im Lager gebe, die bereits einen Plan gegen Bollek geschmiedet habe. Bendl lächelte, als ich von meiner Begegnung mit Ernstl Zimche erzählte. Er verriet mir auch sofort, warum: Ernstls Gruppe war die gleiche Gruppe, der auch Bendl angehörte, und war tatsächlich auf Bollek angesetzt.

An dieser Stelle sei vielleicht etwas über die Arbeitsweise dieser „Prominentengruppe" alter „Buchenwalder" verraten, der noch Erwin Schulhof, unser Mann bei der „Arbeitseinteilung", Gustl Herzog, den wir beim „Arbeitsdienst" hatten, und zahlreiche andere Kameraden angehörten. Sie alle waren von der SS – aufgrund ihrer Ausbildung – für Funktionen in der Lagerverwaltung ausgewählt worden. Obwohl sie wie alle ständig unter genauer Kontrolle durch die SS standen, gelang es jedem von ihnen in bewundernswerter Weise, den Kameraden und Mithäftlingen zu helfen. Dabei mußten sie jedoch stets darauf achten, bei der SS nie auch nur den leisesten Verdacht aufkommen zu lassen, ihre Handlungen wären von Hilfsbereitschaft und Solidarität mit uns geleitet. Da sie aber im allgemeinen alle ihnen aufgetragenen Pflichten zur Zufriedenheit erfüllten und der SS auf diese Weise eine Menge lästiger Verwaltungsdienste ersparten, hatte diese nur selten das Bedürfnis, genauer hinzusehen. Viele von uns konnten nur deshalb das Lager überleben, weil sie durch die „Gruppe" eine Arbeit im Trockenen erhalten hatten. Man kann sich kaum vorstellen, was es bedeutete, im strengen polnischen Winter draußen arbeiten zu müssen! Bendl veröffentlichte nach der Befreiung die Erfahrungen seines langen Lagerlebens in Buchform. „Teufel und Verdammte", wurde in viele Sprachen übersetzt. Abgesehen von einigen Ausnahmen war das Leitmotiv der Politischen, ihre Handlungen so zu setzen, daß möglichst viele Leben gerettet werden konnten.

Wie schon erwähnt, arbeitete auch mein Bruder Willi zusammen mit mir im Arbeitskommando 178. Er hatte sich hier als Elektriker so gut bewährt, daß man ihn zum Vorarbeiter der Abteilung „Elektrik" im Werk der I. G.-Farben ernannte. Er machte sich bald bei seinen Kameraden, aber auch bei den Deutschen einen Namen als Monteur für Röntgenapparate, die man dringend in allen deutschen Heeresspitälern benötigte und die hier erzeugt wurden.

So kam es eines Tages, daß mich Bendl auf Willis Fähigkeiten und sein profundes Wissen, das er auf diesem Gebiet angesammelt hatte, ansprach. Er bemerkte, daß dieser Umstand auch bereits innerhalb der SS bekannt sei. Auch die Verwaltung der I. G.-Farben habe davon Kenntnis. Schulhof hätte aus diesem Grund sein Interesse an Willis Mitarbeit bei einem besonderen Projekt bekundet, für dessen Verwirklichung man ihn unbedingt benötige.

Da es ja allein an Willi lag, sich für eine Beteiligung an einer solchen geheimen Unternehmung der Häftlingsgruppe zu entscheiden – die wohl in jedem Fall mit einem enormen Risiko verbunden wäre –, und ich im übrigen auch nicht so genau sagen konnte, ob und inwieweit Willi tatsächlich mitmachen wollte, schlug ich vor, meinen Bruder zu fragen.

Ich machte mich also auf die Suche nach Willi, brachte ihn umgehend zu Bendl, der ihm kurz erklärte, worum es ging, und schon waren die beiden verschwunden.

Willi kehrte recht nachdenklich etwa eine halbe Stunde später von seiner Unterredung zurück. Erst allmählich kam ich dahinter, worum es bei diesem Gespräch gegangen war: Jeder von uns Häftlingen hatte schon auf irgendeine Weise mit jener so gefürchteten Baracke Bekanntschaft gemacht, die sich „Krankenblock" nannte. Sie diente hauptsächlich für die Behandlung von kleineren Arbeitsunfällen oder harmlosen Krankheiten, weil die Verweilzeit der Patienten auf zwei Wochen beschränkt war.

Wer innerhalb dieser Periode nicht wieder genesen war, fiel unweigerlich den Selektionen der SS zum Opfer, die täglich durchgeführt wurden. Niemand, der als arbeitsunfähig eingestuft wurde, sollte – gemäß den Gesetzen der SS – länger als diese Zeit als nutzloser Häftling ernährt, sondern sofort in der Gaskammer umgebracht werden.

Der Leiter dieses „Krankenblocks" war ein polnischer Arzt, der – seiner Position im Lager gemäß – zahlreiche Privilegien genoß und von uns wegen seiner Zusammenarbeit mit der SS möglichst gemieden wurde. Diese Bereitschaft zur Kollaboration zeigte sich unter anderem darin, daß er Kranke – auf welche Weise auch immer – möglichst rasch wieder loswerden wollte, um bei der Lagerleitung gut angeschrieben zu sein. Nur wenn es um Häftlinge ging, die ihrer besonderen Fähigkeiten wegen für die I. G.-Farben oder aus militärischen Gründen von Wichtigkeit waren, setzte er sich für deren Genesung ein.

Da der Arzt auf diese Weise über Leben und Tod seiner Patienten entscheiden konnte, also sich einmal für eine Behandlung entschied und das andere Mal den Kranken als unheilbar einstufte und für die Gaskammer freigab, war das Interesse von Bendl, Schulhof, Herzog und Ernstl Zimche verständlicherweise groß, diesen Arzt mit geeigneten Mitteln bei Laune zu halten. Im Gegenzug würde man nämlich dann verlangen können, kranke Kameraden, die unter der Obhut der Gruppe standen, durch eine durchgeführte ärztliche Behandlung vor dem Tod zu bewahren.

Als ehrgeiziger Arzt war er bestrebt, die SS stets in allem zufriedenzustellen, so daß diese schließlich ihrerseits von der Leitung der I. G.-Farben mit Lob für die Unterstützung des Konzerns bedacht wurde.

Von unschätzbarer Bedeutung für die wirksame Behandlung vieler Krankheiten waren Röntgenapparate, die im Werk gefertigt wurden. Allerdings war es nicht möglich, diese militärisch wichtigen Güter, die überall an der Front dringend benötigt wurden, auf offiziellem Weg für den Gebrauch in einem Lager anzufordern, wo noch dazu Häftlinge behandelt werden sollten.

Die einzige Möglichkeit, an ein solches Gerät zu kommen, war, Bestandteile davon bereits bei der Produktion abzuzweigen, diese unauffällig ins Lager zu schmuggeln und sie hier wieder zusammenzubauen. Seitens der SS, erklärte Bendl, wäre man mit dieser Vorgangsweise angeblich einverstanden, solange sie nicht ans Tageslicht käme. Diese Aufgabe sollte nun Willi erfüllen. Für den Fall, daß er beim Diebstahl dieser Teile ertappt werden sollte oder man sie bei einer Kontrolle fände, würde er aber offiziell als Saboteur betrachtet und öffentlich gehenkt.

Schulhof hatte Willi über diese Gefahr nicht im unklaren gelassen, beschwor ihn aber gleichzeitig, den Auftrag zu übernehmen, weil sein Gelingen letztlich allen zugute käme. Willi war ein sehr mutiger Mensch. Er stimmte zu. Schon ab dem folgenden Tag wollte er die ersten Teile ins Lager schmuggeln. Ich fragte ihn, wie er das bewerkstelligen könne, ohne daß die deutschen Kollegen in seiner Abteilung dahinterkämen. Darauf meinte er, dies wäre gar nicht so schwer, da er viele Teile als „Ausschuß" aus der Produktion nehmen könne. Ihr Fehlen fiele dann niemandem auf. Nach ein bis zwei Monaten hätte er alle Teile des Röntgengerätes beisammen. Seine einzige Sorge dabei war, die Teile in der Kleidung zu verstecken und an den Kontrollen vorbei unbemerkt ins Lager zu schleusen. Schulhof, dem die Kleiderausgabe unterstand, hatte zwar versprochen, eine größere Jacke zu organisieren, doch wurde damit die ganze Sache nur unwesentlich einfacher. Einzig und allein mein Vertrauen auf Bendl und die anderen „Alten" gab mir die Zuversicht, daß alles irgendwie gutgehen würde.

Zwischenzeitlich gingen die Angriffe Bolleks auf mich unvermindert weiter. Ja, er war so besessen von der Idee, mich zu zerstören, daß nun schon die deutschen Zivilarbeiter auf sein Verhalten aufmerksam wurden. Meister Frenkel konnte immer noch nicht begreifen, warum Bollek mir das antun wollte. Frenkel, dem ich wiederholt klarzumachen versuchte, daß mich Bollek als Bedrohung seiner persönlichen Autorität sah und mich deshalb umbringen wollte, konnte vieles nicht verstehen. Vieles konnte ich ihm auch nie erzählen, ohne mich der Gefahr auszusetzen, daß es an die falschen Ohren gelangt wäre.

Ich war gerade mit dem Biegen von Rohren beschäftigt, als mich Bollek an meiner Arbeitsstätte aufsuchte und mir befahl, mitzukommen. Leider war Meister Frenkel gerade nicht anwesend, um mich – wie schon so oft – vor Bollek in Schutz nehmen zu können. Ich versuchte, mich seinem Befehl zu entziehen, indem ich einwarf, daß für ein Fernbleiben von der Arbeit die Erlaubnis des Meisters erforderlich wäre, doch das brachte ihn erst recht in Rage. Er begann mich anzubrüllen, es interessiere ihn nicht, welche Anweisungen Frenkel erteile, weil er jetzt das Sagen hätte. Dabei versetzte er mir einen wuchtigen Faustschlag mitten ins Gesicht, so daß ich wie betäubt nach hinten taumelte. Reflexartig griff ich nach dem nächstbesten Werkstück, das ich zu fassen bekam, um mir Bollek vom Leib halten zu können. Während er fortfuhr, mich anzubrüllen und mir zu drohen, blickte ich ängstlich um mich, in der Hoffnung, Frenkel würde auftauchen und mir zu Hilfe eilen.

Doch Frenkel kam nicht, und so hatte ich keine andere Wahl, als mich meinem Todfeind zu stellen. Bollek zerrte mich zu einem Schrotthaufen in einem abgelegenen Teil der Werkshalle. Er verlangte von mir, den gesamten, viele Zentner schweren Metallschrott auf einen vor der Halle abgestellten Lastwagen zu karren. Es war uns beiden klar, daß ich diese Aufgabe allein nie bewältigen würde können. Schon mein erster Versuch, einen der Metallteile zu heben, scheiterte, worauf Bollek mit einem Gummiknüppel auf mich eindrosch. Erst trafen die Hiebe meinen Rücken, dann das Genick, und zuletzt schlug er mir direkt auf den Kopf. Meine letzte Stunde schien gekommen zu sein.

Verzweifelt hoffte ich, irgend jemand würde doch noch vorbeikommen und Bollek von seinem grausamen Vorhaben abbringen. Allem Anschein nach hatte dieser den Platz und den Zeitpunkt aber so gewählt, daß uns niemand bemerkte.

Ich hatte mit meinem Leben schon abgeschlossen, da tauchte gänzlich unerwartet mein Meister Frenkel auf. Von hinten packte er Bollek, drehte ihm den Arm auf den Rücken und verhinderte damit, daß dieser weiter auf mich eindreschen konnte. Dabei schrie er Bollek an, er werde ihn der SS melden, weil er mich mutwillig von einer Arbeit abgehalten hätte, die von erheblicher Bedeutung für den „Endsieg" sei. Das war allerdings eine kühne und für Bollek nicht ungefährliche Anschuldigung aus dem Munde eines deutschen Vorgesetzten, die nicht ihre Wirkung verfehlte. Bollek, diese Kreatur, war einigermaßen eingeschüchtert. Kleinlaut versuchte er einzuwenden, daß er mich einfach gebraucht hätte, um dieses Gerümpel wegräumen zu können, und machte Frenkel weis, er hätte vergeblich überall nach ihm gesucht, um seine Erlaubnis dafür einzuholen. Frenkel entgegnete, daß ein einzelner unmöglich in der Lage sein könne, diese Arbeit zu verrichten. Für solche Aufgaben sei gewöhnlich das Transportkommando zuständig. Er hielt Bollek vor, genau zu wissen, daß er es nur hätte verständigen müssen.

Bollek blickte schon ziemlich verdutzt, als Frenkel dann noch seine Häftlingsnummer notierte und ihm damit klar wurde, daß die Drohungen ernst gemeint waren. Frenkel geleitete mich schließlich zurück an meinen Arbeitsplatz und ließ einen verunsicherten Bollek zurück.

Meister Frenkel erzählte mir danach, daß er nur scheinbar zufällig in unsere gefährliche Auseinandersetzung geraten war. Von einem in der Halle neben mir arbeitenden Kameraden, den er nach dem Grund meiner Abwesenheit befragt hatte, erhielt Frenkel nämlich die Auskunft, daß ich mit Bollek verschwunden wäre. Dadurch alarmiert und Böses ahnend hatte sich mein Meister sofort auf die Suche nach mir gemacht.

Ich flehte ihn an, Bollek durch die Androhung disziplinärer Konsequenzen nicht noch mehr gegen mich aufzubringen. Obwohl Frenkel dieses Ansinnen überhaupt nicht verstehen wollte, zeigte er sich doch bereit, meinen Wunsch zu akzeptieren, schränkte jedoch ein, daß er Bollek bei der nächsten Verfehlung unweigerlich melden würde.

Ein weiteres Mal schuldete ich Frenkel, dem das Unverständnis für Bolleks Brutalität deutlich anzusehen war, meinen aufrichtigen Dank. Frenkel schien – trotz meiner oftmaligen Beteuerungen – nicht zu begreifen, daß ein Kapo hier im Lager über Leben und Tod entscheiden konnte und dies nach Gutdünken meist auch tat. Offenbar ging mein Meister von der naiven Vorstellung aus, daß die Kapos, die ja eingesetzt wurden, um zum klaglosen Funktionieren der Kriegsindustrie beizutragen, aus einer Art Pflichtbewußtsein handeln würden und daher keine für Deutschland wichtigen Arbeitshäftlinge verletzen oder gar töten dürften.

Der Gedanke an die allabendliche Rückkehr ins Lager jagte mir an diesem Tag Angst ein. Was, wenn Bollek mir erneut auflauern sollte und ich nun seinen Zorn über die erfolgte Demütigung durch Frenkel in voller Härte zu spüren bekäme? Ich beschloß, diesmal nicht wie üblich sofort in meine Baracke zu gehen, sondern begab mich direkt zu Bendl. Leider war er nicht zu finden, so daß ich vor seinem Block auf ihn warten mußte. Um der Gefahr, Bollek in die Hände zu fallen, möglichst zu entgehen, suchte ich Deckung hinter einer Mauer. Eine Stunde verging, bis Bendl endlich eintraf. Die Abendmahlzeit hatte ich längst versäumt, doch das war meine geringste Sorge. Er ahnte sofort, daß wieder etwas vorgefallen sein mußte, erbat sich aber noch etwas Geduld, um wenigstens seine Abendsuppe zu sich nehmen zu können. Dann wandte er sich mir in seiner verständnisvollen Art zu. Ich schilderte den Vorfall vom Nachmittag. Bendl versprach, auf die Gruppe einzuwirken und dafür zu sorgen, die Pläne, die man gegen Bollek schmiedete, etwas rascher zu verwirklichen. Mit keinem Wort verriet er mir allerdings, worin diese Pläne bestünden. Schon bald, so meinte er, werde Bollek jedenfalls nicht mehr im Lager sein. Bis dahin gebe es keine andere Lösung, als Bollek tunlichst aus dem Weg zu gehen. Die Drohung Frenkels dürfte Bollek sicher für einige Tage zumindest so sehr einschüchtern, daß er mir vom Leib bleiben würde.

Bendl hatte sich getäuscht.

Am nächsten Morgen paßte mich Bollek gleich beim Abmarsch aus dem Lager ab. „Jetzt sind wir also nicht bei der Arbeit, und kein Meister Frenkel ist hier, um dir zu helfen, du dreckiger Jude!" rief er und schlug mir auch schon links und rechts mit den Fäusten ins Gesicht. Wäre nicht im selben Moment der Befehl zum Abmarsch ausgegeben worden, Bollek hätte vielleicht diesmal sein Versprechen, mich totzuprügeln, wahr gemacht. Willi stand die ganze Zeit neben mir und mußte Bolleks Treiben mit geballten Fäusten mitansehen. Gott sei Dank vergrub er sie tief in seinen Jackentaschen, denn ich fürchtete schon, er könne die Kontrolle verlieren und dem Dreckskerl eine verpassen. Blut quoll mir in Strömen aus Nase und Mund, ich hatte nichts, womit ich es wegwischen konnte. Willi, dem seine Uniform viel zu groß war, riß einen Fetzen aus seiner Jacke und schob ihn mir zu.

Als ich im Werk ankam, bemerkte Frenkel, wie ich zugerichtet war, und begann sofort, mir Fragen zu stellen. Ich gab keine Antwort. Er schien zu verstehen, daß ich aus Angst vor Schlimmerem nicht reden wollte. Trotz starker Schmerzen versuchte ich, meiner Arbeit nachzugehen. Frenkel brachte mir nach einer Weile mehrere saubere Lappen, mit denen ich mein blutverschmiertes Gesicht und die Kleidung säubern konnte. Er riet mir, dazu den Waschraum aufzusuchen, wo ich mich dann auch eine Zeitlang ausruhen dürfe, was ich auch tat. Es war ein schlimmer Tag, und ich sehnte mich nach der Rückkehr in meine Lagerbaracke.

Die aussichtslose Lage, in der ich mich befand, ließ mich verzweifeln. Ich sei am Ende, gestand ich Bendl, der mich besuchte, und hätte keine Kraft mehr, weiterzuleben, falls nicht schleunigst etwas geschähe. Bendl lächelte nur und meinte, daß es nun soweit wäre, daß man den Plan gegen Bollek umsetzen könne, ohne aber auch nur ein Wort darüber zu verlieren, wie das geschehen würde. Auch Ernstl Zimche, an den ich mich wandte, versicherte mir dasselbe.

Also blieb mir nichts anderes übrig, als abzuwarten und ganz auf Bendl zu vertrauen. Meister Frenkel mußte ich ständig davon überzeugen, daß seine Absicht, Bollek der SS zu melden, mir mehr schaden als nützen könnte.

Etwa zu dieser Zeit tobte ein wilder Meinungsstreit unter den Nazigrößen. Einerseits arbeitete die SS akribisch an der Umsetzung der Hitlerschen Pläne zur Judenvernichtung, andererseits benötigte das Regime dringend geschulte Arbeitskräfte – speziell solche, die über technisches Wissen verfügten –, weil der Großteil der männlichen Zivilbevölkerung eingerückt war. Dieser Umstand führte dazu, daß die I. G.-Farben bestrebt war, die im Werk beschäftigten Zwangsarbeiter vorerst am Leben zu lassen, ganz gleich, ob es sich dabei um Juden handelte. Die Parole lautete, man müsse diese Häftlinge, die ja dem Konzern finanziell kaum zur Last fielen, wenigstens so lange ausbeuten, als sie körperlich oder geistig noch in der Lage wären zu arbeiten.

Dieser Streit läßt sich recht anschaulich anhand jener Idee demonstrieren, die man im Winter 1943 in der I. G.-Farben gehabt hatte: Um die Häftlinge bei der Arbeit im Freien vor der klirrenden Kälte zu schützen und die Fälle von Lungenentzündung, die den Stand arbeitstauglicher Häftlinge zeitweise stark dezimiert hatte, zu verringern, wurden speziell entwickelte Jacken aus Fiberglas ausgegeben. Von der SS anfangs genehmigt, wurde die Erlaubnis von höchsten Stellen in Berlin wieder rückgängig gemacht. Der Konzern ignorierte den Widerruf einfach, teilte jeden Morgen die Jacken aus und sammelte sie vor der Rückkehr ins Lager wieder ein. Das alles geschah unter den Augen der SS, der in Streitfällen mit der Konzernleitung die Hände gebunden waren. Diese nur scheinbar humane Praxis beeinflußte natürlich in keiner Weise die Behandlung, der wir durch unsere Bewacher ausgeliefert waren. Es verging kein Tag, an dem man uns nicht geschlagen oder anderswie mißhandelt hätte, so daß manche Kameraden eben nicht an der Kälte, sondern der Schläge wegen starben. So wurde dieser Machtkampf in gewisser Weise auch auf dem Rücken der Häftlinge ausgetragen.

Bevor der Plan meiner Freunde gegen Bollek dann endlich verwirklicht werden konnte, mußte ich noch ein letztes Mal unter seinen brutalen Quälereien leiden. Einmal kurz vor dem morgendlichen Abmarschieren kreuzte er auf und schaffte mir an, ihm die Schuhbänder zuzuknüpfen. Was blieb mir anderes übrig, als ihm zu gehorchen? Ich bückte mich gerade zu Boden, da fiel mir auf, daß seine Schuhbänder tadellos zugeknüpft waren. Im gleichen Augenblick traf mich ein Fußtritt Bolleks mitten ins Gesicht. Ich flog hintenüber und landete bewußtlos auf dem Boden. Willi schaffte es, mir wieder auf die Beine zu helfen, ohne ihn wäre ich wohl liegen geblieben. Aus meiner Nase quoll Blut. Später erfuhr ich, daß sie gebrochen war. Da ertönte das Signal zum Abmarsch. Mir war klar, daß ich trotz meines Zustandes nicht im Lager zurückbleiben durfte, ohne Gefahr zu laufen, in der Gaskammer zu landen. Also drückte ich einen Fetzen Stoff auf meine Nase und schleppte mich mit der Marschkolonne mit. Jedenfalls sollte es das letzte Mal gewesen sein, daß mich Bollek peinigen konnte.

Meister Frenkel war wieder entsetzt über meinen Zustand und fragte, was denn vorgefallen wäre. Ich erfand irgendeine Geschichte, die er mir jedoch nach allem, was er bisher über die Zwischenfälle mit Bollek wußte, ohnehin nicht recht zu glauben schien. Frenkel zog in Erwägung, mich von einem deutschen Arzt untersuchen zu lassen. Ich bat ihn flehentlich, nicht als mein Fürsprecher in Erscheinung zu treten, da solche Aktionen das genaue Gegenteil der beabsichtigten Wirkung nach sich zögen. Frenkel hatte offenbar tatsächlich die Augen vor allem verschlossen, was in Deutschland vor sich ging und die Vernichtung aller Juden zum erklärten Ziel hatte. Auch beschäftigte mich die Sorge um meinen Bruder Willi, der nicht mehr länger zusehen wollte, wie Bollek mich langsam vernichtete, und nun wild entschlossen war, ihn zu töten. Es bedurfte einiger Mühen, Willi davon zu überzeugen, daß sein Plan für ihn selbst schlimme Folgen hätte und unsere Freunde ohnehin ihr Bestes taten, um Bollek aus unserer Nähe verschwinden zu lassen.

So hoffte ich täglich darauf, daß die Gruppe nun endlich zum Schlag gegen Bollek ausholen würde. Da es aber nicht gerade einfach war, einem so gerissenen Typ beizukommen, hegte ich auch ernstliche Zweifel am Gelingen dieses Unterfangens. Doch war der Einfluß, den meine Freunde innerhalb der Lagerhierarchie besaßen, nicht zu unterschätzen. Als alte Buchenwalder hatten sie genug Erfahrung, um mit solchen Subjekten auf ihre Art fertig zu werden. Und außerdem taten sie all das ja nicht ganz uneigennützig; es galt, eine Reihe offener Rechnungen aus der gemeinsamen Zeit in Buchenwald zu begleichen.

Tatsächlich geschah dann das lange Ersehnte: Bollek wurde bei der Heimkehr ins Lager am Tor von zwei SS-Männern erwartet. Sie holten ihn aus der ersten Reihe unserer Marschkolonne, während wir allein weitermarschierten. In mir keimte die Hoffnung, dieser Zwischenfall könnte schon auf den Plan meiner Freunde zurückzuführen sein. Bendl, dem ich an diesem Abend davon erzählte, lächelte überlegen. Ich hatte den Eindruck, daß ich ihm mit meiner Geschichte gar keine Neuigkeit überbracht hatte, er schien über alles bestens im Bilde. Und obwohl meine Lage immer noch alles andere als angenehm war, verspürte ich erstmals seit langer Zeit wieder ein Gefühl tiefer Erleichterung. Mir wurde bewußt, daß ich von Bollek endlich erlöst war.

Tags darauf trat ein Vorarbeiter aus unserem Kommando an Bolleks Stelle. Er war Jude, stammte aus Deutschland und war als „Politischer" im Lager, also mußte er ein Sozialist oder Kommunist gewesen sein, der durch seine antifaschistische politische Überzeugung aufgefallen war. Da sein „Verbrechen" politischer Natur war und solche Kameraden auch als Kapo oder Vorarbeiter stets ihrer Gesinnung treu blieben, ging von ihm keine Gefahr für uns aus.

Bollek blieb zu unserer Freude wie vom Erdboden verschluckt, und niemand konnte sagen, was mit ihm geschehen war. Trotzdem wagte es aber keiner, seine Abwesenheit offen zu begrüßen, hatte doch jeder Angst, unser brutaler Kapo könnte unversehens wieder zurückkehren. Meister Frenkel, dem auch nicht entgangen war, daß Bollek fehlte, fragte mich, ob ich eine Ahnung hätte, wo er denn stecke. Ich gab mich unwissend. Frenkel meinte, er könne auch selbst problemlos herausfinden, warum Bollek verschwunden war, und versprach, mir davon zu berichten.

Später am Abend erfuhr ich dann von Ernstl Zimche alles, was mit Bollek tatsächlich geschehen war: Man hatte einen polnischen Kameraden aus der Gruppe beauftragt, Bolleks Freundin ausfindig zu machen, um ihr einen Brief zu diktieren. Darin ließ man sie – getarnt mit eingestreuten Beteuerungen ihrer Liebe – einwilligen, Bollek bei dessen Ausbruchsplänen aus dem Lager behilflich zu sein. Weiß der Kuckuck, wie man dieses Mädchen hatte finden können! Jedenfalls schmuggelte man den gezinkten Brief in Bolleks Manteltasche und ließ der SS das Gerücht zukommen, daß er zusammen mit einem polnischen Mädchen aus dem Lager ausbrechen wolle. Als man daraufhin den Brief in Bolleks Sachen fand, war sein Schicksal besiegelt, und das Geschehen nahm seinen Lauf. Bollek selbst, der unverzüglich in den „Bunker", einen besonders gefürchteten Teil des Lagergefängnisses, gebracht wurde, wußte nicht, wie ihm geschah. Alles Leugnen und die Beteuerung, diesen Brief gar nicht zu kennen, halfen nichts mehr; Bollek wurde von den SS-Leuten auf brutale Weise geprügelt und auf die Liste für den Transport in ein anderes Lager gesetzt. Nun konnte unser Freund Schulhof, der ja für die Arbeitseinteilung verantwortlich war, auf den Plan treten. Wäre Bollek jüdischer Herkunft gewesen, wäre er ohne weiteres Zutun in die Gaskammer gekommen. Als Pole aber kam etwas anders für ihn in Frage: Zwangsarbeit in den Kohlengruben. In beiden Fällen hatte man nicht die geringste Überlebenschance. Niemand konnte diese schwere Arbeit, den Hunger und die Schläge durch die Wachmannschaften länger als einige Wochen aushalten. Das schlimme Schicksal, das Bollek bevorstand, fand bei keinem von uns auch nur die geringste Anteilnahme, am wenigsten wahrscheinlich bei mir. So hatten meine Freunde – zu meinem Glück – doch noch ihr Ziel erreicht! Seit dieser Zeit hörten wir nie wieder etwas von Bollek, ich war von seinen Quälereien erlöst.

Besonders meinem Freund Ernstl Zimche, der den ganzen Plan ersonnen hatte, war ich dafür zu großem Dank verpflichtet.

Bendl versicherte mir, daß ich Edmund, unseren neuen Kapo, getrost als Freund betrachten könne. Er sei Sozialist, und man hätte ihm von meinen schlimmen Erfahrungen mit Bollek erzählt. Von nun an war mir bewußt, daß ich nur noch die alltäglichen Brutalitäten durch die SS, denen jeder im Lager ausgesetzt war, zu erdulden brauchte.

Unterdessen war es Willi gelungen, alle benötigten Bestandteile des Röntgenapparates ins Lager zu schleusen, ohne den Verdacht der SS auf sich zu lenken. Von der Gruppe erhielt er deswegen beachtliches Lob. Man ermöglichte ihm sogar, jeden Abend im Krankenblock an den Sonderrationen für prominente nichtjüdische Häftlinge wie Blockälteste, Kapos und sogenannte kriegswichtige Häftlinge teilzuhaben. Diese Portionen teilte Willi mit mir und einem weiteren Kameraden. Das half uns, am Leben zu bleiben, und hob vor allem unsere Stimmung.

Die Patienten in dieser Krankenabteilung bestanden zum überwiegenden Teil aus Kriminellen, politischen Gefangenen und den sogenannten „Alten", jenen Kameraden, die bereits Jahre des Lagerlebens hinter sich hatten. Es waren fast ausschließlich nichtjüdische Häftlinge. Nur selten bekam man Juden zu Gesicht, die hier auch ärztlich behandelt wurden. Ausnahmen wurden nur dann gemacht, wenn es sich um jüdische Wissenschaftler oder Fachkräfte handelte, von deren Arbeit die deutsche Kriegsindustrie profitieren konnte. Meine Freunde aus der Gruppe zählten allesamt zu den „Alten", hatten also Zutritt zur Krankenbaracke. Und schließlich waren ja sie es, die am Aufbau dieser Abteilung, zusammen mit dem polnischen Arzt, maßgeblich beteiligt waren.

Bald kamen wir dahinter, warum die SS gegen die Installation eines Röntgengerätes im Häftlingskrankenblock aus heimlich entwendeten Ersatzteilen nichts einzuwenden hatte: In unregelmäßigen Abständen ließ man Inspektoren aus dem Ausland das Lager – man präsentierte es als „Arbeitslager" – besichtigen und zeigte ihnen nette, saubere Baracken. Bei dieser Gelegenheit wollte man offenbar auch das moderne Röntgengerät vorführen und den Eindruck erwecken, man hätte es extra zum Wohl der Lagerinsassen angeschafft.

Eines Tages staunten wir nicht wenig. Zeitig am Morgen wurden ganze Wagenladungen mit prächtigen mehrfärbigen Bettdecken zu uns ins Lager geschafft. Jede Baracke erhielt eine ausreichende Anzahl Decken für jede einzelne Koje. Unser Blockältester wachte aufmerksam darüber, daß jeder damit die blanken Bretter seine Pritsche vollständig überzog. Wir, die damals den Zweck dieser Aktion noch nicht durchschaut hatten, waren fassungslos. Erst am Abend, als wir wieder von der Arbeit zurückgekehrt waren, erfuhren wir, daß Besuchern aus der Schweiz, die man tagsüber während unserer Abwesenheit durchs Lager geführt hatte, vorgeführt werden sollte, wie gut es uns allen hier ginge. Sofort aber bekamen wir die Order, die schönen Sachen wieder zu entfernen und auf Lastwagen zu laden, die sie ebenso blitzartig fortschafften, wie man sie Stunden zuvor herbeigebracht hatte.

Die Schweizer Delegation berichtete später darüber, daß die Lager gar nicht so schlecht wären und die Arbeitshäftlinge vorbildhaft behandelt würden.

Auch ohne die komfortablen Decken sehnten wir uns nach einem schier endlos dauernden Arbeitstag nach unseren harten Holzpritschen, die für je zwei von uns als matratzenloses Schlaflager dienten, dessen improvisierte Polster aus den zusammengeknüllten Oberteilen unserer Uniformen bestanden.

Alles nahm wieder seinen gewohnten Lauf: Viele Kameraden erkrankten während der eisigen Wintermonate an Lungenentzündung und gingen binnen weniger Tage zugrunde. Schon sehr früh am Morgen stürmte die SS in die Baracken, trieb uns unter Schlägen in die Waschräume, wo wir uns unter kaltem Wasser zu duschen hatten. Zum Abtrocknen gab es nichts. Danach ging es, wieder unter Hieben, zurück in die Baracken. Wenn der Blockälteste merkte, daß einer schon vor dem Wecken aufgestanden war, nur um den Schlägen der SS zu entgehen, mußte er später strafweise die gesamte Baracke putzen. Das hatte dann wenigstens den Vorteil, daß man sich an einer Extraportion Ersatzkaffee laben konnte, einer dunklen, wäßrigen Brühe, die aber zumindest den Körper erwärmte.

Vor allem jene Häftlinge, die im Straßenbau eingesetzt wurden und trotzdem nur mit dünnen Uniformen und Holzschuhen bekleidet waren, führten einen aussichtslosen Kampf ums Überleben. Tausende von ihnen krepierten während dieses schlimmen Winters. Die anderen, die dem Tod nahe waren, wurden auf Lastwagen geschafft und nach Birkenau gebracht, wo man ihr Leben auslöschte. Das spiegelte die gängige Praxis wider, die auf Befehl Himmlers zur Vernichtung der Juden von den Nazis angewandt wurde. Nicht nur Juden waren davon betroffen; Polen und Russen etwa machten rund 15 Prozent der Häftlinge aus.

Täglich erreichten Bahntransporte aus ganz Europa das Lager, so daß ständig für Nachschub an neuen Arbeitskräften gesorgt war. Am robustesten erwiesen sich die Menschen aus Polen, Ungarn und den anderen Oststaaten, die geringsten Widerstandskräfte hatten Griechen, Franzosen und Angehörige westeuropäischer Staaten. Polnische Juden, seit Generationen die Verfolgung gewöhnt, schienen zu wissen, was ihnen im Lager bevorstand. Vielleicht gelang ihnen deshalb besser als allen anderen, den ständigen Brutalitäten, der Kälte des Winters, der harten Zwangsarbeit und den vielen Schlägen zu trotzen. Ein sehr hartes Los hatten aber jene, die kein Deutsch verstanden und im Laufe der Zeit die notwendigsten Wörter eingeprügelt bekamen. Nicht wenige bezahlten diese Sprachbarriere allerdings mit dem Leben.

Ich erinnere mich noch gut, wie Anfang Mai 1944 – ich stand gerade an der Werkbank – Meister Frenkel auf mich zukam und um meine Meinung zu einigen Dingen fragte, die er tags zuvor im Radio gehört haben wollte. (Es konnte sich nur um die „Voice of America" gehandelt haben, denn solche Berichte hätte er gewiß über keinen anderen Sender empfangen können.) Er erzählte mir von Meldungen über Morde, die angeblich in Birkenau stattfänden, ihm aber nicht glaubwürdig vorkämen, da er sie für Greuelpropaganda des Feindes hielt. Nun erwartete er von mir als Häftling die Bestätigung dafür, daß es sich dabei bloß um ein Lügengebäude aus deutschlandfeindlicher Propaganda handelte. Frenkel war im Grunde ein ehrlicher Deutscher, doch hatte er als Anhänger der Nationalsozialisten seinem Führer die Treue bis in den Tod geschworen. Frenkel meinte, sein Führer würde solche Untaten niemals zulassen. Sein Standpunkt erlaubte es mir nur, ihm ausweichend zu antworten und ihn daran zu erinnern, daß es mir nicht erlaubt wäre, Derartiges überhaupt offen auszusprechen, ohne Gefahr zu laufen, mein Leben zu riskieren. Er blieb aber hartnäckig und betonte, daß er ja ohnehin nicht mehr von mir verlange, als ihm zu sagen, ob die Berichte stimmten oder nicht. Ich mochte meinen Meister sehr, ja vertraute ihm auch bis zu einem gewissen Grad. Da er jedoch Mitglied der NSDAP war, wagte ich nicht, ihm wirklich alles anzuvertrauen. Frenkel ließ nicht locker. Er warf mir vor, daß er sich nach allem, was er für mich getan hatte, wenigstens eine ehrliche Antwort auf seine Frage verdient hätte. Aus der Art, wie er das sagte, glaubte ich herauszuhören, daß mich dieser Mann unter keinen Umständen verraten würde, wissend, daß er mir damit nicht wieder gutzumachenden Schaden zufügen könnte.

Mit seiner Gutmütigkeit gelang es ihm schließlich doch, mein Schweigen zu brechen. Ich bat ihn, unsere Unterhaltung auf der Toilette fortzusetzen, wo wir sicher sein könnten, von niemandem belauscht zu werden. Mit einer Handbewegung gab er mir zu verstehen, daß er einverstanden war. Abseits von den anderen begann ich nun über meine Frau und meinen Sohn zu erzählen.

Ich schilderte, wie man beide noch am Tag unserer Ankunft in Auschwitz, zusammen mit meiner Schwester, ihrer Tochter, meiner Schwägerin, deren dreijährigen Sohn und den anderen dreihundert Frauen und Kindern aus demselben Transport in die Gaskammer geschickt hatte. Man habe die Menschen in der eisigen Kälte sich entkleiden lassen, Frauen mit ihren Kindern, und ihnen befohlen, vor einem Raum, den man als Duschraum auswies, Aufstellung zu nehmen. Dieser Raum sei aber nur zum Schein als Duschraum eingerichtet. In Scharen habe die SS die Menschen in den Raum getrieben, bis dieser so gefüllt gewesen sei, daß man die Türen gerade noch schließen habe können. Die Menschen hätten kaum genügend Luft zum Atmen gehabt. Dann sei Blausäure aus den falschen Brauseköpfen geströmt, und binnen Minuten waren dreihundert Menschenleben ausgelöscht.

Ich erklärte Frenkel, daß ich alles von einem Augenzeugen erfahren hätte, einem Häftling, der in den Gaskammern von Birkenau arbeitete und mir das tragische Schicksal dieses Transportes geschildert hätte.

Frenkel starrte mich wie versteinert an. Als ich noch hinzufügte, daß diese Morde praktisch täglich stattfänden, fiel er mir ins Wort. Das alles, behauptete er kategorisch, sei doch gelogen und bloß üble Propaganda. Mein Meister weigerte sich beharrlich, mir Glauben zu schenken. Weder meine gegenteiligen Beteuerungen noch die Tatsache, daß die Geschichte von einem Augenzeugen aus Birkenau stammte, schienen daran etwas ändern zu können. Denn Frenkel bestand darauf, daß sein Führer solche Greuel niemals zulassen würde. Ja, er versuchte gar, mir einzureden, daß wir eines Tages, sobald Deutschland den Krieg gewonnen hätte, alle mit unseren Frauen und Kindern wieder vereint würden. Ich hatte die Ansichten Meister Frenkels hinzunehmen, schien mir doch diese Unterhaltung einmal mehr vor Augen zu führen, daß es völlig zwecklos war, einen überzeugten Nazi wie Frenkel von der Wahrheit überzeugen zu wollen.

Diese Begebenheit trübte unser fast freundschaftliches Verhältnis dann so nachhaltig, daß wir nur noch wenige Worte wechselten. Meister Frenkel schien über das, was er von mir zu hören bekommen hatte, tief bestürzt. Vielleicht hatte er danach auch noch seine Parteifreunde im Werk gefragt, ob an den Gerüchten über die Morde im Lager etwas Wahres daran wäre. Jedenfalls bereute ich sehr, daß es Frenkel gelungen war, mir mein Wissen über diesen schrecklichen Massenmord an unschuldigen Menschen zu entlocken. Ein über viele Monate gewachsenes Vertrauensverhältnis war dadurch zerbrochen, ohne mit meinem Geständnis etwas bewirkt zu haben.

Ab Anfang Juni traten die Meister gestaffelt ihren zweiwöchigen Urlaub an, die Produktion durfte allerdings nicht beeinträchtigt werden. Auch Frenkel fehlte eines Morgens. Er wurde durch einen anderen, etwas jüngeren Meister ersetzt, der zwar ein höflicher Mensch war, sich aber sehr formell gab. Nach einigen Tagen wagte ich endlich, nach Frenkel zu fragen. Der Mann antwortete mir zunächst abweisend, das ginge mich nichts an. Bald aber merkte er, daß ich meine Arbeit gewissenhaft erledigte, wodurch er mir wenigstens etwas zu vertrauen schien. Frenkel sei in Lübeck bei seiner Frau und seinen zwei Kindern, verriet er mir, er käme in zehn Tagen wieder zurück.

Bendl hatte Kontakte zu Zivilisten, hauptsächlich Zwangsarbeitern aus Jugoslawien, den deutschen Ostgebieten und Frankreich, die fallweise ins I. G.-Farben-Werk kamen. Er nützte jede sich bietende Gelegenheit, um sie über den Fortgang des Krieges auszufragen. Auf diese Weise erfuhren wir, daß die Rote Armee auf Krakau marschierte und angeblich nur noch 50 Kilometer von der Stadt entfernt war. Die Tatsache, daß die Russen bereits die polnische Grenze überschritten hatten und die Deutschen sich auf dem Rückzug befanden, gab uns wieder Zuversicht. Es dauerte nicht lange, bis wir das Grollen von entferntem Artilleriefeuer vernahmen, das ganze Nächte hindurch anhielt. Jeder von uns verspürte Erleichterung, gleichzeitig hatten wir aber auch Anlaß zur Sorge. Wir wußten, daß man das gesamte Lager vermint hatte und die Deutschen eher beabsichtigten, das ganze Gelände in die Luft zu sprengen, als es kampflos den Russen zu überlassen.

Mit gemischten Gefühlen erwarteten wir also das Heranrücken der Russen. Schon schmiedeten einige der Kameraden Ausbruchspläne und wollten sich zur russischen Front durchschlagen. Unsere Gruppe stand solchen Plänen allerdings ablehnend gegenüber und zog es vor, die weiteren Ereignisse abzuwarten. Die Überlegung war folgende: Falls die Russen tatsächlich schneller vorstoßen sollten, als von den Deutschen befürchtet, und sie auch Auschwitz überrollten, noch ehe die SS Gelegenheit gehabt hätte, sich selbst in Sicherheit zu bringen, wäre auch nicht mehr genügend Zeit geblieben, das Lager zu sprengen.

Bendl verriet mir, daß man daneben natürlich auch an eine Ausbruchsalternative gedacht hätte und ich dafür bestimmt worden wäre, die für das Durchtrennen des Stacheldrahtes nötigen Werkzeuge ins Lager zu schmuggeln. Man instruierte mich genau, welche Utensilien man brauchte und wo ich diese im Werk fände. Nach ein paar Tagen gelang es mir, meinen Auftrag erfolgreich auszuführen. In meiner Uniform versteckt schaffte ich die Sachen ins Lager. Alles brachte ich sofort zu Bendl. Leider gelang es uns nicht mehr, diesen Fluchtplan zu verwirklichen. Wir kamen nie dahinter, wer es war, aber jemand aus unserer Nähe mußte unser Vorhaben verraten haben. Insgesamt 80 Kameraden mußten dafür mit dem Leben bezahlen. Bei sechs von ihnen, sie wurden von der SS sofort in den Arrest geworfen, hatte man Werkzeug gefunden, die anderen 74 sollten nach dem Zufallsprinzip ausgewählt werden. Jeder von uns wurde durch SS-Leute im Vorübergehen einzeln gemustert. Zeigte jemand den Ausdruck von Müdigkeit oder körperlicher Schwäche, ließ man ihn vortreten. Sein Schicksal war damit auch schon besiegelt.

Als eine dieser Bestien an mir vorüberging und mich nach meiner Tätigkeit fragte, blickte ich ihm trotzig in die Augen und antwortete: „I. G.-Farben, Betriebskontrolle". Für dieses Mal war mein Leben verschont geblieben, und ich konnte etwas erleichtert aufatmen, bis die nächste Selektion anstand.

Alle ausgewählten Häftlinge sollten am darauffolgenden Samstag gehenkt werden. Unter jenen sechs Freunden aus unserer Gruppe, die man zum Tod verurteilt hatte, befand sich auch Robert Zeller, ein Jude aus Polen und Mitglied der polnischen sozialistischen Partei. Ich war ihm mehrmals begegnet und hatte ihn stets wegen seines großen Mutes bewundert.

Samstag, 6 Uhr morgens – Zählappell. Wie üblich trieb man uns unter den Prügeln des SS-Wachpersonals auf den Appellplatz. Reihe um Reihe standen wir mit dem Gesicht zu den Galgen, die einige der Häftlinge in mehrtägiger Arbeit errichtet hatten. Dann begannen der Lagerkommandant und der SS-Oberscharführer, uns mit belehrenden Reden einzuschüchtern. Jeder weitere Ausbruchsversuch, so wurde betont, sei genauso zum Scheitern verurteilt, wie alle vorhergehenden, und die Strafe fiele nicht weniger hart aus.

Auch ein höherer holländischer Marineoffizier gehörte zur Gruppe der 80 Todeskandidaten. Er war kein Jude, sondern er war interniert worden, weil er an einer antideutschen Demonstration teilgenommen hatte. Während der Lagerkommandant noch sprach, unterbrach ihn der Holländer mehrmals durch laute Zwischenrufe: „Egal, was ihr Nazis vorhabt, den Krieg könnt ihr nicht gewinnen!", „Für alles, was ihr uns angetan habt, werdet ihr teuer bezahlen müssen!", „Es lebe die Freiheit, es lebe Holland und die Alliierten!"

Da der Mann nicht still sein wollte, wurde angeordnet, ihn zum Schweigen zu bringen. Das tat man, indem er so heftig und lange geprügelt wurde, bis er zusammenbrach und Blut ihm aus zahlreichen Wunden am ganzen Körper quoll.

Dann führte man alle Opfer zu den Galgen. Nachdem der Lagerkommandant seine Rede beendet hatte, wurden den ersten Häftlingen – ihre Hände waren am Rücken gefesselt – die Schlingen um den Hals gelegt. Die Körper dieser Unglücklichen stieß man allerdings nicht in eine Fallgrube, man hatte solche ja gar nicht eingebaut gehabt. Unsere bösen Vorahnungen sollten sich bewahrheiten: Zwei Männer der SS standen bereit, um die Gefangenen – einen nach dem anderen – an Seilen in die Höhe zu ziehen und sie somit langsam und qualvoll zu strangulieren. Man hätte die Männer auch auf die übliche Art henken können, doch gerade solche sadistischen Erfindungen zeichneten die Lager-SS aus. Schließlich sollten wir den ganzen Horror dieser grausamen Tötungsart mitansehen müssen. In der Tat war es fürchterlich, mitzuerleben, wie Menschen, am Galgen baumelnd, noch minutenlang vergeblich um ihr Leben kämpfen. Ich habe diesen Anblick bis heute nicht vergessen können.

Es dauerte mehr als eine Stunde, bis auch das letzte Opfer gehenkt war. Der Holländer war unter den ersten, die man umbrachte. Noch kurz vor seinem Tod versuchte er, seinen unbeugsamen Willen zum Widerstand zu demonstrieren; vergeblich, denn man hatte ihn geknebelt.

Als dann endlich die schreckliche Prozedur vorüber war, ließ man uns alle rund um die Galgen defilieren. Jeder, so wurde befohlen, mußte die Leichen der Gehenkten genau betrachten. Die SS wachte akribisch darüber, daß keiner seinen Blick entsetzt abwandte. Diejenigen, die den Anblick der Toten nicht ertrugen, wurden so lange geschlagen, bis sie gehorchten.

Am Abend dieses Samstags konnten wir wieder das Grollen von russischer Artillerie vernehmen. Es schien aus nicht besonders großer Entfernung zu kommen. Nach den Schrecken des abgelaufenen Tages beschäftigte uns nun vor allem das Herannahen der Russen und die Angst, die SS könnte uns samt dem Lager in die Luft sprengen. Durch all das an diesem Tag Erlebte verspürte aber niemand die geringste Lust, darüber zu reden oder zu diskutieren.

Am Montagmorgen war die Stimmung der Wachmannschaften im gesamten Lager getrübt. Die Deutschen versuchten sich zwar nichts anmerken zu lassen, doch war ihnen genau anzusehen, daß irgend etwas nicht stimmte. Zu meiner Überraschung war Meister Frenkel schon wieder aus dem Urlaub zurück. Er sah abgemagert, blaß und traurig aus und erklärte mir, daß er mich dringend sprechen müsse. Ich hatte Angst, er könnte mir vielleicht wieder Fragen zum Lager stellen oder gar wissen wollen, was während seiner Abwesenheit vorgefallen sei. Frenkel folgte mir auf die Toilette. Dort verriet er mir weinend, er wäre nicht zu seiner Familie nach Lübeck gefahren, sondern nach Birkenau ins Lager gegangen. Nun sei ihm klar, daß diese Gaskammern tatsächlich existierten und alles, was ich erzählt hatte, wahr sein müsse. Er bedauerte, mir nicht früher geglaubt zu haben, hätte aber erst alles mit eigenen Augen sehen müssen, um sich von der Wahrheit zu überzeugen. Ich erkannte, daß er völlig gebrochen und von seinem Führer und dem ganzen System schwer enttäuscht war.

Meister Frenkel hatte sich auch im Verhalten den anderen gegenüber völlig verändert. Beim Grüßen hob er nicht länger seine Hand zum deutschen Gruß. Das war für jeden Deutschen gefährlich, weil dadurch die Abneigung gegen die Nazis am deutlichsten zum Ausdruck kam. Frenkel konnte sie nun, wohl aus Verbitterung, nicht länger zügeln. Ich nahm mir vor, ihn zu warnen, doch leider hat sich diese Gelegenheit nie mehr ergeben. Wenige Tage danach verschwand er. Man ersetzte ihn durch einen anderen Meister aus unserer Abteilung. Ich habe Meister Frenkel nie wieder gesehen, dennoch werde ich ihn wegen der Sympathie, die er für mich empfand, nie vergessen. Von dem neuen Meister erfuhr ich etwas später, daß man Frenkel an die russische Front geschickt hätte.

Im Verlauf des Juni fanden dann gravierende Veränderungen bei uns im Lager statt, die unsere Lage in gewisser Weise verbesserten. Alle Kapos – es waren fast ausschließlich Kriminelle – schickte man heim nach Deutschland, gleichfalls davon betroffen waren die Blockältesten. Das heißt, daß in den Augen der SS die Sicherheit eines nichtjüdischen Schwerverbrechers in jedem Falle mehr gezählt hat als das Leben jedes jüdischen Gefangenen, denn im Fall von schweren Kämpfen um das Lager hätten sich nur mehr die internierten Juden zwischen den Fronten befunden. An die Leute aus unserer Gruppe erging der Befehl, diese nunmehr offenen Positionen mit politischen Gefangenen zu besetzen. Von Erwin Schulhof und Gustl Herzog, denen diese Umbesetzungen zufielen, erfuhr Bendl, daß die Nazis die Kriminellen später in die Schlacht gegen die heranrückenden Russen werfen wollten. Diese Verbrecher hatten so viele unserer Freunde mißhandelt oder umgebracht und wurden jetzt selbst geopfert. Im Zuge dieser Umwälzungen verbot schließlich der Lagerkommandant, SS-Obersturmführer Schöttl, jegliche Mißhandlung der Gefangenen, die nun – mehr noch als zuvor – als billige Arbeitskräfte für das Dritte Reich von entscheidender Wichtigkeit waren. Die unmittelbaren Lebensumstände für uns hatten sich also kurzfristig deutlich gebessert, obgleich die Sorge darüber, was die Deutschen im Falle eines russischen Angriffes mit uns vorhaben könnten, geblieben war.

Damals wurde ich zum Stellvertreter unseres Kapos Edmund ernannt. Schulhof, Gustl Herzog und Bendl gaben mir den Auftrag, Kameraden, die bislang im Freien zu arbeiten hatten und stark abgemagert waren, in mein Kommando zu schleusen. Da wir sie einfach zu qualifizierten Arbeitskräften erklärten, konnten sie von nun an Tätigkeiten innerhalb der Gebäude verrichten. Hier waren sie viel geringeren körperlichen Anstrengungen unterworfen, und die Chance, der Gaskammer zu entkommen, war größer. Innerhalb von nur drei Wochen war unser Kommando von 200 auf 400 Mann angewachsen, und wir hatten es geschafft, den meisten von ihnen Arbeiten zukommen zu lassen, die in Wahrheit keine besonderen Fertigkeiten verlangten. Den deutschen Zivilarbeitern war unser Handeln mittlerweile egal, wurden ja auch sie bald aus dem Lagerkomplex evakuiert und durch Zivilisten anderer Nationalitäten ersetzt. Niemand wollte den Russen in die Hände fallen.

Einige nichtjüdische Polen hatte man dennoch als Meister hierbehalten. Sie hielten sich allerdings nicht an die Anordnungen, sondern mißhandelten unsere Leute wie früher, besonders als sie dahinterkamen, daß die vermeintlichen Facharbeiter gar keine Ausbildung gehabt haben konnten und völlig ohne Kenntnisse dastanden. Alles in allem hatte sich die Situation im Lager seit Ende Juni aber deutlich gebessert. Zwar war der Fraß, den wir vorgesetzt bekamen, der gleiche wie zuvor, doch zumindest gab es kaum mehr Schläge, keine Hinrichtungen und ähnliche Gewaltorgien der SS oder der Kapos. Immer wieder erörterte ich mit Bendl die Frage, ob wir nicht doch bei passender Gelegenheit einen Ausbruch wagen und zu den russischen Linien vordringen sollten. Bendl lehnte es nach wie vor ab, weil es noch nicht einzuschätzen war, wie uns die Russen behandeln würden, wenn wir einmal ihrer Befehlsgewalt unterlägen. Da ich aber wußte, daß er dieses Thema schon ausführlich mit Freunden abgehandelt hatte, die mehr darüber Bescheid wußten als ich,

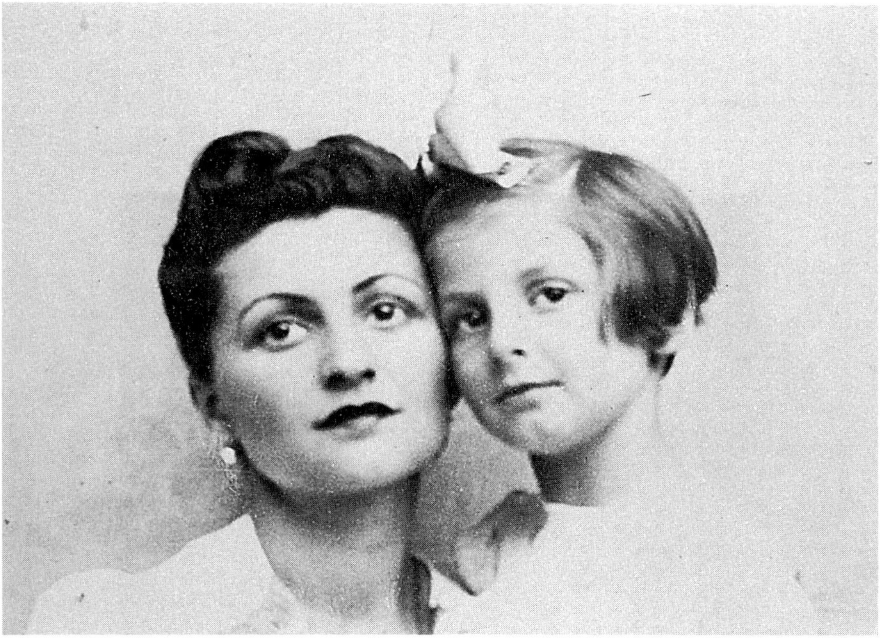

Berts Schwester Frieda mit Tochter Karin in Südfrankreich, 1943.

George und Viviane Linder in Salzburg, 1949

Die Enkelkinder Bert Linders, Lauren und Ryan,
im Wiesenthal-Center in Los Angeles, 1990.

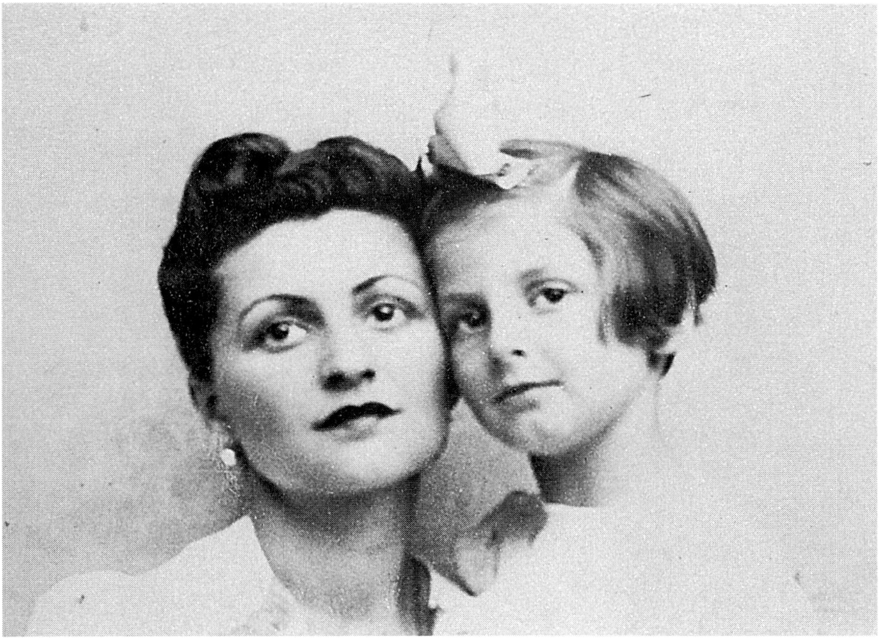

Berts Schwester Frieda mit Tochter Karin in Südfrankreich, 1943.

George und Viviane Linder in Salzburg, 1949

Bert Linders britische Küchenuniform mit der Aufschrift „Kitchen Chief", 1945.

Joan („Hannerl“) und Bert Linder, Arlberg 1948.

Das Haus der Linders bei Salzburg, 1950.

Ehrung Bert Linders durch die österreichische Regierung, 1983.

Ehrung Bert Linders im Wiesenthal-Center, 1990.

Zwei Überlebende: Bert Linder und Simon Wiesenthal.

Die Enkelkinder Bert Linders, Lauren und Ryan, im Wiesenthal-Center in Los Angeles, 1990.

Bert mit seiner Joan („Hannerl") am 80. Geburtstag des Autors, Mandeley Beach, Kalifornien, 1981.

Bert Linder mit seiner Frau und seinen Kindern beim 50. Hochzeitstag, 1995.

Bert Linder am Dachstein, 1978.

Verleihung des Goldenen Ehrenzeichens der Republik Österreich durch Nationalratspräsident Fischer im Parlament, 1995.

bedrängte ich ihn nicht mehr, sondern fügte mich letztlich seiner Entscheidung.

Über Monate vernahmen wir nachts das Grollen von Kanonenfeuer, ohne allerdings einschätzen zu können, ob es näherrückte. Die Russen schienen wider Erwarten doch einem gewissen Widerstand durch die Deutschen begegnet zu sein.

Der strenge Winter von 1944/45, der Temperaturen weit unterhalb des Gefrierpunktes brachte, setzte uns allen schwer zu. Die Häftlingsuniformen – aus dünnem Stoff und mittlerweile zerschlissen – boten nicht den geringsten Schutz gegen die Kälte. Die langen Märsche ins Werk waren schlimm. Die Ankunft war stets eine Wohltat, denn man war in einem geschlossenen Raum und konnte sich wieder etwas aufwärmen. Leider erging es etwa 2000 anderen Gefangenen nicht so gut. Sie alle erfroren beim Arbeitseinsatz im Freien. Jene, die ich in unserem Kommando hatte unterbringen können, waren mir sehr dankbar für ihre Rettung vor dem sicheren Erfrierungstod. Dieser Umstand machte mich bald sehr bekannt unter den Häftlingen und brachte mir schließlich sogar den Ruf, ein Kamerad mit menschlichen Zügen zu sein.

Eines Abends wurde meine Nummer über die Lautsprecheranlage ausgerufen. Ich bekam den Befehl, mich beim Lagerkommandanten zu melden. So eine Order verhieß nichts Gutes, zumal mir niemand erklären konnte, warum sie ergangen war. Ich begab mich zur Schreibstube, in der unter anderen Schulhof und Herzog ihre Arbeit taten. Schulhof erwartete mich bereits, zuckte aber auf die Frage nach dem Grund meiner Vorladung ebenfalls nur ahnungslos die Achseln. Man schickte mich in Begleitung von Schulhof zum Rapport bei Stolten, der in einem Gebäude außerhalb der Umzäunung Dienst versah und berüchtigt war für seine Brutalität. Stolten war verantwortlich für die Disziplin der Gefangenen, die im I. G.-Farben-Werk eingesetzt waren. Natürlich war ich etwas beunruhigt, doch glaubte ich, keine Angst haben zu müssen. Es gab keine Verfehlung, die ich mir hatte zuschulden kommen lassen. Dennoch war die Haltung der SS, speziell jüdischen Gefangenen gegenüber, immer unberechenbar.

Selbst Schulhof, der permanent mit Stolten zu tun hatte, schien das Ganze nicht geheuer zu sein, er zog es aber vor, zu schweigen. Bei der Ankunft am Lagertor kontrollierte ein Wachtposten die eintätowierten Nummern an unseren linken Unterarmen, griff zum Telefonhörer und erhielt kurz darauf die Genehmigung, uns passieren zu lassen. Stolten, ein schwergewichtiger Mann von 1,90 Metern, stand vor seinem Büro, mich scheinbar schon erwartend. Ich hatte strammzustehen, meine Häftlingsnummer aufzusagen und mich vorschriftsgemäß zur Stelle zu melden. Stolten erkannte mich sofort und verpaßte mir wortlos einen kräftigen Faustschlag ins Gesicht. Dieser traf mich so unverhofft, daß ich nach hinten flog. Rasch richtete ich mich wieder auf, nahm stramme Haltung an und wartete auf seine Reaktion. Er teilte mir mit, er hätte die Beschwerde erhalten, einige der Gefangenen in meinem Kommando seien angeblich gar keine Facharbeiter und hätten keine Ahnung von dem, wofür sie eingesetzt wären. Er fragte mich, warum diese Leute dann eigentlich im Kommando wären, und lieferte den vermuteten Grund auch gleich nach: Es wäre mein Plan, sie nur zum Schein zu beschäftigen, um sie vor einem Einsatz im Freien zu bewahren. Ich wußte nicht, was ich ihm darauf unmittelbar antworten sollte, mußte ich doch davon ausgehen, daß er ohnehin über alles, was wir vorhatten, bestens im Bilde war. Da kam mir Schulhof zu Hilfe, der um Erlaubnis bat, statt mir antworten zu dürfen. Er erklärte, daß man in seiner Abteilung, der Schreibstube, aufgrund der vorgesehenen Befragungen zur Überzeugung gelangt wäre, es handle sich um qualifizierte Kräfte, und sie daraufhin meinem Kommando zugewiesen hätte. Schulhof versuchte sozusagen, die Schuld auf sich zu nehmen, wohl wissend, daß man ihm – im Gegensatz zu mir – wegen seines guten Einvernehmens mit Stolten einen Fehler schon nachsehen würde. Auch war Schulhof wegen seiner Funktion für die I. G.-Farben im Moment praktisch unersetzlich. Diese Aussage scheinbar nicht zur Kenntnis nehmend, schrie mich Stolten wieder an, ich hätte bei der nächsten Beschwerde mit strenger Bestrafung zu rechnen. Während mir befohlen wurde, abzutreten, merkte ich, daß er Schulhof zugrinste. Es konnte sich also bei der ganzen Vorstellung nur um einen Alibiakt gehandelt haben, um der Beschwerde eines Meisters wenigstens irgendwie Genüge zu tun. Trotzdem verstand ich Stoltens Verhalten nicht.

Schulhof, dem ich auf dem Rückweg für sein Eintreten dankte, erklärte mir, daß ich auch weiterhin ungelernte Kameraden ins Kommando aufnehmen könne, um sie vor dem Zugrundegehen zu retten. Schließlich würden sich weder Stolten noch die anderen SS-Leute noch viel um das Lagergeschehen kümmern. Ihnen blühe in Kürze nämlich die Einberufung an die russische Front, wo sich eine vernichtende Niederlage für die Nazis abzeichnete.

Tatsächlich wurden die SS-Chargen bald abgezogen und durch andere Soldaten aus der Wehrmacht ersetzt, die man gegen ihren Willen rasch zur SS verpflichtet hatte. So aussichtslos war bereits die Lage für die Deutschen geworden, daß man alles, was noch irgendwie loyal war, an den zahlreichen Frontabschnitten benötigte, die mehr und mehr zurückwichen. Zu unserer großen Erleichterung bestand dieses neue Wachpersonal aus älteren deutschen Soldaten, die zum überwiegenden Teil menschlicher waren und teilweise nicht einmal der Partei angehörten. Die Versorgungssituation verschlechterte sich allerdings zusehends. Es gab nur noch ein Stück Brot pro Tag, eine Schüssel Suppe am Abend und eine mittags im I. G.-Farben-Werk.

Dann kam jener denkwürdige 10. August 1944. Er begann zunächst als heißer und strahlend schöner Sonntagmorgen. Viele der Häftlinge waren noch im Lager, um sich auszuruhen. Doch bereits sehr früh an diesem Morgen wurde man überall durch ein ohrenbetäubendes Sirenengeheul aufgeschreckt, das einen alliierten Luftangriff ankündigte. Innerhalb von Minuten war der Himmel schwarz von unzähligen Flugzeugen. Wer konnte, suchte Deckung. Den Häftlingen standen nur die gewöhnlichen Holzbaracken zur Verfügung, während die SS Zuflucht in eigens für sie gebauten Bunkeranlagen außerhalb des eigentlichen Lagergeländes suchte. Dann wurden wir zu Augen- und Ohrenzeugen des Abwurfes von Tonnen von Bomben auf die I. G.-Farben. Dabei war man mit äußerster Präzision vorgegangen, so, als wolle man nur das Werk und nicht das Lager treffen. Das Vorhaben gelang, obwohl beide Orte nur wenige Kilometer voneinander entfernt lagen. Wir bejubelten das Bombardement, machten uns gleichzeitig aber ernsthafte Sorgen um jene Kameraden, die man an diesem Sonntag zur Arbeit verpflichtet hatte. In dieser Gruppe befand sich auch mein Bruder Willi. Der gesamte Angriff dauerte schätzungsweise nur 20 Minuten, dann drehten die Flugzeuge ab. Sie hinterließen zahlreiche Brände und eine Spur der Verwüstung.

Es dauerte nicht lange, da kamen auch schon die ersten verletzten Kameraden zu uns ins Lager. Einige von ihnen waren so schwer verwundet, daß sie getragen wurden. Die Leichtverletzten schaffte man ins Lazarett; jene, an deren Aufkommen Zweifel bestanden, brachte man mit einer tödlichen Injektion um. Sie starben innerhalb von Sekunden. Willi, der unglaubliches Glück gehabt hatte – er war völlig unverletzt geblieben –, berichtete davon, daß viele Angehörige der Wachmannschaften, die draußen im Gelände Dienst getan hatten, umgekommen wären und vom Werk nicht mehr allzuviel übrig sei.

Nach diesem schweren Angriff wußten wir nicht, wie es nun mit uns weitergehen würde, da das Fabriksgelände, in dem wir arbeiteten, ja fast völlig zerstört war. Außerdem war eine große Zahl von SS-Leuten ins Lager beordert worden, weil man eine Häftlingsrevolte befürchtete. Die Nervosität der SS-Männer war nicht zu übersehen, da sie mit gezogenen Pistolen durch das Lager liefen. Einerseits waren wir wegen der erfolgreichen Angriffe der Alliierten in Hochstimmung, andererseits jagte uns die Ungewißheit darüber, wie die SS auf den Angriff reagieren würde, Angst ein. SS-Männer stürmten in jede Baracke, durchkämmten alles, blickten mit versteinerter Miene um sich und zogen wieder ab. Noch am Abend wurden wir zum Zählappell beordert. Der Lagerkommandant teilte über Lautsprecher mit, daß wir auch am folgenden Tag wie üblich zum Arbeitseinsatz geschickt würden und unsere Befehle von den Meistern in der I. G.-Farben entgegenzunehmen hätten.

Die Blockältesten hatten die Zahl der Ausfälle zu melden, was einige Zeit in Anspruch nahm. Alle, die erschienen waren, wurden abgezählt. Am Abend dieses schrecklichen Tages fehlten aus unserem Block 16 Kameraden. Ein Teil der Männer war tot, die anderen lagen im Krankenbau.

Erstmals begriffen wir richtig, daß der Krieg allmählich seinem Ende zuging. Wir hatten keinen Augenblick daran gezweifelt, daß ihn die Nazis verlieren würden. Noch aber war völlig ungewiß, was sie vor ihrer Kapitulation mit uns Gefangenen tun würden. Der Gedanke daran beschäftigte ab nun jeden der Kameraden und ließ die freudige Stimmung, die sich seit dem alliierten Angriff breitgemacht hatte, rasch verfliegen. Alle Entscheidungen in dieser Sache kämen aus dem Büro von Heinrich Himmler, der als „Reichsführer SS" in Berlin saß. Sein vorrangiges Ziel bestand in der völligen Vernichtung aller Juden. Wir besprachen uns neuerlich mit Bendl und dem Rest der Gruppe, zogen aber einen Ausbruch immer noch nicht in Erwägung. Das nächtliche Kanonengrollen dauerte an, ohne den Eindruck zu erwecken, daß es irgendwie nähergekommen wäre. Nach wie vor wußten wir nicht genau, was draußen geschah. Nur das Wenige an Information, das Bendl von seinen geheimen Quellen bezog, drang zu uns ins Lager.

Als wir am nächsten Morgen aus dem Lager zur Arbeit marschierten, sahen wir erst das ganze Ausmaß der Zerstörung. Wir konnten nicht fassen, daß es den Alliierten in nur so kurzer Zeit gelungen war, solche gewaltigen Schäden zu verursachen. Nur ganz wenige Gebäude im Werksgelände waren noch intakt. Die Masten, über die die Kabel der Stromversorgung liefen, waren zur Gänze zerstört, auch die Halle, in der ich arbeitete, war praktisch verschwunden.

Man setzte uns zu Aufräumungsarbeiten ein, einer körperlich sehr schweren Tätigkeit. Unter all dem Schutt fanden wir zahlreiche Leichen, die man auf bereitstehende Lastwagen lud. Unter den Toten waren sowohl Häftlinge als auch Deutsche und noch andere Zivilarbeiter. Sie alle waren durch herabfallende Trümmer erschlagen worden. Beim Anblick der toten Deutschen verspürte ich verständlicherweise nicht die geringste Regung. Auch meine Kameraden bedauerten keinen Moment lang diesen Verlust.

Trotz aller Anstrengungen bei der Beseitigung der Schuttmassen schritten die Aufräumungsarbeiten nur sehr langsam voran. Die Abteilung „Forschung und Entwicklung" wurde in ein noch intaktes Gebäude verlegt, so daß die Deutschen von der Fortführung dieser Arbeiten auch weiterhin profitieren konnten. Sogar innerhalb der Gruppe jüdischer Häftlinge gab es mehrere Klassen. Während man jene, die wie mein Freund Dr. Weiss äußerst wichtige Positionen innehatten, als notwendiges Übel bei der Erfüllung verschiedenster Pflichten ansah, brachten die Deutschen solchen Gefangenen, die keine oder nur geringe Spezialkenntnisse besaßen, ihre ganze Verachtung entgegen. Nur im Lager wurden dann alle wieder auf die gleiche Weise behandelt, waren denselben Mißhandlungen ausgesetzt und erhielten die üblichen Prügel.

Polen und viele nichtjüdische Gefangene bedienten sich der Schwächsten und mißhandelten sie nicht selten. Vor allem die politischen Häftlinge brachten den Juden auch jetzt beträchtliche Sympathie entgegen und halfen, wo immer es ihnen möglich war. Allen voran wären jene mit kommunistischer und sozialistischer Weltanschauung zu nennen, die sich stets sehr anständig verhielten und einem Juden niemals Schaden zufügten. Die Solidarität bzw. Kameradschaft, die unsere Gruppe, eine Gemeinschaft aus Kameraden mit verschiedensten Weltanschauungen, verband, hatte also trotz der langen Zeit des Hungerns und der Erniedrigung gehalten. Nur so konnte von uns überhaupt jemand überleben, wenngleich diese Anzahl – wie ich zugeben muß – sehr gering war.

Einmal erwähnte ich Bendl gegenüber, daß Willi und ich Gitarre spielten und früher gerne Wienerlieder sangen, die vor der Hitlerzeit überall sehr beliebt waren. Ich hatte die Absicht, die Kameraden mit einigen Liedern zu unterhalten und alle Trübsal wenigstens für einige Stunden vergessen zu machen. Bendl hielt den Vorschlag für gut. Er versprach, mit Schulhof und Herzog darüber zu reden. Einige Tage später kam Bendl wieder auf meine Idee zurück, erklärte jedoch, daß ein solcher „bunter Abend" nur für die SS organisiert werden dürfe, keinesfalls aber für uns Gefangene. Überdies war er der Auffassung, daß man dadurch die SS in bessere Laune versetzen könnte. Ich war nicht sehr begeistert von Bendls Plan und ließ mich letztlich nur durch seine Beharrlichkeit dazu überreden. Alles, was wir noch brauchten, war also eine Gitarre. Auch die schaffte Bendl von einem SS-Mann herbei. Die SS schien zu meinem Erstaunen tatsächlich gern Wienerlieder hören zu wollen.

Die Aufräumungsarbeiten auf dem Gelände der I. G.-Farben gingen indessen weiter. Uns Häftlinge machte die SS für die Zerstörungen durch die Alliierten verantwortlich. Keine Gelegenheit wurde ausgelassen, uns den Zorn darüber mit Gummiknüppeln spüren zu lassen. Vor allem waren wir nun nicht mehr ein Arbeitskommando aus Professionalisten, da wir alle gemeinsam – mit Ausnahme derer, die in der Forschung eingesetzt waren – zum Beseitigen der Trümmer herangezogen wurden und nicht wie früher auf größere Schonung hoffen konnten.

Als die ersten Herbstregen begannen, waren die Arbeiten noch immer nicht ganz abgeschlossen. In völlig durchnäßter Kleidung hatten wir unablässig weiterzuschuften. Viele bekamen Lungenentzündung, so daß wieder Hunderte von uns starben. Man stellte mehrere Bautrupps zusammen und hatte endlich bis Ende September die Werkshallen soweit wieder instand gesetzt, daß alle von uns an ihre früheren Arbeitsplätze zurückkehren konnten. Ab diesem Zeitpunkt bekamen wir auch keine Schläge mehr.

Einige Zeit arbeiteten wir im Werk zusammen mit britischen Kriegsgefangenen, die auch im Lager ihre Militäruniformen trugen. So um die zehn von ihnen gab es in unserer Halle. Damals lernte ich Sergeant Redman kennen, einen großgewachsenen, gutaussehenden Engländer. Freilich war uns offiziell verboten, miteinander zu sprechen, doch gaben wir uns mittels Blickkontakt unsere gegenseitige Sympathie zu erkennen. Eines Tages drang von draußen ein lauter Schrei in die Werkshalle. Durchs Fenster konnte ich erkennen, daß ein britischer Gefangener offensichtlich von einem vier Stock hohen Gerüst gestürzt war und nun in einer Blutlache lag. Es war ein recht junger, blonder Mann, der sich bei dem Sturz wohl tödliche Verletzungen zugezogen hatte. Der Anblick des Toten war schrecklich, doch wir waren ans Sterben im Lager gewöhnt. Leichen gab es hier schließlich zu jeder Zeit und überall. Niemand verlor ein Wort über den Zwischenfall, die Arbeit ging einfach weiter. Redman schaute zu mir herüber, als ob er mir etwas Wichtiges mitzuteilen hätte.

Bei der nächsten Gelegenheit, die sich bot – am Mittag des folgenden Tages –, setzte er sich während der Pause neben mich und sagte überraschend auf deutsch: „Guten Tag! Wie geht es?" Mein Staunen war groß, als ich merkte, daß er meine Muttersprache verstand. Er hatte sie, wie er erklärte, in London in der Schule gelernt. Redman verriet mir, daß der vermeintliche Engländer, der tags zuvor tödlich verunglückt war, in Wahrheit ein Spion war, den die SS eingeschleust hätte, um die Briten über etwaige Ausbruchsversuche auszuhorchen, und daß auch der Unfall nur fingiert gewesen sei. Die Gruppe der gefangenen Briten wäre von allem Anfang an über die wahren Absichten dieses getarnten Deutschen im klaren gewesen und hätte nur auf einen günstigen Moment gewartet, um ihn zu töten. Die beste Gelegenheit hätte sich hoch oben auf dem Gerüst geboten, von dem man den Mann einfach in die Tiefe gestoßen habe. Auf meine Frage, warum er dies alles ausgerechnet mir anvertraut hätte, meinte Redman, daß ich ihm durch meine Freundschaft mit Meister Frenkel aufgefallen und daher für vertrauenswürdig erschienen wäre. Ab diesem Zeitpunkt unterhielten wir uns öfter. Nachdem ich mich mit Bendl und den anderen der Gruppe beraten hatte, erzählte ich Redman schließlich sogar von meinen Eltern, denen es noch kurz vor Kriegsbeginn gelungen war, nach England zu fliehen. Da mein Vater als Funktionär der Sozialdemokratischen Partei Major Clement Attlee im Jahr 1932 bei einem Parteikongreß in Wien kennengelernt hatte und mit ihm seither in Kontakt geblieben war, konnte er durch eine persönliche Intervention von Attlee seine Entlassung aus dem KZ Dachau erwirken und nach London ausreisen. Dorthin holte er kurze Zeit später auch meine Mutter nach. Ich ersuchte Redman, die Adresse meiner Eltern zu notieren und sie nach seiner Befreiung sofort in London zu verständigen. Redman versprach mir, es zu tun, zerriß aber sicherheitshalber den Notizzettel mit den Aufzeichnungen, die er – wie er meinte – auch so nicht vergessen werde. Er schärfte mir ein, keinem von unserer Unterhaltung auch nur ein Wort zu sagen. Mit Redman, der der Anführer seiner Gruppe im Lager war, unterhielt ich mich sehr gern. Er war ein verläßlicher Mann, denn als ich 1946 meine Eltern erstmals wiedersah, erzählten sie mir, daß man sie tatsächlich angerufen habe, um ihnen mitzuteilen, ihre zwei Kinder wären in einem Konzentrationslager gesehen worden und seien am Leben. Obwohl die Freude über diese Mitteilung groß war, hätten sie allerdings damals nicht erfahren, von welchen beiden Kindern dieses Lebenszeichen stammte.

Redman und seine Gruppe standen als Kriegsgefangene nicht unter direkter Aufsicht durch die SS und unternahmen – wie ich seinen spärlichen Bemerkungen darüber entnahm – alles, um die Arbeit, zu der sie eingesetzt wurden, zu verzögern oder zu sabotieren.

Dann kam der Abend unseres Auftrittes vor der SS und einigen nichtjüdischen privilegierten Kapos. Willi und ich hatten Wienerlieder einstudiert, die man vor der Machtergreifung deutschen Touristen in Wien dargeboten hatte und die allgemein großen Anklang fanden. Da wir in unseren schmutzigen und zerschlissenen Uniformen kein gutes Bild boten, hatte Bendl für diesen Abend neue hellblaue Jacken organisiert, die wir am Ende der Darbietung wieder abzugeben hätten. Unsere Baracke wurde auf Hochglanz gebracht, man stellte Bänke auf und errichtete sogar eine Art improvisierte Bühne. Zur Überraschung aller fand sich sogar der Lagerkommandant, SS-Obersturmführer Schöttl, als Zuhörer ein und amüsierte sich blendend. Gemessen am Applaus, den wir erhielten, und den vielen Zugaben, die man verlangte, muß der Abend ein großer Erfolg gewesen sein. Am Ende bedankte sich Schöttl schließlich persönlich für die gute Unterhaltung und forderte die Anwesenden zu einem Schlußapplaus auf. Dann schüttelte er uns die Hand und fragte freundlich lächelnd nach der Art der Arbeit, die wir im Lager verrichteten. Es schien ihm zu gefallen, daß wir als Professionisten für die I. G.-Farben arbeiteten.

Unser Auftritt hatte zur Folge, daß wir die neuen Uniformen behalten durften, nicht aber ohne unverzüglich Judenstern und Häftlingsnummer aufzunähen. Die Gitarre mußten wir zurückgeben, und der ursprüngliche Plan, die Kameraden etwas aufzumuntern, konnte nie verwirklicht werden. Aber wir hatten noch weitere Vorteile: Da wir nämlich bei der SS durch unsere Darbietung nun allgemein bekannt waren, gab es keine Hiebe mehr, und wir erhielten oft Extrarationen an Suppe und Brot.

Mit der Zeit breitete sich dann große Nervosität unter den SS-Leuten im Lager aus. Auch sie hörten jede Nacht das Artilleriefeuer und wußten bereits, daß die Russen nicht mehr weit vom Lager entfernt waren. Die Zahl der Selektionen nahm ab Herbst wieder stark zu. Es war klar, daß man möglichst alle der kranken und ausgemergelten Lagerhäftlinge loswerden wollte, um bei einer möglichen Einnahme des Lagers durch die Alliierten keinerlei Beweise für die unglaublichen Naziverbrechen übrigzulassen.

Im November kam uns zu Ohren, daß die SS die Zerstörung der Gaskammern in Birkenau angeordnet hatte. Zuvor war man nicht davor zurückgeschreckt, sogar Gefangene, die noch am Leben waren, zu verbrennen, nur um rasch wirklich alle lebenden Zeugen vernichten zu können.

Seit den alliierten Luftangriffen wurde in den I. G.-Farben-Werken kaum noch etwas produziert, wodurch auch noch der geringfügige Schutz, den wir als Professionalisten genießen durften, jederzeit zu schwinden drohte und auch wir der Vernichtungsmaschinerie hätten zum Opfer fallen können. Die zweite Gefahr war die Kälte dieses schneereichen Winters, dem viele zum Opfer fielen. So litten wir also physisch durch das Wetter und psychisch durch die ständige Ungewißheit unseres weiteren Schicksals.

KAPITEL VI

Nordhausen-Dora

Es war am Abend des 18. Januar 1945, es schneite und war bitterkalt, als wir kurz nach der Rückkehr ins Lager von der SS unter Schlägen und wüsten Beschimpfungen hastig aus den Baracken getrieben wurden. Man ließ uns in Zehnerreihen antreten, und innerhalb kürzester Zeit befanden sich alle der rund 4000 Lagerhäftlinge auf einem Marsch Richtung Westen, immer unter scharfer Bewachung durch SS-Leute, die die Kolonne aus einem Abstand von zehn Metern genau beobachteten. Keinen Augenblick zweifelten wir daran, daß unsere Bewacher jederzeit von der Waffe Gebrauch machen würden, sobald sich der kleinste Anschein irgendeines Widerstandes zeigte. Jetzt begriffen wir auch, daß dieser Marsch bereits Teil einer angelaufenen Evakuierung des gesamten Lagers sein mußte. Obwohl wir keine Ahnung hatten, was nun mit uns geschehen würde, empfanden wir alle große Erleichterung. Natürlich fürchteten wir auch, daß man uns Gefangene in die Wälder treiben könnte, um uns dort einfach abzuknallen, doch wäre das auch für die SS mit einigen Schwierigkeiten verbunden gewesen. Vielleicht aber gab es gar nicht mehr genügend Munition, oder man wollte den verbliebenen Rest nicht für 4000 Juden verschwenden.

So mußten wir marschieren. Eine Reihe SS-Leute bildete den Abschluß der Marschkolonne und erschoß jeden, der nicht mehr weiterkonnte oder aus Erschöpfung zurückfiel. Nach etwa zwei Stunden peitschten hinter uns die ersten Gewehrsalven und markierten damit den Beginn eines opferreichen Todesmarsches. Wir alle waren außerdem völlig unzureichend bekleidet – zumeist gingen wir nur noch in Lumpen – und trugen bloß Holzschuhe. Viele würden also diesen Todesmarsch nicht überleben, vielleicht nicht einmal ein einziger von uns, doch das war es ja genau, was die SS wollte. Unsere Gruppe wurde rasch kleiner. Jeder klammerte sich an jeden, wir hakten uns unter, um einander beim Weitergehen zu unterstützen. Der Zug bestand noch immer aus Zehnerreihen, doch diese waren rasch anders zusammengesetzt als zu Beginn, da viele entkräftet liegenblieben und erschossen wurden. Ja, sehr viele verloren auf diese Art ihr Leben. Wir beobachteten sogar, wie sich vier SS-Leute mit ihren eigenen Waffen erschossen.

Nachdem wir die gesamte Nacht und den folgenden Vormittag durchmarschiert waren, erreichten wir schließlich das KZ Gleiwitz, das etwa 45 Kilometer entfernt lag. Nur noch die Hälfte von uns war am Leben. Man trieb uns in Baracken, wo wir zu dritt eine Pritsche teilen mußten, doch das war uns egal, solange wir nur einen Platz zum Liegen hatten und vielleicht etwas Schlaf finden konnten. Niemand schien überhaupt an etwas anderes zu denken. Die meisten hatten schwere Erfrierungen erlitten, vor allem an den Beinen, doch trotz der Schmerzen schliefen wir vor Müdigkeit auf der Stelle ein. Nachts weckte man uns zum Ausfassen einer dünnen Ersatzsuppe, die uns wenigstens erwärmte. Zurück in den Pritschen, schliefen wir sofort wieder ein.

Von einem „Alten" erfuhren wir, daß sich das Lager neben einer Kohlengrube befand, die bereits vorher evakuiert worden war. Das erhärtete unseren Verdacht, daß sich die Deutschen bereits in Auflösung befanden und bisweilen sogar einander widersprechende Befehle ausgegeben wurden. Einer der „Alten" erkannte einen SS-Mann, der als Mörder berüchtigt war, und riet uns dringend, nur ja auf der Hut vor ihm zu bleiben. Zeitig am nächsten Morgen hatten wir Aufstellung zum Zählappell zu nehmen. An die 25 SS-Männer waren erschienen, darunter jener, vor dem wir so eindringlich gewarnt worden waren.

Ich traute meinen Augen nicht, dieser SS-Mann führte eine Hacke mit sich. Mit kräftigen Hieben drosch er mehreren Häftlingen, die in den ersten Reihen standen, damit – zum Gaudium seiner Kollegen – auf den Schädel. Er war der Kommandant und führte sich auf wie ein Verrückter. Da kam eine der Wachen und flüsterte ihm etwas zu. Damit war das schauerliche Gemetzel beendet. Acht Männer lagen am Boden und verbluteten. Der

Kommandant erteilte den Befehl, uns in einen Zug zu verfrachten, der uns zur letzten Station unseres Lebens bringen würde. Wir zweifelten nicht an seinen Aussagen. So trabten wir im Gänsemarsch zu einem Eisenbahngleis, auf dem mehrere Viehwaggons für uns bereitstanden.

Auch während der Verladung wurden wir geschlagen, so daß viele von uns mit blutenden Kopfwunden im Viehwaggon landeten. Rund 80 Menschen befanden sich stehend und dicht aneinandergedrängt in einem solchen Waggon. Die Türen wurden verriegelt, und schließlich begann sich nach weiteren drei oder vier Stunden der Zug langsam in Bewegung zu setzen. Eine Nacht und einen Tag lang gab es weder etwas zu essen noch zu trinken. Dann endlich wurde für kurze Zeit die Tür geöffnet, man verteilte an jeden ein Stück Brot und etwas lauwarme Suppe. Alle unsere Gedanken kreisten um die Frage, was man mit uns vorhätte. Das einzige, das festzustehen schien, war der Umstand, daß wir Richtung Westen fuhren, weg von der russischen Front.

Nach dem Krieg erfuhr ich, daß mehrere Kameraden versteckt im Lager zurückgeblieben waren, wo sie ihre Befreiung durch die Russen abwarten wollten. Obwohl sie tatsächlich befreit wurden, waren sie durch das Zurückbleiben im Lager ein enormes Risiko eingegangen, weil niemand wissen konnte, ob die SS die beabsichtigten Pläne nicht doch noch realisieren würde. Unsere Kameraden setzten auf die Panik und die Desorganisation ihrer Bewacher, die ebenfalls alles unternahmen, sich so rasch wie möglich vor den herannahenden Russen abzusetzen.

An den Stationsnamen, die wir durch Schlitze in den Waggonwänden lesen konnten, erkannten wir, daß der Zug durch die Tschechoslowakei fuhr. Draußen tobte ein Schneesturm. Die Schmerzen durch die eisige Kälte wurden allmählich unerträglich. Wir versuchten, uns so gut es ging durch Körperkontakt zu wärmen, indem wir uns eng aneinanderpreßten oder übereinanderlegten und dabei öfter die Position wechselten. Von den 80 Kameraden starben sechs oder sieben während dieser Irrfahrt. Ihre toten Körper blieben in einer Ecke des Waggons, in einer anderen mußten wir unsere Notdurft verrichten.

Als wir schließlich österreichisches Gebiet erreichten, kamen einige Österreicher unter uns auf die Idee, aus dem Zug zu springen, falls dieser durch Wien fahren sollte. Als Österreicher wußte ich natürlich, wo sich dazu die beste Gelegenheit bot: in der Gegend des Pratersterns, einem Bahnhof im Nordosten der Stadt. Aufgrund meiner schlechten körperlichen Verfassung wäre ich zu so einer waghalsigen Unternehmung – die noch dazu in feindliche Umgebung führte – gar nicht fähig gewesen. Mit bloßen Händen lockerten die Kameraden einige Latten der Wand, ohne sie jedoch ganz zu entfernen, und warteten bis zum günstigsten Moment. Als wir den Praterstern passierten, wo der Zug auf einem Damm fuhr, machten sich fünf Männer bereit zum Sprung aus dem Waggon. Während sie die Böschung hinunterrollten, gab die SS mehrere Schüsse ab, schien sie jedoch verfehlt zu haben. Hastig setzten wir die entfernten Latten wieder ein und hofften, daß sich unsere Kameraden würden in Sicherheit bringen können. Ohne anzuhalten, fuhr der Zug weiter, das Schießen wurde eingestellt.

In schier endloser Fahrt ging es westwärts, quer durch Österreich und schließlich zurück nach Deutschland. Tagsüber hielt der Zug mehrmals während alliierter Luftangriffe, die durch Sirenengeheul angekündigt wurden. Dann ging es in geringem Tempo, fast ohne jeden Aufenthalt, weiter. Von Stunde zu Stunde verschlimmerte sich unsere Situation zusehends, es gab weitere Todesfälle und viele erkrankten. Der Leichenberg in der einen Ecke des Waggon wuchs, während der Gestank von menschlichen Exkrementen, der aus der anderen Ecke zu uns herüberdrang, sich langsam verstärkte und immer unerträglicher wurde. Allen war klar, daß am Ende dieser Fahrt nur noch wenige von uns am Leben sein würden. Irgendwo mitten in Deutschland hielt der Zug an, die Tür öffnete sich, und man schob Suppe und Brot herein. Jemand von uns raffte allen Mut zusammen und fragte einen der deutschen Soldaten zaghaft, ob man wohl die toten Körper entfernen könne und es uns gestattet wäre, den Waggon von den Exkrementen zu reinigen. Der Mann starrte ihn an, schwieg jedoch.

Zwei Soldaten, sie gehörten nicht zur SS, hielten zu beiden Seiten der Waggontür, die nur etwa fünf Minuten offenstand, Wache. Zumindest versetzte uns das in die Lage, ein wenig frische Luft zu schnappen, und gab uns Hoffnung, daß irgend etwas gegen die schrecklichen Zustände unternommen werden würde, die hier drinnen herrschten. Doch nichts geschah. Die Türen wurden zugeschlagen, und man beließ uns in derselben hoffnungslosen und üblen Situation. Mehrere von uns hatten mit dem Leben abgeschlossen und sehnten sich nur noch danach, tot zu sein. Auch mein Bruder und ich hatten die Hoffnung schon aufgegeben, da wir keine Möglichkeit mehr sahen, wie man solch unerträgliche Grausamkeiten noch länger überstehen könnte. Für uns war das der Ausdruck der absoluten Vernichtung, gleichzeitig bewies es aber, daß sich die deutschen Strukturen bereits in Auflösung befanden. Unter normalen Umständen hätte man uns nämlich zumindest erlaubt, die Waggons zu säubern und die Leichen zu entfernen, allein schon deshalb, weil die Deutschen stets um ihre eigene Sicherheit besorgt waren und den Ausbruch von Seuchen fürchteten. Kreuz und quer ging es weiter durch Deutschland, wir alle hofften, daß diese Irrfahrt ein baldiges Ende finden würde. Trotzdem meinte jeder, daß man uns am Schluß doch nur töten würde oder wir in ein weiteres Lager gesperrt würden. Nach insgesamt sieben Tagen und acht Nächten blieb der Zug dann frühmorgens plötzlich stehen. Die Türen wurden geöffnet, draußen sahen wir überall Männer der SS. Ein gutes Drittel unseres Waggons war mit einem Berg von etwa 30 bis 40 Leichen bedeckt. Der Rest der noch Lebenden konnte sich kaum auf den Beinen halten. Mit dem üblichen Kommandogebrüll trieb man uns aus den Waggons. Wir standen neben den Gleisen und torkelten umher, als wären wir betrunken. SS-Leute prügelten auf uns ein, allein wir schenkten all dem keine Beachtung mehr. Einige fielen zu Boden und waren zu schwach, um sich wieder zu erheben. Mein Bruder, der ebenfalls einen Schlag abbekommen hatte, wäre fast ebenfalls gestürzt, hätte er sich nicht im letzten Moment an mir festhalten können. Das Einatmen der ungewohnt frischen Luft im Freien tat fast etwas weh, verlieh mir aber wieder neuen Lebenswillen.

Als nun alle Waggontüren offenstanden, wichen die SS-Leute – angewidert vom Geruch aus Fäkalien und Verwesung – entsetzt zurück. Alle hatten Angst, irgendwie mit gefährlichen Krankheiten angesteckt zu werden. Man befahl uns, in Viererreihen Aufstellung zu nehmen. Ein SS-Offizier verlautbarte, daß wir in ein nahegelegenes Lager zu marschieren hätten, wo wir untersucht würden. Alle Kräftigen hätten dort, so wie bisher, zu arbeiten. Wir hörten, daß wir hier in Nordhausen, einer norddeutschen Industriestadt, seien. Nach einem Marsch von etwa einer Dreiviertelstunde erreichten wir unser Ziel. Jeder von uns stützte einmal seinen Kameraden und wurde ein anderes Mal von diesem gestützt, während die SS unsere erbärmliche Marschkolonne links und rechts flankierte. Trotz unseres Zustandes fiel uns aber auf, daß die Stimmung unter den SS-Leuten nicht mehr wie früher war. Sie schlenderten teilnahmslos neben uns und schienen sich um nichts sonderlich zu kümmern. Alles, worauf man Bedacht nahm, war, niemanden der Gefangenen fliehen zu lassen, obwohl jedem genau bewußt war, daß keiner von uns auch nur annähernd in der Verfassung gewesen wäre, einen Fluchtversuch zu erwägen.

Für die SS mußte es ein enormer Umweg gewesen sein, diesen unseren unglückseligen Zug in diese Gegend zu leiten. Wahrscheinlich waren zwingende Gründe dafür ausschlaggebend gewesen, die wir allerdings nicht kannten. Es mag sein, daß man uns aus rein strategischen Gründen hierher gebracht hatte, weil eben die Alliierten gerade diesen Ort stark bombardierten. Vielleicht war es aber nur so, daß man einfach nicht wußte, wohin man uns sonst bringen hätte sollen. Es schien, als wären noch während der Fahrt des Zuges von verschiedensten Dienststellen ständig einander widersprechende Befehle erteilt worden. Jedenfalls steht außer Zweifel, daß – aus welchen Gründen auch immer – unser Zug auf diese Weise von Gleiwitz, das im östlichen Teil des Reichsgebietes lag, über die Tschechoslowakei und Österreich schließlich wieder zurück nach Deutschland geleitet wurde.

Im Lager selbst bemerkten wir sofort wieder viele Gefangene, die mit den uns so vertrauten gestreiften Uniformen bekleidet waren. Im Gegensatz zu uns, die wir stets zerlumpt herumliefen und an Unterernährung litten, sahen diese Gestalten recht sauber aus und schienen auch einigermaßen gut genährt zu sein. Wir kamen zu einer Baracke, in der es einen Duschraum gab. Man wies uns an, die Kleidung auszuziehen, und so mußten wir bei Temperaturen unter Null nackt im Freien warten. Als wir in den Raum geschickt wurden, sahen wir die sicherlich weit über hundert Brausen.

Zu unserer Überraschung gab es zum Duschen heißes Wasser, das wir auch ohne Seife als Wohltat empfanden. Dieser Luxus dauerte nur fünf Minuten, dann schickte man uns wieder in die

Kälte und schließlich zur nächsten Station, wo uns einige Gefangene saubere Uniformen und neue Holzschuhe ausfolgten. Was für eine Wohltat! In einem weiteren Raum untersuchten zwei Ärzte, ebenfalls Häftlinge, unsere Augen, die Lunge und das Herz. Ich fragte, wo wir hier wären und was das für ein Lager sei. Der eine Arzt meinte, daß ich alles, was ich wissen müsse, schon bald selbst herausfinden würde. Einige unserer Kameraden, jene, die zu schlecht beisammen waren und als nicht arbeitstauglich eingestuft wurden, sonderte man ab. Wir sahen sie nie wieder.

Draußen vor der Baracke mußten wir Gruppen zu je zehn Mann bilden, die auf die Schlafbaracken aufgeteilt wurden. Unser Blockältester, er war kein Jude, hielt uns sofort eine Predigt, in der er uns einzuschärfen versuchte, alles sauber und in bester Ordnung zu halten. Dann zeigte er uns unsere Schlafstätten, die eher harten Pritschen glichen. Es gab keine Matratze, nur je eine dünne Decke für jeden. Da diese Baracken aber gut geheizt waren, brauchten wir wenigstens nicht frieren. Bald darauf gab es Suppe und ein Stück Brot, so daß wir langsam wieder Hoffnung schöpften.

Hier im Lager Nordhausen befanden sich hauptsächlich Juden, nur wenige Gefangene waren nichtjüdisch. Letztere bestanden aus deutschen Verbrechern und einer sehr geringen Zahl politischer Häftlinge. Leider war mein treuer Freund Benedikt Kautsky nicht dabei. Nach dem Krieg erfuhr ich, daß er im Zuge der Evakuierungen wieder nach Buchenwald gebracht worden war, wohin auch der Rest der Politischen kam. Nordhausen war als streng geheime militärische Anlage eingestuft, die sich in zwei unterirdischen Tunnels befand. Vermutlich gab es hier so wenige politische Gefangene, weil man sie nicht zur Arbeit an diesen geheimen Orten heranziehen wollte, an denen die V-1- und V-2-Raketen gefertigt wurden. Der Leiter des Projektes war der später so berühmte Raketentechniker Wernher von Braun, der über ein Heer von Sklavenarbeitern herrschte, die unterirdisch rund um die Uhr in einer Siebentagewoche zu schuften hatten. Diesen über alles erhabenen Wissenschaftler kümmerte es nicht, daß 30.000 Männer wegen der schweren Arbeit zugrunde gegangen waren oder 15.000 bei einem schweren alliierten Luftangriff ums Leben kamen. Dabei war ein Tunnel getroffen worden, so daß die eingeschlossenen Häftlinge keine Chance hatten und umkamen.

Die Anlage war so gebaut, daß zwei parallel laufende Tunnelröhren am Ende miteinander verbunden waren und eine Art Montagestraße bildeten. Eine Fertigungsplattform, die auf Schienen gelagert war, wurde langsam an den einzelnen Arbeitsstationen vorbeibewegt und hielt bei jeder so lange, bis der gerade erforderliche Arbeitsschritt ausgeführt war.

Ich wurde dem sogenannten Transportkommando zugeteilt, dessen Aufgabe es war, Bestandteile aus einem Depot an die verschiedenen Montagestationen zu schaffen. Mein Kapo war ein deutscher Krimineller, der weit weniger brutal war, als man es von einem Kapo normalerweise gewohnt war. Er war um die 45 Jahre alt, verkörperte den typischen Deutschen und war ein „Alter". Da wir die gleiche Muttersprache hatten, verstanden wir uns relativ gut. Auch gab es keine Beschimpfungen oder Schläge, was natürlich sehr erfreulich war. Es fiel uns auf, daß sich auch einige russische Kriegsgefangene unter den Häftlingen befanden. Einige trugen immer noch Teile ihrer Uniform, meistens waren aber auch sie bekleidet wie wir alle.

Gleich am ersten Arbeitstag kam ich mit einem der russischen Gefangenen, der sich im gleichen Kommando befand, zusammen, und es entwickelte sich rasch eine freundschaftliche Beziehung zwischen uns. Nikolai, so hieß der Russe, war ein überaus freundlicher Kerl, immer gut aufgelegt und jener Typ von Mensch, den scheinbar nichts aus der Ruhe bringen kann. Er war genau so, wie man sich einen Freund immer wünscht. Nikolai sprach fließend Deutsch mit einem leichten russischen Akzent. Da wir uns gut verstanden, erzählte er mir seine Geschichte. Er beherrsche fünf Sprachen und sei früher Hoteldirektor gewesen. Er bekannte sich offen dazu, Kommunist zu sein. Dann schilderte er, wie es dazu gekommen sei, daß man ihn wegen der Unterschlagung von Geld im Hotel verhaftet und ihn zu zehn Jahren Kerker verurteilt habe. Beim deutschen Rückzug aus Rußland seien schließlich viele Gefangene, darunter auch Nikolai, aus russischen Gefängnissen geholt und als Zwangsarbeiter nach Deutschland deportiert worden.

Ich mochte Nikolai wegen seiner Offenheit und seines ehrlichen Charakters. Er war ein raffinierter Bursche, der immer Zigaretten organisieren konnte, indem er einfach aus der Kleiderkammer, in der ein Freund arbeitete, der auch Russe war, Kleidungsstücke stahl und sie eintauschte. Oft tauschte er sie mit deutschen Zwangsarbeitern gegen eine Scheibe Brot, manchmal auch gegen ein Stückchen Wurst. Alle hier kannten ihn und vertrauten ihm.

Auf diese Weise betrieb Nikolai einen schwunghaften Tauschhandel. Er hatte immer ein zweites Stück Brot, ein Stück Wurst und konnte einem manchmal sogar etwas Schokolade anbieten. Er vertraute mir auch an, daß es ihm zwar nichts ausmache, nach der Befreiung nach Rußland zurückzukehren, wo er den Rest seiner Strafe, also noch sieben Jahre, abzusitzen hätte, er aber lieber in den Westen gehen würde. Auf meine Frage, wie er so sicher sein könne, daß er das alles hier überleben werde, und warum er glaube, daß die Deutschen uns vorher nicht alle in die Luft sprengen würden, meinte er, es würde letztlich alles so schnell ablaufen, daß überhaupt keiner der Pläne, uns alle zu vernichten, mehr ausgeführt werden könnte.

Nikolai war ein Mensch, der überhaupt keine Furcht hatte. Einmal hielt ihn ein SS-Aufseher an, ließ ihn seine Taschen leeren und durchsuchte ihn gründlich. Der Aufseher fand einige Zigaretten, zwei Scheiben Brot und ein Stückchen Wurst. Er nahm ihm diese Dinge nicht nur ab, sondern verprügelte den armen Nikolai auch noch. Der nahm es gelassen und ohne einen Ton von sich zu geben. Mit blutiggeschlagenem Gesicht, aber immer noch freundlich lächelnd kam er uns entgegen und bemerkte mit dem ihm eigenen Humor, daß er den SS-Mann, der für diese wenigen Dinge so großen Aufwand hatte treiben müssen, zutiefst bedauere. Er hätte ihm sein Habe auch ohne Schläge ausgehändigt. Seiner Ansicht nach wäre der miese Charakter der SS im Grunde nur der Ausdruck ihrer tiefen inneren Verzweiflung. Nikolai und ich wurden sehr gute Freunde, und er ließ mir oft die Früchte seines Tauschhandels zugute kommen.

Mein Bruder Willi, der Elektriker war, kam in ein anderes Kommando und arbeitete in einem anderen Abschnitt der Montagestraße. Dann gab es noch ein paar weitere Freunde aus Auschwitz, die ebenfalls hierher gekommen waren, leider waren es nur sehr wenige. Die meisten waren während der schrecklichen Bahnfahrt nach Nordhausen zugrunde gegangen, andere waren bei der Ankunft in so schlechter körperlicher Verfassung, daß sie der Musterung durch die SS zum Opfer fielen. Niemand, der nicht arbeitsfähig war, durfte weiterleben. Einer der wenigen Überlebenden war Ernstl Zimche, dem ich gelegentlich begegnete. Ich mußte an all die lieben Freunde denken, die wir seit der Evakuierung von Buna verloren hatten.

Die Arbeit war in zwei Schichten eingeteilt. Die erste befand sich von sechs Uhr morgens bis sechs am Abend im Tunnel, die zweite während der Nacht. Suppe gab es im Tunnel entweder mittags oder um Mitternacht. Der Zugang zum Tunnelsystem war durch Tore, die sich nur elektrisch öffnen ließen, versperrt und durch Buschwerk, das man daran befestigt hatte, völlig getarnt. Überhaupt war die gesamte Anlage streng geheim und äußerst gut verborgen. Wenn eine der V-1- oder V-2-Raketen fertiggebaut war, durfte sie nur nachts den Tunnel verlassen und wurde zu einer Startrampe gebracht, wo sie unter der Aufsicht eines Wissenschaftlers von Militärpersonal für den Abschuß Richtung Westen, also England, vorbereitet wurde. Zwei- oder dreimal konnten wir beobachten, wie eine solche Rakete noch vor dem Abheben explodierte.

Wir hielten das gesamte Projekt für nicht sehr erfolgreich, da es zahlreichen Sabotageakten, vor allem der Russen und der anderen ausländischen Zwangsarbeiter, ausgesetzt war. Als eines Tages wieder eine Rakete explodierte, brach die Hölle los. Die SS trommelte uns zum Appell zusammen, wo der Lagerkommandant allen mitteilte, daß man Beweise für Sabotageakte hätte, welche nicht hinnehmbar seien. Man habe strengste Strafen vorgesehen. Am darauffolgenden Tag, es war ein Sonntag, schickte man alle Häftlinge in den Tunnel. Sofort sahen wir, daß man auf der ersten Plattform Galgen vorbereitet hatte – 50 Stück konnte ich zählen. Die Stricke hatte man auf Haken montiert, die von Seilwinden auf und ab gezogen werden konnten. Nun befanden sie sich etwa in Kopfhöhe. Man holte sich per Zufall 50 Gefangene aus der Menge, legte ihnen die Schlingen um den Hals und zog sie an den Haken hoch. Die bedauernswerten Opfer wurden stranguliert, lebten aber noch mehrere Minuten lang, bis sie schließlich mit weit aufgerissenen Augen erstickt waren. Während alldem ließ man uns um die Galgen defilieren und zwang uns, den Todeskampf der unschuldig Gehenkten mitanzusehen. Für kurze Zeit hörten die Sabotageakte auf, bevor sie einige Tage später weitergingen und auch die Fehlfunktionen an den Raketen wieder auftraten.

Es vergingen weitere Tage, und wir bemerkten, daß immer mehr SS-Wachen in die Tunnels abkommandiert wurden, nur um unsere Arbeit zu überwachen. Es schien, daß man mittlerweile niemandem mehr traute. Es war sehr gefährlich geworden, miteinander im Tunnel bei der Arbeit zu sprechen. Nikolai beschränkte sich überhaupt darauf, mit mir nur mehr in der Baracke zu sprechen. Ein Weiterleben unter den zunehmend mißtrauischer werdenden Blicken der SS war nun schwieriger geworden.

Eines Nachts, als ich schon in meiner Koje lag, hörte ich Motorenlärm von herannahenden Flugzeugen, in den sich das Geräusch von abgeworfenen Bomben mischte. Wir eilten zu den Fenstern, sahen Feuer und beobachteten, wie die Zugänge zu den Tunnels heftig bombardiert wurden. Den Alliierten war ein längst fälliger Luftangriff gelungen. Ich war mir sicher, daß diesen Angriff niemand in den Tunnels überleben würde, weil die Zugänge zu den Stollen komplett zerstört worden waren und es keine andere Fluchtmöglichkeit gab. Unglücklicherweise befanden sich etwa 2000 Gefangene der Nachtschicht im Tunnel, unter denen sich auch mehrere meiner Freunde befanden. Unter den Verschütteten befanden sich natürlich auch SS-Aufseher sowie zivile deutsche und ausländische Zwangsarbeiter. Der Angriff dauerte rund 45 Minuten. Offenbar vergeblich feuerte die deutsche Luftabwehr auf das Geschwader, das im Dunkel der Nacht verschwand.

Nach dem Bombardement holte uns die SS, nackt wie wir waren, aus den Baracken, beschimpfte uns aufs gröblichste und verprügelte uns brutal. Dabei entging niemand den Hieben der SS, die einen Korridor bildete, durch den alle im Spießrutenlauf getrieben wurden. Unsere nackten Körper wurden mit Gummiknüppeln bearbeitet, überall am Boden war Blut. Irgendwie aber befriedigte uns der Anblick dieser in ausweglose Panik geratenen SS-Horde. Immer deutlicher zeichnete sich das nahe Ende ab, doch weder wir noch die Deutschen wußten, was dann kommen würde. Man trieb uns in der Mitte des Lagers zusammen und ließ uns in Reih und Glied aufstellen. Dann erschien der SS-Kommandant und bestieg im Lichtkegel eines Scheinwerfers ein Podest. Er sprach davon, daß diese Stollen ein streng gehütetes militärisches Geheimnis gewesen wären und irgendwer die Lage dieses Ortes an die Alliierten verraten haben müßte. Deutschland würde dieser Sabotage durch die Juden nicht tatenlos zusehen und uns alle dafür mit dem Tod bestrafen.

Nikolai, der in der Reihe neben mir stand, drückte mir ganz fest die Hand, um stumm zu zeigen, wie sehr er die verzweifelte Nervosität und das wirre Gerede des Kommandanten genoß. Indem ich sein Zeichen erwiderte, signalisierte ich Nikolai, daß ich genauso dachte wie er. Das Gewäsch des Kommandanten mußten wir noch eine halbe Stunde über uns ergehen lassen, bis er sich schließlich lauthals an die SS wandte und befahl, uns für die Luftangriffe büßen zu lassen, die nicht nur deutsche Leben gekostet, sondern auch alle der geheimen Raketenwaffen vernichtet hätten.

Bei der Rückkehr in unsere Baracken mußten wir wieder den SS-Korridor im Spießrutenlauf passieren. Die Männer wurden jetzt aber von ihren Vorgesetzten angefeuert, die Heftigkeit der Schläge zu steigern. Eine Orgie der Gewalt wurde entfacht, in der die SS-Männer nicht enttäuschten. Wehrlose Wesen wurden unbarmherzig zu Tode geprügelt. Jeder von uns war verletzt, es gab kein Entrinnen, niemand konnte sich der Gewalt dieser Kreaturen entziehen. Am Ende, als wir endlich unsere Baracken erreicht hatten, ließen wir uns in die Kojen fallen, ohne zu wissen, wie es mit uns weitergehen würde.

Wie schon zuvor in Auschwitz, hatten auch hier die Alliierten ihre Bomben so präzise abgeworfen, daß eigentlich nichts vom Lager zerstört wurde, sondern lediglich die Zugänge zu den Stollen völlig vernichtet wurden. Erdmassen von Hunderten Tonnen lagen darüber. Die bedauernswerten Menschen, nun in den Stollen gefangen, waren praktisch bei lebendigem Leibe begraben. Ab dem Tag dieses Angriffes war alles schlagartig ganz anders. Da das Ausmaß der Vernichtung so gewaltig war, versuchte man gar nicht erst, die Stollen freizulegen oder wiederherzustellen. Alle deutschen Zivilarbeiter sowie alle ausländischen Zwangsarbeiter wurden abgezogen. Zurück blieben nur Juden, einige Politische, die meisten der russischen Kriegsgefangenen und Kriminellen, wie Nikolai. Leider hatte man die Russen getrennt untergebracht, sie belegten immerhin vier Baracken.

Die Zahl der Tötungen nahm von Tag zu Tag zu. Wahllos griff man sich Gefangene, führte sie auf die umliegenden Felder und ließ sie ihre eigenen Gräber schaufeln. Dann mußten sie sich so aufstellen, daß ihre toten Körper gleich nach dem Erschießen in die Gruben fielen. Die nachkommenden Gefangenen mußten die Gräber zuschaufeln, einige, die noch nicht tot waren, wurden unter den Augen der SS lebendig begraben. Früher oder später, das schworen sich alle von uns, würde sich das Blatt wenden und unsere Stunde kommen. Nicht anders verfuhr man mit den Russen. Doch während man täglich zwischen 30 und 40 Juden für die Massentötungen aussuchte, lag die Zahl der russischen Opfer bei fünf oder zehn.

Wir setzten all unsere Hoffnung in die alliierten Streitkräfte, die in ganz Europa auf dem Vormarsch waren und allmählich nach Deutschland stießen. Jene, die bis jetzt durchgehalten hatten, hofften, daß sie befreit würden, bevor auch sie den Erschießungen zum Opfer fallen würden. Tag für Tag warteten wir auf diesen Augenblick, sorgten uns um unser eigenes Leben und das unserer Freunde. Ständig baumelte ein Damoklesschwert über unseren Köpfen. Neben der Gefahr durch Todesschwadronen, die unablässig weitermordeten, waren wir auch den ständigen Schlägen im Lager ausgeliefert.

Große Sorgen machte ich mir vor allem um meine engsten Freunde, meinen Bruder Willi und Nikolai, den ich sehr gern hatte. Er war ein Mensch mit grundgutem Charakter, uneigennützig und treu. Immer wieder sagte er mir, daß er in meiner Nähe bleiben wolle und eines Tages dort leben wolle, wohin auch ich gehen würde. Wir glaubten jedoch nicht, daß es je dazu kommen werde, sondern hielten alles mehr für einen schönen Traum, der uns die rauhe Wirklichkeit von Tod und Zerstörung etwas vergessen ließ.

Die Kenntnisse der deutschen Sprache kamen mir oft zugute. Der Kriminelle, der unserer Baracke vorstand, war Deutscher und benötigte mich manchmal als Übersetzer. Einmal, als die SS kam, weil sie Opfer für ihr wahlloses Morden suchte, hatten sie mich schon ausgesucht. Da kam unser Blockältester und erklärte, daß ich als Übersetzer unabkömmlich sei. Glücklicherweise ließen die SS-Männer von mir ab. Das Bedürfnis irgendeines deutschen Kriminellen galt also mehr, als das Leben eines Juden wert war.

Das tägliche Morden ging weiter bis Mitte März 1945. Dann beschlossen die Deutschen urplötzlich und ganz unerwartet, auch dieses Lager zu evakuieren. Die Alliierten mußten also dem Lager schon sehr nahe gekommen sein, und die Deutschen befürchteten, daß dieses schreckliche Lager mit seinen ausgemergelten Häftlingen in die Hand des Feindes fallen könnte. Auch hatte man die üblichen SS-Chargen gegen anderes Personal ausgetauscht, das nun hauptsächlich aus älteren Männern bestand, denen nicht einmal ihre Uniformen richtig paßten, die üblicherweise saßen wie angegossen. Das frühere SS-Personal hatte man bereits evakuieren lassen, um es vor einer Gefangennahme durch die Alliierten zu schützen. Nun mußten uns diese armen alten Männer bewachen, die fast aussahen, als wären sie nur verkleidet. Sie verhielten sich uns gegenüber allerdings viel zivilisierter und schienen im wesentlichen nur um ihr eigenes Schicksal besorgt zu sein.

Dann begann die Evakuierung. Je 60 bis 70 Gefangene wurden in einen Viehwaggon geladen. Keiner wußte, wohin wir fuhren, und es liefen Gerüchte, man brächte uns in ein anderes Vernichtungslager inmitten von Deutschland. Weiters hieß es, daß der Krieg bald vorbei sei und die Deutschen an allen Fronten zurückwichen, während die Alliierten unaufhaltsam vordrangen. Aus der Tatsache, daß unser Zug Richtung Westen abging, schlossen wir, daß wir jedenfalls nicht durch die Russen befreit werden würden. Das fanden wir irgendwie doch tröstlich. Dann hörten wir, daß Auschwitz schon von den Russen eingenommen worden war und einige Häftlinge, die in Verstecken auf die Russen gewartet hatten, von diesen tatsächlich befreit worden wären.

Zu unserem Erstaunen gab es vor der Abfahrt des Zuges aus Nordhausen für jeden Gefangenen eine Schüssel Suppe und ein Stück Brot. Außerdem wurden wir während der gesamten Verladung nicht geschlagen. Spät in der Nacht fuhr der Zug ab und hielt bei Tagesanbruch irgendwo auf freier Strecke an. Er blieb hier den ganzen Tag lang stehen, und wir konnten deutlich das Gedröhne von Flugzeugen und mehrmals auch entferntes Sirenengeheul hören. Vermutlich befanden wir uns in der Nähe einer größeren Ortschaft oder einer Stadt.

Während des Tages erhielten wir weder zu essen noch zu trinken. Nur einmal wurde die Waggontür geöffnet und ein Kübel hereingeschoben, der in eine Ecke gestellt wurde und als Toilette zu dienen hatte. Nicht so sehr der Hunger, sondern vielmehr der Durst quälte uns. Als schließlich die Nacht hereinbrach und es draußen stockdunkel geworden war, ging die Waggontür wieder auf. Endlich wurde ein großer Kessel mit Suppe gebracht, die einer unserer Kameraden austeilte. Jeder erhielt auch ein Stück Brot. Da der SS-Aufseher, der die Suppe gebracht hatte, freundlich zu sein schien, wagte einer von uns, ihn zu fragen, wohin man uns brächte. Er zuckte aber bloß mit den Schultern, weil er die Antwort entweder selbst nicht wußte oder sie uns nicht nennen durfte.

Eine Stunde später fuhr der Zug in langsamem Tempo weiter. Während der ganzen Nacht vernahmen wir in der Ferne Bombenlärm. Bei Tagesanbruch blieb der Zug dann wieder stehen. Fünf weitere Tage und Nächte wiederholte sich schließlich noch diese Abfolge von Fahren und Anhalten.

KAPITEL VII

Bergen-Belsen

Am Morgen des sechsten Tages hielt der Zug etwas außerhalb einer Bahnstation. Wir sahen Schilder mit der Aufschrift „Bergen". Obwohl keiner von uns auch nur die leiseste Ahnung hatte, ob das etwas Gutes oder etwas Schlechtes zu bedeuten hatte, schöpften wir neue Zuversicht. Auf einer nahegelegenen Landstraße bewegten sich etwa 100 Wehrmachtssoldaten im Laufschritt und sahen dabei alles andere als siegreich aus. So stellten wir uns immer eine Armee vor, die sich auf dem Rückzug befindet. Mehrere der Soldaten trugen ihre Schuhe zusammengebunden über der Schulter, ihre Uniformen machten keinen allzu sauberen Eindruck und waren weit davon entfernt, als schneidig bezeichnet zu werden. Alles deutete darauf hin, daß es sich um eine versprengte Gruppe desorganisierter Soldaten handelte.

Jedem von uns war klar, daß das Ende von alldem nicht mehr fern sein konnte. Wie aber würden wir dieses Ende erleben? Die Deutschen, die ihre Hoffnung auf einen Sieg fahren lassen mußten, wurden zunehmend unberechenbarer. Ein weiterer Troß von SS-Leuten, den wir sahen, bewegte sich auf die gleiche ungeordnete Weise fort. Es freute uns, zu sehen, wie diese Bestien nun ziel- und planlos umherirrten.

Den ganzen Tag über stand unser Zug still, während Massen verstreuter Soldaten über die Landstraße marschierten. Erst am Abend begann man allmählich einen Waggon nach dem anderen zu leeren, bis schließlich jeder aus dem Zug geholt worden war. Etwa 150 Tote hatten wir zu beklagen. Man stapelte ihre Körper entlang der Geleise übereinander. Dann mußten wir in Viererreihen, flankiert von SS-Wachen, abmarschieren. Auch diese

Männer ließen die Wachsamkeit vermissen, die man sonst vom SS-Personal gewohnt war.

Als wir das Tor des Lagers Bergen-Belsen erreicht hatten, schien es uns, als brächte man uns in eine deutsche Kaserne. Jede Baracke im Lager war in kleine Zimmer unterteilt, in denen sich zwanzig Stockbetten mit strohgefüllten Matratzen befanden. Den Bewohnern einer solchen Baracke standen zwei Toiletten und mehrere Duschen zur Verfügung. Alles unterschied sich gewaltig von den hastig aufgestellten Baracken, aus denen ein Konzentrationslager üblicherweise bestand. Trotzdem war aber alles dreckig, und jeder erkannte sofort, daß schon seit Wochen nichts mehr an diesem Ort gereinigt worden war.

Auch hier fiel mir wieder auf, daß man die Russen in drei eigenen Baracken am anderen Ende des Lagers untergebracht hatte. Nikolai, der die ganze Zeit über gemeinsam mit mir verbracht hatte, war nun fort. Bevor er gehen mußte, flüsterte er mir noch zu, daß ich mich erkundigen solle, wohin er käme, um ihn wenigstens besuchen zu können. Wir verabschiedeten uns mit traurigen Blicken und in der Ungewißheit, ob wir uns wohl je wiedersehen würden.

Anschließend schickte man alle Neuankömmlinge in die Baracken, wo man zu zweit je eine Etage eines Stockbettes zu belegen hatte. Willi und ich nahmen sofort eine Koje in Beschlag und hofften, den lange ersehnten Schlaf nachholen zu können. Dazu kam es dann doch nicht. Als nämlich alle von uns endlich in ihren Kojen lagen, wurde über Lautsprecher angeordnet, vor den Baracken in Viererreihen anzutreten. Ernstl Zimche, Norbert Wolfinger und einige unserer Freunde aus Auschwitz waren bei uns, Bendl fehlte jedoch, und niemand, den ich auch fragte, wußte, wo er geblieben war, seit ich ihn bei der Evakuierung von Auschwitz aus den Augen verloren hatte.

Neben den etwa vierzig regulären Lageraufsehern gab es auch noch 200 ungarische SS-Männer und andere Kollaborateure. Sie trugen braune Uniformen und schlugen uns, wann immer es ging. Bei unserer Ankunft am Appellplatz hatte sich bereits das gesamte SS-Personal um ein Podest versammelt, auf dem der Lagerkommandant stand, der eine Rede hielt.

Dieses Lager, so erklärte er uns, sei kein Arbeitslager. Alles, was man von uns erwarte, sei, das Lager sauberzuhalten. Die

Mahlzeiten würden in zwei Küchen zubereitet und bestünden aus Kaffee und einem Stück Brot morgens sowie einer Portion Suppe jeweils mittags und abends. Überraschenderweise sprach der Kommandant mit recht sanfter Stimme, und wir fragten uns, ob er dies mit Absicht tat. Standen die Alliierten vielleicht schon so nahe, daß die Deutschen nun rasch eine andere Gangart einschlugen? Bald schon sollten wir dahinterkommen. Vorerst hatten wir keine Anhaltspunkte, außer den merkwürdigen Erlebnissen mit den Soldaten, die auf der nahen Landstraße völlig desorganisiert zu sein schienen. Wir hofften, daß dies alles bald ein Ende haben möge.

In gewisser Weise markierte Bergen-Belsen tatsächlich einen Endpunkt. Es gab zwar fast keine Schläge, schwer arbeiten mußten wir auch nicht, und auch sonst gab es nichts, was man von uns wollte. Die Mahlzeiten waren nicht besser als in den anderen Lagern, man bekam immer die gleiche dünne Rübensuppe vorgesetzt. Doch mit der Zeit verloren wir an Gewicht und – was noch viel schlimmer war – es gab in den Latrinen kein Fließwasser, so daß binnen kurzer Zeit die Kanäle überliefen. So litten wir neben dem quälenden Hunger und Durst auch noch an den verheerenden hygienischen Verhältnissen. Das waren also die stillen, dafür aber viel heimtückischeren „Schläge", die man uns statt dessen verpaßte. Zweifellos beabsichtigte man, alle von uns auf diese Weise umzubringen, weil es nur eine Frage der Zeit war, bis sich Seuchen ausbreiteten, die ohne jede Behandlung unweigerlich zum Tod führten. Nur in den Küchen gab es Trinkwasser. Man mußte sich für einen Becher Wasser zwei bis drei Stunden anstellen.

Dieses Trinkwasser wurde in Tankwagen herbeigeschafft und zum allergrößten Teil für die Zubereitung dessen, was sich Suppe nannte, verwendet. Jeden Tag erkrankten mehr Gefangene und lagen tot in ihren Kojen. Das Lager erstreckte sich über ein sehr großes Gelände, das zu einem Teil aus Feldern bestand, auf denen vor dem Krieg Ackerbau betrieben worden sein mußte. Ernstl, der Mitglied einer Berliner Zionistengruppe war, hatte sich für den späteren Einsatz in Israel landwirtschaftliches Wissen angeeignet. Da wir großen Hunger litten und er gelernt hatte, daß man Rüben oft in einem Erdloch vergrub, um sie erst im Winter an Schweine verfüttern zu können, hatte er die Idee, solche Rübendepots zu suchen. Rüben sind in der Tat sehr nahrhaft.

Bald brachten uns Willi und Ernstl tatsächlich solche Schätze, die sie draußen auf dem Feld gefunden hatten. Mit bloßen Händen hatten sie danach gegraben, und wir aßen sie nun wie Karotten. Ausgehungert, wie wir waren, schmeckten sie einfach herrlich. Schon schmiedeten wir Pläne, wie fünf von uns gleich am nächsten Tag gezielt nach so vielen Rüben wie möglich suchen könnten. Ein Freund aus der Küche, den wir zu Rate zogen, warnte uns, zu viele dieser Früchte zu uns zu nehmen, da sie Durchfall verursachen könnten. Wir hörten auf seinen gutgemeinten Rat und aßen fortan nur noch so viel von den Rüben, daß wenigstens unser schlimmster Hunger einigermaßen gestillt werden konnte.

Die Zahl der Toten stieg täglich, und der Gestank in den Latrinen wurde unbeschreiblich ekelhaft. Da es aber nichts anderes gab, mußten wir sie auch weiterhin benützen. Uns war bewußt, daß sich bei Fortdauer dieser Zustände die Zahl der Ruhr- und Hepatitiserkrankungen noch erhöhen würde. Die meisten im Lager hatten sich bereits mit Ruhr angesteckt, und alle im Lager litten entsetzlichen Hunger und Durst. Es war nicht mehr ratsam, Rüben zu essen, da sie den körperlichen Verfall nur noch beschleunigten. Einige der Gefangenen wankten so langsam durch die Gegend, daß es schien, als suchten sie nur noch einen Platz zum Sterben; für manche traf das auch tatsächlich zu. Viele von uns fielen einfach mitten auf dem Gelände nieder und blieben regungslos liegen. Niemand kümmerte sich um sie. Binnen zweier Wochen gingen Tausende zugrunde. Die SS betrat das Lager aus Angst vor Infektionen überhaupt nicht mehr.

Einmal am Tag kam uns Nikolai besuchen. Er war einer der wenigen, die sich noch auf den Beinen halten konnten. Viel länger würde es auch er nicht mehr schaffen, denn auch meine Kräfte begannen schon zu schwinden. Am Morgen gelang es mir fast nicht mehr, mich aus meiner Koje zu erheben, um mich mit letzter Kraft zur Latrine zu schleppen. Als Nikolai und ich einmal beim Fenster hockten, beobachteten wir eine Gruppe von Gefangenen, die völlig verwirrt, fast wie in einem Rauschzustand, umherwankten. Kurz bevor sie vom Tod ereilt wurden, sprachen diese Menschen wirres Zeug, verhielten sich merkwürdig und machten überhaupt den Eindruck, als wären sie schon Wesen einer anderen Welt. Wir sahen einmal auch zwei Russen, die hinter einem solchen Sterbenden herschlichen und nur darauf warteten, bis dieser umfiel. Als es dann soweit war, stürzten sich die beiden mit Messern auf den noch lebenden Körper und schnitten hastig Stücke seines Fleisches heraus, um damit ihren Hunger zu stillen. Ich konnte nicht fassen, was ich sah, und wandte mich angewidert ab. Nikolai erzählte mir, daß solche Abartigkeiten hier sehr verbreitet seien.

Diese Begebenheit war nur eine von vielen, die man später nicht oft zu hören bekam. Ich zögerte selbst, sie hier zu erwähnen, doch entspricht sie der Wahrheit und sollte deshalb in die grausame Geschichte des Lagers Bergen-Belsen eingehen.

Bald wurden wir von völliger Gleichgültigkeit erfaßt und sehnten uns nur noch nach dem Tod. Mein Bruder Willi befand sich noch in etwas besserer Verfassung als ich. Er war noch soweit bei Kräften, daß er mir die Suppe zur Koje bringen konnte. Ich selbst war nicht mehr in der Lage, allein aufzustehen, und hätte nicht einmal mehr genug Kraft gehabt, um die menschlichen Bedürfnisse verrichten zu können. Die Lage war so unerträglich geworden, daß sich jeder nur noch wünschte, im Dämmerzustand von seinen Qualen erlöst zu werden. Von keinem war nach all den Entbehrungen mehr als ein Häufchen fahler Haut und Knochen übriggeblieben. Bergen-Belsen war das schlimmste Lager von allen, weil die SS nur wartete, bis der letzte der Gefangenen von selbst krepiert war, und sich niemand von den Aufsehern, weder Deutsche noch Ungarn, innerhalb der Umzäunung blicken ließ. Das Lager war ein einziges Massengrab für Tausende. Diese schlimmste aller Arten, Menschen zu vernichten, bedeutete aber gleichzeitig, daß es nur noch zwei Dinge überhaupt geben konnte: den Tod oder die Befreiung, sofern wir uns noch so lange am Leben halten könnten. Wir hatten zwar gehört, daß die Alliierten unaufhaltsam vordrangen, doch es war völlig ungewiß, wie lange wir noch durchhalten würden. Erstmals in meiner Zeit in deutschen Konzentrationslagern verlor ich jeden Funken Hoffnung. Hunger, Durst und Krankheit hatten völlig Besitz ergriffen von meinem Körper, meinem Geist und meinen Gefühlen. Durch den Umstand, daß ich von Kindheit an Sport betrieben hatte, war ich recht kräftig gebaut, kräftiger als viele andere. Doch wie es schien, hatten mich diese Kräfte nicht stark genug gemacht.

Es war Anfang April 1945, der Frühling hatte gerade begonnen. Wir hatten uns so nach der Freiheit gesehnt, doch hatten wir das Pech, Juden zu sein, die zur Vernichtung bestimmt waren. Das war eines der Hauptziele der Nazis, seitdem Hitler, dieser Wahnsinnige, an die Macht gekommen war. Ich erinnerte mich an Roland, der gerade erst neun Monate alt war, als man ihn ermordete, und an die vielen anderen unschuldigen Kinder. Warum hatte das alles nur geschehen müssen?

Willi und mein Freund Ernstl waren wesentlich jünger als ich und würden deshalb vielleicht länger durchhalten können. Aber um wieviel länger? Die beiden halfen, wo sie konnten. Das war vielleicht nicht viel, doch die bloße Gewißheit, sie zu Freunden zu haben, konnte mich über manches trösten. Irgendwie war es Nikolai gelungen, in der Küche beschäftigt zu werden, so daß er an so viel Wasser kommen konnte, wie er wollte. Einmal kam er mit zwei Scheiben steinharten Brotes an meine Koje, die für mich allein bestimmt waren. Willi und Ernstl brachen sie für mich in kleine Stückchen, rührten sie aber tatsächlich selbst nicht an. Ich habe nie erfahren, wie Nikolai an das Brot gekommen ist.

Während der Jahre in den Lagern dachte ich immer nur ans Überleben, und nun, zehn oder vielleicht nur zwei Tage vor der endgültigen Befreiung, sah ich dem Tod ins Auge. Ich hatte gelernt, mich meinem Schicksal zu fügen, und sagte mir so oft, daß ich überleben würde. Mein Lebenswille und diese tiefe Überzeugung an eine Rettung halfen mir stets. Ich war zwar immer auch auf den Tod gefaßt gewesen, doch sehnte ich mich so sehr nach dem Leben, daß ich mich an jeden noch so geringen Hoffnungsschimmer klammerte. Ich hielt es für mein Schicksal, diese Jahre in der Hölle überleben zu können, und schöpfte aus diesem festen Glauben meine ganze Kraft.

Das Sterben ging weiter, und alle Leichen blieben im Lager. Keiner interessierte sich dafür, was mit ihnen geschah. Die Deutschen machten sich allmählich aus dem Staub, während sich die Ungarn in ihren Wachtürmen, von denen man das gesamte Lager überblicken konnte, verschanzten. Keiner der noch lebenden Häftlinge hatte die Kraft oder verspürte einen Antrieb, die Toten zu beerdigen. Diejenigen, die in den Baracken starben, warf man einfach aus den Fenstern hinaus oder schleifte sie ins Freie. Der Gestank auf dem Gelände war einfach unerträglich, doch der abgestandene Mief in den Baracken war noch ärger. Eine allgemeine Teilnahmslosigkeit erfaßte alle noch Lebenden, niemand war mehr bei Verstand, und Stunde um Stunde verstrich, ohne daß noch irgendwer das Geschehen mitbekam. Alles erschien nur noch wie ein Alptraum, in dem man sich gleichzeitig als Zuseher und Darsteller erlebt. Nach dem Krieg gelangte man zur Überzeugung, daß Bergen-Belsen eines der schlimmsten Konzentrationslager war, das die Nazis je betrieben haben. Schläge gab es nicht, auch Vergasungen fanden keine statt. Dafür ließ man uns sterben, indem man uns die Lebensgrundlagen entzog: Wasser, Nahrung und einfachste hygienische Bedingungen. Ohne also der geringsten Gewalt ausgesetzt zu sein, sollten wir alle sterben, und die SS konnte von draußen zusehen, wie wir unsere letzten verzweifelten Atemzüge taten. Diese Taktik ist in der modernen Geschichte wohl beispiellos.

Meine geistigen und körperlichen Kräfte verloren sich zusehends in einem Zustand der Lähmung. Nur noch wenige der Kameraden konnten sich selbst fortbewegen und aus eigenen Kräften die Kojen verlassen. Willi und Ernstl kümmerten sich um mich, so gut sie konnten. Sie bemühten sich, mir Geschichten zu erzählen und mir einzureden, daß die Befreiung des Lagers durch die britische Armee unmittelbar bevorstehe oder höchstens eine Sache von wenigen Tagen sei. Verzweifelt versuchten sie, mich von alldem zu überzeugen, doch ich hatte bereits alle Hoffnung aufgegeben und reagierte gleichgültig. Die meiste Zeit verbrachte ich nur noch schlafend. In diesem Dämmerzustand lief mein Leben vor mir ab: Die schöne Zeit, in der ich ein sorgenloses Leben in Wien führte, bis zu jenem furchtbaren 13. März 1938, als die Österreicher Hitler und seinen Truppen einen so glänzenden Empfang boten.

Dann kam die Erinnerung an die Zeit in Brüssel und die Gesichter der fremdenfeindlichen Belgier. Wir waren ja nicht freiwillig in ihr Land gekommen, sondern waren aus unserem eigenen Land, unserer Heimat, vertrieben worden. Ich erlebte wieder die Zeit, als ich in der Küche der SS drei Tomaten stahl. Das war während der Gefangenschaft in Borgo San Dalmazzo, als meine Frau Gisella und der kleine Roland so sehr Hunger litten. Als die SS dahinterkam, daß ich für mein Baby gestohlen hatte, stellte man mich als Abschreckung für die anderen an die Wand und drohte mir mit dem Erschießen.

Mir fiel wieder der italienische Partisan ein, der trotz seiner Verkleidung als Frau in Borgo San Dalmazzo beim Einsteigen in den Zug gefaßt und ermordet wurde. Dann die vielen verzweifelten Stunden, die ich in Auschwitz zubrachte. Dann sah ich Bendl vor mir, den besten Freund, den ich je gehabt hatte. Ich erlebte, wie er mir immer gegen Bollek Pressen geholfen hatte, jenen polnischen Kapo, der es auf mich abgesehen hatte. Dann kam mir der Todesmarsch von Auschwitz nach Gleiwitz wieder ins Bewußtsein, auf dem unzählige Kameraden ihr Leben lassen mußten, und schließlich die Erinnerung an den völlig durchgedrehten SS-Mann, der mit seiner Hacke mehrere Kameraden tötete. Und zuletzt Nordhausen, wo so viele von uns während der alliierten Luftangriffe ums Leben kamen, die Massenhinrichtungen an den Galgen dort und vorher in Auschwitz und all die unzähligen anderen Verbrechen der SS, die mich seither in meinen Träumen so quälten.

Diese Erinnerungen gingen durch meinen Kopf, während ich schon ins Delirium gesunken war und langsam die Schwelle zum Tod zu überschreiten schien.

KAPITEL VIII

Befreiung: 15. April 1945

Eines Morgens fiel mir ein Mithäftling auf, der aus dem Fenster blickte und plötzlich wie verrückt zu schreien anfing, er hätte eben Panzer kommen sehen, die einen Stern aufgemalt trugen. „Die Alliierten kommen!" hallte es. Angesichts der verheerenden physischen und psychischen Verfassung, in der sich alle von uns befanden, maß ich seinem Gefühlsausbruch überhaupt keine Bedeutung bei. Dann, völlig unvermittelt, sprang er aus dem Fenster und schlug tödlich verletzt auf dem Boden auf. Der Anblick der eintreffenden Alliierten und das Gefühl der Freude über die so lange ersehnte Rettung waren für den Mann wohl zu viel gewesen. Willi kam zu mir ans Bett und bestätigte mir, daß die Alliierten tatsächlich kamen. Die britische Armee war gerade im Begriff, mit Panzern und Jeeps in das Lagergelände einzufahren. Die gesamte SS-Mannschaft trug nun weiße Armbinden. Leider verlor ich gerade in diesem Augenblick das Bewußtsein. Alles, was unmittelbar darauf geschah, weiß ich nur aus Berichten meiner Freunde, die mir später erzählt wurden.

Es war der 15. April 1945, als sich diese Szenen abspielten. Zusammen mit einem kleinen Kontingent Amerikaner betraten die Briten das Lagerareal. Als ich wieder zu Bewußtsein kam, lag ich in einem Feldbett und war mit einem weißen, sauberen Laken zugedeckt. Der Raum, in dem ich mich befand, war früher der SS vorbehalten. Ein britischer Soldat mit Rotkreuzabzeichen versuchte, mir eine Flüssigkeit einzuflößen. Später erfuhr ich, daß es sich um Opium gehandelt hatte, das man mir zur Behandlung des schweren Durchfalls verabreicht hatte. Zum Essen erhielt ich gekochten Reis, der mit Wasser und Sahne verdünnt war. Ich bemühte mich, diesem Soldaten mit einem freundlichen Lächeln zu danken. Leider verstand ich nicht, was er auf englisch zu mir sagte. Auch nach dieser Mahlzeit war ich noch so schwach, daß ich sofort wieder in stundenlangen Tiefschlaf fiel.

Beim Erwachen standen Ernstl und mein Bruder neben dem Bett und machten mir nochmals klar, daß uns die britische Armee befreit hätte, wir jetzt also wirklich frei seien und man uns alle wieder gesundpflegen wolle. Jetzt nahm ich wahr, daß ich zusammen mit etwa 100 Mithäftlingen in einem Saal lag, in dem zahlreiche Rotkreuzleute alle Hände voll zu tun hatten. Willi meinte, daß mich ein Captain der britischen Armee, der auch Militärrabbi sei, unbedingt sehen wolle, sobald ich wieder halbwegs bei Kräften sei. Willi war überhaupt sehr glücklich und zuversichtlich, während ich noch nicht einmal in der Verfassung war, klare Gedanken fassen zu können. Von Willi erfuhr ich später, daß ich bei der Ankunft der Briten im Lager kaum noch Lebenszeichen von mir gegeben hätte und mit ziemlicher Sicherheit gestorben wäre, hätte sich unsere Rettung noch etwas verzögert. Der Militärarzt, der mich zu Gesicht bekam, hielt meine Überlebenschance praktisch für Null und schrieb es meiner relativ robusten Natur und einem starken Lebenswillen zu, daß ich überhaupt aus dem Koma erwachte, in dem ich mich mehr als zwei Tage lang befunden hatte.

Willi versicherte mir, daß der Wunsch des Rabbis, mich zu sehen, in keinem Zusammenhang mit meinem schlechten Gesundheitszustand stünde und ich also nichts Schlimmes befürchten müßte.

In Windeseile kam ich wieder zu Kräften, der viele Schlaf trug sichtlich dazu bei. Schon am dritten Tag nach dem Erwachen aus dem Koma konnte ich im Bett aufrecht sitzen und den dünnen Reisbrei selbst zu mir nehmen. Am vierten Tag dann kam der Rabbi. Er trug tatsächlich britische Uniform mit den Rangabzeichen eines Captain. Er kauerte sich neben mich auf den Boden und erkundigte sich auf deutsch nach meinem Befinden. Vor allem sei ich jetzt frei und noch am Leben, antwortete ich ihm. Er fragte, ob er meine Eltern kontaktieren solle. Willi hatte ihm nämlich davon erzählt, daß sich unsere Eltern in London befänden, er aber ihre genaue Adresse nicht kenne. Ich freute mich sehr über dieses Angebot und nannte ihm sofort ihre

Anschrift. Der Rabbi gab mir gute Chancen, bald wieder völlig gesund zu werden, warnte mich aber davor, schon etwas anderes als das, was ich vorgesetzt bekam, zu mir zu nehmen. Ich versicherte ihm, daß ich mich an die Anweisungen des Arztes halten wolle. Dann fragte er mich, was ich nach meiner Genesung zu tun beabsichtige und ob ich wieder in meine Heimatstadt Wien zurückkehren wolle, wo sich nun die Russen befänden. Aus diesem Grund würde man mich nämlich vorerst nach Brüssel bringen, dem Ort also, wo mein Leidensweg vor so langer Zeit begonnen hatte. Natürlich wollte ich wieder heimkehren! Er notierte sich meinen Wunsch, betonte allerdings, daß es bis dahin sicher noch mehrere Wochen dauern würde, denn das Lager stünde wegen der hier herrschenden Seuchen unter strenger Quarantäne.

Jeder Tag brachte mich meiner Genesung ein Stückchen näher. Auch meine psychische Verfassung verbesserte sich zusehends, so daß ich eine weitere Woche später schon das Bett verlassen und einige Schritte spazieren konnte. Erstmals seit langer Zeit fühlte ich mich wieder als Mensch! Kurz darauf besuchte mich der Rabbi wieder, um mir mitzuteilen, daß meine Eltern bereits von unserer Befreiung erfahren hätten und nun wüßten, daß wir am Leben seien. Aufgrund der erstaunlichen Fortschritte in meiner Genesung fragte mich der Rabbi, ob ich bereit wäre, die Leitung der Lagerküche zu übernehmen. Er erzählte, daß auf Betreiben der Briten gerade eine der alten Küchen des Lagers adaptiert würde, man alles neu lackiere, das Geschirr desinfiziere und man auf der Suche nach einer verläßlichen Person sei, der man diese Funktion übertragen könne. Von meinen Freunden und Mithäftlingen aus Auschwitz hätte er erfahren, daß ich der geeignete Mann für diese Aufgabe sei. Zwar gebe es keinerlei Bezahlung, doch bekäme ich einen eigenen Wohnraum gleich bei der Küche und könnte mir auch ein Personal zusammenstellen, weil man 2000 Mahlzeiten zubereiten müsse. Für den Fall, daß ich die Stelle annähme, stünde mir auch eine strahlend weiße Uniform mit dem Abzeichen „Küchenchef – Küche Nr. 22“ zu. Natürlich nahm ich an. Der Rabbi sicherte mir zu, meine Entlassung aus der Sanitätsbaracke zu veranlassen und für die notwendigen Untersuchungen durch den Militärarzt zu sorgen.

Am darauffolgenden Morgen nahm mich der Rabbi auf eine Inspektion durch die Küche mit. Es war schon erstaunlich, was man mit ein bißchen Ordnung und Farbe erreicht hatte, alles erschien plötzlich so neu. Ich sah meiner neuen Arbeit also recht erwartungsvoll entgegen. Ein kleiner Raum nächst der Küche mit Bett, Tisch und Stühlen stand zu meiner Verfügung bereit, und ich konnte mit der Einstellung von Hilfskräften beginnen. Das war ja keineswegs Neuland für mich. Schon 1940 war ich zum Küchendienst im Lager St. Cyprien eingeteilt worden. Die Kenntnisse, die ich damals erworben hatte, kamen mir nun bei der Bewältigung dieser Aufgaben sehr zugute. Noch am gleichen Abend bat ich alle meine Freunde zu mir und hatte rasch eine Mannschaft von 20 Leuten beisammen, darunter Ernstl, Willi, Sigmund und einige der anderen Kameraden, mit denen ich mich während der Zeit in den Lagern angefreundet hatte.

Mittlerweile hatte ich auch alles erfahren, was sich während der Zeit meiner Bewußtlosigkeit im Lager zugetragen hatte. Willi erzählte mir, daß die alliierten Panzertruppen beim Eintreffen im Lager den gesamten Boden nahezu einen Meter mit Leichen übersät vorgefunden hatten. Man mußte haltmachen, drang zu Fuß zu den Quartieren der SS vor, holte alle der 22 Mann, die mittlerweile weiße Armbinden trugen, heraus und befahl ihnen, ins Lager mitzukommen. Dort stellte man sie unter verschärfte Bewachung und ließ sie auf Befehl des britischen Kommandanten einen schmalen Korridor von Leichen freiräumen, um ein Vorwärtskommen der Panzer und Jeeps zu ermöglichen. Von den britischen Soldaten wurden sie bei dieser Arbeit in rüder Weise angetrieben. Man konnte es den Gesichtern der Briten ansehen, wie außer sich vor Zorn sie waren angesichts des Bildes, das sich ihnen hier bot. Und es ist daher auch nicht verwunderlich, daß so mancher mit dem Gewehrkolben auf einen SS-Mann einschlug. Innerhalb kürzester Zeit war ein Korridor von etwa fünf Metern Breite freigeräumt, so daß die Briten ins Lager gelangen konnten. Dann zwang man die SS-Männer, die Mitte des Platzes für die Errichtung eines Podestes und eines schmalen Zuganges freizuräumen. Daraufhin traf der Kommandant im Jeep ein und befahl den SS-Männern – unter ihnen befand sich auch der Lagerkommandant – anzutreten. Unmittelbar beim Eintreffen der Alliierten hatten sich alle selbst entwaffnet.

Einer der britischen Unteroffiziere, der dem SS-Lagerkommandanten gegenüberstand, schlug diesem nach kurzem Wortwechsel mit dem Pistolenknauf ins Gesicht. Die wenigen Häftlinge, die sich in der Nähe befanden und noch stehen konnten, lachten verstört oder applaudierten, weil sie mit Genugtuung sahen, wie den SS-Männern endlich jene Behandlung zuteil wurde, die sie verdienten. Willi erfuhr später, daß dieser Unteroffizier ein holländischer Emigrant war, der sich zur Armee gemeldet hatte. Seine gesamte Familie war aus Amsterdam deportiert und dann vernichtet worden. Der Unteroffizier wurde vom britischen Kommandanten, der auf die Einhaltung der Genfer Konvention über die Behandlung von Kriegsgefangenen zu achten hatte, zurückgepfiffen. Er ordnete jedoch die Inhaftierung des Lagerkommandanten an. Die restlichen der SS-Leute, die man noch immer vor den Panzern hatte Appell stehen lassen, machten laut Willi einen völlig verstörten und ängstlichen Eindruck, wohl weil sie es nun waren, die einer ungewissen Zukunft entgegenzusehen hatten.

Anschließend gab der britische Befehlshaber an seine Einheit den Befehl, die festgenommenen SS-Wächter zur Beseitigung der Leichenberge heranzuziehen und sie vorher zu zwingen, Massengräber auszuheben, groß genug, um all die unzähligen Toten darin beerdigen zu können. Zehn SS-Leute führte man unter Bewachung auf ein freies Feld außerhalb des eigentlichen Lagers, genau auf jenes, wo wir seinerzeit nach Rüben gegraben hatten. Eine Schar ehemaliger Lagerhäftlinge, so auch Willi, Ernstl und einige weitere Freunde, folgte ihnen. An der Stelle, wo das Massengrab entstehen sollte, händigte man den SS-Männern Pickel und Spaten aus.

Sowohl die Gruppe der Lagerhäftlinge als auch die britischen Soldaten empfanden beim Anblick der SS-Wächter, die sich bei der Ausführung dieser grausigen Arbeit nun abmühten, große Genugtuung. Einige der Häftlinge gingen währenddessen auf ihre ehemaligen Peiniger los und schlugen auf sie ein, so lange, bis sie von den Briten zurückgehalten wurden. Solche Ausschreitungen konnten die Briten aber nur vorübergehend verhindern. Als nämlich alle Leichen beerdigt waren, ließen sich die Lagerinsassen nicht länger daran hindern und knöpften sich die SS-Leute auf ihre Weise vor.

Die Briten taten so, als merkten sie nichts davon. Die Überlebenden des Lagers wollten diese SS-Brut umbringen und sie – gleichsam als Ironie des Schicksals – in jenes Grab werfen, in dem nun so viele ihrer Opfer lagen. Dieses Vorhaben konnten sie nicht vollständig in die Tat umsetzen, immerhin büßte aber die Hälfte der SS-Männer für all das, was sie uns angetan hatten, mit ihrem Leben.

Die neun oder zehn Männer, die am Ende noch lebten, sahen fürchterlich aus; grün und blau geprügelt und die Uniformen zerfetzt. In diesem Zustand wurden sie von den Briten abgeführt. Allein Willi hatte – wie er mir erzählte – eigenhändig zwei der SS-Leute getötet und sich am Verprügeln der anderen beteiligt. Er tat dies, weil er die ganze Zeit über nur an unsere Familien denken mußte und an die bangen Stunden hier im Lager, in denen niemand sagen konnte, ob ich durchkommen oder sterben würde.

Das Lager erhielt Unmengen an amerikanischen K-Rationen, so daß wir von den Briten maßlos überfüttert wurden. Lastwagenweise erreichte uns Reis und Mehl – alles wurde sofort den Küchen zugeteilt. Leider fanden auf diese Weise auch Zigaretten und Schnaps den Weg ins Lager. Nach so langer Zeit der Entbehrungen neigten viele dazu, dieses Zeug zügellos zu sich zu nehmen. Besonders mein Freund Nikolai hatte alle diese Laster. Oft war er so betrunken, daß Willi ihn in die Baracke heimschleppen mußte. Willi beschwor ihn, sich nicht so gehen zu lassen, doch Nikolai fühlte sich so unglücklich und verloren, daß ihm keiner richtig helfen konnte.

Ich probierte es damit, ihn in die Küche zu holen, wo er zumindest essen konnte, soviel er wollte und ich Zeit hatte, mit ihm über seinen Wunsch – ein neues Leben im Westen – zu reden. Das half schließlich, und er fand allmählich wieder zu sich selbst. Die Anstellung in der Küche, zu der ich ihm verhalf, bot mir auch Gelegenheit, ihn immer im Auge zu behalten. Ich wußte genau, daß er für seine russischen Kameraden so manches aus der Küche abzweigte, und ich ließ ihn wissen, daß ich ihm dahintergekommen sei. Schließlich wollte ich nicht den Eindruck erwecken, als könne man mich für dumm verkaufen.

Da nun alle wieder die Freiheit genossen, war es manchmal schwierig, auf herkömmliche Weise für Disziplin zu sorgen. Die britische Kommandantur richtete deshalb eine Lagerpolizei ein, die zur Kennzeichnung eigene Armbinden trug. Als endlich die Quarantäne aufgehoben wurde und sich die Lagerinsassen auch frei bewegen sowie tagsüber auch Ausgänge unternehmen konnten, warnte man alle eindringlich davor, länger als bis zum Einbruch der Dunkelheit fortzubleiben. Es gab einige, die diesen Rat mißachteten und von deutschen Zivilisten mißhandelt oder gar getötet wurden, weil sie draußen stahlen, was ihnen in die Hände fiel.

Einmal kam Nikolai mit einem Ferkel an, das er einem Bauern aus der Umgebung gestohlen hatte. Er schlachtete es auf der Stelle, wickelte es in eine Decke, kam damit zu mir in die Küche und schlug vor, es sogleich zu braten, damit alle hier zu einem guten Stück Fleisch kämen. Genau das taten wir, doch man mußte sehr darauf achten, noch nicht zu viel zu essen, da unsere Mägen so üppige Mahlzeiten noch immer nicht vertrugen. Nikolai konnte nicht fassen, daß wir zu fette Teile wegschnitten. Er fragte uns, ob er diese nicht in seine Baracke mitnehmen dürfe, und versprach, am nächsten Tag ein weiteres Schwein zu bringen. Dazu kam es dann aber nicht mehr, denn über die russischen Baracken wurde eine Ausgangssperre verhängt. Wie wir später erfuhren, geschah dies auf Betreiben der russischen Militärpolizei. In der Nacht umstellte einfach eine russische Einheit die drei Baracken und hinderte jeden der Bewohner daran, sie zu verlassen. Wie wir später von den Briten erfuhren, hatte der russische Generalstab der eigenen Militärpolizei die Weisung erteilt, alle russischen Gefangenen umgehend in ihre Heimat zu überstellen. Man war sich natürlich im klaren darüber, daß die Mehrzahl von ihnen, wie mein guter Nikolai, Strafgefangene waren. So verlor ich also auch diesen Freund, dessen größter Wunsch es immer gewesen war, mit mir zusammen in den Westen zu gehen. Ich verspürte große Trauer und machte mir die ärgsten Vorwürfe. Hätte ich nur geahnt, was auf ihn zukommen würde, so hätte ich ihn irgendwo in der Küche verstecken und ihn vielleicht vor dem Rücktransport nach Rußland bewahren können. So sehr er sich auch danach gesehnt hatte, bei mir zu bleiben – den russischen Gefangenen wurde keine Wahl gelassen. Ich denke noch oft an Nikolai und daran, wie freigebig er immer gewesen war. Wie wenig er auch besaß, stets war er bereit, es mit mir zu teilen.

Ernstl informierte mich, daß eine Gruppe jüngerer Leute sich auf die Auswanderung nach Palästina vorbereitete, eine Unternehmung, die von zionistischen Gruppen vorbereitet worden war. Er erzählte, es seien etwa 150 Leute, und man wolle für uns ein kleines Abschiedsfest veranstalten. Man erwartete von mir, ihnen für die lange Reise einige Pakete der K-Rationen zukommen zu lassen. Mir war klar, daß ich dieses Ansinnen wohl kaum hätte ausschlagen können, wiewohl ich es vor den Briten natürlich geheimhalten mußte. Niemals wäre man diesem Wunsch offiziell nachgekommen. Ich ließ deshalb Ernstl wissen, daß ich zwar bereit sei, für die Auswanderer einige Pakete beiseite zu schaffen, dies aber erst in der Nacht vor ihrer Abreise durchführen könne. Die Gruppe wollte offiziell mit Lastwagen nach Antwerpen gelangen. Dafür stellten die Briten auch Lastwagen und Militärpersonal als Fahrer zur Verfügung. In Antwerpen würde die Gruppe allerdings von einer zionistischen Organisation in Empfang genommen werden, die für die Einschiffung nach Palästina sorgte. Damals war es illegal, auf diese Weise nach Palästina zu gelangen, doch wurden überall Leute für die sogenannten Jüdischen Brigaden angeworben, die man für den Unabhängigkeitskampf des zukünftigen Staates Israel ausbilden wollte. Einen Tag vor der Abreise der Leute informierte mich Ernstl dann, daß es nun soweit wäre.

Die Abschiedsfeier war ein Ereignis, das ich niemals vergessen werde. Weil es sich offenbar herumgesprochen hatte, daß ich mich bereit erklärt hatte, für den Reiseproviant zu sorgen, schenkten mir die Auswanderer zum Dank eine israelische Fahne, auf der mein Name und Worte der Dankbarkeit in hebräischen Schriftzeichen aufgestickt waren. Ich zeigte mich sehr ergriffen von dieser warmherzigen Geste, da ich ja nicht wirklich viel zur Unterstützung ihrer Bestrebungen beigetragen hatte. Jahrelang hatten diese Idealisten in einer wahren Hölle zubringen müssen und waren nun, knapp dem Tode entronnen, bereit, ihr Leben ganz dem Kampf um Freiheit und die Errichtung des Staates Israel zu opfern.

Der Anführer der Gruppe hielt eine Rede, in der er mir für alles dankte und die Hoffnung ausdrückte, daß auch ich einmal nach Palästina kommen möge. Der ganze Verlauf des Abschiedsfestes war sehr emotionell, doch dank Ernstls Talent perfekt organisiert. Zum Schluß wurde mir sogar eine Jacke aus weißem Leinen überreicht. Darauf stand aufgestickt: „Chef – Küche 22“. Noch heute besitze ich diese Jacke. Ich habe sie die vielen Jahre über immer als Andenken an damals in Ehren gehalten. Von jedem der Gruppe verabschiedete ich mich persönlich. Unter ihnen befanden sich viele, mit denen ich gemeinsam die Jahre in den Lagern verbracht hatte.

Nach dem Abschiedsfest gingen wir zurück in die Küche, stopften Lebensmittel in Säcke und Kisten und verstauten alles in den Lastwagen, die schon vor den Baracken abgestellt waren. Dann breiteten wir britische Militärdecken, die die Briten an alle ehemaligen Häftlinge ausgegeben hatten, über die Sachen.

Im Morgengrauen verließ die Gruppe das Lager. Ernstl und ich, die sie verabschiedeten, waren überglücklich, wieder so begeisterte Menschen sehen zu können. Man sang beim Wegfahren die „Hatikva“, Israels Nationalhymne. Ich war froh, sie wenigstens ein klein wenig unterstützt zu haben.

Noch nach der Befreiung des Lagers Bergen-Belsen starben rund 1200 Menschen. Viele von ihnen waren durch die Briten schlichtweg überfüttert worden. Das Gute, das man bewirken wollte, erwies sich als Desaster. Nach dieser schlimmen Erfahrung ordneten die Militärärzte umgehend eine striktere Gangart an und verboten auch jeden Genuß von Alkohol und Zigaretten. Mir gab man einen genauen Menüplan. Die Mahlzeiten hatten hauptsächlich aus bekömmlichen Suppen, Reis, Kartoffeln und Bohnen zu bestehen. Daneben gab es Trocken- und Kondensmilch sowie vorzügliches Weißbrot. Unsere geschundenen Körper brauchten einfach noch Zeit, um wieder zu gesunden und sich an die Normalkost zu gewöhnen. Da es keine Rationierungen gab, konnte man sich aber mühelos satt essen. Unser Küchenbetrieb lief wie am Schnürchen, so daß sich die britische Lageraufsicht lobend über uns äußerte. Für die Kranken war eine Spitalsbaracke eingerichtet, in der sie auch ihre Mahlzeiten einnahmen, die allerdings in einer eigenen Küche zubereitet wurden. Überhaupt bemühten sich die Briten, uns zu helfen, wo es nur ging, und wir zeigten uns überaus dankbar dafür.

Wir haben nie erfahren, was aus dem gefangengenommenen SS-Personal und dem Lagerkommandanten geworden ist. Eines Tages waren sie einfach spurlos verschwunden. Täglich trudelten Neuigkeiten über den Fortgang des Krieges ein, und es war zu hören, daß die Alliierten – Russen, Amerikaner, Briten und Franzosen – Österreich in vier Zonen geteilt hatten. Wien lag inmitten der russischen Zone und befand sich anfangs komplett in russischer Hand. Etwas später einigten sich die vier darauf, auch Wien in vier Zonen zu gliedern.

Langsam rückte der Zeitpunkt näher, da sich auch Willi und ich zu entscheiden hatten, wo wir ein neues Leben anfangen wollten. In Bergen-Belsen hatte es auch ein Frauenlager gegeben. Eines Tages tauchte eine gewisse Hilda, die Ernstl vor dem Krieg in Berlin kennengelernt hatte, in der Küche auf und fragte, wo sie ihn finden könne. Die beiden waren Mitglieder in der gleichen zionistischen Gruppe, doch Ernstl hatte sie uns gegenüber vorher nie erwähnt. Ich sagte ihr, daß Ernstl hier beschäftigt sei, er zwar im Moment schlafe, aber ich ihn sofort holen werde. Als Ernstl von Hildas Erscheinen erfuhr, war er nicht mehr zu halten. Er stürzte aus dem Zimmer, bevor ich meinen Satz beendet hatte. Man kann sich gar nicht vorstellen, wie bewegend das Wiedersehen dieser beiden Menschen verlief, da ja niemand von ihnen wußte, ob der andere noch am Leben war. Sie verschwanden in meinem Zimmer, wo ich sie allein ließ.

Einige Tage später ging ein weiterer Transport nach Antwerpen, der wieder als eigentliches Ziel Palästina hatte. Ernstl und Hilda waren nun unter den rund 200 Abreisenden. Und wieder mußte ich mit Wehmut von einem treuen Freund Abschied nehmen. So viele Stunden gemeinsamer leidvoller Erfahrungen verbanden mich mit diesem Menschen.

Tags darauf suchten Willi und ich den britischen Rabbi auf, weil wir erfahren hatten, daß die Einheit, die das Lager befreit hatte, bald durch eine andere abgelöst werden würde. Der Rabbi zeigte sich verblüfft, wie rasch ich genesen war. Zuerst plauderten wir über unsere Arbeit in der Küche, wobei der Rabbi mit einem süffisanten Grinsen bemerkte, daß ihm meine Aktivitäten zur Versorgung der auswandernden Zionisten mit Nahrungsmitteln nicht entgangen wären. Er erkundigte sich nach Ernstl, und ich erzählte ihm von seiner Abreise und dem Abschied von ihm, der mir so schwergefallen war, und auch von der Abmachung, uns irgendwann wieder zu treffen. Da ich mich nicht mit dem Gedanken trug, nach Palästina auszuwandern, haben wir beide vereinbart, daß der Ort des Treffens keine Rolle spielen solle. (Seither haben wir beide uns tatsächlich schon zweimal getroffen – beide Male in Israel! Dort war Ernstl zum Leiter eines großen Kibbuz in der Nähe von Tel Aviv aufgestiegen.)

Die wichtigste Frage, die der Rabbi stellte, war aber, was wir nach dem Verlassen des Lagers anfangen wollten. Wir meinten, daß wir gern nach Wien zurückgehen wollten, schließlich sei es unsere Heimatstadt. Dieses Vorhaben schien uns aber im Moment nicht gerade ratsam, da sich doch die Russen in Österreich befanden. Als Alternative dazu hatten wir uns überlegt, vorerst nach Belgien zu gehen, in jenes Land, wo man uns ziemlich genau vor fünf Jahren – am 10. Mai 1940 – verhaftet hatte. Dort wollten wir uns einmal niederlassen, um so bald wie möglich unsere Eltern in London besuchen zu können. Wir entschlossen uns daraufhin für diesen zweiten Weg. So erfuhren wir auch, daß innerhalb der nächsten zwei Tage ein Transport nach Brüssel abgehen solle, für den wir – Willi, Sigmund und ich – uns meldeten. Bis dahin wollten Willi und ich noch Reiseproviant organisieren.

Am Tag unserer Abreise beschloß eine Gruppe von zehn Belgiern, die in ihre Heimat zurückkehren wollten, in die Ortschaft zu gehen, um sich rasieren und die Haare schneiden zu lassen. Willi, Sigmund und ich schlossen uns der Partie an. Belsen war ein kleines Städtchen. Wir fanden einen netten, kleinen Friseurladen, den wir sofort aufsuchten. Da wir nichts anderes besaßen, trugen wir noch immer gestreifte Häftlingsuniformen, nun zwar saubere, aber doch recht abgetragene Kleidung. Als wir eintraten, waren gerade zwei Angestellte und der Besitzer, alle im weißen Kittel, damit beschäftigt, zwei Kunden die Haare zu schneiden. Beim Anblick von uns ehemaligen Häftlingen sprangen diese sofort erschrocken aus ihren Stühlen und stürzten aus dem Laden. Der Besitzer war darüber sehr verärgert und rief ihnen nach, doch zurückzukommen. Sie ließen sich dazu allerdings nicht überreden und suchten das Weite. Wir hatten nämlich erfahren, daß die Ortschaft bereits unliebsame Bekanntschaft mit randalierenden ehemaligen Lagerhäftlingen machen mußte. Als sich Gerüchte über diese Ausschreitungen herumsprachen, hatte jeder hier Angst vor den Häftlingen – berechtigterweise.

Niemand hatte ja nur irgendeine Vorstellung von dem, was wir durchgemacht hatten und daß angesichts dessen die früheren Gefangenen auf die eine oder andere Art ihre Rache nehmen wollten. Der Friseur und seine Angestellten waren ebenfalls sehr eingeschüchtert, sie taten aber auf freundlich und fragten, womit sie uns dienen könnten. Vielleicht zwei Stunden lang waren alle drei mit uns fleißig beschäftigt. Viel zu schneiden gab es bei unseren Haaren ja nicht, denn sie waren in den wenigen Wochen seit der Befreiung noch nicht stark nachgewachsen. Etwas waschen und fassonieren hätte allemal gereicht. Als wir schließlich rochen, als kämen wir geradewegs aus einem Bordell, und der Meister uns abkassieren wollte, standen wir natürlich ohne Geld da. Selbst wenn wir welches gehabt hätten, wäre es uns nicht im Traum eingefallen, es diesen Leuten zu geben. So machten wir ihm klar, daß wir die Deutschen bereits mit unserem Blut bezahlt hätten und er sich doch an seine Landsleute wenden möge, wenn er Geld sehen wolle.

Das erregte den Mann so sehr, daß er uns zornig anschrie, er wäre niemals ein Nazi gewesen und hätte von alledem, was man uns angetan hätte, nichts gewußt. Wir hielten ihn für einen Lügner. Anstatt sich jedoch mit ihm auf eine sinnlose Diskussion einzulassen, beschlossen wir kurzerhand, sein Geschäft auseinanderzunehmen. Innerhalb von zehn Minuten gab es keinen Stuhl, keinen Spiegel oder ein anderes Möbelstück, das noch intakt war. Seine Drohungen, die Polizei zu holen, ließen uns völlig kalt, wußten wir doch, daß die deutsche Polizei im Moment gar keine Befugnisse hatte, sondern nur die britische Militärpolizei einschreiten könnte, dies aber in so einem Fall wohl kaum tun würde. Erstmals nach so langer Zeit hatten wir unserer aufgestauten Wut endlich Luft machen können. Beim Verlassen des Geschäftes schlugen wir noch beide Auslagenscheiben ein, die bis nun heilgeblieben waren. Unter normalen Umständen hätte ich mich für die Teilnahme an einer solchen Tat geschämt, damals half uns dieser Wutausbruch aber, den erlittenen Schmerz und die Erinnerung an all den Schrecken wenigstens geringfügig zu lindern. Wieder im Lager erzählten wir allen von unserem Abenteuer und amüsierten uns köstlich.

Am Abend hieß es dann auch für uns Abschied nehmen von den britischen Soldaten, dem Commander und dem Rabbi, der sich so fabelhaft um uns gekümmert hatte. Eine ganz besondere Freundschaft verband mich jedoch mit jenem britischen Sergeanten, der aus Holland stammte und der gleich nach der Befreiung dem SS-Kommandanten mit dem Pistolenknauf eine übergezogen hatte. Der Abschied von ihm fiel mir besonders schwer, denn wir hatten eines gemeinsam: Beide hatten wir während dieses Krieges unsere Familien verloren.

Am darauffolgenden Morgen teilte man uns gleich nach dem Frühstück auf die vier bereitstehenden Lastwagen auf. In jedem der Wagen befanden sich zu beiden Seiten Bänke, auf denen insgesamt dreißig Personen Platz hatten. Als Toilette diente ein abgedeckter Eimer. Die Wagen waren zwar zum Schutz vor Regen mit Planen abgedeckt, doch war das Wetter ohnehin schön und sonnig. Einer angenehmen Fahrt nach Belgien stand also nichts mehr im Wege. Wir verabschiedeten uns von allen Freunden, die zurückblieben und noch auf Transporte in andere Länder warteten, und ließen Bergen-Belsen hinter uns.

Als wir etwa eine Stunde unterwegs waren, kam uns auf der Straße ein Konvoi von sechs oder sieben Lastwagen entgegen. Wir erkannten, daß sie deutsche Kriegsgefangene transportierten. Schnell beschlossen wir, sie mit dem Inhalt unserer Toilettenkübel Bekanntschaft machen zu lassen. Wir waren der einhelligen Meinung, sie wenigstens annähernd spüren lassen zu müssen, was wir jahrelang zu ertragen hatten. Zwei von uns faßten den Eimer und kippten ihn genau in dem Moment, als uns der Transport passierte, auf die Köpfe der Gefangenen. Als die Kameraden, die hinter uns fuhren, mitbekamen, was wir da getan hatten, wollten sie mit den nachkommenden Transporten ebenso verfahren. Das einzige, das wir wirklich bedauerten, war die Tatsache, daß es viel zu wenige Kübel gab, die man auf diese Weise entleeren konnte. Jedenfalls war es ein gehöriger Spaß für alle von uns. Als schließlich unsere Lastwagen für eine kurze Pause anhielten, ermahnten uns die Briten nicht ohne Grinsen, daß es gemäß Genfer Konvention eigentlich nicht gestattet sei, Kriegsgefangenen solches anzutun. Augenzwinkernd versprachen wir, es nicht wieder zu tun. Doch was war das für ein Hohn! Wo war denn die Genfer Konvention, als man uns einsperrte, ebenso wie Briten, Russen und Menschen aus anderen Ländern, die alle brutal mißhandelt wurden?

Als der Tag zu Ende ging, erreichten wir ein Lager am Rande eines deutschen Dorfes, das ein Armeestützpunkt gewesen sein mußte. Es war sauber und in tadellosem Zustand. Zehn von uns schliefen in einem Raum, jeder aber in einem eigenen Bett, mit weißem Leintuch und weicher Decke. Auch die Toiletten und Duschräume waren sehr sauber und verfügten über kaltes und warmes Fließwasser. Welcher Luxus nach all den Jahren! Wir duschten und kamen anschließend in einen Speisesaal, wo es eine warme Mahlzeit gab. Das Lager stand unter scharfer Bewachung durch britische Soldaten, und man hinderte uns zum eigenen Schutz am Verlassen des Geländes. Jeder von uns trug immer noch die schäbige Lagerkleidung. Zumindest war sie nun sauber, und das war das Entscheidende. Ich aß ein köstliches Mahl. Jeder von uns war gut gelaunt und freute sich schon auf die Ankunft in Brüssel. Nach dem Essen drehten wir ein paar Runden im Lager, wurden jedoch nochmals angewiesen, keinesfalls das Gelände zu verlassen. Es hieß, daß es immer noch einige versprengte Nazis gebe, die uns zusetzen könnten. Wir begriffen, daß man es gut mit uns meinte, hielten es aber für unser Recht, hinzugehen, wo wir wollten, und auch jene zur Rede stellen zu können, die es auf uns abgesehen hätten.

Ich mußte wieder an die schlimme Zeit in Bergen-Belsen denken, die noch keine vier Wochen zurücklag, als wir nicht einmal wußten, ob es für uns noch ein Morgen geben wird. Und nun befanden wir uns an einem ruhigen Ort mit gemütlichen Betten und sauberen Leintüchern. Man konnte sich waschen oder eine Dusche nehmen. Der Unterschied zu Bergen-Belsen war kaum zu fassen, und alles erschien uns wie im Traum.

Nach einer erholsamen Nacht wurden wir um sieben Uhr geweckt, um gleich nach dem Frühstück, spätestens um acht Uhr, wieder unterwegs sein zu können. Die Fahrt selbst war sehr angenehm. Wir scherzten viel und schmiedeten hochfliegende Pläne für die Zukunft. Es gab die abenteuerlichsten Absichten: Norbert Wolfinger hatte ja schon immer im Sinn, Opernsänger zu werden. Er hatte vor, nicht in Brüssel zu bleiben, sondern wollte sofort weiter nach Paris. Als erstes wolle er dort ein Freudenmädchen aufsuchen und sich von ihr verwöhnen lassen, wäre doch Paris der beste Ort dafür. Willi und ich planten, möglichst bald nach England zu fahren, um dort unsere Eltern wiederzusehen. Erst dort wollten wir entscheiden, was wir weiter tun würden. Ein anderer alter Bekannter, Jutknovits, er war gelernter Schuster und reparierte in Auschwitz die Schuhe der SS-Leute, wollte in Brüssel einen Laden eröffnen. Er hoffte, das Geld dafür durch eine Unterstützung seitens der belgischen Regierung aufbringen zu können. Jeder hatte also seine eigenen Träume. Einer von uns hatte gar vor, Sprecher bei Radio Luxemburg zu werden.

Am Abend überquerten wir endlich die belgische Grenze und erreichten ein Militärlager. Es bestand aus zweistöckigen Gebäuden, alles war sehr sauber, nirgends befanden sich Absperrungen. Jeweils vier von uns waren in einem Zimmer untergebracht. Dort stand auch für jeden ein normales Bett – kein Stockbett also – bereit. Die Häuser verfügten auch über ein eigenes Bad, eine Küche und einen großen Speisesaal. Willi, Sigmund, Norbert und ich teilten uns eines dieser Zimmer. Nach dem Duschen mußten wir wiederum in unsere gestreiften Häftlingsuniformen schlüpfen. Man sagte uns, daß wir erst in Brüssel neue Straßenkleidung bekämen. Dann gab es eine ausgezeichnete Mahlzeit, nach der wir einen Spaziergang in die nahegelegene Ortschaft unternahmen. Spätestens um zehn Uhr abends hatten wir allerdings wieder im Lager zu sein.

Obwohl wir kein Geld besaßen, schien das nirgendwo eine Rolle zu spielen. Aus dem Radio hatten die Leute viel über unser Schicksal gehört, und an unserer Kleidung waren wir eindeutig als ehemalige KZ-Häftlinge erkennbar. Als wir in einem Café dem Besitzer erzählten, wir hätten kein Geld, lud er uns ein, seine Gäste zu sein und zu essen und zu trinken, soviel wir wollten. Der Besitzer hatte sich als großzügiger Gastgeber erwiesen, umgekehrt verhalfen wir ihm aber auch zu einem großen Umsatz, denn durch unsere bloße Anwesenheit hatte sich im Nu sein Lokal gefüllt. Jeder wollte uns sehen und ein paar Worte mit uns sprechen. Bis spät am Abend mußten wir immer wieder erzählen, was wir erlebt hatten.

Am nächsten Morgen war jeder von uns guter Laune. Gerade, als ich mein Frühstück einnehmen wollte, kam ein belgischer Offizier auf mich zu, fragte, ob ich Linder hieße, und forderte mich auf, nach draußen zu kommen. Zunächst konnte ich mir nicht vorstellen, was er von mir wollen mochte, doch dann erkannte ich in ihm Felix Spira, jenen Kameraden, den wir in Auschwitz beim Diebstahl einer Suppenschüssel ertappt hatten. Dafür wollte er sich nun an mir rächen. So meldete er mich den Behörden und warf mir vor, ich hätte ihn, einen belgischen Offizier, geschlagen. Beim Verhör durch einen untersuchenden Offizier erzählte ich von dem Zwischenfall damals in Auschwitz und schlug als Beweis für meine Behauptung vor, alle meine damaligen Mithäftlinge einzuvernehmen und sie zu fragen, ob jemand etwas Schlechtes gegen mich vorbringen könne. Genau das wolle er auch tun, meinte der Offizier, weil er sein Urteil in dieser Angelegenheit nicht allein auf die Aussage eines Mannes stützen könne, der vielleicht wirklich nur aus persönlichen Gründen gegen mich eingestellt sei.

Als ich Willi und den anderen davon erzählte, wollten sie sich Felix eigenhändig vorknöpfen. Ich versuchte, sie von diesem Vorhaben abzubringen, und gab zu bedenken, daß sich keiner von uns mehr so verhalten dürfe, als befände er sich noch in einem deutschen Konzentrationslager, wo das Gesetz des Stärkeren herrschte. Im normalen Leben, in das wir nun langsam wieder zurückfinden müßten, könnten wir selber eben nichts gegen Felix unternehmen. Felix Spira war belgischer Staatsbürger und fest davon überzeugt, daß die belgischen Behörden ihm deshalb mehr Glauben schenken würden als uns.

Durch diesen Zwischenfall verzögerte sich unsere Abfahrt. Da, endlich, kam der Offizier, der mich verhört hatte, lachte mir freundlich zu, reichte mir die Hand und drückte mir seine Anerkennung für die Rettung der vielen Kameraden aus, die ich in Auschwitz als vermeintliche „Spezialisten" in mein Kommando geschleust und vor dem Erfrierungstod bewahrt hatte. Nun hatte sich doch noch alles aufgeklärt. Nachdem wir uns noch über die Zustände in den diversen Lagern unterhalten hatten, wünschte mir der Mann alles Gute für die Zukunft, und wir konnten gegen 8 Uhr 30 endlich den letzten Teil der Fahrt in Angriff nehmen. (Felix Spira starb zwei Jahre später in einer Nervenheilanstalt.)

An diesem 15. Mai 1945, einem strahlend schönen Tag, waren wir alle bei bester Laune, zuversichtlich, ein neues Leben in Freiheit beginnen zu können, und fest entschlossen, die Ereignisse der letzten Jahre zu vergessen. Aber wäre so etwas denn überhaupt möglich? Die Erinnerung an all das Erlebte war schließlich noch so frisch, daß wir nicht umhinkonnten, ständig über diese Geschehnisse zu sprechen und uns immer wieder vor Augen zu führen, wie nahe wir doch eigentlich dem Tod waren. Natürlich war uns auch bewußt, von welch ungeheurem Glück wir sprechen konnten, selbst noch am Leben zu sein. Wir trauerten allerdings auch um unsere Familien, die uns auf so schreckliche Weise genommen worden waren, und hofften, wenigstens einige Menschen, die wir von früher kannten, wiederzufinden. Die Sehnsucht, unsere Liebsten wiederzusehen, war sehr groß. Viele dieser innigsten Wünsche waren jedoch nichts als unerfüllbare Wunschträume, denn im Innersten wußte jeder, daß er kaum einen dieser Menschen je wiedersehen würde. Ich mußte an meinen kleinen Roland denken, an Karin, die Tochter meiner Schwester, den kleinen Raymond, den Sohn meines Bruders, und die ungezählten anderen Kinder, und ich fragte mich verzweifelt: Warum mußten sie alle sterben?

Einmal mehr waren wir beim Thema „das jüdische Volk", jene Nation also, die von Gott dazu bestimmt war, sein auserwähltes Volk zu sein. Oft warfen wir dann sarkastisch ein, daß wir nun schon fast 5000 Jahre als seine Auserwählten hergehalten hatten und er sich langsam jemand anderen erwählen sollte und uns nur in Frieden lassen sollte. Was hätten wir denn nur verbrochen, um so hart bestraft zu werden?

Die Reise zurück in die Freiheit schritt zügig voran. Wir bestaunten die saftigen Wiesen, die Bäume und den Fluß, den wir überquerten. Auf den Feldern sah man Bauern, und man merkte, daß der Frieden wieder im Land war. Die Menschen gingen wieder ihrer Wege, scheinbar so, als wäre nie etwas passiert. Würde es uns jemals gelingen, so wie sie weiterzuleben? Konnten wir das Erlebte ganz einfach hinter uns lassen, und wären wir überhaupt in der Lage, unser zerstörtes Leben, in dem so viele geliebte Menschen fehlten, wieder neu aufzubauen?

Wir näherten uns Brüssel, und mit zunehmender Nähe der Stadt erfaßte uns eine ungeduldige Erregung. Die laue Frühlingsluft beflügelte unseren Geist. Wir baten den Fahrer unseres Lastwagens, uns beim Maison du Peuple, dem Sitz der belgischen Sozialisten, aussteigen zu lassen, wo wir hofften, Guillaum Van der Veeken und seinen Sekretär Rachell Le Clair zu treffen. Die beiden hatten uns geholfen, als wir vor sieben Jahren – 1938 – nach Belgien geflohen waren. Während einer letzten kurzen Rast erfuhren wir von belgischen Soldaten, daß KZ-Heimkehrer und belgische Staatsangehörige sich in einem Büro der Regierung am Place de la Loi zu melden hätten. Willi und ich zogen es jedoch vor, erst unsere beiden Freunde von früher zu treffen.

KAPITEL IX

Brüssel/Belgien

1945 bis 1949

Der Lastwagen hielt vor dem Haupteingang, wir verabschiedeten uns von den anderen und vereinbarten, uns alle später wieder zu treffen. Dann hasteten wir die Stiegen hinauf in den zweiten Stock zum Büro. Rachell Le Clair und Van der Veeken machten ein Gesicht, als stünden zwei leibhaftige Tote vor ihnen – so ganz falsch lagen sie damit ja nicht. Bei meiner Befreiung wog ich knapp 45 Kilogramm. Nach vierwöchiger Arbeit in der Küche und der völligen Genesung sah ich zwar viel besser aus, war aber noch immer schwer untergewichtig. Später erfuhr ich von Van der Veeken, daß er bei meinem Erscheinen glaubte, einen 65jährigen Mann vor sich zu haben. Alle beide waren von unserem Aussehen entsetzt. Wir beschworen sie, vorerst keine Fragen zu stellen, weil wir sehr erschöpft seien und dringend ein Bett zum Schlafen bräuchten. Rachell setzte sich sofort ans Telefon, um für uns in einem Hotel nahe dem Maison du Peuple ein Zimmer zu reservieren. Man steckte uns einen ansehnlichen Geldbetrag zu und gab uns den Rat, uns unverzüglich ans Büro der Regierung zu wenden, wo wir ebenfalls Geld und neue Kleidung bekämen. Man setzte uns in ein Taxi, das uns dorthin brachte. Dem Fahrer trug man auf, auf uns zu warten und uns anschließend ins Hotel zu bringen. Alle waren ausgesprochen nett zu uns. Die Leute auf der Straße, die uns an den gestreiften Uniformen erkannten, grüßten uns zu, wechselten freundliche Worte mit uns und schienen uns wie Helden anzusehen. Solche Ehrungen interessierten uns aber wenig. Alles, wonach wir uns sehnten, waren Ruhe und Schlaf – immer nur Schlaf!

Im Büro der Regierung wurden wir sehr zuvorkommend behandelt, während unsere anderen Kameraden noch im Warteraum saßen. Man versprach uns Zivilkleidung, Geld und eine Unterkunft. Dann stellte man uns Identitätskarten mit dem Vermerk „Prisonnier Politique" aus. Damit standen uns viele Dinge offen, angefangen bei Gratisfahrten für Bus und Bahn bis hin zu Gratismahlzeiten in Gasthäusern. Nach dem Schrecken der vergangenen zwei Jahre überwältigte uns dieses Ausmaß an Freundlichkeit. Die Kleidung, die wir erhielten, war nicht die allerbeste, aber es war eben Zivilkleidung. Ich behielt mein altes Barett als Souvenir, ebenso meine gestreifte Jacke, die ich später reinigen ließ und noch lange Zeit besaß. Daneben bekamen wir weiteres Geld sowie Lebensmittelmarken. Man wies uns an, in sieben Tagen wiederzukommen, um weitere Unterstützung zu bekommen. Während die anderen Bittsteller mit den öffentlichen Verkehrsmitteln zu ihrer Unterkunft gelangen mußten, fuhren wir mit dem Taxi, das draußen auf uns wartete. Wir beschlossen, in einer Woche um Punkt zwei Uhr nachmittags natürlich wieder im Büro der Regierung vorstellig zu werden. Ich sah in den neuen Kleidern ziemlich komisch aus, doch im Vergleich zu dem, was ich vorher trug, waren sie allemal besser. Im Hotel bekamen wir ein nettes Doppelzimmer, ja, man bot uns sogar eine Mahlzeit an, doch wir lehnten dankend ab. Wir wollten einfach nur schlafen. Nachdem wir uns beim Personal für alles bedankt hatten, zogen wir uns aufs Zimmer zurück, duschten und fielen in einen tiefen, fast vierundzwanzigstündigen Schlaf. Das Gefühl, frei zu sein und tun und lassen zu können, was man wollte, war fabelhaft! Beim Aufwachen entdeckten wir ein Telegramm von Van der Veeken, das unter der Tür durchgeschoben worden war. Er ließ uns bestellen, ihn wegen einer wichtigen Angelegenheit zu kontaktieren. Sofort rief ich Van der Veeken an. Er teilte mir mit, daß wir zum Abendessen bei einem sozialdemokratischen Abgeordneten eingeladen wären. Er sagte mir die Adresse, an der wir um Punkt sechs Uhr erscheinen sollten. Unser gesellschaftliches Leben begann also mit einer erfreulichen Mitteilung!

Man stellte uns der Familie des Senators vor, seiner Gattin und seiner Tochter, die mit einem hohen Regierungsbeamten verheiratet war. Nachdem wir über unsere Erlebnisse gesprochen hatten, servierte man das Abendessen. Natürlich war unser Schicksal das Hauptgesprächsthema des Abends. Und dann nahmen wir am ersten wirklich üppigen Mahl in unserem neuen Leben teil. Von allem gab es in Überfluß, und wir Narren überaßen uns maßlos. Dann wurden Wein und natürlich Brandy gereicht. Es war eine großartige Tafel, vielleicht die beste, an der ich je teilgenommen habe, mit Fleisch, Geflügel und den verschiedensten Gemüsegerichten und Desserts. Abschließend gab es noch Obst und herrlichen Kaffee. Weder Willi noch ich fühlten uns nach diesem opulenten Mahl besonders gut. Der Brandy regte zwar die Verdauung etwas an, doch wir zogen es besser vor, zu gehen, indem wir Müdigkeit vortäuschten. Dabei war uns ziemlich übel. Der Schwager des Senators fuhr uns nach Hause, und man bot uns sogar noch Geld an, das wir allerdings dankend ablehnten. Man sei bereits sehr bemüht um uns, merkten wir an. Trotzdem mußten wir ihm versprechen, ihn wissen zu lassen, wenn uns etwas fehlen sollte.

Dann waren wir bei Bernard Anscherl und seiner Frau Meta eingeladen. Auch dort gab es wieder gutes Essen, und wir mußten wieder von unseren Erlebnissen erzählen. Meta stammte aus einer reichen holländischen Familie, die nur dadurch überlebte, weil sie Bauern am Stadtrand von Brüssel hohe Geldsummen dafür bot, bei ihnen Unterschlupf zu finden. An diesem Abend begegnete ich Else, einer äußerst hübschen, schlanken Blondine. Sie war etwa 23 und hatte eine umwerfende Figur. Charmant und großzügig wie sie war, bestand sie darauf, sich um uns kümmern zu dürfen. Ich mochte sie sehr gern. Sie war unverheiratet, und ich hatte den Eindruck, ihre Schwester wollte mich ernsthaft mit ihr verkuppeln. Dafür sprach auch, daß Meta schließlich sogar vorschlug, daß Else und ich ins Kino gehen oder einen Spaziergang in den Wäldern um Brüssel, den „Boise de la Cambre“, unternehmen könnten. Ich verabredete mich also mit Else.

Else wollte mich zum Essen in ein feines Restaurant einladen. Ich war unter der Bedingung einverstanden, daß ich bezahle. Mein einziges Problem war, daß ich keine geeignete Kleidung für solch einen Anlaß besaß. Als ich Bernard davon erzählte, bot er mir großzügigerweise seinen eigenen Anzug mit allen Accessoires an. Bernard bestand sogar darauf, mir den Anzug zu schenken, doch ich war zu stolz, sein Geschenk anzunehmen. Ich gab vor, meinen Eltern meine Maße für eine neue Ausstattung geschickt zu haben, und meinte, die Sachen müßten heute oder morgen ankommen.

Ich traf Else in der Innenstadt, und wir speisten in einer ausgezeichneten Brasserie auf dem Boulevard Maurice Lemonier, nahe beim Gare du Nord. Es war ein sehr netter Abend! Else war eine charmante junge Frau, mit der man über viele Dinge reden konnte. Ich sagte ihr, daß ich jedenfalls meine Eltern wiedersehen wollte, bevor ich an Pläne für die Zukunft dächte.

Dann bemerkte ich, daß ich am folgenden Tag zum Haus ihrer Schwester müsse, um Bernard die Kleider zurückzugeben, die er mir dankenswerterweise geliehen hatte. Else sagte, sie würde auch da sein. Auch ich hatte ein großes Bedürfnis, sie wiederzusehen. Willi, dem ich am Abend von Else erzählte, war ebenfalls der Meinung, daß Else sehr hübsch und recht nett sei, und ermunterte mich, sie unbedingt wieder zu treffen.

Als ich am nächsten Tag die Kleider zurückbrachte, war Else tatsächlich im Haus – zu meiner Verwunderung allerdings allein. Es hatte fast den Anschein, als wäre dieses Zusammentreffen arrangiert worden. Da ich Else aber sehr mochte, war ich gespannt, was das wohl zu bedeuten hätte. Sie wußte natürlich genau, daß ich während der langen Zeit in den Lagern keinerlei sexuellen Kontakte gehabt hatte, und war vielleicht darauf aus, diesen wunden Punkt auszunutzen. Das war ein Gedanke, der mir sofort in den Sinn kam, und ich wollte herausfinden, ob er stimmte. Also brachte ich selbst dieses Thema zur Sprache und gab Else unmißverständlich zu verstehen, daß ich keinesfalls eine feste Bindung anstrebte und schon gar nicht ans Heiraten dächte. Sie schien zu verstehen, worauf ich hinauswollte, betonte aber trotzdem, daß aufgrund ihrer Erziehung die Ehe eine unbedingte Voraussetzung für Sex sei. Da ich drauf und dran war, mich in dieses Mädchen zu verlieben, sie aber keinesfalls verletzen wollte, schlug ich vor, daß wir einfach noch ein wenig zuwarten sollten. Vielleicht würde sich dann ja alles von selbst entwickeln. Wir begannen, uns zu küssen, und noch am gleichen Tag schliefen wir miteinander. Es war mein erstes Mal seit Kriegsende. Sie war einfach wunderbar, weil sie viel Verständnis für meine Erregung und Ungeduld aufbrachte. Danach fühlte ich mich großartig, und wir vereinbarten, uns in zwei Tagen wieder zu treffen.

Beim nächsten Erscheinen in jenem Büro, das die Regierung eingerichtet hatte, sagte man uns, wir könnten uns von einem Vertrauensarzt untersuchen lassen. Einige unserer Kameraden waren ja in ziemlich beklagenswerter gesundheitlicher Verfassung. Manche von ihnen hatte man sogar zur Behandlung ihrer psychischen Probleme in ein Sanatorium in der Nähe von Brüssel eingewiesen, wo sie nicht selten bis zu sechs Monate zubrachten. Willi und ich waren zwar in relativ guter Verfassung, um unsere Zähne war es allerdings arg bestellt. Ich selbst wurde zu einem renommierten Zahnarzt geschickt, um meine Zahnprobleme behandeln zu lassen.

Als ich die Ordination dieses Arztes betrat, konnte ich nicht fassen, was für eine Menschenmenge dort bereits wartete. Bedingt durch meine Erlebnisse fühlte ich mich unter so vielen Menschen sehr unwohl, so daß ich es für besser hielt, gleich wieder zu gehen. So schnell, wie ich den Raum betreten hatte, verließ ich ihn auch wieder. Irgendwie muß mich dabei ein sehr junges, überaus hübsches Mädchen im weißen Kittel beobachtet haben. Sie lief mir nach, faßte mich beim Handgelenk und fragte, wohin ich wolle. Ich erklärte ihr, daß ich es nicht ertragen könne, in einem geschlossenen Raum unter so vielen Menschen zu warten. Aus der Art meiner Kleidung hatte sie wohl unschwer ablesen können, daß ich zu der Gruppe der „Überlebenden" gehörte. Sie meinte, ich müsse nicht warten, und überredete mich, sie in ein Nebenzimmer zu begleiten, wo sie den Doktor fragen würde, ob er mich als nächsten Patienten drannehmen könne. Ich fand diese Geste gegenüber einem völlig Fremden unglaublich nett. Das Mädchen lächelte mir freundlich zu. Genau das brauchte ich damals vielleicht am meisten. Später bekam ich heraus, daß sie Hannerl hieß. Sie bat mich zu warten und informierte mich wenig später, daß der Arzt tatsächlich bereit war, mich als nächsten Patienten zu empfangen. Während ich auf die Untersuchung wartete, kamen wir miteinander ins Gespräch. Ich glaubte, aus ihrem Französisch einen gewissen Akzent herauszuhören, und fragte sie deshalb, woher sie käme. Sie sagte: „Wien!" Als ich plötzlich in breitem Wienerisch zu sprechen begann, um ihr zu demonstrieren, daß auch ich aus dieser Stadt stammte, lächelte sie mich wieder in jener unverwechselbaren Weise an, um schließlich selbst im Wiener Dialekt weiterzusprechen. Wir beide sprachen nicht nur die gleiche Sprache, nein, uns verband sogar genau der gleiche Dialekt. In kürzester Zeit hatte es für beide von uns den Anschein, als kennten wir uns schon ewig. Ich schätzte dieses Mädchen auf etwa 21, ich war damals schon 33. Viel später gestand sie mir, daß ich auf sie den Eindruck gemacht habe, um die 60 zu sein.

Dr. Steiner war ein sehr ruhiger und freundlicher Mensch. Nachdem er meine Zähne untersucht hatte, meinte er, ich könne von Glück reden, daß nur ein paar Füllungen und eine Extraktion notwendig wären. Hannerl stellte mir Fragen zu meiner Gefangenschaft in den deutschen Lagern. In groben Zügen erzählte ich den beiden von meinen Erlebnissen, und es schien so, als ließen sie sich durch die vielen Menschen im Wartezimmer nicht aus der Ruhe bringen. Ich fand großen Gefallen an diesem Mädchen. Ihr ehrliches Interesse an meinem Schicksal und vor allem ihr Lächeln richteten mein Selbstbewußtsein wieder auf, so daß ich ihr schließlich zu sagen traute, sie gern wiedersehen zu wollen. Sie gestand mir, daß auch sie sich freuen würde, wenn es dazu käme.

Rein zufällig traf ich sie wenig später in der Innenstadt wieder. Beim Plaudern erwähnte sie, daß die österreichische Gemeinde hier in Brüssel einen Klub ins Leben gerufen hätte, dem auch sie beigetreten sei. Man käme regelmäßig zusammen, und sie meinte, daß ich dort vielleicht Bekannte aus Wien wiederfinden könne. Sie gab mir die Adresse des Klubs. Ich sagte zu, ebenfalls vorbeizuschauen, doch war ich in Wahrheit hauptsächlich daran interessiert, dieses junge Fräulein zu sehen.

Ich erzählte sofort Willi von diesem Mädchen aus Wien und davon, wie sehr ich sie mochte. Von der Existenz dieses Österreichischen Klubs schien er bereits zu wissen, und wir nahmen uns vor, ihn am folgenden Sonntag zu besuchen.

Wir nahmen nicht nur an dieser Zusammenkunft teil, sondern besuchten auch alle kommenden. Mit unseren Gitarren machten wir Musik, sangen Wienerlieder, unterhielten uns mit vielen netten jungen Leuten und verbrachten insgesamt viele fröhliche Stunden. Doch Hannerl ließ sich nicht blicken, und ich war enttäuscht. Da ja meinen Zähnen nichts mehr fehlte und ich nicht mehr in die Arztpraxis mußte, fragte ich mich, wann – und ob überhaupt – ich dieses Mädchen je wiedersehen würde. Ich fühlte mich so zu ihr hingezogen, daß ich schon begann, von ihr zu träumen. Dann – endlich – tauchte sie eines Sonntags im Klub auf. Ich war überglücklich, sie wiederzusehen! Leider war sie nicht allein, sondern in Begleitung eines jungen Mannes, den ich für ihren Freund hielt, und eines anderen jungen Paares, das ich flüchtig kannte. Sie grüßte mich zwar, sprach ein paar Sätze mit mir und hörte unseren Liedern zu, verließ den Klub aber schon kurz nach dem Ende unserer Darbietungen wieder mit ihren Freunden. Im Gehen lächelte sie mir wieder zu, um sich von mir zu verabschieden. Damit wollte ich mich aber nicht abfinden. Zumindest eine nette Unterhaltung hätte ich erwartet, und so wünschte ich mir sehnlichst, sie möglichst bald wiedersehen zu können. Dieses Mädchen ging mir einfach nicht mehr aus dem Kopf.

Einige Tage später erzählte mir Willi, daß auch er einem Mädchen aus Wien begegnet sei. Sie gefiel ihm sehr gut, doch als er es damit probierte, sie ins Kino einzuladen, gab sie ihm einen Korb. Aus seinen Beschreibungen entnahm ich, daß wir uns um dasselbe Mädchen bemühten. Ich erklärte ihm, daß eigentlich ich an ihr interessiert sei. So kamen wir schließlich überein, daß Willi sich um sie erst wieder bemühen würde, falls ich bei ihr keine Chancen haben sollte.

In der Zwischenzeit aber traf ich mich wieder mit Else. Jeder, der uns kannte, meinte, wir müßten unbedingt heiraten. Schließlich war sie hübsch, intelligent und hatte Geld. Das konnte mich aber nicht mehr umstimmen. Mein Herz gehörte schon Hannerl. Meine gute Bekannte Raja redete trotz meiner Beteuerungen, dieses Mädchen aus Wien zu lieben, unentwegt auf mich ein, Else zu heiraten. Dabei wies sie immer auf Elses Vermögen hin. Ich versuchte ihr klarzumachen, daß ich nicht aufs Geld aus sei, schon gar nicht nach dem, was ich durchgemacht habe. Raja hielt mich für verrückt.

Als ich einmal mit Else durch die Innenstadt spazierte, blieben wir vor einem noblen Möbelgeschäft stehen, um all die Einrichtungsgegenstände zu bewundern. Dabei meinte Else zu mir: „Wenn wir einmal verheiratet sind, werde ich dir solche Möbel kaufen, damit wir ein schönes Zuhause haben." Vielleicht war es genau dieser Satz, der mich endgültig dazu bewog, unsere Beziehung zu beenden. Ich schwieg zwar vorerst, doch später, als wir beim Kaffee zusammensaßen, erklärte ich Else, daß ich sie nicht heiraten wolle. Ich fand, daß ich es ihr schuldig sei, ihr nichts vorzumachen, und so schlug ich vor, unsere Beziehung sofort zu beenden. Sie war zutiefst verletzt und fing an zu heulen. Alle Versuche, mich umzustimmen, alle Beteuerungen, mit einer Heirat vorerst zuzuwarten und uns einfach zu sehen, wie bisher, konnten an meinem Entschluß nichts mehr ändern.

Mein Interesse galt nur mehr Hannerl, und das, obwohl ich noch gar nicht wußte, ob ich überhaupt eine Chance bei ihr haben würde. Ich gestand Else offen, daß ich ein Mädchen, das aus Wien stammte, getroffen hätte, für das ich sehr viel empfände. Else begann wieder zu heulen und fragte, was sie falsch gemacht habe. Ich beteuerte, daß sie keinerlei Schuld träfe, sondern sie im Gegenteil immer sehr gut zu mir gewesen sei. Wir sagten Lebewohl zueinander, und ich versprach, sie in einiger Zeit anzurufen.

Unterdessen trafen wöchentlich Pakete von meinen Eltern ein. Sie enthielten Sachen, die hier in Belgien Mangelware waren: erlesene englische Zigaretten, vorzügliche Schokolade oder Lebensmittelkonserven. Schließlich kam ein riesiges Paket voll mit neuen Anzügen, Hemden, Schuhen und allen möglichen Kleidungsstücken, so daß wir uns endlich der häßlichen Kleidung, die wir von der staatlichen Wohlfahrt bekommen hatten, entledigen konnten.

In den neuen Sachen, die wir sofort anzogen, sahen wir richtig elegant aus. Da auch unser Haar wieder auf die normale Länge nachgewachsen war, unterschieden wir uns auch äußerlich nicht mehr von anderen Leuten. Um einen Teil des Geldes, das wir von den Eltern bekommen hatten, kauften wir uns Armbanduhren. Ich selbst erstand auch einen Goldring, in den ich meine Initialen eingravieren ließ, weil ich der Ansicht war, daß ich erst dann wieder ein völlig normales Leben würde führen können, wenn ich auch wieder solche Dinge besäße, die mir seinerzeit von den Nazischergen geraubt worden waren. Durch solche Kleinigkeiten fühlte ich mich allmählich wieder als normaler Mensch, der auch voll am sozialen Leben teilnehmen kann. Ich brauchte mich auf der Straße nicht mehr für mein Erscheinungsbild schämen, sondern konnte mich wieder unter die Leute mischen.

Freilich teilte ich mit Willi immer noch das Zimmer und schlief mit ihm im selben, einzigen Bett, das wir hatten. Wir beide brauchten unbedingt Arbeit. Unsere Nachbarn, die Guensers, die ebenfalls aus Österreich stammten und im Klub verkehrten, meinten, wir sollten doch zusehen, ob man uns dort nicht für Bürodienste brauchen könne. Bis dahin hatte ich mich noch nicht richtig um Arbeit gekümmert, da ich ja nicht besonders kräftig aussah und auch vom Gewicht her sicher einen jämmerlichen Eindruck bot. Außerdem wollte ich zusammen mit meinen Eltern abklären, ob wir uns in Belgien oder in England niederlassen würden. In der Zwischenzeit würden wir mit Gelegenheitsarbeiten das Auslangen finden.

Es war an einem Donnerstagnachmittag, als ich wieder den Klub besuchte. Im Büro saßen zwei Damen, Lilo Wertheim, ein hübsches junges Mädchen, und Mutz Hoffmann, eine ältere Dame, die ich aus der Zeit vor dem Krieg kannte. Beide stammten aus Wien. Ich stellte mich vor und mußte feststellen, daß man über unsere Absichten schon im Bilde war. Die beiden waren sehr zuvorkommend und freundlich zu uns, hatten aber leider keine Möglichkeit, Bürogehilfen einzustellen. Trotzdem konnte ich von Glück reden, an diesem Tag im Klub zu sein, denn kurz nachdem ich das Büro betreten hatte, spazierte Hannerl durch die Tür. Sie war sehr reizvoll gekleidet – mit einem weißen Kleid und roter Bluse – und trug einen großen Strauß roter Blumen. Da war auch wieder dieses bezaubernde Lächeln, als sie ihre alte Freundin Lilo begrüßte und gleich auf mich zukam, um mir die Hand zu schütteln und mit mir ein paar nette Worte zu wechseln.

Ich hörte, wie sie Lilo erzählte, die roten Lilien seien für den tschechischen Botschafter, einen Freund der Familie, der Geburtstag hatte und dem sie die Blumen bringen sollte. Hannerls Vater besaß zwar die österreichische Staatsbürgerschaft, war aber gebürtiger Tscheche. Sie wolle mit der Straßenbahn zu dessen Residenz fahren und sei nur auf einen kurzen Sprung im Klub vorbeigekommen. Sie lächelte mir immer noch zu. Ich trug ja nun meinen neuen grauen Anzug mit Krawatte, hatte neue Schuhe aus London an und trug seit kurzem eine Brille. Hannerl bemerkte, daß ich jetzt viel besser aussehe.

Bevor sie gehen mußte, kam Hannerl zu mir her und bat mich charmant, ob ich sie nicht zur Straßenbahnstation begleiten wolle, die etwa fünf Minuten vom Klub entfernt war. Ohne zu zögern sagte ich zu und fühlte mich natürlich sehr geschmeichelt, daß sie mich darum gebeten hatte. Während ich Hannerl begleitete, machte ich ihr zahlreiche Komplimente wegen ihres fabelhaften Aussehens und schwärmte von ihrer netten Art zu lächeln. Dabei steigerte sich mein Verlangen, mich mit ihr zu verabreden, ins Unermeßliche. Schließlich wagte ich es, sie zu fragen, ob wir uns Samstag nachmittags gegen zwei Uhr in der Innenstadt bei der Börse sehen könnten. Ich wollte sie zum Schwimmen ins „Solarium", einem öffentlichen Bad, einladen. Sie lächelte wieder, zögerte erst und sagte schließlich – kurz bevor sie in die Straßenbahn einsteigen mußte – zu.

An diesem Abend legte ich meinem Bruder Willi nahe, sich Hannerl besser aus dem Kopf zu schlagen, da sie bereit gewesen sei, sich mit mir zu verabreden. Ich war sehr aufgeregt und konnte die Stunde unserer Verabredung gar nicht mehr erwarten. Ich besorgte mir eine Badehose und war am Samstag pünktlich an jenem Platz, an dem wir verabredet waren. Auch Hannerl kam pünktlich. Sie trug ein elegantes himmelblaues Kleid, das einen großen weißen Kragen hatte. Sie sah fabelhaft aus, und da war auch wieder jenes Lächeln, das ihr so gut stand.

Es war ein warmer und sonniger Tag im Juni. Ich fragte sie, ob sie auch erschienen wäre, wenn es geregnet hätte. Sie bejahte. Niemand kann sich vorstellen, wie glücklich mich diese Antwort gemacht hat, da ich jetzt wußte, daß sie wegen mir gekommen war und selbst schlechtes Wetter keine Rolle gespielt hätte.

Immer noch hatte ich eine Abneigung gegen jeden, der eine Uniform trug. Da auch die Straßenbahnschaffner Uniformen trugen, hatte ich es immer vorgezogen, zu Fuß zu gehen. Ich fragte Hannerl, ob es ihr zum Solarium zu weit wäre. Sie meinte, daß es völlig ausgeschlossen sei, diesen Weg zu Fuß zurückzulegen. Als ich ihr meine Angst vor Uniformen zu erklären versuchte, beruhigte mich Hannerl, indem sie mich verständnisvoll darauf hinwies, daß der Krieg nun endgültig vorbei sei und meine Ängste völlig unbegründet wären. Ich ließ mich also überreden, in die Straßenbahn einzusteigen, verlangte aber von ihr, die Fahrkarten zu besorgen. Das erste Mal seit meiner Befreiung benutzte ich also wieder eine Straßenbahn. Dieses Erlebnis verlieh mir die Überzeugung, daß der einzige Mensch, der in der Lage wäre, mich wieder in ein normales Leben zurückzuführen, nur Hannerl sein könnte, die sowohl Wärme als auch Beharrlichkeit ausstrahlte. Ich erzählte ihr, daß ich kurz nach meiner Befreiung auf der Straße einen Briefträger traf und beim Anblick seiner Uniform zu Tode erschrocken war.

Das Freibad war sehr schön angelegt, verfügte über ein großes Becken und weitere Einrichtungen. Wir fanden ein nettes Plätzchen am Rasen in der Nähe des Beckens. Hannerl war sehr schön! Sie trug einen dunkelblauen Zweiteiler, der an ihrem schlanken Körper fabelhaft aussah. Sie erzählte mir, daß ihre Mutter für sie einen Badeanzug ausgesucht hatte, den sie erst kurz vor unserem Treffen in einen Zweiteiler umgearbeitet hätte.

Hannerl erwähnte beiläufig, daß sie aus einer wohlhabenden Wiener Familie stamme. Sie sei entfernt verwandt mit dem weltberühmten Komponisten Franz Schubert und die Ururenkelin des österreichischen Dichters Johann Gabriel Seidl. Die Familie mußte Österreich wegen der politischen Einstellung des Vaters verlassen. Dieser war Exportchef bei Viktor Schmidt & Söhne, einem renommierten Wiener Süßwarenhersteller. Hannerl ging zusammen mit ihrer Mutter nach Luxemburg, wo man beide verhaftete. Durch die Hilfe der Widerstandsbewegung gelang ihnen die Flucht aus dem Lager. Mutter und Tochter flüchteten nachts zu Fuß nach Belgien. Ihr Vater war bereits vorher nach Brüssel geflüchtet.

Den ganzen Krieg über fanden sie in Belgien Zuflucht bei einer Frau, die sie gegen hohe Geldsummen bei ihr versteckte. Hannerl lebte nun zusammen mit ihren Eltern in einer winzigen Wohnung. Während der Jahre im Versteck war ihr Vermögen geschmolzen. Sie erzählte mir alles über sich, wußte sie doch, daß ich jemand war, der ihr Schicksal besser verstehen konnte als die meisten anderen Menschen. Mit jeder Minute, die verstrich, verliebte ich mich mehr in dieses wunderbare Mädchen. Obwohl der Altersunterschied zwischen uns zwölf Jahre ausmachte, störte dieser Umstand keinen von uns. Von unserer ersten Begegnung an schienen wir uns magisch anzuziehen.

Wir verbrachten einen wunderbaren Nachmittag. Beim Schwimmen trafen wir einige meiner früheren Kameraden, ja sogar zwei Kusinen von Sigmund, Rosi und Paula, die von den

Schrecken des Krieges auch nicht verschont geblieben waren. Als es Zeit war, heimzugehen, wollte ich mich nur ungern von Hannerl trennen. Wir beschlossen, noch ein wenig spazierenzugehen, bis es schließlich doch zu dunkel geworden war. Hannerl hatte ihren Eltern von mir erzählt, so daß man mich zum Essen eingeladen hatte. Ich war überglücklich.

Bereits damals waren wir beide ineinander verliebt, und unser Leben war dadurch unglaublich aufregend geworden. Ich mußte Hannerl unentwegt ansehen, um sie bewundern zu können, und nahm jedes Wort, das sie sprach, ganz in mich auf. Bevor ich sie heimbrachte, spazierten wir in einen nahen Park, um uns auf einer Bank zu küssen. Jedem von uns kam es vor, als wären wir schon ewig zusammen. Für uns beide war es ein unvergeßlicher Abend. Noch vor dem Haustor standen wir lange zusammen, tauschten Küsse aus und versprachen, uns künftig öfter zu sehen. Als ich allein heimging, war der Himmel für mich voller Geigen. Ich liebte Hannerl so sehr, daß ich fest entschlossen war, mein Leben mit ihr zu verbringen, wenn auch sie es so wollte. Doch da sie sehr schön war, durfte ich nicht hoffen, der einzige in ihrem Leben zu sein. Ich wollte mehr darüber in Erfahrung bringen. Die ganze Nacht über sprach ich mit Willi über dieses Thema. Er war ebenfalls in Hannerl verliebt und meinte, daß sie jene Art von Frau sei, die auch er gerne hätte. Ich warnte ihn, nur ja von ihr fernzubleiben, was er mir nur zögernd versprach.

Von nun an trafen Hannerl und ich einander fast täglich. Ich holte sie meistens von der Arbeit ab, um mit ihr zu spazieren oder durch die Innenstadt zu gehen, bevor ich sie heimbrachte. Dann war es endlich soweit, daß ich zum Mittagessen eingeladen war. Hannerls Mutter hatte vor, ein echtes Wiener Gericht zu kochen, Hannerl meinte jedoch, ich solle nicht zu viel erwarten, denn die Wohnung, in der sie lebten, sei nur sehr klein und sie verfügten nur über wenig Geld.

Hannerls Mutter war eine echte Wienerin, die aus einer alteingesessenen und wohlhabenden Familie stammte. Sie erwies sich als überaus freundlich und war, gemessen an dem Wenigen, das sie selbst besaß, äußerst großzügig. Von beiden Elternteilen wurde ich in familiärer Weise willkommen geheißen. Besonders Hannerls Vater schien mich vom ersten Augenblick an zu mögen. Alle schienen sich zu bemühen, durch ihr taktvolles Verhalten bei mir keine bösen Erinnerungen an meine Erlebnisse in den Lagern wachzurütteln.

Das vortreffliche wienerische Mittagessen wurde mir liebevoll serviert und war mit damals sehr raren Zutaten, die offenbar vom schwarzen Markt stammten, zubereitet. Zu diesem Zeitpunkt entschied ich mich auch dafür, den Inhalt der Pakete aus London, die mir meine Eltern zukommen ließen und die ich bisher mit meinen Nachbarn – ebenfalls einem Ehepaar aus Wien – geteilt hatte, von nun an mit dieser Familie zu teilen. Trotz der Beengtheit dieser Wohnung fühlte ich mich hier wohl. Ich kam bald dahinter, daß diese braven Leute völlig anspruchslos lebten und es trotz ihrer schwierigen Situation verstanden, aus allem das Beste zu machen.

Es entwickelte sich zwischen uns ein enges Verhältnis, als sie mir von ihren eigenen Opfern erzählten, die sie während des Krieges bringen mußten, um in Brüssel überleben zu können. Während der ganzen Zeit, die sie versteckt vor den Deutschen zubrachten, konnten sie sich niemals auf die Straße wagen, etwa um für sich einkaufen zu gehen. Die Belgierin, der sie ansehnliche Geldbeträge zahlten, nur damit sie in ihrer Wohnung Unterschlupf finden konnten, erledigte alles und nützte natürlich ihre mißliche Lage aus. Hannerl hatte sich also eine Arbeit gesucht, um die Familie finanziell zu unterstützen. Trotzdem war es mühsam, auch nur ein bescheidenes Leben führen zu können. Als ich Hannerls Mutter von meinem Entschluß erzählte, von nun an meine Habe mit ihnen teilen zu wollen, lehnte sie dies anfangs ab. Da ich jedoch darauf beharrte, nahm sie schließlich unter der Bedingung an, daß mein Bruder und ich täglich zum Essen kommen müßten. Diese Regelung gefiel mir sehr, weil ich dadurch Hannerl viel öfter sehen konnte. Da wir beide uns nun täglich sahen, verstärkten sich unsere Gefühle füreinander noch mehr. Schließlich sprachen wir sogar über eine Heirat. Wir beabsichtigten aber, noch so lange zuzuwarten, bis wir mehr Geld hätten.

Trotzdem wollte ich Hannerl endlich meinen besten Freunden, Herbert und Raja Cohen, vorstellen; schließlich meinten wir es mit unseren Plänen sehr ernst. Als Willi und ich die Cohens wieder besuchten, verkündete ich meine Verlobung mit Hannerl und meinen Entschluß, sie zu heiraten. Raja, die immer im Sinn gehabt hatte, mich mit Else zu verheiraten, begann Fragen zu stellen nach Hannerls Familiennamen, was und wo sie arbeite und so weiter. Während dieses Verhörs mischte sich auch Herbert ein, um zu bemerken, daß einer seiner besten Freunde, ein Zahnarzt namens Wilde, ja im selben Gebäude praktiziere, in dem Hannerl arbeite, und er sie daher wahrscheinlich kennen müsse. Da lud Raja mich und Hannerl für den kommenden Sonntag kurzerhand ein.

Damit war es vorerst getan. Doch beim Heimgehen an diesem Abend machte mir Willi den Vorschlag, ihm Hannerl zu überlassen, falls ich mich doch dazu entschließen sollte, Else zu heiraten. Verärgert schnauzte ich ihn an, daß seine Überlegung überhaupt nicht in Frage käme.

Als ich Hannerl am folgenden Tag wieder traf, erzählte ich ihr von meiner Unterhaltung mit Raja und auch, daß Herbert Dr. Wilde kannte. Hannerl erklärte mir, sie sei über das Privatleben von Dr. Wilde, den sie als Frauenhelden beschrieb, im Bilde, habe er ihr selbst gegenüber doch einmal einen Annäherungsversuch gemacht, den sie allerdings abwehrte. Ich fand diese Einschätzung höchst interessant, denn nun wußte ich, was Herberts Erkundigungen über Hannerl, die er durch ein Gespräch mit Dr. Wilde einholen wollte, ergeben würden.

Schließlich kam der Sonntag, an dem wir am Nachmittag bei Herbert und Raja eingeladen waren. Hannerl trug ihre schönste Kleidung, so daß sie bei den beiden einen ziemlich guten Eindruck hinterließ. Das war auch nicht weiter verwunderlich, denn Hannerl sah wirklich wunderschön aus und benahm sich wie eine vornehme Dame.

Als wir uns am Abend verabschiedeten, fiel mir auf, daß Raja Hannerl nicht einlud, wieder auf Besuch zu kommen, wie sie das üblicherweise bei ihren Gästen tat. Ich schloß daraus, daß irgend etwas nicht stimmen konnte. Auch Hannerl, die beide sympathisch fand, hatte das Gefühl, daß Raja etwas gegen sie hatte. Ich versuchte, ihr weiszumachen, daß sie sich das Ganze nur einbilde, konnte sie aber damit wohl nicht überzeugen.

Das nächste Mal, als Willi und ich bei den Cohens zum Essen eingeladen waren, wartete ich auf den passenden Moment, um Raja zu fragen, welchen Eindruck sie von Hannerl gewonnen hätte. Lange mußte ich nicht auf diesen Zeitpunkt warten. Raja erklärte, Hannerl sei ein sehr hübsches Mädchen und sie hätte sie recht gern, trotzdem sei sie nicht die richtige Frau für mich. Ich war empört. Herbert wurde böse und meinte zu Raja, das sei wirklich nichts, was sie anginge. Darauf forderte Raja Herbert auf zu erzählen, was er im Gespräch mit Dr. Wilde über Hannerl erfahren hätte. Herbert war das sehr peinlich, aber dann berichtete er von Dr. Wildes Aussage, Hannerl hätte mehrere Liebhaber. Für einen Augenblick war ich tief getroffen und zornig, doch da fiel mir wieder ein, was Hannerl mir über Dr. Wilde erzählt hatte. Ich erzählte es auch ihnen und ließ Raja wissen, daß sich mein Entschluß nicht geändert hätte und ich den Behauptungen dieses Dr. Wilde keinen Glauben schenken würde.

Als ich später Hannerl davon erzählte, war sie außer sich und wiederholte, daß es Dr. Wilde gewesen wäre, der zudringlich geworden wäre, und daß sie ihn zurückgewiesen hätte. Natürlich glaubte ich Hannerls Beteuerungen, und auch Willi zweifelte nicht daran, schließlich waren ja auch seine Annäherungsversuche von Hannerl zurückgewiesen worden. Die Sache war somit erledigt. Bedauerlich war nur der Umstand, daß das alles Spannungen in die Beziehung zu meinen besten Freunden gebracht hatte.

Eines Tages lud ich Hannerl schließlich auch in unsere Unterkunft ein, um ihr zu zeigen, wie wir dort lebten. Unsere Quartiergeberin, Marieke, eine ältere Flämin, konnte sich an Hannerl gar nicht satt sehen. Später gestand sie mir, wie sehr sie Hannerls Schönheit bewunderte, und drängte mich, sie zu heiraten.

Hannerl und ich schmiedeten Pläne für einen einwöchigen Urlaub in Wepion, einem kleinen Ferienort an der Meuse bei Namur, etwa 50 Kilometer von Brüssel entfernt. Wir wollten per Bus dorthin fahren. Hannerl mußte ihre Eltern, die in dieser Beziehung recht altmodisch waren, belügen und erzählte, sie wolle mit Lilo, ihrer besten Freundin, zum Zelten fahren. Hannerl und ich konnten diesen bevorstehenden Urlaub kaum noch erwarten. Mit dem wenigen Geld, das wir besaßen, kauften wir Sommerkleidung. Ich ahnte nicht, daß sich Hannerl extra für diesen Anlaß ein blaues Negligé kaufen würde.

Als wir bei der Busstation ankamen, mußten wir zu unserem Leidwesen feststellen, daß der Bus völlig überfüllt war. Doch da trat Hannerl auf den Plan. Sie begann mit dem Buschauffeur zu verhandeln, während ich einfach dastand und wartete, was nun folgen würde. Da gab sie mir ein Zeichen und deutete, ich solle mich einfach durch die Schlange der Wartenden kämpfen und in den Bus einsteigen. Hannerl hielt tatsächlich zwei Tickets in der Hand, zwar für weit auseinander liegende Plätze, doch auch dieses Problem konnte sie im Handumdrehen lösen. Mit ihrem charmanten Lächeln brachte sie es zuwege, daß mein Sitznachbar mit ihr Platz tauschte, so daß wir beide händchenhaltend nebeneinander sitzen konnten.

Nach anderthalb Stunden angenehmer Fahrt kamen wir in Wepion an, wo wir bald ein Hotel fanden, von dem man eine herrliche Aussicht auf die Meuse hatte. Trotz des hohen Preises nahmen wir dort ein Zimmer und trugen uns als Herr und Frau Linder ins Gästebuch ein. Die Stunden, die nun folgten, waren die schönsten meines Lebens, denn hier liebten wir uns voller Leidenschaft zum ersten Mal. Ich erkannte, daß Hannerl noch nie vorher mit einem Mann zusammen gewesen war. Angesichts der Schrecken des Krieges, denen auch viele Frauen nicht unbeschadet entrinnen konnten, war dieser Umstand überaus bemerkenswert. Als ich sie fragte, warum es in ihrem Leben noch keinen Mann gegeben hätte, lächelte sie und meinte bloß, sie sei eben noch keinem begegnet, den sie so liebte wie mich. Nun war mir klar, daß Hannerl unbedingt meine Frau werden mußte, weil unsere Beziehung auch auf gegenseitigem Respekt und Offenherzigkeit aufbauen konnte – die besten Voraussetzungen für ein Leben zu zweit.

Unsere finanzielle Lage gestattete es allerdings nur, für zwei Tage in diesem Hotel zu bleiben. Dann mußten wir eine preiswertere Unterkunft finden. Am nächsten Tag unternahmen wir sofort nach dem Frühstück einen kleinen Spaziergang, auf dem wir nach einem billigen Quartier Ausschau hielten. Hannerl meinte, wir sollten einfach irgendwo anläuten und fragen, wo man so eine Unterkunft finden könne. Auch dabei war Hannerls charmantes Lächeln von klarem Vorteil für uns. Wir fanden eine Frau, die ebenfalls freundlich lächelte, Madame Segard. Als sie erfuhr, wonach wir suchten, bot sie uns an, bei ihr abzusteigen und uns um wenig Geld zu verköstigen. Sie fügte hinzu, daß sie gut kochen könne, ein freies Zimmer zu vermieten hätte und einen Garten besitze, in dem wir köstliche Erdbeeren pflücken könnten. Das alles klang so einladend, daß wir wieder vorgaben, verheiratet zu sein, um nur ja dieses Quartier bekommen zu können. Ich gebe zu, daß uns dieses Lügen nicht allzuschwer gefallen ist.

Wieder im Hotel zurück, packten wir sofort unsere Sachen, beglichen die Rechnung und machten uns auf zu Madame Segard. Sie schien sich zu freuen, weil wir tatsächlich gekommen waren, und zeigte uns das Zimmer. Zwar war es doppelt so groß wie unser Hotelzimmer, doch mit Blick auf die Straße statt wie zuvor auf den Fluß. Dafür gab es einen Garten mit herrlichen Erdbeeren.

Wir bezogen dieses gemütliche Zimmer, und als wir uns eben zu einem Spaziergang aufmachen wollten, lud uns Madame Segard zu einem unvergeßlichen Mittagessen ein. Es gab Salat und eine kalte Platte, alles vermutlich am schwarzen Markt beschafft. Als wir unseren Dank ausdrückten, bemerkte Madame Segard, sie hätte Freunde bei der US-Army, die der ganzen Familie Dinge zukommen ließen, die man in normalen Läden nicht bekäme. Damals war ja in Belgien alles rationiert, und selbst das, was man mit Lebensmittelmarken bekommen konnte, war oft nur schwer erhältlich. Als ich so nebenbei erwähnte, daß ich im Krieg von den Deutschen in Konzentrationslagern inhaftiert worden war, war mir Madame Segard besonders zugetan. Seit dem Ersten Weltkrieg bestand nämlich ein Haß gegen die Deutschen, die hier als „Boches" beschimpft wurden.

Wir verbrachten wundervolle Urlaubstage, gleichsam Flitterwochen. Jeden Tag machten wir Ausflüge, gingen durch die liebenswerte kleine Stadt oder erkundeten die Dörfer in der Umgebung. Einmal ruderten wir mit dem Boot über die Meuse und besichtigten Lustin, ein sehr romantisches Dorf. Wir nahmen uns vor, irgendwann in der Zukunft wieder nach Lustin zu kommen und hier einige Tage zu verbringen. Als wir einmal an der Straße standen, sahen wir eine Anzahl Autos und Motorräder. Ich erzählte Hannerl, wie sehr mich Fahrzeuge faszinierten, worauf sie lächeln mußte und meinte, daß ich beim nächsten Besuch in diesem Dorf schon ein eigenes Motorrad besitzen würde. Niemals hätte ich gedacht, daß Hannerl recht behalten würde. (Als wir das nächste Mal in Lustin waren, besaß ich wirklich ein Motorrad, eine gebrauchte DKW 250 ccm, die allerdings noch in hervorragendem Zustand war.)

Die Segards ermöglichten uns einen großartigen Urlaub. Madame Segard gab uns beim Abschied ein Päckchen mit Erdbeeren mit auf den Heimweg.

Dieser Urlaub hatte uns beide sehr nahe gebracht. Hannerl besuchte mich von nun an häufig, so daß wir uns oft lieben konnten. Da sich unsere Beziehung gefestigt hatte, wußte ich, daß es nun an der Zeit war, eine Arbeit zu finden, um heiraten zu können.

Ich besprach die Sache mit Van der Veeken. Er meinte, ich solle versuchen, bei den alliierten Truppen eine Anstellung zu bekommen, weil diese verläßliche Männer suchten. Damals war eine amerikanische Einheit, die Division 706, damit beauftragt, Nahrungsmittel, die im Hafen von Antwerpen auf Güterzüge verladen wurden, zur Versorgung der alliierten Truppen nach Deutschland zu transportieren. Das Hauptquartier dieser Einheit befand sich in einem vornehmen Regierungsgebäude am Place de la Loi, und dorthin sollte ich mich wegen eines Jobs wenden. Ich hoffte, daß mein fließendes Französisch von Vorteil sein könnte, nahm aber auch meine Identitätskarte mit, die mich als ehemaligen politischen Gefangenen auswies. Ich hielt es für wichtig zu beweisen, ein Gegner der Nazis zu sein, obwohl ich aus Österreich stammte.

Ein Offizier, der sich als Heitz vorstellte, empfing mich im Büro der Amerikaner. Wir begannen eine Unterhaltung, in der ich erfuhr, daß er aus New York stammte und wir beide einiges gemeinsam hatten. Wie ich war auch er ein Überlebender der Konzentrationslager und hatte seine gesamte Familie verloren. Heitz erklärte mir, daß ich einer Befragung durch Lieutenant Wilson, einem jungen, stattlichen Offizier, unterzogen werden würde. Ich solle ihn dabei die Fragen stellen lassen und selbst nur antworten, und zwar so präzise wie möglich.

Die Railroad Division führte auch eine Art Aufklärungstätigkeit durch, sie mußte die flämische Untergrundbewegung im Auge behalten, deren Anhänger immer noch für die Deutschen arbeiteten und Versorgungstransporte für die amerikanischen Besatzungstruppen in Deutschland sabotierten. Die Aufklärungstätigkeit sollte für die Transporte nach Deutschland eine gewisse Sicherheit bieten.

Schon bald saß ich Lieutenant Wilson in dessen Büro gegenüber. Er saß an seinem Schreibtisch, ein Bild von Präsident Truman hing über ihm. Alles mögliche wollte er von mir wissen: wo ich den Krieg verbracht und welche Ausbildung ich hätte, wie gut ich im Steuern von Autos und Lastkraftfahrzeugen wäre. Ich beherzigte die Ratschläge von Heitz und hielt meine Antworten so kurz und sachlich wie möglich. Nachdem er meine Papiere kontrolliert hatte, bombardierte er mich mit Fragen: In welchen Lagern waren Sie? Wo genau befanden sie sich? Wann und von wem wurden Sie befreit? Warum beschlossen Sie, in Belgien zu bleiben, wo doch Österreich Ihr Heimatland ist? Ich erklärte, daß ich hier lebte, weil die Russen einen Großteil von Österreich besetzt hielten. Das schien ihm einzuleuchten, offensichtlich hielt auch er nicht allzuviel von den Russen.

Abschließend sagte er, daß es eine offene Stelle als Jeepfahrer gebe, ich aber zuerst einen Eignungstest bestehen müsse. Weiters müsse ich mich auch als Lastwagenfahrer qualifizieren. Ich bekam ein Merkblatt und die Adresse des Testgeländes. Sollte ich die Prüfungen bestehen, müßte ich mich samt Fahrerlaubnis am nächsten Tag bei ihm melden.

Ich bestand und bekam den Job. Als ich mich wieder bei Lieutenant Wilson meldete, war er bereits über alles informiert. Er teilte mir die Höhe meines Lohnes mit und wies mich an, um Punkt acht Uhr morgens wieder zu erscheinen. Ich war froh, tatsächlich Arbeit gefunden zu haben. Auch die Bezahlung war nicht übel.

Am nächsten Morgen fand ich mich im Wagenpark ein, um Lieutenant Wilsons Jeep abzuholen. Dort erfuhr ich von einem Sergeanten, daß die britische Militärpolizei in den Straßen regelmäßig Fahrzeugkontrollen durchführte, in die auch unsere Fahrzeuge geraten könnten. Ich dürfe deshalb den Jeep niemals für private Zwecke benutzen oder damit Zivilisten transportieren. Da auch die Beschäftigungsgesetze sehr streng gehandhabt würden, hätte ich sehr vorsichtig zu sein und stets die Fahrgenehmigung von den Alliierten bei mir zu haben. Sollte ich von Militärpolizisten je gefragt werden, so solle ich immer präzise antworten, woher ich komme und wohin ich wolle. Toni, so hieß der Sergeant, schickte mich dann ins Offizierskasino, um ausgiebig zu frühstücken und mich dann zu Lieutenant Wilson in den Aufenthaltsraum zu begeben, um auf meine Verwendung zu warten. Bereits am ersten Arbeitstag durfte ich das Offizierskasino betreten, wo mich köstliche Speisen erwarteten. Ich wünschte, Hannerl hätte dabei sein können. Es gab Speck, Eierspeise und Semmeln. Auch gab es kaum sonstwo so guten Kaffee, und alles wurde gekrönt durch einen Überfluß an frischem Obst.

Einer der Köche kam auf mich zu und fragte, ob ich Bert sei. Als ich nickte, schüttelte er mir die Hand und erklärte, ich könne essen, soviel ich wolle, dürfe aber nichts nach draußen mitnehmen, ganz so, als hätte er meine Gedanken lesen können. Da es mein erster Arbeitstag war, bekam ich zwei Packungen Zigaretten, gewöhnlich stünde jedem eine Packung pro Tag zu. Ich belud meinen Teller mit den Köstlichkeiten, setzte mich zu Offizieren an den Tisch und begann mein erstes opulentes Frühstück zu essen. Wieder kam mir alles wie im Traum vor: hier in Zivilkleidung zu sitzen, an einem Tisch mit amerikanischen Offizieren. Man lächelte mir wohlwollend zu, weil jeder unschwer erkennen konnte, welche Freude es mir bereitete, hier sein zu können.

So begann mein erster Arbeitstag bereits recht gut. Während ich darauf wartete, daß Lieutenant Wilson mich brauchte, verlangte ein anderer Offizier nach mir, der zur Bahnstation Gare du Nord mußte. Auf der Fahrt dorthin wurden wir von einer britischen Militärstreife angehalten. Der Offizier, den ich chauffierte, wechselte einige Worte mit den Briten, die ich allerdings nicht verstand, denn zu jener Zeit waren meine Englischkenntnisse nur sehr schlecht. Nachdem die Ausweiskontrolle vorbei war, durften wir weiterfahren. Nachdem fast alle der amerikanischen Soldaten auch Französisch oder Deutsch sprachen, hatte ich keinerlei Probleme, mich mit ihnen zu verständigen. Dennoch besorgte ich mir ein Wörterbuch und nahm es bei jeder Gelegenheit zu Hilfe, um mein Englisch zu verbessern.

Am Gare du Nord angelangt, wies mich der Lieutenant an, in die Rue Brabant abzubiegen, wo sich das Frachtgutlager befand. Vor dem Haupteingang dieses Gebäudes, das von mehreren US-Soldaten bewacht wurde, sollte ich auf ihn warten. Zwei Stunden später erschien er wieder, und es ging zurück ins Hauptquartier. Während der gesamten Fahrt sprachen wir kein Wort miteinander. Ich sah ein, daß ich mich an dieses Schweigen gewöhnen werde müsse, da in dem ganzen Verein niemand besonders gesprächig zu sein schien. Dann wurde ich in die Mittagspause entlassen, in der es wiederum köstliche Speisen gab. Der Rest des Tages verlief für mich ohne weiteren Transporteinsatz, so daß ich um sechs Uhr abends den Jeep wieder im Magazin abstellen konnte. Damit war mein erster Arbeitstag schon wieder zu Ende.

Als ich Hannerl an diesem Abend traf, war ich bester Laune. Ich mußte ihr sofort erzählen, wie alles gelaufen war und wie zuvorkommend sich alle verhalten hatten. Ich zeigte ihr die zwei Packungen Zigaretten in meinen Hosentaschen. Damals war ich ein starker Raucher, weswegen ich Hannerl eine der Schachteln gab, um sie für mich wegzulegen. Außerdem waren amerikanische Zigaretten am Schwarzmarkt sehr teuer, und man konnte nie wissen, ob man nicht einmal schnell etwas Geld brauchte.

Je mehr ich mit den Amerikanern zusammen war, umso größer wurde mein Respekt vor ihnen. Eines Tages hatte ich mit meinem Jeep um fünf Uhr nachmittags im Hauptquartier zu sein, wo mich schon drei Offiziere – unter ihnen „Heitz" (Lieutenant Heitzmann) – erwarteten. Wegen meiner spärlichen Englischkenntnisse verstand ich, daß sie wünschten, zum nächstbesten Schwimmbad chauffiert zu werden. Jeder von ihnen trug ein Päckchen bei sich, von denen ich annahm, sie enthielten Schwimmsachen. Alles schien klar, bis wir beim Saint Sauveur, einem bekannten Freibad, ankamen und die drei Offiziere in schallendes Gelächter ausbrachen. Erst als mir Heitz erklärte, daß man eigentlich eine Synagoge besuchen wolle, dämmerte es mir: Ich hatte „bath house" statt „bethouse" verstanden – beides sprach man im Amerikanischen fast gleich aus.

Ich fuhr sie nun also zu einem Tempel, wohin sie ja eigentlich wollten. Man trug mir auf, vor der Synagoge zu warten, es könne nicht allzu lange dauern. Gerne hätte ich die Offiziere begleitet, doch mein Befehl lautete, den Jeep niemals unbeaufsichtigt zu lassen. Als die Männer nach einer Weile wiederkehrten, entschuldigte ich mich bei ihnen für meinen Fehler und fragte sie, ob sie mich deswegen bei Lieutenant Wilson melden würden. Man versicherte mir unter erneutem Gelächter, daß man Wilson mit dieser Geschichte sicher nicht belästigen werde.

Am folgenden Tag sollte sich herausstellen, daß man mich nicht nur als Fahrer eingestellt hatte. Als ich mich morgens zum

Dienstantritt meldete, teilte mir Heitz mit, daß mich Lieutenant Wilson zu sprechen wünsche. Ich meldete mich umgehend bei ihm. Wilson sah mich eine ganze Weile musternd an und sprach dann in bestem Deutsch zu mir. Ich solle meiner Familie ausrichten, hieß es, daß ich heute nicht wie üblich abends daheim sein werde. Der Grund dafür sei, daß ich an einer geheimen Operation teilnehmen würde, die unter Umständen auch gefährlich sein könne. Flämische Untergrundkämpfer hatten nämlich an der belgischen Grenze bei Vervier einen Anschlag auf einen amerikanischen Eisenbahnzug unternommen, der der Versorgung der Truppen in Deutschland diente, und Wilson war mit der Untersuchung des Vorfalles und der Ergreifung der Täter betraut. Diese arbeiteten mit immer noch aktiven Nazis in Deutschland zusammen.

Also rief ich Hannerl daheim an, um ihr mitzuteilen, daß ich abends nicht heimkommen würde, und versicherte ihr, sie brauche sich deswegen keine Sorgen zu machen. Anschließend wartete ich auf den Einsatzbefehl durch Wilson.

Heitz, der an seinem Schreibtisch saß, fragte mich nochmals, ob ich auch wirklich bereit sei, an der Operation teilzunehmen, und ich mir im klaren darüber sei, daß es schwierig werden könnte, jene Verbrecher aufzuspüren und zu verhaften, die für den Anschlag verantwortlich waren. Mit einem Lächeln fügte er allerdings hinzu, daß ich nach allem, was ich durchgemacht habe, wohl kaum meine Mithilfe an der Ergreifung dieser Täter würde abschlagen können. Nach dem Mittagessen ließ mich Wilson wissen, daß es um drei Uhr losgehen würde. Ich solle mir vorher von Heitz eine Uniform, ein Paar Wollhandschuhe und eine Armeemütze geben lassen.

Um Punkt drei Uhr erschien schließlich auch Wilson in voller Montur mit Helm, Bewaffnung, Uniformjacke und Stiefeln. Während der Fahrt erklärte er mir, daß der Einsatz zwar nicht ungefährlich sein würde, ich mir aber trotzdem keine Sorgen zu machen brauche. Er verriet mir, daß er Geheimdienstoffizier sei und für die Sicherheit der alliierten Versorgungstransporte ins besetzte Deutschland zu sorgen hätte. Seine Aufgaben erstreckten sich auch auf andere nachrichtendienstliche Tätigkeiten. Da wurde mir klar, daß man mich sehr genau überprüft haben mußte, bevor man mich zu diesem Einsatz mitgenommen hatte.

Um fünf Uhr nachmittags erreichten wir den Armeestützpunkt in Vervier, wo uns zwei Offiziere – ein Captain und ein Lieutenant – empfingen. Wilson stellte mich vor und bat mich dann freundlich, ins Gebäude mitzukommen. Da ich seinem Befehl nicht sofort Folge leistete, wurde ich nochmals dazu aufgefordert. Ich erklärte Wilson, daß man mir aufgetragen hatte, den Jeep auf keinen Fall unbeaufsichtigt stehen zu lassen. Daraufhin wurden zwei Soldaten mit Maschinenpistolen zur Bewachung des Jeeps abkommandiert. Nun konnte ich unbesorgt meinen Posten verlassen.

Wir betraten einen großen Raum, in dem sich etwa zehn schwerbewaffnete GIs befanden, welche acht Zivilisten bewachten, die auf Bänken saßen. Zwei Männer saßen an Pulten und blätterten in mehreren Dokumenten. Beim Eintreten von Lieutenant Wilson erhoben sich die beiden von ihren Plätzen, um militärisch zu salutieren. Wie sich herausstellte, waren alle miteinander bekannt, da sie gemeinsam in einer Aufklärungseinheit der Eisenbahntruppe (Railroad Division) gedient hatten. Wilson begab sich weiter in ein kleineres Nebenzimmer, wohin ich ihm folgen sollte. Meine Aufgabe bestand darin, ihm während der Verhöre als Übersetzer zur Seite zu stehen. Es war bekannt, daß fast alle Belgier sowohl Flämisch als auch Französisch verstanden. Ich war froh, daß sich Wilson für Französisch entschieden hatte, denn meine Flämischkenntnisse waren nicht gerade überwältigend.

Nacheinander wurden die Verdächtigen von jeweils zwei Soldaten, die die Waffen im Anschlag trugen, in das kleine Zimmer geführt. Die Gefangenen wurden verdächtigt, Mitglieder jener Gruppierung zu sein, die mit Hilfe von Bomben schon mehrere Züge zerstört hatte. Zwei der Männer gestanden im Verhör ihre Beteiligung an den Anschlägen. Diese beiden Männer waren mir von allem Anfang an unsympathisch gewesen, und nach ein paar Minuten stellte sich angesichts der Antworten, die sie uns gaben, tatsächlich heraus, daß wir es mit Nazis zu tun hatten, die meinten, sie könnten den Krieg bis in alle Ewigkeit fortsetzen. Allerdings hatte man die beiden Saboteure auf frischer Tat ertappt, so daß jedes Leugnen auch ziemlich aussichtslos gewesen wäre. Glücklicherweise gab es bei den Anschlägen keine Verletzten, doch der Schaden an den Waggons war beträchtlich. Man mußte die Güter aus den zerstörten Waggons erst in andere umladen, um die Fahrt fortsetzen zu können.

Während des gesamten Verhörs, das bestimmt sechs bis sieben Stunden dauerte, blieb Lieutenant Wilson stets gelassen. Nur ein paarmal bekamen die Verdächtigen den Pistolenknauf zu spüren, um ihrer Erinnerung wieder auf die Sprünge zu helfen. Ich muß gestehen, daß ich an dieser Verfahrensweise großen Gefallen fand, und wünschte, selbst auch Hand anlegen zu können. Überhaupt erinnerten mich die Beschuldigten in jeder Hinsicht an die Nazis, die ich aus meiner eigenen Gefangenschaft kannte: nach außen hin zwar bedrohlich wirkend, doch im Grunde nichts als Feiglinge. Zweifellos dürften alle Beschuldigten mit der Sache etwas zu tun gehabt haben, obwohl nur zwei von ihnen geständig waren. Mag sein, daß sie damit bezweckten, das Verhör abzukürzen, oder einfach meinten, den anderen durch eine Entlastung das Fortführen ihrer teuflischen Absichten ermöglichen zu können. Diese Rechnung ging jedoch nicht auf – zumindest solange Lieutenant Wilson das Sagen hatte. Er befahl, die beiden Geständigen in Handschellen zu legen. Dabei stießen die anderen der Gefangenen wüste Drohungen in Flämisch gegen uns aus. Ich verstand genug Flämisch, um Lieutenant Wilson diese Worte übersetzen zu können: „Wartet nur, der Tag wird kommen, an dem euch der Führer alles heimzahlen wird!" Die Gefangenen warfen mir vernichtende Blicke zu, aber sie merkten, daß ich mich nicht einschüchtern ließ und Wilson wirklich alles übersetzte. Wilsons Reaktion darauf entnahm ich, daß die beiden Männer diese Nacht nicht überleben würden. Am Schluß befahl der Lieutenant, die anderen Männer, die ihre Schuld bestritten, für weitere Verhöre in Haft zu nehmen. Die zwei Geständigen wollte man zur Verhängung der Strafe ins Hauptquartier nach Brüssel mitnehmen.

Gegen zehn Uhr fuhren wir mit unserem offenen Jeep zurück, während uns ein Jeep mit Verdeck folgte, in dem die beiden Gefangenen saßen, die von zwei Soldaten bewacht wurden. Lieutenant Wilson beglückwünschte mich zu meinem erfolgreichen Einsatz, dann sagte er mir, ich solle darauf gefaßt sein, daß die beiden gefangenen Nazis Brüssel nicht lebend sehen würden. Wie es schien, hatte man die beiden Soldaten, die hinter uns fuhren, schon genau instruiert, denn irgendwo auf halbem Weg – etwa

50 bis 60 Kilometer von Vervier entfernt – hielten wir an, und Wilson schoß einmal mit der Pistole in die Luft. Als ich mich umdrehte, sah ich, daß sich die Gefangenen nicht mehr im Jeep hinter uns befanden. Erst dachte ich, es wäre ihnen gelungen, zu entkommen, doch dann bemerkte ich, wie zwei Gestalten – immer noch in Handschellen – auf ein Maisfeld zuliefen. Dann fielen mehrere Schüsse, und die zwei Nazis lagen tot auf dem Boden. Als sich die zwei GIs vom Tod der beiden Männer überzeugt hatten, stiegen sie rasch in ihren Jeep, drehten um und verschwanden Richtung Vervier. Wir setzten die Fahrt nach Brüssel fort.

Ich stellte zwar keine Fragen, doch etwas später erklärte mir Wilson, daß die beiden Männer fliehen wollten und erschossen werden mußten. Ich antwortete nichts, sondern grinste nur. Um ein Uhr morgens erreichten wir Brüssel, wo ich den Lieutenant bei einem Hotel absetzte, den Wagen beim Magazin abstellte und nach Hause ging. Nicht einmal meinem Bruder Willi erzählte ich, was ich in dieser Nacht erlebt hatte. Auch Hannerl erfuhr von der Erschießung erst viele Jahre später. Ich hingegen verspürte eine innere Zufriedenheit, denn ich hatte erstmals Gelegenheit gehabt, an einer Strafaktion gegen Nazis aktiv teilzunehmen.

Als Willi bemerkte, wie gern ich meine Arbeit tat und wieviel Gefallen ich an ihr fand, äußerte er den Wunsch, ebenfalls für die Amerikaner arbeiten zu wollen. Ich wandte mich also an den Sergeanten, der den Wagenpark über hatte, um ihn mit dieser Idee zu konfrontieren. Der Mann war Amerikaner mit italienischer Abstammung und als gerissener Bursche überall bekannt dafür, daß er sich gern auf irgendwelche Geschäfte einließ. Ich fragte, ob er nicht noch einen Fahrer gebrauchen könne, und schilderte meinen Bruder als hervorragenden Fahrer, der praktisch mit jedem Fahrzeug zurechtkomme und hier sicher eine große Hilfe sein würde.

Der Mann – er gab hin und wieder Arien zum besten und hieß deswegen bei mir nur Caruso – meinte, er könne schon noch einen Mann brauchen, die Entscheidung darüber liege aber nicht bei ihm. Ich solle diese Idee erst einmal mit Heitz besprechen, der sie anschließend Lieutenant Wilson unterbreiten würde. So kam es, daß Willi eingestellt wurde und für die Sattelschlepper, die aus Antwerpen kamen und Versorgungsgüter für die alliierten Truppen nach Deutschland transportieren sollten, verantwortlich war. Diese Fahrzeuge, die meist abends eintrafen, blieben die Nacht über im Magazin, wo sie inspiziert und aufgetankt wurden, bevor sie ihre Fahrt fortsetzten. Für die Fahrer gab es einen kleinen Raum, in dem sie die Nacht auf Feldbetten verbringen konnten. Es sollte nicht allzu lange dauern, bis mein unerschrockener Bruder mit Caruso gemeinsame Sache machte.

Bereits nach wenigen Wochen vertraute mir Willi an, daß Caruso ihm eine komplette Wagenladung mit Nahrungsmitteln für die Armee zum Verkauf am Schwarzmarkt angeboten hatte. Vergeblich warnte ich Willi vor den möglichen Folgen so eines Geschäftes. Willi ließ sich auf den Deal ein, und bis heute weiß ich nicht genau, woraus die Ladung bestanden hat, abgesehen von einer Kiste mit K-Rationen, die er bei uns zurückgelassen hat. Irgendwo muß er das ganze Zeug dann verkauft haben, den leeren Lastwagen stellte er jedenfalls wieder ab. Ich schätze, daß der Gewinn aus dem Geschäft zwischen Willi und Caruso aufgeteilt wurde. Ob und wie diese Machenschaften weitergingen, entzieht sich meiner Kenntnis, ich wollte auch gar nichts davon wissen. Man sah jedoch, daß die zwei dicke Freunde wurden. Einmal boten mir die beiden sogar ein Auto an, einen viertürigen Sedan in Armeeversion. Ich hätte ihn nur noch von Olivgrün auf irgendeine andere Farbe umlackieren müssen, man nannte mir sogar jemanden, der das für mich tun würde. Ich nahm von ihrem Angebot Abstand, weil ich an meinem Job zu sehr hing, um ihn durch die Annahme des Wagens zu gefährden. Überdies, erklärte ich, könne ich mir ein Auto kaufen, falls ich eines bräuchte.

Hannerl und ich erfreuten uns am Geschäft mit den Lucky-Strike-Zigaretten, die ich täglich von Heitz erhielt und am Schwarzmarkt verkaufte. Wiederholt riet ich Willi, seine Finger nur ja von allzu dunklen Geschäften zu lassen, und beschwor ihn, notfalls die Stelle zu wechseln. Als ich dann zur Nachtschicht versetzt wurde, nützte ich die Gelegenheit, auch mit Caruso ein Wörtchen darüber zu reden. Ich konfrontierte ihn mit meinen Bedenken, doch Caruso fand das alles nur lächerlich und fragte, ob ich Willi für ein Kleinkind hielte, das man bevormunden müsse. Vielmehr sah er nichts Schlimmes im Abzweigen von Armeebeständen, die – wenn nicht er – dann eben jemand anderer stehlen würde. Wir kamen auf keinen grünen Zweig. Ich dachte, daß Amerika unfaßbar reich sein mußte, wenn Diebstähle solchen Ausmaßes gar nicht auffielen. Vielleicht lag es aber nur daran, daß während der Besatzungszeit, als überall Gefahren lauerten, ein gewisses Verhalten einfach als normal angesehen wurde. Gewiß war das nicht die einzige Verkehrung moralischer Maßstäbe, die ich während des Krieges kennengelernt hatte. Willi versprach mir auf mein wiederholtes Drängen zwar, die Schiebereien mit Caruso einzustellen, ob er sich daran hielt, weiß ich aber bis heute nicht.

Das Arbeiten in der Nachtschicht, das auch Einsätze zur Bekämpfung von Sabotageakten umfaßte, kam mir recht gelegen, weil auch die Bezahlung entsprechend höher ausfiel. Man begann um Mitternacht und ging um neun Uhr morgens heim. In der Regel verliefen die Nächte ziemlich ruhig und bestanden hauptsächlich im Warten auf einen Einsatzbefehl aus dem Hauptquartier. Das Vertrauen, das ich bei Lieutenant Wilson und Sergeant Heitzmann genoß, wuchs, denn ich erschien niemals zu spät zum Rapport und versuchte überhaupt, mich in jeder Hinsicht verläßlich zu zeigen. Mit der Zeit ging die Zahl der Sabotageakte zurück. Die Verhaftung der acht Saboteure hatte die pronazistische Untergrundgruppe wohl beträchtlich geschwächt. Ich erinnere mich gut, daß ich Lieutenant Wilson einmal nach dem Schicksal der anderen sechs Gefangenen aus Vervier gefragt habe. Er meinte daraufhin lediglich knapp, man hätte sie alle einer angemessenen Bestrafung zugeführt.

Die Nachtschichten brachten es auch mit sich, daß ich täglich mit Hannerl und ihrer Familie abendessen konnte. Um halb zwölf Uhr nachts mußte ich mich dann verabschieden, um rechtzeitig den Dienst antreten zu können. Für jede Minute, die ich mit meiner geliebten Hannerl verbringen durfte, war ich sehr dankbar. Doch die ständigen Zusammenkünfte bis spät in die Nacht hinein verlangten Hannerls Eltern einiges ab. Sie waren nicht mehr die Jüngsten und brauchten ihren Schlaf, waren aber zu edelmütig, um es einzugestehen. So suchten wir einen Kompromiß. Hannerl und ich nahmen uns vor, das Haus schon um zehn Uhr zu verlassen und die restliche Zeit mit nächtlichen Spaziergängen zuzubringen. Hannerl wollte mich schließlich noch zur Arbeit begleiten und dann allein heimgehen.

Die Pakete, die uns meine Eltern schickten, der Erlös aus dem Verkauf der Zigarettenpäckchen und das Geld, das mir meine Arbeit brachte, trugen beträchtlich zur Verbesserung unserer Lage bei.

Bald konnten wir beide uns ein Motorrad leisten, mit dem wir einen Wochenendausflug nach Wepion unternahmen, um alte Erinnerungen zu beleben. Die Begrüßung durch die Segards verlief sehr herzlich. Wieder wurden wir mit allerlei Köstlichkeiten verwöhnt. Madame Segard, gastfreundlich wie sie war, weigerte sich, für unsere Beherbergung Geld anzunehmen. Hannerl erinnerte mich an ihre Prophezeiung, daß unser zweiter Ausflug nach Wepion auf dem Motorrad erfolgen würde. Nun prophezeite sie gar, daß wir das nächste Mal bereits im eigenen Wagen wiederkämen. Das klang mir aber doch zu unglaublich, denn wo sollte ich das viele Geld für ein eigenes Auto auftreiben?

Als ich Sonntag nachts meinen Dienst antrat, erzählte Willi, er hätte eine feste Freundin. Ich kannte ihren Namen und erinnerte mich auch, daß sie vor dem Krieg verheiratet war und Murtz Hoffman hieß. Ihr Ehemann war sehr wohlhabend, beide waren Kommunisten. Nun trug sie wieder ihren Mädchennamen Rocek. Ich fragte mich, was wohl aus ihrem Ehemann – er war Jude – geworden war. Murtz, eine hübsche Blondine, war elf Jahre älter als mein Bruder und überhaupt sehr dominant. Deshalb war ich nicht sicher, ob sie die richtige Frau für Willi sein würde. Er aber versicherte mir, daß es so wäre. Murtz besaß ein wundervolles Haus, in dem ich einmal vor dem Krieg gewesen war. Willi erzählte sie, daß ihr Mann von den Deutschen verhaftet und anschließend deportiert worden wäre. Sie hätte nie wieder von ihm gehört. Ich konnte mir keinen rechten Reim auf ihre Geschichte machen. Da ich Murtz nicht glaubte, versuchte ich selbst herauszufinden, was sie im Krieg gemacht hatte und was ihrem Mann tatsächlich zugestoßen war.

Auch Willis Freunde rieten ihm von Murtz ab. Man hörte Gerüchte, daß sie an der Verhaftung und Deportation ihres Mannes sowie am Selbstmord seiner Eltern nicht ganz unschuldig sei. Weiters erzählte man, daß sie mit der deutschen Besatzungsmacht und der Gestapo kollaboriert hatte. Nach der Deportation fiel das gesamte Vermögen des Ehemannes an Murtz. Mit diesem Geld versuchte sie Willi zu beeindrucken und hatte Erfolg damit. Eine Bekannte von uns, Madame Grossner, die Murtz von früher kannte, bestätigte uns die Geschichten über die Kollaboration. Sie soll in Belgien für die Nazis gearbeitet haben und angeblich wirklich am Tod ihres Mannes und seiner Eltern mitschuldig sein. Willi maß allerdings diesen durch Zeugenaussagen belegten Fakten keine Bedeutung bei, im Gegenteil, er bekräftigte, daß er Murtz heiraten wolle.

Hannerl und ich waren glücklich und dachten ebenfalls ans Heiraten. Vorher wollten wir uns aber um eine eigene Wohnung umsehen. Ein Wiener Ehepaar, Rachel und Erich Eckstein, war uns dabei behilflich, so daß wir bereits am 1. Dezember 1945 ein geeignetes Apartment in der Rue Edmond Tollenar Nr. 49 fanden. Zwar lag es nicht in der besten Gegend und war auch nicht das, was wir uns vorgestellt hatten, doch konnten wir uns wenigstens die Miete leisten und hatten ein möbliertes Zuhause.

Da wir ahnten, daß Hannerls Eltern nicht so rasch einer Heirat zustimmen würden, und Hannerl nicht wußte, wie sie ihnen unsere Absichten beibringen sollte, beschlossen wir, mit dem Umzug bis nach unserer Heirat zuzuwarten. Auch Hannerls abergläubisches Naturell ließ allzu rasche Heiratspläne nicht zu. Sie wollte nicht, daß auch meine dritte Heirat – wie die beiden davor – im Dezember stattfinden sollte. Da man aber bekanntlich auch nicht am 1. Januar getraut werden kann, war der frühestmögliche Termin der 2. Januar 1946.

Mittlerweile hatten meine Eltern um Visa für Willi und mich angesucht, um uns einen Besuch bei ihnen in London zu ermöglichen. Das hieß, daß Hannerl nach unserer Hochzeit anstatt mit mir in die Flitterwochen fahren zu können, allein daheim bleiben mußte, während Willi und ich nach London reisten, um unsere Eltern wiederzusehen.

In der Beziehung zwischen Hannerl und mir gab es damals natürlich auch Verstimmungen. So erinnere ich mich etwa an jenen Abend, als ich mit dem Jeep fuhr und Hannerl zufällig auf der Straße sah. Ich hielt an und bot ihr an, sie heimzufahren. Nach den Bestimmungen, die sehr streng gehandhabt wurden, war das Transportieren von Zivilisten in Militärfahrzeugen allerdings untersagt. Zu meinem Pech patrouillierten gerade zwei Militärpolizisten auf der Straße, worauf ich die Nerven verlor und Hannerl anschrie, sofort den Wagen zu verlassen. Noch während ich abbremste, mußte sie aus dem fahrenden Auto springen. Ich glaube, diesen Zwischenfall hat sie mir bis heute nicht verziehen.

Mein Dienst brachte es mit sich, daß ich bei geheimen Aktionen in Liège, Ostende und anderen belgischen Städten dabeisein konnte, wo die Amerikaner flämische Untergrundzellen aufspürten. Ich freundete mich dabei mit vielen amerikanischen Soldaten und Offizieren an. Schließlich beeindruckte mich auch zunehmend die amerikanische Lebensweise, so daß allmählich der Wunsch entstand, eines Tages in die Vereinigten Staaten zu emigrieren. Ich erzählte Hannerl von meinen Gedanken, und auch sie war sofort begeistert von der Idee, in dieser vielversprechenden neuen Welt ein neues, gemeinsames Leben zu beginnen. Ich wollte jedoch erst einmal den Besuch meiner Eltern in London abwarten und erst dann irgendwelche Zukunftspläne für Amerika schmieden.

Bald erhielten Willi und ich Vorladungen vom britischen Konsulat, in denen wir aufgefordert wurden, unsere Visa im Büro in der Avenue de Louise abzuholen. Zur Sicherheit nahmen wir auch unsere Reisepässe, die uns als Österreicher auswiesen, mit. Die Visa waren für eine Dauer von drei Monaten gültig, und wir beschlossen, gleich nach unserer Heirat am 2. Januar nach England zu fahren. Es war wirklich nicht leicht, Hannerl zurücklassen zu müssen, anstatt mit ihr in die Flitterwochen zu fahren. Sie brachte jedoch großes Verständnis für diese Entscheidung auf. Um meine Reise antreten zu können, mußte ich auch meinen Dienst bei den Amerikanern quittieren.

Hannerl und ich mußten uns beeilen, alles für die Hochzeit vorzubereiten. Wir beschlossen, nur die engsten Freunde einzuladen. Da unsere Geldmittel sehr begrenzt waren, stellte Rudolf Pohl, Generalkonsul der Tschechoslowakei und Freund der Familie, großzügigerweise seine Privatwohnung für die Tafel zur Verfügung. Pohl war auch einer unserer Trauzeugen. Die Trauung selbst fand im Rathaus (Hotel De Ville Grande Place) um zehn Uhr vormittags statt.

Der Winter 1946 war sehr hart. Ich hatte gerade genug Geld, um Hannerl einen billigen Pelzmantel und ein Paar Stiefel zu kaufen. Die Stiefel bezog ich von Jutknovits, jenem Schuster, den ich aus der Zeit in den Lagern kannte. Ich selbst brauchte natürlich wegen der Kälte auch irgendeinen Mantel. Ich ging zur ONAC, einer Hilfsorganisation, die mir einen gab. Der Mantel war zwar sehr dünn für diesen kalten Winter, doch besser als überhaupt nichts.

Für die Hochzeit brauchten wir auch Blumen für Hannerl. Einige Francs hatten wir noch übrig, und damit kauften wir ein Bouquet mit weißem spanischen Flieder. Die Zeremonie war sehr einfach und dauerte nur eine halbe Stunde. Wir bekamen eine schmucke rote Heiratsurkunde, anschließend ließen wir uns vor dem Rathaus fotografieren. Wenn Hannerl und ich heute diese Fotos betrachten, müssen wir immer daran denken, wie glücklich wir damals trotz unserer Armut waren. Die gesamte Hochzeitsgesellschaft – es waren nur zehn Personen – fuhr per Straßenbahn zur Wohnung der Pohls, wo Frau Pohl Kekse und Getränke aufwartete. Der Nachmittag verlief recht nett, bis auf den Scherz, den sich Herr Pohl erlaubte. Als ich nicht hinsah, mischte er mir verschiedene Schnäpse in mein Glas, die ich trank. Daraufhin war ich ziemlich betrunken und schlief mehrere Stunden lang. Als ich wieder aufwachte, war es bereits dunkel. Trotzdem werde ich den Tag unserer Hochzeit niemals vergessen. Wir schworen uns, eines Tages unsere Flitterwochen nachzuholen.

Die Wohnung, in die wir einzogen, war winzig, aber doch recht gemütlich. Während der kalten Nächte heizten wir mit Kohlen, doch all diese Widrigkeiten machten uns nicht so sehr zu schaffen, weil die große Liebe zueinander im Vordergrund stand.

Zwei Wochen später brachen Willi und ich nach England auf. Es war nicht leicht, Hannerl zu verlassen. Sie war den Tränen nahe, versuchte aber, sich nichts anmerken zu lassen, um mir alles nicht noch schwerer zu machen. Ich versprach, ihr sofort nach meiner Ankunft zu schreiben und sie auch wissen zu lassen, wie es meinen Eltern ging.

Die Gefühle, die wir verspürten, als wir unsere Eltern das erste Mal seit sieben Jahren unvorstellbarer Angst und Qual wiedersahen, kann man kaum in Worte fassen. Meine Mutter weinte unentwegt, weil sie den Verlust ihrer Tochter Frieda nicht verwinden konnte. Mein Vater hatte eine leitende Position in einer Bürstenfabrik inne, durch die er während der Jahre in London zu bescheidenem Wohlstand gelangt war. Die Eltern wohnten in einem kleinen Apartment in Oxford Gardens im Bezirk Kensington.

Gleich nach der Ankunft wurden wir mit zahllosen Fragen bestürmt, die unangenehme Erinnerungen in uns wachriefen. Willi und ich bemühten uns, auf alles nur recht oberflächlich zu antworten. Trotzdem schluchzte unsere Mutter haltlos. Vater hingegen trug das Erzählte mit größerer Fassung und war meiner Mutter überhaupt eine große moralische Stütze. Er beschwor sie, dem Schicksal dankbar zu sein, daß wenigstens ihre beiden Söhne lebend zurückgekommen waren. Er hielt ihr immer vor Augen, wie vielen Menschen durch den Holocaust das Leben genommen wurde.

Wir erfuhren, wie die Familie Redman meine Eltern im Jahr 1944 informiert hatte, daß Willi und ich lebend in einem Lager gesehen worden waren. Wir fragten nach der Anschrift der Redmans, weil es mir ein großes Bedürfnis war, mich für diese menschliche Geste zu bedanken.

Mutter hatte ein großes Essen für uns vorbereitet. Es bestand aus all jenen guten alten Speisen, die sie früher immer für uns gekocht hatte und die wir so lange Zeit nicht mehr zu Gesicht bekommen hatten. Nach dieser ausgiebigen Mahlzeit saßen wir um den Kamin herum und schwelgten schwermütig in alten Erinnerungen an unser glückliches Leben in Wien. Wie schön war doch die Zeit, als wir gemeinsam dort mit unseren Eltern als Familie lebten. Und wie schmerzte es nun, daß Frieda und Karin nie wieder bei uns sein würden! Dieses erste gemeinsame Beisammensein verlief sehr emotional und dauerte bis tief in die Nacht hinein.

Doch auch unser gegenwärtiges Leben und die Pläne für die Zukunft kamen während unseres Aufenthaltes in London zur Sprache. Vater schien mit seiner Arbeit in der Fabrik recht zufrieden. Er erzählte mir, wie rücksichtsvoll sich sein Chef, Mr. Sarner, ihm gegenüber verhielt und daß er sich mit den Arbeitern sogar schon im Cockney-Dialekt unterhalten konnte. Das Leben hier hatte es also mit meinen Eltern gut gemeint – mit einer Ausnahme: Fast täglich gab es deutsche Luftangriffe. Die Angst vor den V-2-Raketen trieb die Menschen in die Luftschutzkeller, sobald die Sirenen heulten. Dort mußte man bleiben, bis wieder Entwarnung gegeben wurde.

Vater wollte uns unbedingt die Stadt zeigen und nahm sich deshalb einen zweiwöchigen Urlaub. Einen ganzen Tag jagte er uns quer durch die Stadt, zeigte uns die Sehenswürdigkeiten und erging sich in breiten Ausführungen zu ihrer Geschichte. Er zeigte uns auch die überall sichtbaren Folgen des Krieges und seine Zerstörungen.

Mutter empfing uns am Abend wieder mit einem hervorragenden Mahl, zu dem uns diesmal auch Wein serviert wurde. Man überraschte uns dabei auch mit der Ankündigung, daß wir bei einem der vornehmsten Schneider angemeldet seien, um Maßanzüge anfertigen zu lassen. Das war aber nicht alles: Unsere Eltern statteten uns komplett mit allem aus, wovon wir während der ganzen Kriegsjahre nur zu träumen wagten: neuen Schuhen, Hemden, Unterwäsche und sonstigen Dingen des täglichen Gebrauchs.

Im Laufe der Zeit trafen wir auch viele Freunde unserer Eltern. Sie alle beteuerten immer wieder, wie sehr sie sich freuten, daß wir überlebt hatten. Wir besuchten unseren Onkel Nathan, der mit seiner Familie auch in London wohnte. Zusammen fuhren wir auf den jüdischen Friedhof, auf dem Onkel Nathans Familie begraben lag. Einer der Grabsteine trug den Namen seiner jüngsten Tochter Sophia. Ich hatte sie und ihren Ehemann zuletzt am 10. Mai 1940 gesehen und erfuhr später, daß man beide Ende 1944 verhaftet und nach Auschwitz deportiert hatte. Von dort kehrten sie nicht wieder zurück.

Einen weiteren Tag hatten wir eingeplant, um die Redmans zu besuchen, die in einer kleinen Ortschaft in der Nähe von London lebten. Sergeant Redman war als Zivilist kaum wiederzuerkennen und hatte sich unterdessen einen Schnurrbart wachsen lassen. Ich erklärte, wie dankbar ich ihm wäre, weil er damals tatsächlich meinen Eltern ein Lebenszeichen von Willi und mir überbracht hatte. Redman verriet mir, wie er es zuwege gebracht hatte, meine Eltern zu informieren. Der Besuch bei den Redmans war ein freudiges Erlebnis, brachte aber auch sehr traurige Erinnerungen mit sich, denn auch die Redmans hatten während dieses schrecklichen Krieges einen ihrer drei Söhne verloren. Wir hielten noch mehrere Jahre nach diesem Besuch zu den Redmans Kontakt, eigentlich bis zu unserer Emigration in die Vereinigten Staaten.

Mein Vater, der vor dem Krieg ein Funktionär der Sozialdemokratischen Partei gewesen war, wurde am 10. November 1938 nach Dachau deportiert und auf Intervention des damaligen britischen Premierministers, Major Clement Attlee, von dort mit der Auflage entlassen, direkt nach London ausreisen zu müssen. Tatsächlich wurde er von zwei SS-Männern nach Wien zurückgebracht, von wo es sofort nach London weiterging, ohne daß ihm Gelegenheit gegeben wurde, sich von seiner Frau zu verabschieden oder persönliche Dinge aus der Wohnung zu holen. In London wurde er von einem Abgesandten der Labour Party begrüßt, und man versorgte ihn auch mit etwas Geld und einer Unterkunft.

Mein Vater trat dann selbst der Labour Party bei und war auch Mitglied in der Auslandsorganisation der österreichischen Sozialdemokraten, wo er sich mit Oskar Pollak, dem vormaligen Chefredakteur der sozialdemokratischen „Arbeiter-Zeitung", und dessen Frau Marianne anfreundete. Zu einem dieser Treffen war ich als Gastredner, der über seine Erlebnisse in den Konzentrationslagern sprechen sollte, eingeladen. Trotz der vielen schrecklichen Erlebnisse, die es zu berichten gab, vergaß ich nicht zu erwähnen, daß ich mein Überleben in erster Linie meinem wunderbaren Freund Benedikt Kautsky verdanke. Ich beschrieb ihn als bemerkenswerten Humanisten und einmaligen Menschen.

Unter den Anwesenden befand sich auch der damalige österreichische Gesandte in Schweden Bruno Kreisky, der es eines Tages bis zum Bundeskanzler von Österreich bringen sollte. Mein Vortrag erregte großes Interesse, und ich wurde förmlich mit Fragen überhäuft.

Im Anschluß an die Veranstaltung lud mich Kreisky ein, doch wieder nach Österreich zurückzukommen, wo man einen großen Bedarf an unbelasteten und fähigen Männern hätte. Er versprach mir sogar, sich dafür einzusetzen, daß ich einen gutbezahlten Posten im Außenministerium bekommen könne. (Mein Vater hatte sich schon vorher geweigert, je wieder nach Österreich zu gehen, obwohl man ihm wieder jene politischen Funktionen angeboten hatte, die er seit der gewaltsamen Auflösung des Parlaments durch Dollfuß nicht mehr ausüben hatte dürfen.) Ich lehnte Kreiskys Angebot ab und erklärte ihm auch den Grund:

Beim Anschluß Österreichs an Hitler-Deutschland hatte ich miterleben müssen, wie sich eingefleischte Sozialdemokraten praktisch über Nacht in brave Nazis verwandelten. Kreisky bestritt diesen Umstand und wandte ein, daß eben jeder von uns einmal Fehler machen könne. Dieser Meinung konnte ich mich allerdings nicht anschließen!

Von meiner Heirat erzählte ich meinen Eltern übrigens gleich am zweiten Tag meines Aufenthaltes. Ich schilderte ihnen ausführlich, wie ich Hannerl kennengelernt hatte und welche entscheidende Rolle sie bei meiner Rückkehr in die Normalität spielte. Ich hatte auch das Foto mitgebracht, das bei unserer Hochzeit aufgenommen worden war, um meinen Eltern ihre neue Schwiegertochter wenigstens auf diese Weise vorstellen zu können.

Nach der Rückkehr nach Brüssel eröffneten wir eine kleine Fabrik. Das Geschäft ging sehr gut, aber Ausländer waren nicht geduldet, wenn sie Erfolg hatten. Ende 1946 wurde unser Sohn George geboren, Anfang 1948 unsere Tochter Viviane. Kurz danach entschlossen wir uns, in unsere Heimat zurückzukehren und nach Salzburg zu übersiedeln, das in der amerikanischen Zone lag.

KAPITEL X

Von Salzburg in die USA

1949 bis 1951

Als 1951 der Koreakrieg ausbrach, mußten wir fürchten, daß es erneut zu einem Weltkrieg kommen könnte. Seitdem Hannerl und ich zusammen waren, träumten wir oft davon, nach Amerika auszuwandern, jenes Land, in dem alle Möglichkeiten offenstehen und das uns ein Leben in Frieden und Freiheit ermöglichen würde. Vielleicht wäre das nun die letzte Gelegenheit, unseren Wunschtraum in Erfüllung gehen zu lassen und auch unseren Kindern ein besseres Leben in einem vielversprechenden Land bieten zu können. Wir wußten, daß es da die IRO (International Refugee Organization) gab, eine internationale Einrichtung, die maßgeblich von amerikanischer Seite finanziert wurde. Zufällig arbeitete Hannerls Kusine für die IRO und nannte uns den Namen eines Beamten, an den wir uns dort wenden sollten. Also suchten wir das Büro der IRO im Herzen von Salzburg auf und fragten nach Katjas Bekanntem. Da vor uns unzählige Menschen angestellt waren, fürchteten wir, es könnte Stunden dauern, bis wir überhaupt einen Beamten zu Gesicht bekommen würden. Zu unserem Erstaunen wurde der Mann ausgerufen, erschien tatsächlich und geleitete uns persönlich in sein Büro. Als klar war, daß wir von Katja geschickt worden waren, bot er uns sofort seine Hilfe an. Er versprach, einen Weg zu finden, uns eine rasche Einreise in die Vereinigten Staaten zu ermöglichen. Er half uns beim Ausfüllen verschiedener Formulare und schickte uns weiter zu Dr. Meltzer, der für die HIAS (Hebrew Immigrant Aid Society), einer jüdischen Organisation, die auch in Salzburg eine Niederlassung hatte, arbeitete.

Von Dr. Meltzer erfuhren wir allerdings, daß die Quote für Emigranten aus Österreich praktisch ausgeschöpft sei und für uns eine Einreise in die USA in frühestens sechs Jahren in Frage käme, es sei denn, es gelänge uns, in die Quote für DPs aufgenommen zu werden.

Trotzdem erhielten wir nach drei Wochen einen Brief vom amerikanischen Konsulat mit der Aufforderung, zu einem Interview zu erscheinen. Dieser positive Bescheid beruhte auf dem Umstand, daß ich KZ-Häftling gewesen war – hätte ich als DP angesucht, der ich ja nicht war, wären meine Chancen, zu einem Einreisevisum zu kommen, vermutlich gleich Null gewesen.

Die Befragung im Konsulat mußten Hannerl und ich getrennt über uns ergehen lassen. Man wollte nämlich genau überprüfen, ob es in unseren Angaben irgendwelche Widersprüchlichkeiten gab. Da wir jedoch nichts zu verbergen hatten, brauchten wir auch nichts Schlimmes zu befürchten. Um die Zeit meiner Haft belegen zu können, brachte ich offizielle Dokumente bei, unter anderem von der österreichischen Regierung, die auch durch Zeugenaussagen anderer Mithäftlinge untermauert waren. Auch eine eidesstattliche Erklärung Benedikt Kautskys fand sich darunter. Mit Hilfe dieser Dokumente konnte ich alle meine Antworten zusätzlich belegen. Darüber hinaus wollte man auch abklären, ob ich jemals ein Mitglied der Kommunistischen Partei gewesen war. Mehrmals mußte ich Einzelheiten aus meinem Leben wiederholen und sah mich immer wieder mit diversen Kontrollfragen konfrontiert, mit denen geprüft werden sollte, ob ich mich in Widersprüche verwickelte. Die gesamte Befragung dauerte bei mir etwa zwei Stunden. Hannerl, die der gleichen Prozedur ausgesetzt war, wurde rund anderthalb Stunden interviewt. Wir waren beide sehr erleichtert, als endlich alles vorüber war. Ich erfuhr, daß wir das Ergebnis unserer Befragung innerhalb von zwei Wochen schriftlich bekämen und im Falle einer positiven Erledigung unseres Ansuchens noch auf eine spezielle Einreiseerlaubnis warten müßten, die von der amerikanischen Einwanderungsbehörde ausgegeben würde und die Unterschrift von Präsident Harry S. Truman trüge.

Nach Ende unserer Befragungen suchten wir wieder Dr. Meltzer auf, der höchst optimistisch war, was unsere Einreiseerlaubnis anbelangte. (Meine Eltern suchten übrigens auch um eine Einreisegenehmigung an.)

Und tatsächlich bekamen wir die Einreiseerlaubnis in die USA! Dr. Meltzer, der uns diese freudige Nachricht überbrachte, meinte, daß alles nur auf Betreiben von HIAS, die zweifellos großen Einfluß hatte, so schnell zustande gekommen war.

Vor unserer Abreise in die USA wollten wir jedoch noch Hannerls Eltern sehen. Wir schrieben ihnen, uns zu besuchen. Die beiden kamen per Bus, und die Wiedersehensfreude war enorm. Es gab vieles, was wir zu erzählen hatten – bei ihnen war es nicht anders. Als es dann schließlich hieß, Abschied zu nehmen, und wir sie zum Hauptplatz brachten, wußten wir nicht, ob wir sie jemals wiedersehen würden. Es waren sehr traurige Momente. Für Hannerl war es wirklich das letzte Mal, daß sie ihren Vater sehen sollte. Da sie das irgendwie zu spüren schien, fiel ihr der Abschied besonders schwer, und sie weinte noch lange nach der Abreise ihrer Eltern.

Wegen der Auflösung unseres Eigentums nahmen wir die Hilfe unseres Anwaltes in Anspruch. Die ganze Situation war recht beschämend. Selbst wenn wir die gesamte Habe zu Geld hätten machen können, wären wir nach österreichischer Rechtslage nur berechtigt, einen sehr kleinen Betrag davon auszuführen. Der einzige Ausweg war, Dr. Moser zu beauftragen, den Verkaufserlös auf ein Konto zu legen, von dem er es in mehreren kleinen Beträgen – jeweils nach Erhalt einer Ausfuhrbewilligung – an uns überweisen konnte. Man sagte uns, daß es zwei Jahre dauern könnte, bis die gesamte Summe in die Vereinigten Staaten transferiert sein würde. Wir mußten uns also darauf einstellen, ein neues Leben mit zwei kleinen Kindern ohne Arbeit und fast ohne Startkapital zu beginnen. Das waren nicht gerade gute Aussichten für mich, einen vierzigjährigen Mann, dessen Frau zwei Kleinkinder zu betreuen hatte und deshalb auch keine Arbeit annehmen konnte. Was blieb uns anderes übrig, als es darauf ankommen zu lassen? Schließlich hatte ich in meinem Leben schon Schlimmeres überstanden.

Anfang Juli wurden uns die Einreisevisa ausgehändigt. Sie enthielten sehr genaue Anweisungen, die wir unbedingt einzuhalten hatten. So hatten wir binnen 30 Tagen, also bis spätestens 30. Juli 1951, an Bord eines amerikanischen Schiffes zu sein, das von Bremerhaven auslaufen sollte.

Dr. Meltzer besorgte uns Bahnkarten für einen Zug nach Bremerhaven und regelte auch unsere dortige Unterbringung in einem DP-Lager. Insgesamt 14 Kisten mit unseren Habseligkeiten wurden auf einen Lastwagen geladen und uns ins Lager nachgeschickt. Am 25. Juli reisten wir von Salzburg ab. Von meinen Eltern, die uns zum Bahnhof begleiteten, hieß es Abschied nehmen. Für jeden von uns waren es sehr traurige Momente. Der Zug, der hauptsächlich DPs transportierte, fuhr direkt nach Bremerhaven, von wo uns ein Bus in ein Sammellager brachte. Ich meldete mich sofort in der Lagerleitung, wo man mir mitteilte, daß man noch einige Formalitäten erledigen müsse, um für unser rechtzeitiges Anbordgehen sorgen zu können.

Das Schiff, das uns nach Amerika bringen sollte – ein Truppentransporter der amerikanischen Marine –, hieß „General Sturgiss“.

Die wenigen Tage bis dahin mußten wir im DP-Lager zubringen, wo wir allerdings gut versorgt und freundlich aufgenommen wurden. Es dauerte jedoch nicht lange, da waren wir alle völlig verlaust. Besonders der kleinen Viviane – damals dreieinhalb Jahre alt – machten diese lästigen Plagegeister sehr zu schaffen.

Endlich kam der große Tag unserer Einschiffung. Für Passagiere gab es an Bord des Schiffes nur wenige Kabinen, die meisten waren in Schlafdecks für je 300 Personen untergebracht. Wenigstens lagen die Kojen von uns vier nebeneinander. Einmal verlief sich unser Sohn Georg und irrte auf dem Schiff herum. Zum Glück konnten wir ihn, da unsere Familie rote Trainingsanzüge trug, schnell finden. Wir erfuhren, daß der Kapitän des Schiffes eine kleine Gruppe von Emigranten aufstellen wollte, die für Ordnung an Bord sorgen sollte. Ich war einer von sechs Männern, die sich für diese Tätigkeit meldeten. Bald verstand ich mich mit dem Kapitän, einem hohen Marineoffizier und außergewöhnlichen Menschen, so gut, daß er mich zum Vorsitzenden dieser sechs Mann starken Gruppe machte. Von Vorteil war auch meine Kenntnis mehrerer Sprachen. Aus diesem Grund bekam ich eine Spezialuniform mit einem Abzeichen, auf dem das Wort „Interpreter“ stand.

Meine Position berechtigte mich des weiteren zur Benützung einer eigenen Kabine und zum Einnehmen der Mahlzeiten in der Offiziersmesse gemeinsam mit meiner Familie. So durften wir in reizvoller Umgebung aus feinem Porzellan speisen. Was das für mich nach den langen Jahren der Entbehrungen bedeutete, kann ich kaum in Worte fassen.

Der Kapitän erzählte uns von seinen Erlebnissen am „D-Day", als er amerikanische Invasionstruppen an die europäische Atlantikküste brachte.

Als ich am 16. August 1951 meinen vierzigsten Geburtstag beging, wurde ich mit dem schönsten Geschenk belohnt, das ich je erhielt: In der Nacht zum 16. August hatte unser Schiff die amerikanische Küste erreicht und war einige Meilen außerhalb des Hafens von New York vor Anker gegangen. Am frühen Morgen begaben sich Hannerl und ich an Deck und küßten und umarmten einander, überglücklich, nun in Amerika zu sein. Dann entdeckten wir die Freiheitsstatue. Ihr Anblick berührte uns so tief, daß wir in Tränen der Freude ausbrachen. Es war fast unmöglich, sich ihrem magischen Bann zu entziehen. Als der Kapitän unsere glücklichen Gesichter sah, war auch er zu Tränen gerührt und wünschte uns mit den Worten, wir wären die richtigen Leute für dieses Land, alles Gute für die Zukunft. Er dankte mir für die gute Zusammenarbeit, schüttelte mir die Hand und umarmte Hannerl. Dann sagte er, daß wir in wenigen Stunden im Hafen von New York anlegen würden.

Damit verließ er uns, und wir bewunderten noch lange das weltberühmte Wahrzeichen von New York. Solange wir leben, werden wir diese Momente nicht vergessen!

Meinem dritten Leben in dieser neuen Welt stand nun nichts mehr im Wege.

Epilog

Ich möchte mein Buch nicht abschließen, ohne zu erwähnen, was aus meinen besten Freunden aus dieser Zeit geworden ist:

Norbert Wolfinger, den ich noch aus Saint Martin de Vesubie kannte, als er noch fast ein Kind war und zusammen mit mir nach Auschwitz, Nordhausen und schließlich weiter nach Bergen-Belsen deportiert worden war, träumte schon damals davon, einmal ein berühmter Operntenor zu werden. Als ich viele Jahre nach unserer gemeinsamen Befreiung in einem Magazin von einem gewissen Boris Carmeli las, einem Startenor von der Scala, der an der Oper von San Francisco auftreten sollte, und dann sein Foto sah, war ich überzeugt, es könne sich nur um Norbert handeln. Sofort rief ich in der Oper an, um mir Gewißheit zu verschaffen. Als es feststand, daß Norbert Wolfinger nun wirklich Boris Carmeli hieß, arrangierte sein Manager ein Treffen in der Oper. Ich mußte allerdings versprechen, Norbert nicht vor seinem Auftritt zu besuchen, um dadurch die Vorstellung nicht zu gefährden. Als wir danach in der Garderobe zusammentrafen, fielen wir uns beide um den Hals und brachen in Freudentränen aus. Norbert – oder Boris, wie er jetzt hieß – hätte nach unserem emotionalen Wiedersehen bestimmt nicht mehr auftreten können. Hannerl und ich konnten ihn überreden, eine Zeitlang bei uns wohnen zu bleiben. Man bot ihm sogar eine Nebenrolle beim Film an, die ihm allerdings nicht besonders zusagte. Dieser Umstand und das allzu hektische Leben in Hollywood bewogen ihn allerdings bald, wieder nach Rom zurückzukehren. Bis heute haben wir noch Kontakt mit ihm.

Mein bester Freund und Lehrmeister, Benedikt Kautsky – von uns im Lager nur „Bendl" genannt –, jener Mann, dem ich vielleicht am meisten verdanke, heute noch am Leben zu sein, besuchte uns schon 1947 in Belgien. Von ihm erfuhr ich damals, daß er – anders als wir – nach der Evakuierung von Auschwitz nach Buchenwald kam. Noch im Jahr 1945 erschien sein Buch

„Teufel und Verdammte", die erste Analyse des Alltags in einem Konzentrationslager. Es wurde zu einem Standardwerk und liegt meines Wissens in 17 Sprachen auf. In jenes Exemplar, das er mir schenkte, schrieb er die persönliche Widmung: „Meinem Bertl in Erinnerung an gemeinsame Tage in Auschwitz". Unsere enge Freundschaft, die mir half, die dauernde Angst im Lager und die vielen Stunden tiefer Verzweiflung überhaupt zu überstehen, blieb auch nach der Befreiung bestehen.

1960 starb Bendl dann völlig unerwartet im Alter von 65 Jahren an einem Herzinfarkt, gerade als er am Höhepunkt seiner Laufbahn als anerkannter Theoretiker der österreichischen Sozialdemokratie stand.

Die Nachricht von seinem viel zu frühen Tod war ein schwerer Schlag für mich. In vielen schlaflosen Nächten sah ich ihn immer wieder vor mir, wie er versuchte, mir Mut zu machen, als ich selbst jede Hoffnung an ein Weiterleben längst verloren hatte. Dabei hatte er doch selbst sieben Jahre in der Hölle der Konzentrationslager zubringen müssen: Von Dachau kam er weiter nach Buchenwald, Mauthausen, dann nach Auschwitz und schließlich wieder nach Buchenwald, wo er endlich befreit wurde. Sein dadurch schwer angegriffener Gesundheitszustand war sicher mitverantwortlich für den Tod, der ihn viel zu früh ereilte. Darüber hat Bendl aber nie gesprochen, denn das Wohlergehen der anderen war ihm stets ein größeres Anliegen als sein eigenes Befinden.

Mit Bendls Tod verlor ich einen wunderbaren Freund, den besten, den man sich nur vorstellen kann. Die Zeiten, die wir gemeinsam in Auschwitz durchmachen mußten, werden unauslöschlich in meiner Erinnerung bleiben.

Bendls Leichnam wurde eingeäschert und in einem Staatsakt im Beisein von Vertretern der österreichischen Regierung und des Bundespräsidenten auf dem Wiener Zentralfriedhof beigesetzt.

Über Leiser, jenen Kameraden, der im Krankenblock von Auschwitz tätig war und so viele von uns vor dem Tod bewahrt hatte, kann ich berichten, daß er im Nachkriegspolen zum Staatssekretär für auswärtige Angelegenheiten unter Premier Gomulka avancierte. Leiser lebt auch heute noch in Polen.

Mein Freund Ernest „Ernstl" Zimche leitete den Kibbuz Nezer Sereni in der Nähe von Tel Aviv. Er heiratete Hilde und hat zwei Söhne mit ihr.

Norbert Wollheim arbeitete als Wirtschaftsprüfer und lebt heute als wohlhabender Mann in New York.

Gustl Herzog lebte bis zuletzt in Wien, wo er die „Herzog Korrespondenz" herausgab. Er starb 1978.

Erwin Schulhof, der durch sein Handeln ebenfalls vielen das Überleben ermöglichte, zog nach Israel, wo er 1983 verstarb.

Mein ehemaliger Schwager Sigmund Spira lebt heute als erfolgreicher Geschäftsmann in New York.

Mein Bruder Willi schließlich kam bei einem tragischen Autounfall in der Nähe von Detroit am 13. Januar 1978 ums Leben.

Die Arbeit an diesem Buch war für mich mit vielen schmerzlichen Erinnerungen verbunden. Das, was sich vor so langer Zeit abgespielt hat, lief in allen erschreckenden Einzelheiten wieder vor mir ab. So mancher Tag weckte in mir eine zärtliche Erinnerung an meine zweite Frau Gisella und unseren lieben kleinen Sohn Roland. Die vertrauten Gesichter von Rachel, ihrem Sohn Raymond, von meiner Schwester Frieda und ihrer Tochter Karin tauchten wieder auf, und mir wurde bewußt, wie viele andere junge und unschuldige Wesen noch in den Gaskammern der NS-Konzentrationslager ihr Leben lassen mußten.

Noch so viele Jahre nach diesen Ereignissen plagen mich Alpträume, aus denen ich schweißgebadet erwache.

Obwohl mir alldas schwer zu schaffen machte, war mir klar, daß mir wegen meines fortgeschrittenen Alters vielleicht nicht mehr allzuviel Zeit bleiben würde, um meine Geschichte aufzuschreiben – eine Geschichte, die nicht unerzählt bleiben darf.

Zeugnisse von Überlebenden des Holocaust – wie jenes, das ich zu Papier gebracht habe – verhindern, daß die Erinnerung an solche Untaten aus dem Bewußtsein der Menschen verschwinden, und können vielleicht auch verhindern, daß sich etwas Ähnliches in Zukunft ereignet.

Jedes Wort in diesem Buch entspricht der Wahrheit, doch es gibt extremistische Gruppen, die uns weismachen wollen, daß nichts von dem je stattgefunden hätte.

Ich bin aber nur einer jener langsam aussterbenden Überlebenden, die im Namen der Millionen Opfer sprechen – weil wir die Wahrheit kennen!

Biographie

16. 8. 1911	Bert Linder wird als Sohn des Bürstenzurichters Jakob Kalman Linder und der Malke Blume Farber geboren.
1911–1938	Kindheit und Jugend in Wien; Volksschule im 20. Wiener Gemeindebezirk („Brigittenau"), Beitritt zu den „Roten Falken", später zur SAJ und „Schutzbund", Realgymnasium Wien IX/Glasergasse; Berts Vater wird Bezirksrat in Brigittenau.
1934	Wiederholte kurzfristige Verhaftungen (zeitweise im Anhaltelager Wöllersdorf interniert).
1937	Bert heiratet seine Jugendliebe Emilie Mayer („Milli").
17. 3. 1938	Flucht mit Bruder Willi im Zug über Deutschland nach Belgien; Berts Vater weigert sich, Wien zu verlassen, und wird nach Dachau deportiert.
1938–1940	Aufenthalt als politischer Flüchtling in Brüssel; Milli läßt sich von Bert scheiden; Zusammenkunft mit Schwester Frieda und deren Ehemann; Bert gelingt es mit Hilfe von englischen Parteifreunden, eine Entlassung seines Vaters aus Dachau zu erwirken; Verhaftung und Abschiebung nach Frankreich bei der Kapitulation Belgiens am 10. Mai 1940.
1940–1943	Aufenthalt als Flüchtling in Frankreich; Internierung mit Bruder Willi in mehreren Lagern, Flucht; Als Flüchtling bei Bauern in Südfrankreich, zeitweise mit der französischen Résistance.
Dez. 1941	Bert heiratet Gisella in Sallelles d'Aud (Südfrankreich); Geburt des Sohnes Roland.
Herbst 1943	Bert flieht mit hunderten anderen jüdischen Flüchtlingen vor der nach Südfrankreich vordringenden Deutschen Wehrmacht über die Grenze nach Italien; Kurze Internierung in der Polizeikaserne von Borgo San Dalmazzo; Übernahme der Kaserne durch die SS und Abtransport der Flüchtlinge ins Sammellager Drancy.

7. 12. 1943	Bert wird mit Frau und dem wenige Monate altem Sohn zusammen mit über 1000 Menschen in Viehwaggons deportiert (Frau und Kind werden gleich bei der Ankunft ermordet); Internierung im I. G.-Farben-Lager „Buna-Monowitz"; Zusammentreffen mit Benedikt Kautsky („Bendl"), der im Lager eine geheime sozialistische Widerstandsgruppe aufgebaut hat und ihm mehrmals das Leben rettet; es entwickelt sich eine innige Freundschaft.
Januar 1945	Evakuierung von Auschwitz durch die SS aufgrund der herannahenden Roten Armee; Irrfahrt im Viehwaggon über die Tschechoslowakei und Österreich nach Deutschland (Bert erkennt durch die Ritzen im Waggon den Wiener Praterstern); Zwangsarbeit im KZ Dora-Nordhausen; Deportation nach Bergen-Belsen.
15. 4. 1945	Bert wird – fast verhungert und verdurstet – von der britischen Armee befreit; Arbeit für die britische Armee; Aufenthalt in Brüssel; Bert lernt seine heutige Frau Joan („Hannerl") kennen; Arbeit für die US Army; Heirat und Geburt von Sohn George und Tochter Viviane.
1949	Übersiedelung nach Salzburg.
1951	Auswanderung in die USA mit dem Schiff „MS General Sturgiss"; Ankunft in New York an Berts 40. Geburtstag; Seit 1967 mehrere Aufenthalte in Österreich.
1985	Beginn der Arbeit an seiner Autobiographie; zahlreiche Ehrungen und Auszeichnungen in den USA; Wiederannahme der österreichischen Saatsbürgerschaft.
1995	Fertigstellung der amerikanische Ausgabe seiner Autobiographie; Verleihung des Goldenen Ehrenzeichens durch Nationalratspräsident Dr. Fischer.
1997	Seine Autobiographie erscheint in deutscher Sprache.

Bert Linder lebt heute mit seiner Frau in Rancho Mirage in Kalifornien.

Inhalt